应用文写作

（第二版）

主　编　韦济木　丁世忠
副主编　魏　旭　邹　璐
参　编　田华银　陈艳花　黎燕敏
邱明淑　胡建华　熊正贤

西南交通大学出版社
·成　都·

图书在版编目（CIP）数据

应用文写作 / 韦济木，丁世中主编. — 2 版. —成都：西南交通大学出版社，2022.2（2023.8 重印）
ISBN 978-7-5643-8608-5

Ⅰ. ①应… Ⅱ. ①韦… ②丁… Ⅲ. ①汉语－应用文—写作 Ⅳ. ①H152.3

中国版本图书馆 CIP 数据核字（2022）第 032563 号

应用文写作（第二版）
韦济木
丁世忠 主编
责任编辑 邱一平
封面设计 原谋书装

印张：21 字数：524千
成品尺寸：185 mm×260 mm
版次：2013年2月第1版
2022年2月第2版
印次：2023年8月第11次
印刷：四川煤田地质制图印务有限责任公司
书号：ISBN 978-7-5643-8608-5

出版发行：西南交通大学出版社
网址：http://www.xnjdcbs.com
地址：四川省成都市二环路北一段111号
西南交通大学创新大厦21楼
邮政编码：610031
发行部电话：028-87600564 028-87600533
定价：49.50元

课件咨询电话：028-81435775

第二版前言

21世纪，人类社会进入大变革时代，以大数据、人工智能为代表的新技术革命深刻影响着社会生活的方方面面。随着我国全面建成小康社会奋斗目标的实现，伟大的中国共产党团结带领全国各族人民迈向建设社会主义现代化强国、实现中华民族伟大复兴的新征程。新时代呼唤国家软实力的全面提升，软实力的提升需要造就新时代新人。为了造就新时代新人，全面提升应用文写作水平，是新时代的呼唤，也是我国新时代高等教育的使命和责任。在新时代，应用文作为管理工具、交往手段、信息载体，在新时代国家治理、社会生活中发挥着日益重要的作用。中共十八届三中全会通过《中共中央关于全面深化改革若干重大问题的决定》，提出推进国家治理体系和治理能力现代化总的指导思想、全面改革的路线图和重大战略部署。应用文写作和使用的科学化、规范化对于推进国家治理体系和治理能力现代化，发挥着独特的重要作用。

本书初版时贯彻落实 2012 年 4 月中共中央办公厅、国务院办公厅联合印发的《党政机关公文处理工作条例》（中办发〔2012〕14 号），吸收现代应用文写作研究的最新理论成果，选取时代性、典型性、针对性强的范例，切实帮助读者增强应用文写作和处理公务能力。第一版出版以来，得到相关高校师生和社会各界的肯定，也收到各界同仁和使用该教材的院校师生的宝贵意见建议。2021 年，中国共产党迎来百年华诞，中国特色社会主义建设事业取得巨大成就，第一个百年奋斗目标顺利实现，党领导全国各族人民迈向全面建设社会主义现代化国家新征程。为了在新时代更好地贯彻新思想、实现新目标、开启新征程，顺应社会发展新要求，本书修订再版。

编写组认真学习党的十九大和十九届二中、三中、四中、五中、六中全会精神，深入贯彻习近平新时代中国特色社会主义思想。全书主要内容在原版“应用文基础”“党政公文写作”“常见事务文书写作”“常见专用文书写作”“申论写作”五部分基础上，增加第六章“政务微博与政务微信”，各章体例仍然按照基础知识、写作要领、案例分析三大模块构成。附录部分仍然包括 2012 年 7 月 1 日起实施的《党政机关公文处理工作条例》《党政机关公文格式》（国家标准 GB/T 9704—2012），2012 年 6 月 1 日起施行的《标点符号用法》（国家标准 GB/T 15834—2011），2011 年 11 月 1 日起施行的《出版物上数字用法》（国家标准 GB/T 15835—2011）。

韦济木

2021 年 12 月 10 日

第一版前言

在高度信息化的时代，应用文作为管理工具、交往手段、信息载体，在人们工作、管理、学习、交往、生活中发挥着日益重要的作用。它是社会各阶层、各行业使用频率最高，使用范围最广，社会效用最普遍的文体。时代和社会的发展要求应用文写作知识的普及和应用文写作水平的提高。高校及各类中等职业学校日益重视应用文写作教学，国家各类招考（公务员考试、事业单位公招考试、企业聘用考试等）均设置应用文写作相关内容。在此背景下，各种应用文写作教材应运而生。

为了适应我国党政机关工作需要，推进党政机关公文处理工作科学化、制度化、规范化，2012 年 4 月中共中央办公厅、国务院办公厅联合印发了《党政机关公文处理工作条例》（中办发〔2012〕14 号），决定从 2012 年 7 月 1 日起施行新修订的《党政机关公文处理工作条例》。1996 年 5 月 3 日中共中央办公厅发布的《中国共产党机关公文处理条例》和 2000 年 8 月 24 日国务院发布的《国家行政机关公文处理办法》停止执行。这就意味着原有应用文写作教材均已无法再适应新形势、新要求。基于此背景，我们组织相关高校教师编写了本教材。本教材以《党政机关公文处理工作条例》为主要依据，大量吸收现代应用文写作研究的最新理论成果，选取时代性、典型性、针对性强的范例，切实帮助读者增强应用文写作和处理公务能力。本书主要内容分为"应用文基础""党政公文写作""常见事务文书写作""常见专用文书写作""申论写作"等五部分，按照基础知识、写作要领、案例分析三大模块构成。附录部分包括 2012 年 7 月 1 日起实施的《党政机关公文处理工作条例》《党政机关公文格式》（国家标准 GB/T 9704—2012），2012 年 6 月 1 日起施行的《标点符号用法》（国家标准 GB/T 15834—2011），2011 年 11 月 1 日起施行的《出版物上数字用法》（国家标准 GB/T 15835—2011）。

本书的编写注重准确性、实用性、时代性，与同类教材相比具有以下特色：

（1）与时俱进，科学严谨。本书以党和政府关于公文处理工作的最新法规规章、格式标准为依据，力求文种概念、写作要领、处理原则的科学化和规范化。

（2）案例典型，简明实用。本书基础知识部分简洁明了，通俗易懂，尽量避免繁琐阐述。文种写作分为“党政公文写作”“常见事务文书写作”“常见专用文书写作”“申论写作”四部分，每一个文种均选取1～2个典型案例进行评析，使读者在掌握相关文种基本规范、写作要求的基础上，可以参照例文学以致用，从而切实增强写作能力，提高写作水平。

（3）开放包容，重点突出。本书写作理论知识部分充分吸收应用文写作研究、教学界最新研究成果，汲取各家之长。文种写作部分，既突出公文写作这个重点，又较为全面涉及常见事务文书的写作，还考虑了经济类、法律类、行政管理类基本文书的写作，适用面较为广泛。

本书可作为各类高等院校、中职院校各专业应用文写作课程教材，也可作为机关、企事业单位对相关从业人员的培训用书或参考用书。

韦济木　丁世忠

2012年12月27日

目　录

第一章　应用文概述

第一节　应用文的产生与发展

一、应用文的产生

有记载的人类文明开始于文字的发明和使用，自从文字产生以来，应用文的雏形就开始出现。无论是古埃及的图画文字，还是古巴比伦的楔形文字，还是中国的象形文字，一方面记载了人类获取的各种信息，另一方面也有鲜明的记事实用功能。如我国甲骨文十二地支相关文字“子丑寅卯”等实际上是天空星象的象形，古人用星座的结构形成文字，用于记年、记日、记时。人类早期的每个象形文字或图画文字，“都近似于大事记、自然观察记录，它为应用文的产生奠定了物质（文字）基础、文化基础、思维基础和观念基础。同时，这种鲜明强烈的记事实用目的和长期的记事实用实践，也促使了文字的产生和发展”。总之，实用的需要促成了文字的发明，文字的发展丰富和实践运用带来了生产生活的繁荣。应用文和文字一同产生。

但“应用写作”这种行为，甚至远比文字的发明和推广更早。据《周易·系辞（下）》载：“上古结绳而治，后世圣人易之以书契。百官以治，万民以察，盖取诸夬。书契所以决断万事也。”“结绳记事”可以说是最早的应用写作行为。文字产生以后的应用写作能实现“百官以治，万民以察”，和今天公文写作的沟通协调、管理指挥作用具有相似之处。

在我国，殷墟出土的甲骨卜辞是有据可查的最早的应用文，距今三千多年。甲骨文多是占卜之语，同时也是天文地理、生产生活情况的真实记载和说明。

二、应用文的发展

（一）应用文的雏形（先秦时期）

商周时期的钟鼎铭文（金文）主要内容大多是颂扬祖先及王侯们的功绩，同时也记录重大历史事件及社会生活情形，如祀典、赐命、诏书、征战、围猎、盟约等活动或事件，反映了当时的社会生活，可以算作商王朝的公务文书，是迄今为止发现的我国最早的应用文。如著名的毛公鼎以 497 字的较长篇幅，较全面地反映了当时的社会生活。

《书》（汉代改称《尚书》，意为公之于众的皇室文献）被文学史家认为是我国最早的文章总集，主要记录虞夏商周各代一部分帝王的言行，分为典、谟、训、诰、誓、命六体，类似于帝王言行“纪要”，计 22 篇，是我国最早的应用文集成。秦汉以后各个朝代的制诰、诏令、章奏之文，都明显地受它的影响。

（二）应用文的成型（秦汉时期）

秦汉时期是我国应用文文体成型与文书制度创立时期，可以看成我国应用文发展的转折时期，具有划时代意义。

秦王嬴政统一六国后，在政治、军事、文化上建立了我国历史上第一个中央集权的封建专制王朝，强力推行社会、文化统一的“书同文，车同轨”制度，并在此基础上，以行政手段扭转春秋、战国时期诸侯各国各行其政、文体混乱的局面，统一文书体式，建立起较为完善的文书制度。

首先，公务文书的使用君臣有别，包括文体和语体都必须严格遵守君贵臣卑的规范。“王”为“皇帝”，皇“命”为“制”，皇“令”为“诏”，皇帝自称曰“朕”。臣僚上书一律改为“奏”。其次，设立谏议、请示、报告制度。特别值得重视的是，秦代还制定了文书处理的若干制度，包括上下行文方向、文书校勘、用印等。在文书写作上，顶格“抬头制”、皇帝名号“避讳制”、结语和批复用语制等，为后世公务文书的发展产生了深远的影响。

在朝廷的高度重视下，秦代应用文空前繁荣，产生了大量传世名作，如丞相李斯的《请焚书议》《谏逐客疏》等，不但结构整饬、格式规范，而且语言简明、准确，堪称我国古代应用文典范。

汉承秦制，并有创新。首先，“政归台阁”，加强秘书机关的权力——光武帝时，为防丞相擅专，政务中枢由三公府移入宫中，逐渐重用尚书。其次，在公文体例上，比起秦代有更严格的要求。更为重要的是，应用文文种进一步增加，“汉天子正号曰皇帝，自称曰朕，臣民称之为陛下，其言曰制诏，史官记事曰上。”“其命令一曰策书，二曰制书，三曰诏书，四曰戒书。”“凡群臣上书于天子者有四名，一曰章，二曰奏，三曰表，四曰驳议。”（[汉]蔡邕《独断》卷上）

特别需要提及的是，“公文”一词在汉代第一次出现。东汉荀悦（公元148—209年）在其著作《汉纪·武帝纪》中提及“公文”概念：“书记繁于公文，私务众于官事”。

汉代也出现了一大批优秀应用文作品，如贾谊的《论积贮疏》《陈政事疏》，晁错的《论贵粟疏》《言兵事疏》《守边劝农疏》等。

（三）古代应用文的自觉（魏晋南北朝）

魏晋南北朝时期文章学理论异常发达，应用文发展进入理论自觉时期。代表性理论成果有魏文帝曹丕的《典论·论文》、晋代挚虞的《文章流别论》、陆机的《文赋》、南朝齐梁时期刘勰的《文心雕龙》等。

曹丕《典论·论文》将文章分为四类八体：奏议、书论、铭诔、诗赋，除了诗赋是文学作品外，前三类六种都是应用文。挚虞《文章流别论》作为我国第一部文体学专著，主要介绍的也是应用文。

本时期，应用文文种出现了启、笺、符、帖、牒、关等新的体式，开始实行公文专用纸、朱色水印、骑缝押缝等文书制度。

应用文写作方面，本时期产生了诸葛亮《出师表》、曹操《让县自明本志令》、周瑜《疾困与吴主笺》、李密《陈情表》、王羲之《与桓温笺》等。

（四）古代应用文的成熟（唐宋时期）

唐宋时期，应用文的文种、体式、行文规则等更加统一、固化，标志着古代应用文的成熟。

唐代常用下行文“敕”，细分为四种：发敕、敕旨、论事敕书、敕牒，用于不宜以制书和册书之名颁发的公文。同时，唐代产生了三种平行文：关、刺、移。公文处理程式在唐代得到加强，包括用纸、签押、折叠、封装、收发、移交等诸多环节均有明确而具体的规定。

宋代在公文文种上，出现了诰命、申状、咨报、圣旨（懿旨、令旨）等。在公文处理上，承袭唐代相关规定外，还制定了公文署押、注销、照刷、磨勘等制度。宋代科举考试将应用文写作纳入考试内容。宋代还出现了最早的公文文选专集，如《两汉诏令》《唐大诏令集》《宋大诏令集》等。

（五）古代应用文的繁荣（明清时期）

明清时期，应用文文体分类更加细密，写作要求更加严格。尤其是公文，格式要求更趋完善，行文制度更加完善。明代在沿用前朝的制、诏、敕、章、表、奏、启外，新增题本、揭帖等；到清代，新增奏折文种，包括奏事折、请安折、谢恩折、贺折四种，并明确公文有上行、下行、平行三种行文方向。1840 年鸦片战争后，随着国门被迫打开，西方盛行的国书、护照、函电等新兴应用文开始流行。

（六）古今应用文的过渡（民国时期）

辛亥革命后，民国南京临时政府于 1912 年颁布《公文程式条例》。该条例是我国第一个现代公文规章文件，具有里程碑的意义。该条例首先在文种名称上废除了封建时代成型的制、诏、敕、奏、表等，代之以“令”（或“谕”，用于上级对下级公署行文或公署对百姓行文）、“咨”（同级公署行文时使用）、“呈”（下级公署对上级公署或百姓对公署行文时使用）、“示”（公署公告）、“状”（职员任命、奖赏人员时使用）。条例还规定，公文涉及人员称谓，不再用“老爷”“大人”等等级色彩浓厚的用语，一律以职务名相称。

此后，1927—1928 年，民国政府先后颁布了 3 个公文程式条例，文种增至 27 个。

民国时期，中国共产党领导的革命根据地也颁布过若干公文条例。1931 年江西瑞金中央工农民主政府制定了《地方苏维埃政府暂行组织条例》，规定上行文、下行文、平行文的文种和格式等；抗战时期，陕甘宁边区政府颁发了《陕甘宁边区新公文程式》；1948 年和 1949 年，东北行政委员会办公厅、华北人民政府办公厅先后颁布了《简明公文程式》《公文处理办法》等公文法规文件。

（七）现代应用文的繁荣（中华人民共和国成立以来）

1. 国家行政机关公文

1949 年，中华人民共和国成立后，中央行政机关先后颁布了《关于统一公文纸型与格式的规定》《关于纠正电报、报告、指示、决定等文字缺点的指示》，以规范公文写作和制作。

1951 年 9 月 29 日，中央人民政府政务院颁布了《公文处理暂行办法》，规定我国公文种类为 7 类 12 种：① 报告、签报；② 命令；③ 指示；④ 批复；⑤ 通报、通知；⑥ 布告、公告、通告；⑦ 公函、便函。其中，签报为报告的另一种形式，它是由机关或部门负责人（领导或首长）向上级负责人（领导或首长）请示汇报工作时亲笔书写并签署的一种报告，直接送达上级领导批阅。

1957 年 10 月 3 日，国务院秘书厅发出《国务院秘书厅关于公文名称和体裁问题的几点意见》，对公文种类进行了新的调整。公文种类仍为 7 类 12 种：① 命令、令；② 指示；③ 报告、请示；④ 批复、批示；⑤ 通知、通报；⑥ 布告、通告；⑦ 函。此次调整，删除了签报、公告、便函等 3 个文种，新增指示、请示两种，首次明确将报告与请示区分开来。

1981 年 2 月 27 日，国务院办公厅发布《国家行政机关公文处理暂行办法》，这是对 1951 年 5 月政务院发布的《关于行政公文处理暂行办法》第一次全面修订。《暂行办法》规定我国公文种类为 9 类 15 种，包括：① 命令、令、指令；② 决定、决议；③ 指示；④ 布告、公告、通告；⑤ 通知；⑥ 通报；⑦ 报告、请示；⑧ 批复；⑨ 函。本次调整，新增决定、决议、指令、公告 4 个文种，删除指示。

1987 年 2 月 18 日，国务院办公厅颁布《国家行政机关公文处理办法》，规定我国行政机关公文文种为 10 类 15 种，包括：① 命令（令）、指令；② 决定、决议；③ 指示；④ 布告、公告、通告；⑤ 通知；⑥ 通报；⑦ 报告、请示；⑧ 批复；⑨ 函；⑩ 会议纪要。本次调整，将命令、令合为一种，新增会议纪要。

1994 年 1 月 1 日，国务院办公厅再次修订《办法》，规定行政机关公文文种为 12 类 13 种：命令（令）、议案、决定、批示、公告、通告、通知、通报、报告、请示、批复、函、会议纪要。

2000 年 8 月 24 日，国务院修订发布新的《国家行政机关公文处理办法》，将原《办法》的指示更改为“意见”。本《办法》沿用至 2012 年 6 月 30 日。

2. 党的机关公文

1955 年、1956 年，分别出台《中国共产党中央和省（市）级机关文书处理工作和档案工作暂行条例》《中国共产党县级机关文书处理工作和档案工作暂行办法》。

1989 年 4 月 25 日，中共中央办公厅颁发第一个党内公文规章《中国共产党各级领导机关文件处理条例（试行）》（以下简称《条件》），规定党的文件为 13 种：公报、决议、决定、指示、条例、规定、通知、通报、报告、请示、批复、会议纪要、函，同时对公文保密要求和格式要求都有明确表述。

1996 年 5 月 3 日，中共中央办公厅在试行《条例》基础上，正式颁布《中国共产党机关公文处理条例》，确定党的机关公文为 14 种：决议、决定、指示、意见、通知、通报、公报、报告、请示、批复、条例、规定、函、会议纪要。此《条例》沿用至 2012 年 6 月 30 日。

3. 党政机关公文整合

为了适应中国共产党机关和国家行政机关工作需要，推进党政机关公文处理工作科学化、制度化、规范化，2012 年 4 月中共中央办公厅、国务院办公厅联合印发文件《党政机关公文处理工作条例》（“中办发〔2012〕14 号”），决定从 2012 年 7 月 1 日起施行新修订的《党政机关公文处理工作条例》。1996 年 5 月 3 日中共中央办公厅发布的《中国共产党机关公文处理条例》和 2000 年 8 月 24 日国务院发布的《国家行政机关公文处理办法》停止执行。该《公文处理工作条例》将党政机关法定公文确定为决议、决定、命令（令）、公报、公告、通告、意见、通知、通报、报告、请示、批复、议案、函、纪要 15 种。

4. 应用文写作研究和教学

新中国应用文写作研究开始于 20 世纪 80 年代中期。1983 年《秘书》杂志创刊，1985 年《应用写作》《秘书之友》杂志创刊，应用写作研究受到业界和高校高度重视。20 世纪 90 年代以来，应用写作教学不但成为大学通识教育必不可少的一部分，也成为基础教育的一部分和职业教育的重要部分，受到越来越多的重视。

（八）新时代应用文的新发展

人类社会进入 21 世纪以来，网络与新媒体日益发达，深刻影响着社会生活的方方面面，应用文写作的环境、方式和手段也发生了巨大变化。袁智忠、王玥在《全媒体时代应用文写作、传播及舆情应对》[①]中认为：“全媒体背景下的应用文写作借助计算机网络强大的数据分析、自动生成、快速传输、海量存储、高度共享等功能，显现出网络化、数字化、流程化等突出特点，更具备准确性、精确度上的明显优势，以及在标准化、规范化方面的特殊要求。”

近年来，我国党政机关、企事业单位普遍借助 OA（Office Automation）自动化办公系统，使得公文处理和管理更加规范和高效。办公自动化的广泛运用，不但实现了无纸化办公的初步目标，而且实现了公文发布、处理、执行的零时差、零距离。

在此基础上，各级党政机关普遍将我国社交媒体（Social Media）主要形式微博、微信引入公共事务发布、处理，政务微博、政务微信越来越受到各级党政机关的重视，由于其功能的交互性、内容的亲民性成为提升党政治理效能的重要手段。

第二节　应用文的含义与特点

一、应用文的含义

应用文是指各级机关、单位及其他组织和个人在处理公私事务时所使用的具有直接应用价值和惯用体式的文书。

香港大学中文系陈耀南教授在《应用文概说》中认为：“‘应用文’就是‘应付’生活，‘用’于实务的‘文章’。凡个人、团体、机关相互之间，公私往来，用约定俗成的体裁和术语写作，以资交际和信守的文字，都叫应用文。”[②]

① 袁智忠，王玥：《全媒体时代应用文写作、传播及舆情应对》，《应用写作》，2019 年第 3 期。

② 陈耀南：《应用文概说》，香港山边社，1995 年 11 月版，第 1 页。

台湾中山大学张仁青教授在《应用文》一书中说："凡个人与个人之间，或机关团体与机关团体之间，或个人与机关团体之间，互相往来所使用之特定形式之文字，而为社会大众所遵循、共同使用者，谓之应用文。"①

和文学作品及其他文章相比，应用文这个概念有以下要点须特别注意：

一是写作、使用主体不同。文学作品及其他文章写作、使用主体通常为个人，即使合著也是个人行为；应用文写作、使用主体主要不是个人，而是党政机关、企事业单位、其他组织。

二是文章用途和价值不同。文学作品及其他文章的用途和价值主要是认识、审美，是主体思想、情感、情绪的表达，具有较强的主观性；应用文的价值主要在于实用性，在于能否较好处理各种公私事务，具有显著的功利性、客观性。

三是形式要求不同。文学作品及其他文章更注重独特性、新颖性，模式化的结构、体式、语言是必须尽力避免的；应用文则强调合乎规范、合乎惯例，模式化、规范化是其形式的主要特点和核心要求。

二、应用文的特点

（一）实用性

一切文章的写作都有特定的目的，都是为实现作者的写作意图。文学作品的创作目的是表现作者的思想感情、审美趣味、人生感悟，反映社会生活。政论、评论的写作目的是明确表达作者基于社会现象、社会问题等的认识，是作者世界观、人生观、价值观的理性表述。应用文的写作目的与它们都不同，应用文是为了处理工作生活中的具体事务、实际问题而写的，具有直接的应用价值和广泛的实用性。

（二）规范性

文学作品无论在题材内容、主题表达、格式体式上，还是在语言风格、审美情趣上，都可以而且要求千差万别、与众不同。文学创作要求避免模式化。而应用文无论在结构上还是格式上都具有明显的程式化、规范化特点。尤其是党政机关公文，从起草、到审核、签发、印制、发送、归档等，均须严格按照《党政机关公文处理工作条例》《党政机关公文格式》（国家标准 GB/T 9704—2012）、《标点符号用法》（国家标准 GB/T 15834—2011）、《出版物上数字用法》（国家标准 GB/T 15835—2011）等规范执行。

（三）真实性

文学创作可以虚构。甚至可以说，没有虚构，就没有文学。但是，应用文的性质和用途决定了真实性是它的重要特征，作为处理现实事务、解决实际问题的应用文体，它必须如实、准确反映客观情况。

真实首先是指应用文内容，应真实可靠、实事求是，符合客观实际和客观规律。任何浮夸、推测、臆想在应用文写作中都是危害极大，必须坚决杜绝的。

---

① 张仁青：《应用文》，台湾文史哲出版社，1993 年 5 月版，第 1 页。

（四）时效性

应用文的性质和写作目的决定了它具有显著的时效性，超过时限就失去了效用和价值，所以，要及时写作、及时处理。事务处理完毕，问题得到解决，应用文的使命也就完成。除了重要文件有保密和存档要求，大多数应用文超过有效期就不再有太大价值，如2012 年 4 月中共中央办公厅、国务院办公厅联合印发了文件《党政机关公文处理工作条例》，1996 年 5 月 3 日中共中央办公厅发布的《中国共产党机关公文处理条例》和 2000 年 8 月 24 日国务院发布的《国家行政机关公文处理办法》停止执行。后两个文件至今已没有应用价值，但仍具有文献价值。

第三节　应用文的作用与种类

一、应用文的作用

应用文是社会生活的重要工具，是现实工作和生活中处理具体事务的手段，对国家的政治、经济、文化、军事、外交等方面起着不可替代的重要作用。可以说，任何一个政府、一个政党、一级组织或一个团体，要保证行政、组织机构正常运转，各种事务正常有序开展，都离不开应用文。应用文的具体作用有以下几个方面：

1. 贯彻意图，处理事务

应用文主要的价值是贯彻党和政府路线方针政策，体现执政党和政府的意志，传达和实现党政机关、企事业单位、社会组织的工作思路和目标规划，处理社会生活中的方方面面具体工作和事务。因此，应用文的首要作用是贯彻意图，处理事务。

2. 联系沟通，交流合作

现代信息社会，人与人之间，组织与组织之间，个人与组织之间公私事务方面的联系沟通有很多渠道。但在工作上，应用文是主要手段和渠道。

应用文既有人际联系沟通作用，又有信息的交流作用，可以有效促进人与人之间、组织与组织之间、个人与组织之间的合作。

3. 宣传教育、指导引导

应用文具有宣传和教育作用。党和政府经常通过应用文，向有关单位和群众宣传路线、方针、政策，指导并推动各项工作开展。法规规章类公文，还对组织和个人行为起着规范和约束作用。

4. 行动指南、依据凭证

应用文的依据和凭证作用，主要表现在两个方面：

一是上级机关在制定方针、政策或做出决定、规定、计划时，重要的依据就是下级机关上报的总结、报告、纪要、简报和秘书部门撰写的调查报告等应用文。

二是下级机关开展工作、处理公务、解决问题时，上级机关的有关“决定”“决议”“条例”“意见”“通知”等应用文，不仅成为工作的重要依据，而且成为他们解决问题、判断是非的凭证。

二、应用文的种类

应用文的分类众说纷纭，看法很多。标准不同，分类结果也就不同。多数学者和一线工作者的看法是，按照应用文使用主体和处理事务的性质，可以分为公务文书和私务文书两大类。另一种观点是按领域功能分类，此种观点认为应用文可分为公文书、私文书、专业（业务）文书、社交礼仪文书等。还有学者按实用功能划分，将应用文分为信函类、规章类、制度类、报告类、申请类、证明类、契约类、告知类、广告类、诉讼类、庆贺类、祭悼类、志记类、题词类、联语类等。

本书按应用文主体（制作与使用）、实用功能的标准，将应用文做如下分类：

（一）法定公文

根据2012年4月中共中央办公厅、国务院办公厅联合颁发的《党政机关公文处理工作条例》（“中办发〔2012〕14号”），将党政机关法定公文确定为决议、决定、命令（令）、公报、公告、通告、意见、通知、通报、报告、请示、批复、议案、函、纪要15种。

（二）事务文书

事务文书指党政机关、企事业单位、社会团体和个人为处理普通公私事务、沟通信息、总结经验、研究问题、指导工作、规范行为时使用的除法定公文以外的其他应用文体。主要包括：① 计划（纲要、规划、要点）、总结；② 调查报告；③ 信息（简报）；④ 会议记录；⑤ 述职报告；⑥ 启事、声明。

（三）专用文书

专用文书指外交、军事、法律、经济、科技、教育等领域所使用的专门实用文书，可分别称为外交文书、军事文书、法律文书、经济文书、科技文书、教育文书。

如法律文书是指司法行政机关及当事人、律师等在解决诉讼和非讼案件时使用的文书，也包括司法机关和法律当事人的非规范性文件，包括侦查文书、检察文书、诉讼文书、公证文书、仲裁文书、律师实务文书及诉状类文书等。

（四）政务微博与政务微信

进入21世纪，随着互联网、大数据、人工智能新时代的来临，信息技术广泛运用，以信息技术为基础的微信、微博、博客、论坛等社交媒体深刻而广泛地影响着社会生活的方方面面。在此背景下，政务微博、政务微信应运而生，成为党政机关、企事业单位辅助管理，拉近和人民群众距离的重要政务管理手段。

第四节　应用文的材料与主旨

一、应用文的材料

（一）应用文材料的范畴和作用

应用文的材料是指写作者从现实生活和工作中搜集、整理（综合、归纳、提炼）而后写入文章的事实、现象、论据等的总和。

1. 应用文材料的范畴

（1）感性材料和理性材料。

所谓感性材料，是指现实生活中存在的事物和发生的具体事实，包括人物、事件、情况等。理性材料是指基于生活和工作而产生的主观思想、观念、看法、结论、主张等，也包括党和国家的路线、方针、政策，国家法律法规、制度规章等。

（2）现实材料和历史材料。

现实材料指当下发生的事实、现象，现行的法律法规、制度规章，路线、方针、政策等；历史材料指过去发生的事实、现象，曾经使用现停止使用的法律法规、制度规章等。

（3）直接材料和间接材料。

直接材料是指应用文作者亲身经历、亲手搜集、亲自处理的第一手材料，往往通过调查采访、观察感受等途径获取。间接材料是指非作者亲身经历，通过文献档案材料查阅、网络报刊、广播电视等途径获得。

2. 应用文材料的作用

（1）材料是形成主旨、构成文本的基础。

应用文的主旨来源于现实生活、工作和有关文件、法律法规等材料。同时，应用文的文本是写作者按照体现意图、表达主旨的需要，对材料进行选择、组合，形成文本的基本构架。可以说，没有材料，主旨就缺乏现实依据和理论依据，应用文文本也就失去了基本内容。

（2）材料表达主旨。

应用文的主旨总是通过可靠的、充足的、典型的材料得以表达的，材料是表达主旨的物质基础。

（二）应用文材料的选择

应用文材料的选择依据以下原则：

1. 紧扣主旨，凸显意图

应用文主旨既是文章的拟写目的，也是选择材料的首要依据。材料的取舍、详略，均以写作意图为唯一标准。材料的堆砌是应用文写作的大忌。材料不是越多越好，而是足够表达主旨就行。针对性比丰富性更为重要。

2. 务求真实，必须可靠

和其他一切写作不同的是，应用文写作在材料选用上，务必保证其真实可靠。如果是现实材料，必须真实发生，不能隐瞒，也不能夸张，更不能杜撰；如果是理论依据，必须有据可查，准确真实。

3. 有效，典型

具有典型性的材料，指的是能够揭示事物的本质和规律，体现社会生活普遍意义，具有代表性和说服力的材料。在表现带规律性的主旨时，要尽量避免使用孤立的、个别的、片面的材料，以免以偏概全，发生“真实的谬误”。

二、应用文的主旨

（一）应用文主旨的含义

应用文的主旨，一方面是指写作者通过全部材料所表达的主要观点、主张和思想，另一方面也是指写作者的写作意图。

（二）应用文主旨的要求

1. 正确（客观性、合法性与合理性）

应用文主旨的首要标准是正确。正确的含义第一是指主旨的客观性，也就是必须符合客观实际、客观规律，揭示事物的本质和发展规律；第二是指主旨的合法性，也就是要求主旨必须与党和国家的路线、方针、政策，与国家的法律法规、制度规章相符合；第三是指主旨的合理性，也就是要求主旨与人民群众的愿望要求相符合，与时代发展潮流和趋势相统一。

2. 明确（明晰性）

应用文主旨的表达必须明确，不能似是而非、模棱两可。作者的意图、态度、倾向应该明晰、确定，赞成与反对，意见和要求，都应该毫不含糊，旗帜鲜明，态度明朗。

3. 集中（单一性）

应用文的主旨不但应该鲜明，而且应该集中统一、中心突出。尤其是公文中的上行文，更要求“一文一事”。

第五节　应用文的结构与语言

一、应用文的结构

文章的结构，指文章内部的组织构架，是作者运用材料主次分明、条理清晰地表现主旨的体现，是文章各部分的有序搭配和排列，是文章中局部与局部、局部与整体的有机联系。应用文的结构是指写作者根据主旨表达的需要对材料所做的符合逻辑、详略得当的安排，即应用文的谋篇布局。

（一）应用文结构的特点

1. 规范性

应用文结构的这一特点也可表述为“模式化”，主要指应用文外在结构形式的特点。这种规范性在公文写作、法律与法规性文书写作中表现为“法定使成”（即法定化），分别由2012年4月中共中央办公厅、国务院办公厅联合印发的《党政机关公文处理工作条例》，国家质量监督检验检疫总局、国家标准化管理委员会颁布的党政机关公文格式国家标准（GB/T 9704—2012）及相关法规规章加以规范；在事务文书、科技文书写作中，这种规范性则更多体现为“约定俗成”，是一些惯用格式，虽不特别严格，但也相对固定，有规律可循。

2. 条理性

主要指应用文内在结构要素的逻辑性，如段落层次、过渡与照应、开头与结尾严谨有序地合理安排。

（二）应用文的结构要素

1. 标　题

应用文标题通常有以下四种：

（1）公文式标题。

公文式标题由三部分组成，即“文章作者（制发者）+事由（事项）+文种名称”。在作者（制发者）与事由（事项）之间用介词“关于”连接，或者由“事由+文种名称”两部分构成。公文、一部分事务文书如调查报告等常用此类标题。例如《成都市人民政府关于进一步促进高水平利用外资的若干意见》①、《媒体人健康生活方式调查报告》②。法规规章文书和事务文书中的计划、总结的标题亦用此类标题，但略有不同，例如：《党政机关公文处理工作条例》《××大学事业发展十四五规划》。

（2）论文式标题。

此类标题一般包括以论题为标题和以论点为标题两种情况，学术论文和部分调查报告等常用此类标题。例如《儿童究竟需要什么读物？》《宏观调控是现代市场经济体制的内在要求》。

（3）新闻式标题。

新闻式标题指标题的一部分涉及事实的陈述行标题。新闻式标题包括两种情况，

一种是消息类标题，标题的主要部分直接陈述主要事实。例如《“奋斗者”号已完成21次万米深潜》③《国家西电东送重点工程白鹤滩——江苏线（重庆段）跨越长江》④。

---

① 资料来源：成都市人民政府网，2021-05-08。
② 资料来源：中国营养学会，北京营养师协会，中国行业报协会官微《传媒茶话会》，百胜中国，2019-05-17。
③ 资料来源：新华网，2021-12-05。
④ 资料来源：华龙网，重庆日报，2021-12-06。

一种是通讯类标题，常使用正副题，正题陈述主要事实，副标题补充介绍相关重要信息。例如：《中国青年报记者与流沙河先生的一场对话：凡有趣的 终归有益》（中国青年网 2019-11-24）。事务文书中，简报、部分调查报告常用新闻式标题。

（4）文种式标题。

以文种名称为标题，诉状类文书、合同、启事、部分礼仪文书等常用此种标题。例如《民事诉状》《房屋租赁合同》《招聘启事》《感谢信》等。

2. 开　头

开头是一篇文章正文的起笔，对于全篇文章起着至关重要的作用。在应用文中，开头常被称为导言、导语、前言、引言、缘由等。文章种类不同，内容不同，常使用不同的开头。应用文的开头，常见的有以下几种：

（1）原因式。开篇交代事项起因、写作原因等，用“由于……”“因为……”“鉴于……”等句式。

（2）目的式。说明事项或要求的目的、意义等，使用“为了……”“……，为此”等句式领起。

（3）依据式。交代事项或要求的根据，使用“依据……”“根据……”“经……决定”“经……通过”“遵照……”等句式。

以上三种开头方式虽可单独使用，但三种形式结合使用的情况更为常见。例如一份通知的缘由部分：“根据重庆市当前疫情形势及防控要求，为保障广大考生和考试工作人员的生命安全和身体健康，经报市政府同意，并经司法部批准，重庆市原定于 2021 年 11 月 21 日举行的国家统一法律职业资格考试主观题考试延期举行。”[①]这份通知的开头部分将原因、目的、依据结合在一起进行陈述。

（4）引据式。引据式又叫引述式，引述来文来函关键内容（一般是引述标题、来文时间、发文字号等），进而表明写作意图和看法。如一份批复的开头：“你局《关于雅安公路超限检测站暂停检测的紧急请示》（晋公路政〔2012〕599 号）收悉。经研究，批复如下”。

上述几种开头方式常为公文采用。

（5）情况概述式。概括交代对象的基本情况，以使读者有总的印象，并有利于自然引出具体介绍或进行分析评价，表达主旨。部分调查报告，表彰性、批评性通报及情况通报等常用这种开头方式。

（6）评论结论式。针对文章涉及的问题与事实发表意见，作出评价，提出总体看法。

（7）问候祝贺式。社交礼仪文书常用此开头。

（8）背景交代式。总结常用此种开头方式，连用“在……下”交代工作的背景情况，以引出总体评价和具体情况。

应用文写作虽然规律性强，但以上开头写法也只是常例而已。在写作实践中，还应具体问题具体分析，选用最恰当的开头形式。

3. 主　体

主体是应用文正文的主要部分，主要材料和观点均在此部分展开。应用文主体部分的

---

① 重庆市人民政府网：《2021 重庆法考延期 考试时间另行通知》，2021-11-15。

结构形式可分为文面形态和逻辑形态两个方面。

（1）应用文主体的文面形态。

这种结构形态，实际上是文章的外部结构形态，有明显的外部标志。这些外部标志一般包括以下几种：

第一，小标题式。篇幅较长、内容涉及方面多的应用文，一般运用小标题醒目地标出若干观点或内容范围。调查报告、计划、总结等文体多数情况下在前言之后的主体部分以小标题的形式安排结构。

采用小标题的形式要注意的是：各小标题应属同一逻辑层次，语言要简洁，力求字数相近、句式接近，整齐、均衡。

第二，标序式。即用数字标出主体内容的层次。使用条件与小标题式接近，一般是在条理分明，但难以提炼恰当小标题的情况下运用。

第三，条目式（亦称条款式、条列式）。公文的事项部分、合同与协议的条款部分常采用这种结构形式。它的好处是条理清晰，醒目庄重，便于识别与执行。有些应用文还在每条开头提出该条关键句，称为“首括句”，即用一两句话提示本条基本内容，作为该条之“目”，首括句前加上序号。

以上三种结构的文面形态还有综合使用的情况。内容复杂的应用文，往往在小标题之下运用条目标识不同方面内容。

第四，独段与分段式。内容简单的文章，往往无需小标题、标序和条目，一气贯通或分段表述。

（2）应用文主体的逻辑形态。

这种结构形态是应用文的内在结构形态，文种不同，内容不同，安排方式不同。常见的有：缘由——观点；事实——结论；结论——理由；观点（或内容范围）——观点（或内容范围）。此种结构亦称并列式。

4. 结　尾

应用文的结尾应力求明快简洁，对主体起强调和补充作用。常见形式有：

（1）责令式。公文中的下行文往往采用这种结尾形式，作者在结尾处向下级提出贯彻执行要求，如“请认真贯彻执行”。决定、指示、通知等常用这种结尾方式。

（2）模式语式。应用文常用一些模式化的惯用语作结，它们语义明确、用法固定，能使读者准确把握其意图，如通知、通告、批复常用“特此通知”等模式语强调其内容。

（3）祈请式。一般用于公文的上行文、平行文中，表示请求批准、指示，给予支持、帮助的意愿。如发函的“盼复”“希给予大力支持”，请示的“妥否，请指示”“当否，请批示”等结语。

（4）结论建议式。调查报告、述职报告等文种一般采用此种结尾形式。

（5）期望号召式。通报、会议纪要、贺信等较多采用此种形式。

5. 落　款

多数应用文有规范的落款。公文的落款包括发文机关名称、成文日期、印章；其他应用文的落款包括作者名称及成文日期。

6. 过渡与照应

过渡和照应是使文章前后连贯、气脉畅通的重要手段。

（1）过渡。过渡指上下文之间的衔接和承转，它在文章的关键层次之间起着桥梁的作用，使文气不致阻隔。公文中缘由和事项间常用“现……如下”“特……如下”作过渡；在许多应用文的主体与结尾间常用“综上所述”“总而言之”等过渡。

（2）照应。所谓照应，是指文章前后内容上的关照和呼应。常见的照应方式有题文照应、前后照应、首尾照应。运用照应时应注意根据内容表达的实际需要合理使用，而不能为照应而照应，画蛇添足，适得其反。

二、应用文的语言

（一）应用文语言特点

（1）以社会化的书面语体为主（力避个人化、地方化、口语化和文学化）；关键部分使用模式化语言。

应用文是处理公私事务、解决实际问题的工具，因此，它的语言具有工具性和应用性，无需追求生动感人、形象传神，表达应直接简明。为了准确快捷地实现文章写作目的，必须使用全社会共同认知的通行语体，并以书面语为主，以避免造成阅读理解上的障碍和偏差，更有效地传达作者意图。因此，应用文应力避个性化色彩强烈的语言、方言俚语、过于通俗的口头语以及超常规的句式和生僻字词。

应用文社会化的书面语体的另一层意思是慎用外来语汇和保留使用部分有表现力和有较好表达效果的文言词汇。

首先，应用文在吸收使用外来语汇方面较之口语和文学语言要慎重保守得多，一般情况下不轻易使用外来词汇。如日常口语和文学作品中用“的士”这一词汇十分正常，不会引起任何非议，但如果在公文中用它就显得很不合适、不得体，而只能用“出租车”。

其次，为了表达的庄重、简洁，应用文中尚保留了相当数量的文言语汇。如：兹、奉、悉、拟、尚、谨、呈、予以、着令、如期、谢忱、鉴于、责成、径送、业经、当否（妥否、可否）、承蒙慨允、专此函达等。这些文言词语的使用，使应用文语言更具书面语特征。

（2）关键部分常用规范化、模式化语言。

这是应用文语言运用的重要特点。归纳起来，主要有以下六类。

① 领起语。这是应用文的开端用语及段落（层次）起首语。

应用文的开端领起语多为介词结构模式，以介词打头带出表述发文缘由（目的、原因、根据、时态、范围、背景等）的语句。常见的开端领起语模式有：

公文模式：“由于（鉴于）……”“为了……”“根据（依据）……”“遵照（按照）……”“据查，……”“……（来文）悉”，等等。

总结模式：“在……下”等。

礼仪文书模式：“欣闻（悉）……”“惊悉（闻）……”等。

介绍证明文书模式：“兹有……”等。

段落领起语常用于公报、决定、决议、会议纪要等公文中，在这些公文分层次、分段落阐述不同内容时，居于各段之首，起带出主要内容来的作用。常用的有："全会认为……""大会审议了……""会议强调指出……""代表们一致认为……""国务院要求……""党中央号召……"等。

② 承启衔接语。应用文很重视段落层次之间的承接，常以承启衔接语予以过渡。

在开头部分（发文缘由）与主体部分（内容事项）之间起承接作用的承启衔接语主要有："为此……""特此……""现就（现将）……如下""有鉴于此……"等。

综述性的承启衔接语有："综上所述"、"如前所述"、"总之……"等。

③ 结尾用语。是各类应用文尤其是公文结尾时表收束、表祈请、表指示、表感谢、表企盼、表强调的语言。如"以上各项望……""以上规定希……""当否，请……""以上意见如无不妥，请……""特此（通告、通知、报告、函达）""……为要""……为荷""……为盼"等。

④ 引据用语。如"兹就……""……悉（收悉）"等。

⑤ 称谓用语。自称用语："我""本"，如我省、我地、我局、本公司、本企业、本人等；对称用语："贵""你"，如贵市、贵公司、你厂、你校等；他称用语："该"、"他"，如该市、该地区、该局、该厂等。

⑥ 表态用语。如"严禁""不得""禁止""同意（原则同意）""照准""可行""不予同意""应予缓议""暂不执行"等。

（3）合理运用书面辅助语言。

由于应用文写作具有实用性、行业性等特点，因此在其语言体系中，经常使用书面辅助语言（亦称人工语言），以替代、补充文字语言，从而使应用文的语言表述更为直观、简明。图形、表格、符号、公式等是应用文中最常见的书面辅助语言。

（4）句型句式有惯用或特定的要求。

为了便于读者了解事实和行文目的，确定办事原则，使表述简洁明了，应用文一般使用陈述句和祈使句，较少使用疑问句、感叹句。

由于大多数应用文，尤其是机关公文的行文者和受文对象往往是确定的，为了行文的简洁，还经常使用无主句这种特殊句型。

此外，应用文还常常连续使用介宾短语作中心句的状语、定语成分。如"为了……""关于……"等。

（二）应用文语言的要求

应用文语言表达的总体要求是准确、简洁、朴实、得体。

1. 准　确

首先要求概念准确，把握分寸，要认真辨析词义，精选中心词，用准限定修饰语。如公文中的下行文结语中，常用指令性语句如："上述各条，应严格遵照执行""希认真贯彻执行""请研究执行""可结合当地实际参照执行""供工作中参考"等，这些句子十分准确地表达了不同的贯彻意见和要求。又如在写作总结时，一个单位一个部门在某个时期内取得的工作成绩，是"伟大""重大"还是"较大""一定"，应仔细斟酌，反复推敲，力求准确。

此外，句子合乎语法、逻辑，数据、图示准确无误，人名、地名、引文准确，也是应用文语言准确性的重要方面。

2. 简　洁

应用文语言要求文字简短，表述直截了当，言简意赅，力避烦琐重复。

《党政机关公文处理工作条例》要求，公文起草应当做到“内容简洁，主题突出，观点鲜明，结构严谨，表述准确，文字精练”。

为了使应用文语言能够简洁，应注意以下几点：

第一，避免一切空话、大话、套话。

第二，注意语句的精炼，避免渲染、修饰、抒情色彩太浓的描述性语言，避免随意的日常口语。

第三，恰当使用专用词语、惯用语和有较强表现力的文言词语，如“此复”“函告”“来文悉”“尚需”“如期”等。

第四，使用富有概括力的成语、熟语等。如“恪尽职守”“廉洁奉公”“玩忽职守”“贪赃枉法”等。

3. 朴　实

应用文重在实用，是为了解决实际问题而写的，所以用语应平实质朴，浅近通俗，不用华丽的夸饰语，不堆砌辞藻，不用生僻词句。

4. 得　体

应用文一般都有特定的读者对象和特定的功用，因此，写作时应根据行文目的、接受对象、所用文种等选用恰当的语体、语气。

一般来讲，公文语言应庄重简明。上行公文的读者对象是上级，所以用词应恭敬诚挚；下行公文的读者对象是下级，用语可带权威性、指令性；平行公文的读者对象是不相隶属的机关单位，用语则应谦敬温和，对己方宜用谦词、对对方要用敬语。而通告、公告、公报一类公布性公文，需要通过报刊、广播电视等传媒发布或在一定范围内的公共场所张贴，语言应严肃、庄重而通俗。事务文书的语言应朴实客观，学术科技文章应严谨缜密，礼仪文书则应端庄大方、不卑不亢、情感表达适度。

语言得体，才能收到尽可能好的表达效果。

【思考练习题】

1. 我国应用文的发展经历了哪几个主要阶段？

2. 我国现行《党政机关公文处理工作条例》及“公文格式”国家标准等文件与过去相关规定有哪些差别？

3. 政务微博和政务微信有什么独特作用？

4. 以具体文章为例比较文学作品和应用文的不同。

5. 应用文结构的模式化、规范化有什么好处？

6. 结合实例理解应用文语言准确、简洁、朴实、得体的要求。

第二章 党政公文写作

第一节 党政公文概述

一、党政公文的含义

中共中央办公厅、国务院办公厅于2012年4月16日印发的《党政机关公文处理工作条例》(以下简称《条例》)明确指出:“党政机关公文是党政机关实施领导、履行职能、处理公务的具有特定效力和规范体式的文书,是传达贯彻党和国家方针政策,公布法规和规章,指导、布置和商洽工作,请示和答复问题,报告、通报和交流情况等的重要工具。”

党政机关公文与一般意义上的公文有所不同。一般意义的公文涵盖的内容更为广泛,既可以指国家党政机关实施领导、履行职能、处理公务的具有特定效力和规范体式的文书,也可以指企业单位、群众团体等办理公务而制作的文书。狭义的公文特指党政机关公文,广义的公文指党政机关、企事业单位、群众团体等社会合法组织在处理公务时所使用的文书。

二、党政公文的性质

党政公文是党政机关在实施领导、履行职能、处理公务过程中形成的具有特定效力和规范体式的文书,是处理公务的重要工具,具有特殊的性质。

1. 政治性

党政公文代表党政机关行使职权,体现的是党和政府的意志,要符合党和国家的利益,具有鲜明的政治性。

2. 职权性

党政公文代表党政机关行使职权,实施管理职能。党政机关依法制作的公文,在党政机关管辖的范围内,具有法定效力。

3. 政策性

党政公文是代表党政机关实施管理的重要手段,也是党政机关所辖单位及组织处理各类公务的依据。党政公文既在传达党和国家的方针政策,也在贯彻执行党和国家的方针政策。

三、党政公文的作用

1. 指挥与指导作用

公文是党和政府行使管理的重要工具,如传达和发布方针、政策等,从而实现对所辖系统的控制和管理。

上级机关、组织对下级机关、组织所发公文起指挥作用，上级机关、组织对下级机关、组织的相关业务部门所发公文起指导作用。

2. 规范行为作用

党政公文具有规范公务活动甚至个人行为的作用。各种法律、法规、规章等，一般都是由命令（令）、决定及通知等公文颁发的，这些法规、规章对有关单位或个人的行为具有规范作用；许多公文，如命令（令）、决定、通告及通知等，具有极强的强制力和约束力，对有关工作、活动及行为起着准绳和规范作用。

3. 处理公务作用

上级用下行文对下级工作进行指挥、指导及布置安排；下级用上行文向上级汇报工作、反映情况与请示问题；同级机关之间或不相隶属机关之间用平行文商洽工作、交流经验及沟通信息。

4. 宣传教育作用

公文所传达的方针、政策等既是相应安排部署和要求，也具有统一思想、提高认识的作用。

5. 凭证依据作用

党政公文是有关公务活动的执行依据和真实记录，在其执行期、有效期内，是联系公务的依据和凭证，也是事后查核、评估的凭据。

四、党政公文的特点

1. 法定性

一是作者的法定性。党政机关公文的作者必须是法定机关，非法定机关或个人无权制发公文。

二是公文效用的法定性。法定单位具有法定的职能和权限，在此职权范围内制发的公文，其效用具有同该单位职权相一致的法定性。法定公文在法定的时间、空间范围内对于受文对象具有强制力和约束力——强制阅读、强制办理（强制执行）。受文对象如果不接受，就可能失职、渎职甚至违纪、违法。

三是公文制发程序的法定性。公文的制发与行文必须履行一定的程序才能生效。根据《条例》规定，一般公文要经审核、签发、用印等程序；联合行文要履行会签手续；法规性公文（如规定）和重要的指导性公文（如决议、决定），要按法定程序经有关会议通过。

2. 工具性

党政公文是党政机关代表党和政府管理的工具，是根据公务活动的需要而产生并发挥实际效用的应用文。在实际工作中，党政公文充当传达贯彻党和国家方针政策，公布法规和规章，指导、布置和商洽工作，请示和答复问题，报告、通报和交流情况等公务活动的重要工具。

3. 规范性

公文内容必须符合党和国家的法律、法规、方针、政策及有关规定；为了适应中国共产党机关和国家行政机关工作需要，推进党政机关公文处理工作科学化、制度化、规范化而制定的《条例》，对公文种类、公文格式、行文规则、公文拟制、公文办理、公文管理等均有统一规定。

4. 时效性

公文的效用要受到一定的时间限制，公文的内容不可能永远具有效力。如国务院 2000 年 8 月 24 日发布的《国家行政机关公文处理办法》（以下简称《办法》），2001 年 1 月 1 日起施行。2001 年 1 月 1 日前此《办法》没有直接效用；而到了 2001 年 1 月 1 日，原《办法》（国务院办公厅 1993 年 11 月 21 日发布）就作废；中共中央办公厅、国务院办公厅以中办发〔2012〕14 号印发的《党政机关公文处理工作条例》发布后，1996 年 5 月 3 日中共中央办公厅发布的《中国共产党机关公文处理条例》和 2000 年 8 月 24 日国务院发布的《国家行政机关公文处理办法》，2012 年 7 月 1 日起就不再具有效力了。

公文的办理也有时间要求，必须在规定的时间内办理，否则就是渎职。

5. 模式性

这是就公文的体式（体裁、格式）而言。一般文章的体式灵活多样，而公文具有规范的模式。《条例》和 2012 年 6 月 29 日国家质量监督检查检疫总局、国家标准化管理委员会发布的《党政机关公文格式》国家标准（GB/T 9704—2012）（以下简称《格式》）均公文的体式有明确的规定。公文写作和制发，必须按照相关规定执行。

五、党政公文的种类

（一）按文种类别分

《条例》第二章第八条明确规定党政机关公文有 15 种：决议、决定、命令（令）、公报、公告、通告、意见、通知、通报、报告、请示、批复、议案、函、纪要。

（二）按行文方向分

1. 上行文

下级机关、单位向上级机关、单位报送的公文，主要有请示、报告等。

2. 下行文

上级机关、单位向下级机关、单位发送的公文，主要有决议、决定、命令（令）、通告、通知、通报、批复等。

3. 平行文

向平级机关或不相隶属机关传送的公文，主要有函、部分通知等。

（三）按涉密程度分

根据保密级别，党政公文可分为一般公文、秘密公文、机密公文和绝密公文；根据由涉密程度而规定的阅读权限与范围分，党政公文可分为对外公开件、限国内公开件及内部使用件等。

（四）按办理时限分

根据办理时限，党政公文可分为平件、加急件和特急件；如果是以电报形式传送的公文，则分为平急、加急、特急和特提等。

此外，还有其他一些分类标准。

六、党政公文规范

（一）文种规范

1. 正确选用文种

公文制发的首要环节，就是正确选用文种。公文文种的选用，要严格按照《条例》的规定执行。

（1）决议。适用于会议讨论通过的重大决策事项。

（2）决定。适用于对重要事项作出决策和部署、奖惩有关单位和人员、变更或者撤销下级机关不适当的决定事项。

（3）命令（令）。适用于公布行政法规和规章、宣布施行重大强制性措施、批准授予和晋升衔级、嘉奖有关单位和人员。

（4）公报。适用于公布重要决定或者重大事项。

（5）公告。适用于向国内外宣布重要事项或者法定事项。

（6）通告。适用于在一定范围内公布应当遵守或者周知的事项。

（7）意见。适用于对重要问题提出见解和处理办法。

（8）通知。适用于发布、传达要求下级机关执行和有关单位周知或者执行的事项，批转、转发公文。

（9）通报。适用于表彰先进、批评错误、传达重要精神和告知重要情况。

（10）报告。适用于向上级机关汇报工作、反映情况，回复上级机关的询问。

（11）请示。适用于向上级机关请求指示、批准。

（12）批复。适用于答复下级机关请示事项。

（13）议案。适用于各级人民政府按照法律程序向同级人民代表大会或者人民代表大会常务委员会提请审议事项。

（14）函。适用于不相隶属机关之间商洽工作、询问和答复问题、请求批准和答复审批事项。

（15）纪要。适用于记载会议主要情况和议定事项。

2. 避免文种错用

在实际工作中，或把事务文书当做党政公文来使用，这是误用，如《××县人民政府关于××的总结》；或把《条例》规定的一些相近的文种混淆使用，属于误用，如《××镇人民政府关于××的公告》；或自己新造一些文种，如《××乡人民政府关于××的请求》，等等。误用、混用以及自造文种，都属于文种错用。

（二）格式规范

《条例》第三章“公文格式”明确规定了公文的格式：“公文一般由份号、密级和保密期限、紧急程度、发文机关标志、发文字号、签发人、标题、主送机关、正文、附件说明、发文机关署名、成文日期、印章、附注、附件、抄送机关、印发机关和印发日期、页码等组成。”《格式》对公文用纸、印刷装订、格式要素、式样等作出了具体规定。

1. 版 头

版头也称“文头”，是党政公文首页第一条横隔线以上部分。《标准》指出：“公文首页红色分隔线以上的部分称为版头。”包括发文机关标志、份号、秘密等级和保密期限、紧急程度、发文字号、签发人等组成。

（1）份号。

公文印制份数的顺序号。涉密公文应当标注份号。份号一般用 6 位 3 号阿拉伯数字标注，顶格编排在版心左上角第一行。

（2）密级和保密期限。

公文的秘密等级和保密的期限。涉密公文应当根据涉密程度分别标注“绝密”“机密”“秘密”和保密期限。密级和保密期限一般用 3 号黑体字标注，顶格编排在版心左上角第二行；保密期限中的数字用阿拉伯数字标注。

（3）紧急程度。

公文送达和办理的时限要求。根据紧急程度，紧急公文应当分别标注“特急”“加急”，电报应当分别标注“特提”“特急”“加急”“平急”。紧急程度一般用 3 号黑体字标注，顶格编排在版心左上角；如需同时标注份号、密级和保密期限、紧急程度，按照份号、密级和保密期限、紧急程度的顺序自上而下分行排列。

（4）发文机关标志。

由发文机关全称或者规范化简称加“文件”二字组成，也可以使用发文机关全称或者规范化简称。联合行文时，发文机关标志可以并用联合发文机关名称，也可以单独用主办机关名称。

发文机关是党政公文的制发机关，是党政公文归属的标志。发文机关标志居中排布，上边缘至版心上边缘为 35 mm，推荐使用小标宋体字，颜色为红色，以醒目、美观、庄重为原则。

联合行文时，如需同时标注联署发文机关名称，一般应当将主办机关名称排列在前；如有“文件”二字，应当置于发文机关名称右侧，以联署发文机关名称为准上下居中排布。

（5）发文字号。

由发文机关代字、年份、发文顺序号组成。联合行文时，使用主办机关的发文字号。发文字号编排在发文机关标志下空二行位置，居中排布。年份、发文顺序号用阿拉伯数字标注；年份应标全称，用六角括号“〔 〕”括入；发文顺序号不加“第”字，不编虚位（即 1 不编为 01），在阿拉伯数字后加“号”字。

上行文的发文字号居左空一字编排，与最后一个签发人姓名处在同一行。

（6）签发人。

上行文（报告、请示等）应当标注签发人姓名。由“签发人”三字加全角冒号和签发人姓名组成，居右空一字，编排在发文机关标志下空二行位置。“签发人”三字用 3 号仿宋体字，签发人姓名用 3 号楷体字。

如有多个签发人，签发人姓名按照发文机关的排列顺序从左到右、自上而下依次均匀编排，一般每行排两个姓名，回行时与上一行第一个签发人姓名对齐。

2. 主　体

公文首页红色分隔线（不含）以下、公文末页首条分隔线（不含）以上的部分称为主体。

（1）标题。

由发文机关名称、事由和文种组成。一般用 2 号小标宋体字，编排于红色分隔线下空二行位置，分一行或多行居中排布；回行时，要做到词意完整，排列对称，长短适宜，间距恰当，标题排列应当使用梯形或菱形。

（2）主送机关。

公文的主要受理机关，应当使用机关全称、规范化简称或者同类型机关统称。编排于标题下空一行位置，居左顶格，回行时仍顶格，最后一个机关名称后标全角冒号。如主送机关名称过多导致公文首页不能显示正文时，应当将主送机关名称移至版记，标注方法为：除将“抄送”二字改为“主送”外，编排方法同抄送机关。既有主送机关又有抄送机关时，应当将主送机关置于抄送机关之上一行，之间不加分隔线。

（3）正文。

公文的主体，用来表述公文的内容。公文首页必须显示正文。一般用 3 号仿宋体字，编排于主送机关名称下一行，每个自然段左空两字，回行顶格。文中结构层次序数依次可以用“一、”“（一）”“1.”“（1）”标注；一般第一层用黑体字、第二层用楷体字、第三层和第四层用仿宋体字标注。

（4）附件说明。

公文附件的顺序号和名称。如有附件，在正文下空一行左空两字编排“附件”二字，后标全角冒号和附件名称。如有多个附件，使用阿拉伯数字标注附件顺序号（如“附件：1. ×××××”）；附件名称后不加标点符号。附件名称较长需回行时，应当与上一行附件名称的首字对齐。

（5）发文机关署名。

署发文机关全称或者规范化简称。

（6）成文日期。

署会议通过或者发文机关负责人签发的日期。联合行文时，署最后签发机关负责人签发的日期。成文日期中的数字用阿拉伯数字将年、月、日标全，年份应标全称，月、日不编虚位（即 1 不编为 01）。

加盖印章的公文，成文日期一般右空四字编排，印章用红色，不得出现空白印章。

加盖印章的公文，单一机关行文时，一般在成文日期之上、以成文日期为准居中编排发文机关署名，印章端正、居中下压发文机关署名和成文日期，使发文机关署名和成文日期居印章中心偏下位置，印章顶端应当上距正文（或附件说明）一行之内；联合行文时，一般将各发文机关署名按照发文机关顺序整齐排列在相应位置，并将印章一一对应、端正、居中下压发文机关署名，最后一个印章端正、居中下压发文机关署名和成文日期，印章之间排列整齐、互不相交或相切，每排印章两端不得超出版心，首排印章顶端应当上距正文（或附件说明）一行之内。

不加盖印章的公文，单一机关行文时，在正文（或附件说明）下空一行右空两字编排发文机关署名，在发文机关署名下一行编排成文日期，首字比发文机关署名首字右移二字，如成文日期长于发文机关署名，应当使成文日期右空两字编排，并相应增加发文机关署名右空字数；联合行文时，应当先编排主办机关署名，其余发文机关署名依次向下编排。

加盖签发人签名章的公文，单一机关制发的公文加盖签发人签名章时，在正文（或附件说明）下空二行右空四字加盖签发人签名章，签名章左空两字标注签发人职务，以签名章为准上下居中排布。在签发人签名章下空一行右空四字编排成文日期；联合行文时，应当先编排主办机关签发人职务、签名章，其余机关签发人职务、签名章依次向下编排，与主办机关签发人职务、签名章上下对齐；每行只编排一个机关的签发人职务、签名章；签发人职务应当标注全称。

（7）印章。

公文中有发文机关署名的，应当加盖发文机关印章，并与署名机关相符。有特定发文机关标志的普发性公文和电报可以不加盖印章。

（8）附注。

公文印发传达范围等需要说明的事项。如有附注，居左空两字加圆括号编排在成文日期下一行。

（9）附件。

公文正文的说明、补充或者参考资料。附件应当另面编排，并在版记之前，与公文正文一起装订。“附件”二字及附件顺序号用 3 号黑体字顶格编排在版心左上角第一行。附件标题居中编排在版心第三行。附件顺序号和附件标题应当与附件说明的表述一致。附件格式要求同正文。

如附件与正文不能一起装订，应当在附件左上角第一行顶格编排公文的发文字号并在其后标注“附件”二字及附件顺序号。

3. 版　记

公文末页首条分隔线以下、末条分隔线以上的部分称为版记。版记中的分隔线与版心等宽，首条分隔线和末条分隔线用粗线（推荐高度为 0.35 mm），中间的分隔线用细线（推荐高度为 0.25 mm）。首条分隔线位于版记中第一个要素之上，末条分隔线与公文最后一面的版心下边缘重合。版记中如有其他要素，应当将其与印发机关和印发日期用一条细分隔线隔开。

（1）抄送机关。

除主送机关外需要执行或者知晓公文内容的其他机关，应当使用机关全称、规范化简称或者同类型机关统称。如有抄送机关，一般用 4 号仿宋体字，在印发机关和印发日期之上一行、左右各空一字编排。“抄送”二字后加全角冒号和抄送机关名称，回行时与冒号后的首字对齐，最后一个抄送机关名称后标句号。

如需把主送机关移至版记，除将“抄送”二字改为“主送”外，编排方法同抄送机关。既有主送机关又有抄送机关时，应当将主送机关置于抄送机关之上一行，之间不加分隔线。

（2）印发机关和印发日期。

公文的送印机关和送印日期。印发机关和印发日期一般用 4 号仿宋体字，编排在末条分隔线之上，印发机关左空一字，印发日期右空一字，用阿拉伯数字将年、月、日标全，年份应标全称，月、日不编虚位（即 1 不编为 01），后加“印发”二字。

（3）页码。

公文页数顺序号。一般用 4 号半角宋体阿拉伯数字，编排在公文版心下边缘之下，数字左右各放一条一字线；一字线上距版心下边缘 7 mm。单页码居右空一字，双页码居左空一字。公文的版记页前有空白页的，空白页和版记页均不编排页码。公文的附件与正文一起装订时，页码应当连续编排。

（三）特定格式规范

除一般公文格式外，还有一些公文具有特定格式，现予补充说明。

1. 信函格式

发文机关标志使用发文机关全称或者规范化简称，居中排布，上边缘至上页边为 30 mm，推荐使用红色小标宋体字。联合行文时，使用主办机关标志。

发文机关标志下 4 mm 处印一条红色双线（上粗下细），距下页边 20 mm 处印一条红色双线（上细下粗），线长均为 170 mm，居中排布。

如需标注份号、密级和保密期限、紧急程度，应当顶格居版心左边缘编排在第一条红色双线下，按照份号、密级和保密期限、紧急程度的顺序自上而下分行排列，第一个要素与该线的距离为 3 号汉字高度的 7/8。

发文字号顶格居版心右边缘编排在第一条红色双线下，与该线的距离为 3 号汉字高度的 7/8。

标题居中编排，与其上最后一个要素相距二行。

第二条红色双线上一行如有文字，与该线的距离为 3 号汉字高度的 7/8。

首页不显示页码。

版记不加印发机关和印发日期、分隔线，位于公文最后一面版心内最下方。

2. 命令（令）格式

发文机关标志由发文机关全称加“命令”或“令”字组成，居中排布，上边缘至版心上边缘为 20 mm，推荐使用红色小标宋体字。

发文机关标志下空两行居中编排令号，令号下空两行编排正文。

签发人职务、签名章和成文日期的编排为：单一机关制发的公文加盖签发人签名章时，在正文（或附件说明）下空两行右空四字加盖签发人签名章，签名章左空两字标注签发人职务，以签名章为准上下居中排布。在签发人签名章下空一行右空四字编排成文日期；联合行文时，应当先编排主办机关签发人职务、签名章，其余机关签发人职务、签名章依次向下编排，与主办机关签发人职务、签名章上下对齐；每行只编排一个机关的签发人职务、签名章；签发人职务应当标注全称。

签名章一般用红色。

3. 纪要格式

纪要标志由“×××××纪要”组成，居中排布，上边缘至版心上边缘为 35 mm，推荐使用红色小标宋体字。

标注出席人员名单，一般用 3 号黑体字，在正文或附件说明下空一行左空两字编排“出席”二字，后标全角冒号，冒号后用 3 号仿宋体字标注出席人单位、姓名，回行时与冒号后的首字对齐。

标注请假和列席人员名单，除依次另起一行并将“出席”二字改为“请假”或“列席”外，编排方法同出席人员名单。

纪要格式可以根据实际制定。

4. 其他格式

公文的版式按照《党政机关公文格式》国家标准执行。

公文使用的汉字、数字、外文字符、计量单位和标点符号等，按照有关国家标准和规定执行。民族自治地方的公文，可以并用汉字和当地通用的少数民族文字。

公文用纸幅面采用国际标准 A4 型。特殊形式的公文用纸幅面，根据实际需要确定。

（四）语言规范

各级党政机关在办理党政公务的过程中，逐渐形成了公文语言运用的特殊语体，也形成了公文语言的一些基本规范。

1. 准　确

受文机关只有清楚发文机关的意图，才能履行职能、处理公务。作为传达贯彻党和国家方针政策，公布法规和规章，指导、布置和商洽工作，请示和答复问题，报告、通报和交流情况等的重要工具，党政机关公文的语言特别讲究准确。如果公文用词造句含义不确定，甚至模糊游移，就会影响工作。

公文语言的准确，主要体现在两个方面：

就内容表达而言，陈述事实、引用数据等要做到准确无误；公文的主旨要清楚，观点要明确，不能模棱两可。

从词语选择来看，就是用词恰当。公文中不能出现如“估计”“猜想”“或许”“可能”“大概”等表意不准确、不严密的词语，对于“完全”“基本上”“必须”“应该”“较好地”“完满地”等表示程度的副词要慎用。现代汉语存在着大量的同义词，反映着事物间细微差别，运用时要注意选择。如：“削弱、摆脱和破坏党的领导，只会犯更大的错误，并且招致严重的灾难。”这句话中，“削弱”“摆脱”和“破坏”这组近义词都表示损害党的领导的意思，但程度上差距很大。当然，根据表达的需要，公文中也可以用一些模糊语言，如“近期”“大量”“部分”“原则”，等等。

2. 简　明

公文语体的简洁性就是简洁、精炼、明白。随着信息化社会对信息传递效率要求的提高，公文的简洁、精炼成了现代公文发展的必然趋势。因为公文是处理公务的工具，写得越简短越有利于提高办事效率。要人们在较短的时间内接受较为丰富的内容，公文的语言就必须简明扼要，惜墨如金，做到文约事丰。

一是用词简洁。公文可用一些惯用语，如称谓常用“贵校”“该生”“你厂”等，开端常用“据”“根据”“按照”“为了”“由于”“关于”等词，叙述常用“据查”“据了解”“近悉”“收悉”等；公文表述上也经常使用简略语，如把“发展和改革委员会”简称为“发改委”，“国家税务局”简称为“国税局”，“地方税务局”简称为“地税局”等。

二是句式简洁。现代汉语中一般的句子成分有主语、谓语、宾语、定语、状语、补语，公文有时为了表述更加简洁，句子成分可以省略；尽量多用短句。少用长句。

3. 平　实

公文的语言要通俗易懂、明白如话，努力做到字易识、句易读、意易解。应多用直陈的叙述、说明，少用或不用抒情、描写等艺术手法；修辞格的使用要谨慎，数字书写应严格符合有关规定。

朴实并不是要排斥文采。公文写作中也可以适当运用一些比喻、排比、对偶等修辞手法，使公文语言朴实而不呆板、严肃而不乏活泼。如“中国共产党还仅仅处于青壮年时期，显示了蓬勃的生命力和巨大的发展空间”这种拟人化的语言，使公文更具活力。

4. 得　体

得体，就是符合某一种语体的语言特点。语体，是一种语言在使用过程中与一定交际特点相适应而形成的语言特点的综合。公文语言的得体，体现为三个方面：

一是与一定的文种特性相适应。公文的文种特性语体分为两大类，一是指令周知性、法规性的事理说明性语体，二是汇报总结性的论证性语体。前者是观念形态的语体，后者是观念加物象形态的语体。公文用词必须遵循这一特点。否则，就会导致不得体。

二是与行文关系相适应。公文的行文关系至为重要。公文用语必须适应行文关系。如下行文的指令性公文，可以用命令语气，而上行文的报告请示就不可用，如此等等。

三是与公文的性质相适应。公文具有政治性、政策性等，因此，公文语言要庄重典雅，公文写作应使用规范的书面语，不用方言土语。可用“兹”“悉”“拟”“特此”“莅临”等文言词语，使行文显得庄重典雅，增强语言的概括力和表现力。在实际的表述中，也可以用一些俗语，以显得公文更具亲和力，如“跳槽”“菜篮子工程”“下海”等。

（五）行文规范

行文应当确有必要，讲求实效，注重针对性和可操作性。

1. 行文关系根据隶属关系和职权范围确定

一般不得越级行文，特殊情况需要越级行文的，应当同时抄送被越过的机关。

2. 向上级机关行文应当遵循的规则

（1）原则上主送一个上级机关，根据需要同时抄送相关上级机关和同级机关，不抄送下级机关。

（2）党委、政府的部门向上级主管部门请示、报告重大事项，应当经本级党委、政府同意或者授权；属于部门职权范围内的事项应当直接报送上级主管部门。

（3）下级机关的请示事项，如需以本机关名义向上级机关请示，应当提出倾向性意见后上报，不得原文转报上级机关。

（4）请示应当一文一事。不得在报告等非请示性公文中夹带请示事项。

（5）除上级机关负责人直接交办事项外，不得以本机关名义向上级机关负责人报送公文，不得以本机关负责人名义向上级机关报送公文。

（6）受双重领导的机关向一个上级机关行文，必要时抄送另一个上级机关。

3. 向下级机关行文，应当遵循以下规则

（1）主送受理机关，根据需要抄送相关机关。重要行文应当同时抄送发文机关的直接上级机关。

（2）党委、政府的办公厅（室）根据本级党委、政府授权，可以向下级党委、政府行文，其他部门和单位不得向下级党委、政府发布指令性公文或者在公文中向下级党委、政府提出指令性要求。需经政府审批的具体事项，经政府同意后可以由政府职能部门行文，文中须注明已经政府同意。

（3）党委、政府的部门在各自职权范围内可以向下级党委、政府的相关部门行文。

（4）涉及多个部门职权范围内的事务，部门之间未协商一致的，不得向下行文；擅自行文的，上级机关应当责令其纠正或者撤销。

（5）上级机关向受双重领导的下级机关行文，必要时抄送该下级机关的另一个上级机关。

4. 同级党政机关、党政机关与其他同级机关必要时可以联合行文

属于党委、政府各自职权范围内的工作，不得联合行文。党委、政府的部门依据职权可以相互行文。部门内设机构除办公厅（室）外不得对外正式行文。

（六）拟制规范

公文拟制包括公文的起草、审核、签发等程序。

1. 起草规范

公文起草应当做到：

（1）符合国家法律法规和党的路线方针政策，完整准确体现发文机关意图，并同现行有关公文相衔接。

（2）一切从实际出发，分析问题实事求是，所提政策措施和办法切实可行。

（3）内容简洁，主题突出，观点鲜明，结构严谨，表述准确，文字精练。

（4）文种正确，格式规范。

（5）深入调查研究，充分进行论证，广泛听取意见。

（6）公文涉及其他地区或者部门职权范围内的事项，起草单位必须征求相关地区或者部门意见，力求达成一致。

（7）机关负责人应当主持、指导重要公文起草工作。

2. 审核规范

公文文稿签发前，应当由发文机关办公厅（室）进行审核。审核的重点是：

（1）行文理由是否充分，行文依据是否准确。

（2）内容是否符合国家法律法规和党的路线方针政策；是否完整准确体现发文机关意图；是否同现行有关公文相衔接；所提政策措施和办法是否切实可行。

（3）涉及有关地区或者部门职权范围内的事项是否经过充分协商并达成一致意见。

（4）文种是否正确，格式是否规范；人名、地名、时间、数字、段落顺序、引文等是否准确；文字、数字、计量单位和标点符号等用法是否规范。

（5）其他内容是否符合公文起草的有关要求。

需要发文机关审议的重要公文文稿，审议前由发文机关办公厅（室）进行初核。

经审核不宜发文的公文文稿，应当退回起草单位并说明理由；符合发文条件但内容需做进一步研究和修改的，由起草单位修改后重新报送。

3. 签发规范

公文应当经本机关负责人审批签发。重要公文和上行文由机关主要负责人签发。党委、政府的办公厅（室）根据党委、政府授权制发的公文，由受权机关主要负责人签发或者按照有关规定签发。签发人签发公文，应当签署意见、姓名和完整日期；圈阅或者签名的，视为同意。联合发文由所有联署机关的负责人会签。

（七）办理规范

公文办理包括收文办理、发文办理和整理归档。

1. 收文办理

收文办理主要程序是：

（1）签收。对收到的公文应当逐件清点，核对无误后签字或者盖章，并注明签收时间。

（2）登记。对公文的主要信息和办理情况应当详细记载。

（3）初审。对收到的公文应当进行初审。初审的重点是：是否应当由本机关办理，是否符合行文规则，文种、格式是否符合要求，涉及其他地区或者部门职权范围内的事项是否已经协商、会签，是否符合公文起草的其他要求。经初审不符合规定的公文，应当及时退回来文单位并说明理由。

（4）承办。阅知性公文应当根据公文内容、要求和工作需要确定范围后分送。批办性公文应当提出拟办意见报本机关负责人批示或者转有关部门办理；需要两个以上部门办理的，应当明确主办部门。紧急公文应当明确办理时限。承办部门对交办的公文应当及时办理，有明确办理时限要求的应当在规定时限内办理完毕。

（5）传阅。根据领导批示和工作需要将公文及时送传阅对象阅知或者批示。办理公文传阅应当随时掌握公文去向，不得漏传、误传、延误。

（6）催办。及时了解掌握公文的办理进展情况，督促承办部门按期办结。紧急公文或者重要公文应当由专人负责催办。

（7）答复。公文的办理结果应当及时答复来文单位，并根据需要告知相关单位。

2. 发文办理

发文办理主要程序是：

（1）复核。已经发文机关负责人签批的公文，印发前应当对公文的审批手续、内容、文种、格式等进行复核；需作实质性修改的，应当报原签批人复审。

（2）登记。对复核后的公文，应当确定发文字号、分送范围和印制份数并详细记载。

（3）印制。公文印制必须确保质量和时效。涉密公文应当在符合保密要求的场所印制。

（4）核发。公文印制完毕，应当对公文的文字、格式和印刷质量进行检查后分发。

涉密公文应当通过机要交通、邮政机要通信、城市机要文件交换站或者收发件机关机要收发人员进行传递，通过密码电报或者符合国家保密规定的计算机信息系统进行传输。

3. 整理归档

需要归档的公文及有关材料，应当根据有关档案法律法规以及机关档案管理规定，及时收集齐全、整理归档。两个以上机关联合办理的公文，原件由主办机关归档，相关机关保存复制件。机关负责人兼任其他机关职务的，在履行所兼职务过程中形成的公文，由其兼职机关归档。

（八）管理规范

各级党政机关应当建立健全本机关公文管理制度，确保管理严格规范，充分发挥公文效用。

党政机关公文由文秘部门或者专人统一管理。设立党委（党组）的县级以上单位应当建立机要保密室和机要阅文室，并按照有关保密规定配备工作人员和必要的安全保密设施设备。

公文确定密级前，应当按照拟定的密级先行采取保密措施。确定密级后，应当按照所定密级严格管理。绝密级公文应当由专人管理。

公文的密级需要变更或者解除的，由原确定密级的机关或者其上级机关决定。

公文的印发传达范围应当按照发文机关的要求执行；需要变更的，应当经发文机关批准。

涉密公文公开发布前应当履行解密程序。公开发布的时间、形式和渠道，由发文机关确定。

经批准公开发布的公文，同发文机关正式印发的公文具有同等效力。

复制、汇编机密级、秘密级公文，应当符合有关规定并经本机关负责人批准。绝密级公文一般不得复制、汇编，确有工作需要的，应当经发文机关或者其上级机关批准。

复制、汇编的公文视同原件管理。复制件应当加盖复制机关戳记。翻印件应当注明翻印的机关名称、日期。汇编本的密级按照编入公文的最高密级标注。

公文的撤销和废止，由发文机关、上级机关或者权力机关根据职权范围和有关法律法规决定。公文被撤销的，视为自始无效；公文被废止的，视为自废止之日起失效。

涉密公文应当按照发文机关的要求和有关规定进行清退或者销毁。

不具备归档和保存价值的公文，经批准后可以销毁。销毁涉密公文必须严格按照有关规定履行审批登记手续，确保不丢失、不漏销。个人不得私自销毁、留存涉密公文。

机关合并时，全部公文应当随之合并管理；机关撤销时，需要归档的公文经整理后按照有关规定移交档案管理部门。

工作人员离岗离职时，所在机关应当督促其将暂存、借用的公文按照有关规定移交、清退。

新设立的机关应当向本级党委、政府的办公厅（室）提出发文立户申请。经审查符合条件的，列为发文单位，机关合并或者撤销时，进行相应调整。

【思考练习题】

1. 什么是党政公文？
2. 党政公文的性质是什么？
3. 简述党政公文的特点。
4. 党政公文的作用是什么？
5. 公文办理有哪些程序？

第二节　决议 决定 命令（令）

一、决　议

（一）决议基础知识

决议是各级党和国家领导机关就重要事项经全体党代表或党的委员会会议讨论通过重要决策，并要求进行贯彻执行的重要指导性公文，具有权威性和指导性。工会（职代会）、企业（董事会、股东大会）也参照使用此种公文。

1. 决议的适用范围

《党政机关公文处理工作条例》规定：决议“适用于会议讨论通过的重大决策事项”。在 2012 年《党政机关公文处理工作条例》颁布之前，在 1996 年中共中央办公厅颁布的《中国共产党机关公文处理条例》中规定，决议“用于经会议讨论通过的重要决策事项”，“重要”决策事项变为“重大”决策事项，一字之差，新条例对决议文种的使用有更严格的要求。

2. 决议的特点

（1）权威性。

第一，决议须经党的会议讨论通过方能生效，只能由党的领导机关发布，是党的领导机关意志的反映。

第二，决议的内容是执政党的重大决策事项，一经公布，全党、全国或相应地区、单位必须坚决贯彻执行。

（2）指导性。

决议所作决策对下级党政机关、各行各业具有指导意义，是其制定工作规划（或计划），思考和安排工作重要的依据。

3. 决议与相近文种的区别

（1）决议与决定的区别。

第一，制发程序不同。决议须经某一级党的机关或企事业组织机构的法定会议对某一议题进行集体讨论，由法定多数表决通过，方能形成正式文件，并以会议的名义公布。而决定却不一定经过法定会议讨论通过的程序。它既可以是某种会议讨论研究的成果，形成正式文件予以公布，也可由各级领导机关直接制发。凡未经过有关法定会议讨论通过这一程序，而是以领导机关的名义发布的议决性文件，就只能使用决定而不能使用决议。

第二，作用不尽相同。决议要求下级机关严格贯彻执行。而决定只有部署性（指示性）决定才要求下级机关执行，告知性决定主要起知照性作用，一般不要求下级机关执行。

第三，内容性质不同。决议的内容是重大决策事项，而决定的内容是“对重要事项作出决策和部署、奖惩有关单位和人员、变更或者撤销下级机关不适当的决定事项”，比决议事项相对具体、微观。

（2）决议与纪要的区别。

第一，内容性质不同。纪要所记载的是会议的情况和所有议定事项，不必如决议只针对重大事项。

第二，产生程序不同。会议纪要中的议定事项是有关与会各方讨论研究达成的共识，决议的内容则是根据有关会议规则由与会者讨论、审议表决后的决策。

第三，效力不同。决议在特定范围具有法定效力；会议纪要则只具备指导意义和周知意义，不具备法定效力。

第四，行文方式不同。会议纪要一般不独立对外发出，须以通知指明有效执行的范围与要求等，而后以通知附件形式发布。决议则是独立发出。

4. 决议的分类

根据决议所涉及内容的范畴和性质，决议分为以下几种类型：

（1）公布性决议。

公布性决议，指就某项重大法规、提案，经法定会议讨论、审议表决后公布该项法规、提案而使用的决议。如《全国人民代表大会常务委员会关于公布<中华人民共和国香港特别行政区基本法（草案）>的决议》。

（2）部署性决议。

部署性决议，指用于发布经会议审议、表决通过并要求下级机关贯彻执行某项重大决策事项的决议。

（3）批准性决议。

批准性决议，指用于对相关文件表示肯定或否定意见的决议，目的是要公布相关文件审议的进程、结果。批准性决议的内容，可以是批准领导人在某次会议上所做的工作报告，批准会议上审议讨论的文件，也可以是会议上讨论处理的重大工作事项等。如《全国人民代表大会常务委员会关于批准 2020 年中央决算的决议》。

（4）阐述性决议。

阐述性决议，指将某些重大结论的具体内容加以展开阐述的决议，是针对某一专题性问题做充分说明的决议类别。例如《关于若干历史问题的决议》（一九四五年四月二十日中国共产党六届七中全会通过）、《关于建国以来党的若干历史问题的决议》（一九八一年六月二十七日中国共产党第十一届中央委员会第六次全体会议一致通过）和《中共中央关于党的百年奋斗重大成就和历史经验的决议》（2021 年 11 月 11 日中国共产党第十九届中央委员会第六次全体会议通过）。

（二）决议写作要领

1. 标　题

决议标题由“发文机关（或会议名称）+ 事由 + 文种名称”组成，也可由“事由 + 文种名称”组成。

通过日期一般写在标题下，在小括号内注明会议名称及通过时间，也可只写年月日。

例 1：

中国共产党第十九次全国代表大会关于十八届中央委员会报告的决议
（2017 年 10 月 24 日中国共产党第十九次全国代表大会通过）

例 2：

全国人民代表大会常务委员会
关于公布《中华人民共和国香港特别行政区基本法（草案）》的决议
（1989 年 2 月 21 日通过）

例 3：

关于给予××开除党籍处分的决议
（中共××村支部委员会 2020 年 9 月 30 日全体会议表决通过）

2. 正　文

决议正文通常包括决议缘由、决议事项和结语三部分。

（1）决议缘由：简要说明有关会议审议相关重大事项的情况，交代作出决议的目的意义、原因、根据、背景等。

（2）决议事项：写明会议审议通过的重大事项，或会议对有关文件、事项作出的评价、决定，或对有关工作做出的部署、安排要求和措施。

（3）结语：一般紧扣决议事项有针对性地提出希望、号召和执行要求。亦可省去该部分。

（三）决议例文评析

【例文一】

全国人民代表大会常务委员会
关于公布《中华人民共和国香港特别行政区基本法（草案）》的决议
（1989 年 2 月 21 日通过）

第七届全国人民代表大会常务委员会第六次会议听取了香港特别行政区基本法起草委员会姬鹏飞主任委员关于《中华人民共和国香港特别行政区基本法（草案）》及有关文件的报告，决定：

（一）公布《中华人民共和国香港特别行政区基本法（草案）》和三个附件，同时公布《中华人民共和国全国人民代表大会关于香港特别行政区第一届政府和立法会产生办法的决定（草案代拟稿）》、《香港特别行政区基本法起草委员会关于设立全国人民代表大会常务委员会香港特别行政区基本法委员会的建议》，自公布之日起至1989年7月底，在香港和全国其他地区广泛征求意见。

（二）由香港特别行政区基本法起草委员会负责征求香港各界人士和中央各部门、各政党、各人民团体的意见。

（三）由各省、自治区、直辖市人民代表大会常务委员会负责征求本地区各界人士的意见，并将意见汇总，于1989年8月中旬以前报送香港特别行政区基本法起草委员会。各界人士也可以将意见寄送香港特别行政区基本法起草委员会秘书处。

（四）全国人民代表大会常务委员会委托香港特别行政区基本法起草委员会负责主持征求意见的工作，并根据香港和全国其他各地区、各方面提出的意见，对《中华人民共和国香港特别行政区基本法（草案）》作进一步修改后，提请1990年举行的第七届全国人民代表大会第三次会议审议。

中华人民共和国香港特别行政区基本法（草案）（略）

【简析】本例文属于典型的公布性决议，标题为“发文机关+事由+文种名称”，题注为通过时间。在事由部分，有“公布”字眼。正文第一部分为决议缘由，首先交代决议事项《中华人民共和国香港特别行政区基本法（草案）》的审议情况，而后以“决定”一词过渡。第二部分为决议事项，分条目从四个方面表述决议事项具体内容。首先介绍公布《中华人民共和国香港特别行政区基本法（草案）》和相关附件内容及其处理方式——“自公布之日起至1989年7月底，在香港和全国其他地区广泛征求意见”。接下来从三个方面明确香港特别行政区基本法起草委员会，各省、自治区、直辖市人民代表大会常务委员会，全国人民代表大会常务委员会委托香港特别行政区基本法起草委员会的相关职责，要求明确。全文简洁明了，条理清楚，语言庄重、精炼、准确。

【例文二】

全国人民代表大会常务委员会关于批准2020年中央决算的决议

（2021年6月10日第十三届全国人民代表大会常务委员会第二十九次会议通过）

第十三届全国人民代表大会常务委员会第二十九次会议听取了财政部部长刘昆受国务院委托作的《国务院关于2020年中央决算的报告》和审计署审计长侯凯受国务院委托作的《国务院关于2020年度中央预算执行和其他财政收支的审计工作报告》。会议结合审议审计工作报告，对2020年中央决算（草案）和中央决算报告进行了审查。会议同意全国人民代表大会财政经济委员会提出的审查结果报告，决定批准2020年中央决算。

【简析】这是一篇批准性决议，标题为三要素齐全的规范格式。正文首先介绍会议审议重大事项的背景：会议听取并审议了财政部部长刘昆、审计署审计长侯凯分别受国务院委托在第十三届全国人民代表大会常务委员会第二十九次会议所做的决算报告和审计报告。接着简洁明确地写明决议意见：同意全国人民代表大会财政经济委员会提出的审查结果报告，决定批准2020年中央决算。格式规范，内容清楚，语言严谨。

【例文三】

中共中央关于党的百年奋斗重大成就和历史经验的决议

（2021 年 11 月 11 日中国共产党第十九届中央委员会第六次全体会议通过）

序 言

中国共产党自一九二一年成立以来，始终把为中国人民谋幸福、为中华民族谋复兴作为自己的初心使命，始终坚持共产主义理想和社会主义信念，团结带领全国各族人民为争取民族独立、人民解放和实现国家富强、人民幸福而不懈奋斗，已经走过一百年光辉历程。

一百年来，党领导人民浴血奋战、百折不挠，创造了新民主主义革命的伟大成就；自力更生、发愤图强，创造了社会主义革命和建设的伟大成就；解放思想、锐意进取，创造了改革开放和社会主义现代化建设的伟大成就；自信自强、守正创新，创造了新时代中国特色社会主义的伟大成就。党和人民百年奋斗，书写了中华民族几千年历史上最恢宏的史诗。

总结党的百年奋斗重大成就和历史经验，是在建党百年历史条件下开启全面建设社会主义现代化国家新征程、在新时代坚持和发展中国特色社会主义的需要；是增强政治意识、大局意识、核心意识、看齐意识，坚定道路自信、理论自信、制度自信、文化自信，做到坚决维护习近平同志党中央的核心、全党的核心地位，坚决维护党中央权威和集中统一领导，确保全党步调一致向前进的需要；是推进党的自我革命、提高全党斗争本领和应对风险挑战能力、永葆党的生机活力、团结带领全国各族人民为实现中华民族伟大复兴的中国梦而继续奋斗的需要。全党要坚持唯物史观和正确党史观，从党的百年奋斗中看清楚过去我们为什么能够成功、弄明白未来我们怎样才能继续成功，从而更加坚定、更加自觉地践行初心使命，在新时代更好坚持和发展中国特色社会主义。

一九四五年党的六届七中全会通过的《关于若干历史问题的决议》、一九八一年党的十一届六中全会通过的《关于建国以来党的若干历史问题的决议》，实事求是总结党的重大历史事件和重要经验教训，在重大历史关头统一了全党思想和行动，对推进党和人民事业发挥了重要引领作用，其基本论述和结论至今仍然适用。

一、夺取新民主主义革命伟大胜利

……

二、完成社会主义革命和推进社会主义建设

……

三、进行改革开放和社会主义现代化建设

……

四、开创中国特色社会主义新时代……

……

五、中国共产党百年奋斗的历史意义

……

六、中国共产党百年奋斗的历史经验

一百年来，党领导人民进行伟大奋斗，在进取中突破，于挫折中奋起，从总结中提高，积累了宝贵的历史经验。

（一）坚持党的领导。中国共产党是领导我们事业的核心力量。中国人民和中华民族之所以能够扭转近代以后的历史命运、取得今天的伟大成就，最根本的是有中国共产党的坚强领导。历史和现实都证明，没有中国共产党，就没有新中国，就没有中华民族伟大复兴。治理好我们这个世界上最大的政党和人口最多的国家，必须坚持党的全面领导特别是党中央集中统一领导，坚持民主集中制，确保党始终总揽全局、协调各方。只要我们坚持党的全面领导不动摇，坚决维护党的核心和党中央权威，充分发挥党的领导政治优势，把党的领导落实到党和国家事业各领域各方面各环节，就一定能够确保全党全军全国各族人民团结一致向前进。

（二）坚持人民至上。党的根基在人民、血脉在人民、力量在人民，人民是党执政兴国的最大底气。民心是最大的政治，正义是最强的力量。党的最大政治优势是密切联系群众，党执政后的最大危险是脱离群众。党代表中国最广大人民根本利益，没有任何自己特殊的利益，从来不代表任何利益集团、任何权势团体、任何特权阶层的利益，这是党立于不败之地的根本所在。只要我们始终坚持全心全意为人民服务的根本宗旨，坚持党的群众路线，始终牢记江山就是人民、人民就是江山，坚持一切为了人民、一切依靠人民，坚持为人民执政、靠人民执政，坚持发展为了人民、发展依靠人民、发展成果由人民共享，坚定不移走全体人民共同富裕道路，就一定能够领导人民夺取中国特色社会主义新的更大胜利，任何想把中国共产党同中国人民分割开来、对立起来的企图就永远不会得逞。

（三）坚持理论创新。马克思主义是我们立党立国、兴党强国的根本指导思想。马克思主义理论不是教条而是行动指南，必须随着实践发展而发展，必须中国化才能落地生根、本土化才能深入人心。党之所以能够领导人民在一次次求索、一次次挫折、一次次开拓中完成中国其他各种政治力量不可能完成的艰巨任务，根本在于坚持解放思想、实事求是、与时俱进、求真务实，坚持把马克思主义基本原理同中国具体实际相结合、同中华优秀传统文化相结合，坚持实践是检验真理的唯一标准，坚持一切从实际出发，及时回答时代之问、人民之问，不断推进马克思主义中国化时代化。习近平同志指出，当代中国的伟大社会变革，不是简单延续我国历史文化的母版，不是简单套用马克思主义经典作家设想的模板，不是其他国家社会主义实践的再版，也不是国外现代化发展的翻版。只要我们勇于结合新的实践不断推进理论创新、善于用新的理论指导新的实践，就一定能够让马克思主义在中国大地上展现出更强大、更有说服力的真理力量。

（四）坚持独立自主。独立自主是中华民族精神之魂，是我们立党立国的重要原则。走自己的路，是党百年奋斗得出的历史结论。党历来坚持独立自主开拓前进道路，坚持把国家和民族发展放在自己力量的基点上，坚持中国的事情必须由中国人民自己作主张、自己来处理。人类历史上没有一个民族、一个国家可以通过依赖外部力量、照搬外国模式、跟在他人后面亦步亦趋实现强大和振兴。那样做的结果，不是必然遭遇失败，就是必然成为他人的附庸。只要我们坚持独立自主、自力更生，既虚心学习借鉴国外的有益经验，又坚定民族自尊心和自信心，不信邪、不怕压，就一定能够把中国发展进步的命运始终牢牢掌握在自己手中。

（五）坚持中国道路。方向决定道路，道路决定命运。党在百年奋斗中始终坚持从我国国情出发，探索并形成符合中国实际的正确道路。中国特色社会主义道路是创造人民美好生活、实现中华民族伟大复兴的康庄大道。脚踏中华大地，传承中华文明，走符合中国国情的正确道路，党和人民就具有无比广阔的舞台，具有无比深厚的历史底蕴，具有无比强大的前进定力。只要我们既不走封闭僵化的老路，也不走改旗易帜的邪路，坚定不移走中国特色社会主义道路，就一定能够把我国建设成为富强民主文明和谐美丽的社会主义现代化强国。

（六）坚持胸怀天下。大道之行，天下为公。党始终以世界眼光关注人类前途命运，从人类发展大潮流、世界变化大格局、中国发展大历史正确认识和处理同外部世界的关系，坚持开放、不搞封闭，坚持互利共赢、不搞零和博弈，坚持主持公道、伸张正义，站在历史正确的一边，站在人类进步的一边。只要我们坚持和平发展道路，既通过维护世界和平发展自己，又通过自身发展维护世界和平，同世界上一切进步力量携手前进，不依附别人，不掠夺别人，永远不称霸，就一定能够不断为人类文明进步贡献智慧和力量，同世界各国人民一道，推动历史车轮向着光明的前途前进。

（七）坚持开拓创新。创新是一个国家、一个民族发展进步的不竭动力。越是伟大的事业，越充满艰难险阻，越需要艰苦奋斗，越需要开拓创新。党领导人民披荆斩棘、上下求索、奋力开拓、锐意进取，不断推进理论创新、实践创新、制度创新、文化创新以及其他各方面创新，敢为天下先，走出了前人没有走出的路，任何艰难险阻都没能阻挡住党和人民前进的步伐。只要我们顺应时代潮流，回应人民要求，勇于推进改革，准确识变、科学应变、主动求变，永不僵化、永不停滞，就一定能够创造出更多令人刮目相看的人间奇迹。

（八）坚持敢于斗争。敢于斗争、敢于胜利，是党和人民不可战胜的强大精神力量。党和人民取得的一切成就，不是天上掉下来的，不是别人恩赐的，而是通过不断斗争取得的。党在内忧外患中诞生、在历经磨难中成长、在攻坚克难中壮大，为了人民、国家、民族，为了理想信念，无论敌人如何强大、道路如何艰险、挑战如何严峻，党总是绝不畏惧、决不退缩，不怕牺牲、百折不挠。只要我们把握新的伟大斗争的历史特点，抓住和用好历史机遇，下好先手棋、打好主动仗，发扬斗争精神，增强斗争本领，凝聚起全党全国人民的意志和力量，就一定能够战胜一切可以预见和难以预见的风险挑战。

（九）坚持统一战线。团结就是力量。建立最广泛的统一战线，是党克敌制胜的重要法宝，也是党执政兴国的重要法宝。党始终坚持大团结大联合，团结一切可以团结的力量，调动一切可以调动的积极因素，促进政党关系、民族关系、宗教关系、阶层关系、海内外同胞关系和谐，最大限度凝聚起共同奋斗的力量。只要我们不断巩固和发展各民族大团结、全国人民大团结、全体中华儿女大团结，铸牢中华民族共同体意识，形成海内外全体中华儿女心往一处想、劲往一处使的生动局面，就一定能够汇聚起实现中华民族伟大复兴的磅礴伟力。

（十）坚持自我革命。勇于自我革命是中国共产党区别于其他政党的显著标志。自我革命精神是党永葆青春活力的强大支撑。先进的马克思主义政党不是天生的，而是在不断自我革命中淬炼而成的。党历经百年沧桑更加充满活力，其奥秘就在于始终坚持真理、修正错误。党的伟大不在于不犯错误，而在于从不讳疾忌医，积极开展批评和自我批评，敢于直面问题，勇于自我革命。只要我们不断清除一切损害党的先进性和纯洁性的因素，不断清除一切侵蚀党的健康肌体的病毒，就一定能够确保党不变质、不变色、不变味，确保党在新时代坚持和发展中国特色社会主义的历史进程中始终成为坚强领导核心。

以上十个方面，是经过长期实践积累的宝贵经验，是党和人民共同创造的精神财富，必须倍加珍惜、长期坚持，并在新时代实践中不断丰富和发展。

七、新时代的中国共产党

不忘初心，方得始终。中国共产党立志于中华民族千秋伟业，百年恰是风华正茂。过去一百年，党向人民、向历史交出了一份优异的答卷。现在，党团结带领中国人民又踏上了实现第二个百年奋斗目标新的赶考之路。时代是出卷人，我们是答卷人，人民是阅卷人。我们一定要继续考出好成绩，在新时代新征程上展现新气象新作为。

党的十九大对实现第二个百年奋斗目标作出分两个阶段推进的战略安排。从二〇二〇年到二〇三五年基本实现社会主义现代化，从二〇三五年到本世纪中叶把我国建成社会主义现代化强国。到那时，我国物质文明、政治文明、精神文明、社会文明、生态文明将全面提升，实现国家治理体系和治理能力现代化，成为综合国力和国际影响力领先的国家，全体人民共同富裕基本实现，我国人民将享有更加幸福安康的生活，中华民族将以更加昂扬的姿态屹立于世界民族之林。

今天，我们比历史上任何时期都更接近、更有信心和能力实现中华民族伟大复兴的目标。同时，全党必须清醒认识到，中华民族伟大复兴绝不是轻轻松松、敲锣打鼓就能实现的，前进道路上仍然存在可以预料和难以预料的各种风险挑战；必须清醒认识到，我国仍处于并将长期处于社会主义初级阶段，我国仍然是世界最大的发展中国家，社会主要矛盾是人民日益增长的美好生活需要和不平衡不充分的发展之间的矛盾。全党要牢记中国共产党是什么、要干什么这个根本问题，把握历史发展大势，坚定理想信念，牢记初心使命，始终谦虚谨慎、不骄不躁、艰苦奋斗，从伟大胜利中激发奋进力量，从弯路挫折中吸取历史教训，不为任何风险所惧，不为任何干扰所惑，决不在根本性问题上出现颠覆性错误，以咬定青山不放松的执着奋力实现既定目标，以行百里者半九十的清醒不懈推进中华民族伟大复兴。

全党必须坚持马克思列宁主义、毛泽东思想、邓小平理论、“三个代表”重要思想、科学发展观，全面贯彻习近平新时代中国特色社会主义思想，用马克思主义的立场、观点、方法观察时代、把握时代、引领时代，不断深化对共产党执政规律、社会主义建设规律、人类社会发展规律的认识。必须坚持党的基本理论、基本路线、基本方略，增强“四个意识”，坚定“四个自信”，做到“两个维护”，坚持系统观念，统筹推进“五位一体”总体布局，协调推进“四个全面”战略布局，立足新发展阶段、贯彻新发展理念、构建新发展格局、推动高质量发展，全面深化改革开放，促进共同富裕，推进科技自立自强，发展全过程人民民主，保证人民当家作主，坚持全面依法治国，坚持社会主义核心价值体系，坚持在发展中保障和改善民生，坚持人与自然和谐共生，统筹发展和安全，加快国防和军队现代化，协同推进人民富裕、国家强盛、中国美丽。

全党必须永远保持同人民群众的血肉联系，站稳人民立场，坚持人民主体地位，尊重人民首创精神，践行以人民为中心的发展思想，维护社会公平正义，着力解决发展不平衡不充分问题和人民群众急难愁盼问题，不断实现好、维护好、发展好最广大人民根本利益，团结带领全国各族人民不断为美好生活而奋斗。

全党必须铭记生于忧患、死于安乐，常怀远虑、居安思危，继续推进新时代党的建设新的伟大工程，坚持全面从严治党，坚定不移推进党风廉政建设和反腐败斗争，勇敢面对党面临的长期执政考验、改革开放考验、市场经济考验、外部环境考验，坚决战胜精神懈怠的危险、能力不足的危险、脱离群众的危险、消极腐败的危险。必须保持越是艰险越向前的英雄气概，敢于斗争、善于斗争，逢山开道、遇水架桥，做到难不住、压不垮，推动中国特色社会主义事业航船劈波斩浪、一往无前。

党和人民事业发展需要一代代中国共产党人接续奋斗，必须抓好后继有人这个根本大计。要坚持用习近平新时代中国特色社会主义思想教育人，用党的理想信念凝聚人，用社会主义核心价值观培育人，用中华民族伟大复兴历史使命激励人，培养造就大批堪当时代重任的接班人。要源源不断培养选拔德才兼备、忠诚干净担当的高素质专业化干部特别是优秀年轻干部，教育引导广大党员、干部自觉做习近平新时代中国特色社会主义思想的坚定信仰者和忠实实践者，牢记空谈误国、实干兴邦的道理，树立不负人民的家国情怀、追求崇高的思想境界、增强过硬的担当本领。要源源不断把各方面先进分子特别是优秀青年吸收到党内来，教育引导青年党员永远以党的旗帜为旗帜、以党的方向为方向、以党的意志为意志，赓续党的红色血脉，弘扬党的优良传统，在斗争中经风雨、见世面、壮筋骨、长才干。要源源不断培养造就爱国奉献、勇于创新的优秀人才，真心爱才、悉心育才、精心用才，把各方面优秀人才集聚到党和人民的伟大奋斗中来。

党中央号召，全党全军全国各族人民要更加紧密地团结在以习近平同志为核心的党中央周围，全面贯彻习近平新时代中国特色社会主义思想，大力弘扬伟大建党精神，勿忘昨天的苦难辉煌，无愧今天的使命担当，不负明天的伟大梦想，以史为鉴、开创未来，埋头苦干、勇毅前行，为实现第二个百年奋斗目标、实现中华民族伟大复兴的中国梦而不懈奋斗。我们坚信，在过去一百年赢得了伟大胜利和荣光的中国共产党和中国人民，必将在新时代新征程上赢得更加伟大的胜利和荣光！

【简析】本例文是典型的阐述性决议。标题为“发文机关+事由 + 文种名称”。因为决议事项为“党的百年奋斗重大成就和历史经验”，时间跨度长，涉及面广，内容复杂，所以正文以“序言”和“夺取新民主主义革命伟大胜利”等七个小标题作为统领，分别进行回顾、分析和阐述，做出定性结论。在此基础上，“党中央号召，全党全军全国各族人民要更加紧密地团结在以习近平同志为核心的党中央周围，全面贯彻习近平新时代中国特色社会主义思想，大力弘扬伟大建党精神，勿忘昨天的苦难辉煌，无愧今天的使命担当，不负明天的伟大梦想，以史为鉴、开创未来，埋头苦干、勇毅前行，为实现第二个百年奋斗目标、实现中华民族伟大复兴的中国梦而不懈奋斗。我们坚信，在过去一百年赢得了伟大胜利和荣光的中国共产党和中国人民，必将在新时代新征程上赢得更加伟大的胜利和荣光！”水到渠成，一气呵成，使本决议立意高远，现实针对性强。全文结构完整，逻辑清楚，表达流畅，具备很强的说服力和感召力。

二、决　定

（一）决定的基础知识

决定指对事情做出主张或判断、断定。作为党政机关公文的决定，是对重要事项或重大行动作出决策或安排，并要求机关各部门或下级机关、相关单位贯彻执行的指令性公文。

1. 决定的适用范围

《党政机关公文处理工作条例》规定：决定“适用于对重要事项作出决策和部署、奖惩有关单位和人员、变更或者撤销下级机关不适当的决定事项”。其具体包含三方面的内容：一是对重要事项作出决策和部署，主要用于安排工作，布置任务；二是奖惩有关单位和人员，主要用于对重要业绩和贡献的肯定、奖励，对重要错误、失误、事故、问题的处罚等；三是变更或者撤销下级机关不适当的决定事项，主要用于上级机关对下级机关的监督和纠错。

2. 决定的特点

（1）决策性。决定表现了领导机关对重要事项或者重大行动安排的决策，集中体现了领导机关的指挥意志、处置意图和政治倾向。

（2）制约性。决定内容具有不可变更的确定性，要求下级机关必须遵照执行。同时，撤销或者变更的下级机关不适当的决定事项，应以决定意见为准，对下级机关的管理和约束作用明显。

（3）重要性。决定的事项，虽不及决议重大、宏观，但在具体领域也是十分重要的，必将对相应领域、地区、机关的工作有重要的影响。

3. 决定与通报的区别

奖惩有关单位和人员的决定与表彰、批评性通报在适用对象上有密切的联系，但也有明显的不同。主要区别在于：

（1）目的不尽相同。奖惩性决定主要目的在奖励、处罚结论和结果；表彰、批评性通报主要目的在于通过表彰、批评以达到教育更多单位和个人的目的，主要意图在于发挥通报对象的榜样作用或警示作用。

（2）执行要求不同。上级机关决定的结果和部署要求不折不扣地执行，而通报的内容主要在于教育警示，并不要求强制执行。

（3）写作重点不同。通报重点在分析先进典型的示范引领意义或者错误典型的警示教育意义；决定的重点在针对相关情况作出的决策和部署。

4. 决定的种类

按决定事项的范畴和决定的作用，决定可分为以下几种：

（1）政策法规性决定。

党政机关用于对重要事项作出决策和部署的决定属于政策法规性决定。此类决定对相关机关、单位和个人具有法定的指挥和约束作用。如《中共中央关于深化文化体制改革推动社会主义文化大发展大繁荣若干重大问题的决定》《江苏省徐州市人大常委会关于加强人民法院执行联动工作的决定》《全国人民代表大会常务委员会关于修改〈中华人民共和国个人所得税法〉的决定》。

（2）奖惩性决定。

用于表彰、奖励做出重要成绩和贡献的先进个人、先进集体，处罚发生重大失误、严重错误的个人和集体。如《人力资源和社会保障部工业和信息化部 总装备部关于表彰载人航天工程有功集体和个人的决定》《国务院关于表彰全国民族团结进步模范集体和模范个人的决定》《四川省人民政府关于表彰全省民族团结进步模范集体和模范个人的决定》《关于给予××开除党籍处分的决定》。

（3）变更性决定。

用于变更下级机关不适当的决定事项。如《国务院关于修改〈期货交易管理条例〉的决定》。

（4）事项性决定。

用于对重要的具体事项作出安排，如行政区划、重要机构设置与调整，重要会议和人事安排等。如《国务院关于成立国家能源领导小组的决定》《重庆市人大常委会关于黔江区享受有关民族优惠政策的决定》。

（二）决定写作要领

1. 标　题

决定标题一般常用公文式标题即“发文机关 + 事由 + 文种”模式，如《四川省人民政府关于表彰全省民族团结进步模范集体和模范个人的决定》。若是会议通过的决定，一般在标题之下以题注形式表明通过时间。如：

全国人民代表大会常务委员会关于修改《中华人民共和国审计法》的决定

（2021 年 10 月 23 日第十三届全国人民代表大会常务委员会第三十一次会议通过）

2. 主送机关

除了普发性决定外，大多数决定都应写明主送机关和单位。

3. 正　文

决定正文包括开头、主体、结语三部分。

（1）开头。

不同的决定种类，开头写法不同。

政策法规性决定、事项性决定、变更性决定开头部分主要交代行文依据。如《全国人民代表大会常务委员会关于修改<中华人民共和国审计法>的决定》开头：“第十三届全国人民代表大会常务委员会第三十一次会议决定对《中华人民共和国审计法》作如下修改”，交代本决定事项的依据是第十三届全国人民代表大会常务委员会第三十一次会议研究通过。

奖惩性决定开头部分主要是情况概述，概括陈述奖励、表彰对象的事迹、贡献等，惩处对象的事实或违规违纪情况等。如《浙江省人民政府关于表彰在伦敦残奥会上取得优异成绩单位和优秀运动员的决定》的开头：“在举世瞩目的第 14 届伦敦残奥会上，我省残疾人运动员顽强拼搏、奋勇争先，取得了 15 枚金牌、6 枚银牌、5 枚铜牌的优异成绩，为祖国和家乡人民赢得了荣誉，为我省残疾人体育事业发展作出了突出贡献。”《国务院关于大兴安岭特大森林火灾事故的处理决定》的开头：“1987 年 5 月 6 日至 5 月 2 日，在林业部直属的大兴安岭森工企业，发生了特大森林火灾。这场森林大火，给国家和人民的生命财产造成了重大损失，是建国以来最严重的一次。”

（2）主体。

变更性决定主体部分直接写明变更的事项内容。若涉及内容多，一般分条目介绍。如《国务院关于修改〈期货交易管理条例〉的决定》主体：

国务院决定对《期货交易管理条例》作如下修改：

一、第二条修改为：“任何单位和个人从事期货交易及其相关活动，应当遵守本条例。本条例所称期货交易，是指采用公开的集中交易方式或者国务院期货监督管理机构批准的其他方式进行的以期货合约或者期权合约为交易标的的交易活动。”

“本条例所称期货合约，是指期货交易场所统一制定的、规定在将来某一特定的时间和地点交割一定数量标的物的标准化合约。期货合约包括商品期货合约和金融期货合约及其他期货合约。”

“本条例所称期权合约，是指期货交易场所统一制定的、规定买方有权在将来某一时间以特定价格买入或者卖出约定标的物（包括期货合约）的标准化合约。”

二、第四条修改为：“期货交易应当在依照本条例第六条第一款规定设立的期货交易所、国务院批准的或者国务院期货监督管理机构批准的其他期货交易场所进行。”

“禁止在前款规定的期货交易场所之外进行期货交易。”

三、第六条第二款修改为：“未经国务院批准或者国务院期货监督管理机构批准，任何单位或者个人不得设立期货交易场所或者以任何形式组织期货交易及其相关活动。”

四、删去第八条第三款。

……

事项性决定、政策法规性决定的主体部分分条列项写明决定事项。

奖惩性决定主体部分对开头所述情况进行分析评价，并在此基础上作出表彰奖励或者惩处决定。如《国务院关于大兴安岭特大森林火灾事故的处理决定》主体部分：

这起特大火灾事故的发生，主要是出于企业管理混乱、纪律松弛、违反规章；制度、违章作业和领导上严重官僚主义所造成的。这次火灾充分暴露了这个地区护林防火制度和措施很不落实，防火力量严重不足，消防设备、工具和手段准备很差，以致火灾发生后不能及时彻底扑灭，小火酿成大火，造成了建国以来损失最为惨重的特大火灾事故。这次大火不仅烧掉了许多森林资源，而且烧毁了城镇、民房、贮木场、仓库和火车站，造成职工、居民死亡 193 人，伤 226 人，使许少人丧失了家园。这次火灾造成的直接和间接的经济损失目前还难以完全计算清楚。要将这样大面积火烧后的森林恢复起来。没有相当长的时间是难以办到的。这场大火给这一地区生态环境造成的危害也是严重的。

……

为了严肃认真地处理这次火灾事故，国务院全体会议决定：

一、撤销杨×的林业部部长职务，提请全国人大常委会审议批准。

二、责成林业部和大兴安岭扑火前线总指挥部对这次特大森林火灾进行认真调查，总结经验教训，提出改进措施，并对其他负有直接责任的人员进行严肃处理，并将处理情况报国务院。

……

（3）结尾。

事项性决定、政策法规性决定、变更性决定一般无需专门的结尾。奖惩性决定的结尾通常是提出希望，发出号召。或者要求有关单位和个人向先进典型学习；或者要求受表彰的单位和个人戒骄戒躁，继续努力；或者要求相关单位引以为戒，吸取教训。例如《卫生部关于表彰全国优秀乡村医生的决定》的结尾：“希望受表彰的同志戒骄戒躁，再接再厉，继续发扬优良传统，为我国农村卫生事业的发展再立新功。希望全国广大乡村医生认真学习他们的先进事迹，为提高农民健康水平，建设社会主义新农村做出自己的贡献。”

4. 落款和成文日期

正文之下居右标注发文机关和成文日期并加盖发文机关印章；也可在标题下用题注标明成文日期。

（三）决定例文评析

【例文】

浙江省人民政府
关于表彰在伦敦残奥会上取得优异成绩单位和优秀运动员的决定

各市、县（市、区）人民政府，省政府直属各单位：

在举世瞩目的第 14 届伦敦残奥会上，我省残疾人运动员顽强拼搏、奋勇争先，取得了 15 枚金牌、6 枚银牌、5 枚铜牌的优异成绩，为祖国和家乡人民赢得了荣誉，为我省残疾人体育事业发展作出了突出贡献。

为表彰我省残疾人运动员的优异表现，省政府决定授予杨洋、王益楠、宋懋　、李樟煜、黄成、娄小仙、费天明“浙江省残疾人功勋运动员”荣誉称号；给予省残联、省残疾人体育训练指导中心各记集体一等功 1 次。

希望受表彰的单位和个人珍惜荣誉，发扬成绩，再接再厉，在新的起点上继续创造新的业绩。全省各地、各部门和广大干部群众要以先进为榜样，深入贯彻落实科学发展观，深入实施“八八战略”和“创业富民、创新强省”总战略，努力践行社会主义核心价值体系和当代浙江人共同价值观，为建设物质富裕精神富有的现代化浙江作出新的更大贡献。

浙江省人民政府
2012 年 9 月 28 日
（此件公开发布）

【简析】这是一篇表彰性决定。标题是三要素式规范标题，主送单位明确，层次清楚。正文开头部分介绍受表彰对象——14 届伦敦残奥会上浙江省残疾人运动员的优异表现、突出成绩、特殊贡献。主体部分为省政府表彰决定的具体内容——授予杨洋、王益楠等个人“浙江省残疾人功勋运动员”荣誉称号；给予省残联、省残疾人体育训练指导中心各记集体一等功 1 次。结尾部分提出希望，发出号召——希望受表彰的单位和个人珍惜荣誉，再接再厉，全省各地、各部门和广大干部群众要以先进为榜样。落款为发文主体和发文时间，并注明“此件公开发布”。本文结构完整，层次分明，语言简明，格式规范。

三、命令（令）

（一）命令（令）基础知识

1. 命令（令）的适用范围和特点

《党政机关公文处理工作条例》规定：命令（令）“适用于公布行政法规和规章、宣布施行重大强制性措施、批准授予和晋升衔级、嘉奖有关单位和人员。”

根据《中华人民共和国宪法》《中华人民共和国地方各级人民代表大会和地方各级人民政府组织法》等法律法规规定，中华人民共和国主席、中央军委主席、国务院总理、人大常委会及其委员长，国务院直属各部委部长（主任）、县级以上人民政府及其主要领导、县级以上人大常委会，各级军事指挥机关及军政首长可以发布命令。其他任何单位和个人无权发布命令（令）。

特别需要指出的是，在实际运用中，命令（令）与决定、通报容易混淆。理解不同之处，对于正确使用相关文种至关重要。

首先，在使用权限上，命令（令）非常严格，只有《中华人民共和国宪法》《中华人民共和国地方各级人民代表大会和地方各级人民政府组织法》等法律法规明确规定的机关和首长可以使用，决定则可在各级机关较普遍地使用。

其次，在适用事项上，命令（令）涉及的是特定的重大具体事务，决定则既涉及这类事务也涉及一部分非特定的具有普遍性的事项。

再次，在表达上，命令（令）高度概括简洁，只表达作者的意志和要求，无需写明原因、目的、意义，口气毋庸置疑；决定则既表达意志、要求，又阐发一定的道理，交代执行方面的希望和要求。

2. 命令（令）的特点

（1）权威性。

命令（令）是公文中最具有权力象征的一个文种。这种权威性首先表现在发布命令（令）的行政机关及其首长有法定权威，其次表现在它的使用范围有严格的规定。在现实运用中，省部级及以上高级领导机关及其首长用得更多一些，省部级以下机关较少使用。命令（令）发布的事项也具有权威性。国家的各种法律、法规和行政规章，一般通过命令（令）颁布。

（2）强制性。

命令（令）的事项在执行要求上严格甚至严厉。所谓“令行禁止”“军令如山”，命令（令）一经发出，要求受文单位和人员无条件绝对服从，坚决执行，没有商量的余地，不允许选择性执行或参照执行。否则，将受到严厉惩罚。虽然党政公文中大多数下行文都具有强制性，但在强制程度上，命令（令）高于其他任何下行文种。

（3）严肃性。

命令（令）体现国家高级领导机关的意志，不宜轻易使用，频发滥发命令（令）会破坏相应事项的严肃性，影响领导机关权威和声望。

（4）复合性。

就内容构成而言，命令（令）多为复合行文，即命令（令）往往只是被公布的法律、法规性公文的载体，两者构成复合文体，“法”由“令”确认，“令”因“法”而具体化。例如，《国务院关于在我国统一实行法定计量单位的命令》（1984 年 2 月 27 日），就同国家计量局的《中华人民共和国法定计量单位》构成复体令文，只有两文结合，才能完好地贯彻执行。

3. 命令（令）的种类

根据命令（令）的适用范围和内容，可以分为发布令、行政令、授衔令、嘉奖令等几种类型。

（1）发布令。

适用于依据有关法律发布（颁布）法规规章等。如《中华人民共和国老年人权益保障法（主席令第七十二号）》《公安机关办理刑事案件程序规定（公安部令第）127 号》《拍卖监督管理办法（工商总局令第 59 号）》等。

（2）行政令。

适用于国家行政机关针对国家政治、经济、军事、社会、文化领域中宣布实施重大强制性行政措施。如《中国人民解放军驻澳门部队进驻澳门特别行政区的命令》。

（3）授衔令。

适用于批准授予和晋升军队、警察、海关等衔级。如《国务院关于晋升张阿玲等 28 名同志海关关衔的命令》。

（4）嘉奖令。

适用于国家机关对做出突出贡献的有功单位和个人给予表彰、褒奖。通令嘉奖是国家机关对相关集体和人员的最高级别奖励。

（二）命令（令）拟写要点

命令（令）须用命令专用版头和发文字号。命令（令）的发文字号不用机关代字，直接表明顺序号，如“第 15 号”。流水顺序号指本届任期内的顺序编号，换届后须重新编号。

1. 标　题

命令（令）标题有三种形式。一是“发文机关 + 事项 + 文种”，如《中华人民共和国国务院关于统一我国计量制度的命令》。二是“发文机关 + 文种”，如《中华人民共和国国务院令》。三是“事项 + 文种”，如《向全国进军的命令》。

2. 主送机关

普发性命令（令）不标明主送机关，针对具体单位和人员的命令（令）应标明主送机关。如《国务院、中央军委关于表彰参加国庆阅兵装备工作各单位和全体同志的命令》属于普发命令，无主送机关；《国务院、中央军委关于给武警部队抗洪抢险先进单位及个人授予荣誉称号和记功的命令》的主送机关为“公安部、中国人民武装警察部队”。

3. 正　文

发布令正文一般包括发布对象、发布依据、发布决定、执行要求等。如《中华人民共和国国务院令》第 655 号的正文：“依照《中华人民共和国澳门特别行政区基本法》的有关规定，根据澳门特别行政区第四任行政长官选举委员会选举产生的人选，任命崔世安为中华人民共和国澳门特别行政区第四任行政长官，于 2014 年 12 月 20 日就职。”；发布依据为《中华人民共和国澳门特别行政区基本法》和“澳门特别行政区第四任行政长官选举委员会”选举产生；发布决定为“任命崔世安为中华人民共和国澳门特别行政区第四任行政长官”；执行要求为“于 2014 年 12 月 20 日就职”。表述简洁，逻辑严密，具有极强的权威性。

4. 落款和成文日期

命令（令）一般以发令机关领导人名义发布，落款常以领导人职务、姓名、发令日期构成。

（三）命令（令）例文评析

【例文】

中国人民解放军驻澳门部队进驻澳门特别行政区的命令

中国人民解放军驻澳门部队全体官兵：

根据《中华人民共和国宪法》赋予中国人民解放军的使命，依照《中华人民共和国澳门特别行政区基本法》、《中华人民共和国澳门特别行政区驻军法》有关规定，命令你们进驻中华人民共和国澳门特别行政区，于 1999 年 12 月 20 日开始履行防务职责。

我国政府对澳门恢复行使主权，是继香港回归祖国后中华民族的又一盛事，标志着中国人民按照“一国两制”的方针，在实现祖国统一大业的道路上又迈出了坚实的一步。中国人民解放军驻澳门部队担负澳门特别行政区的防务，是中国政府对澳门恢复行使主权的重要象征，使命神圣，责任重大。你们进驻澳门特别行政区以后，要坚持人民解放军全心全意为人民服务的宗旨，发扬优良传统，忠实履行职责，遵纪守法，依法治军，把部队建设成“政治合格，军事过硬，作风优良，纪律严明，保障有力”的威武文明之师，为维护祖国统一，捍卫国家主权和领土完整，保持澳门的稳定和发展做出积极的贡献。

中华人民共和国中央军事委员会主席　江泽民

一九九九年十二月十九日

【简析】这是一篇中华人民共和国中央军事委员会对国家军事领域中行使重大行政措施——中国人民解放军驻澳门部队进驻澳门特别行政区发布的命令。标题为“事项 + 文种”的形式。主送对象为“中国人民解放军驻澳门部队全体官兵”。正文首先介绍命令发布依据——“根据《中华人民共和国宪法》赋予中国人民解放军的使命，依照《中华人民共和国澳门特别行政区基本法》《中华人民共和国澳门特别行政区驻军法》有关规定”，接着叙述命令决定。正文第二段简要阐述中国人民解放军驻澳门部队进驻澳门特别行政区的意义，对官兵提出明确要求。

【思考练习题】

1. 决议与决定、纪要的区别有哪些？
2. 决定与通报的区别是什么？

第三节　公报　公告　通告

一、公　报

（一）公报基础知识

1. 公报的适用范围

公报属于党政机关重要的公布性文种。

《党政机关公文处理工作条例》规定：公报适用于公布重要决定或者重大事项。值得注意的是，在《党政机关公文处理工作条例》颁布之前，国务院办公厅历次发布的公文法规以及 2000 年 8 月 24 日国务院发布的《国家行政机关公文处理办法》中，一直没有将公报列入其中。因此，在较长阶段内公报只是党的机关使用的主要公文种类。但由于国家最高行政机关及其职能部门也经常以公报形式向国内外公布外国元首、政府首脑来访情况或者发布有关国民经济和社会发展等方面的情况，如《人力资源和社会保障部关于 2011 年度人力资源和社会保障事业发展统计公报》，因此，《党政机关公文处理工作条例》遂将其列为党政机关的正式公文。

2. 公报的特点

（1）庄严性。

从公报文种的适用范围来看，它所涉及的内容有两项：一是重要决定；二是重大事项。并且由于它的使用者是党和国家高级管理机关，内容重大，因此就使得这一文种具有很强的庄重性和严肃性，一经发布，即在国内外引起强烈关注和反响。

（2）周知性。

公报是面向全社会公开发布的一种重要的公布性公文，具有完全的透明度和广泛的周知性。因此，公报一般不通过例行的文件发送渠道，而多通过大众传媒渠道刊登和播发。

（3）新闻性。

公报的内容是新近发生的事件或新近做出的决定，时间新、内容新，属于人民群众普遍关心和应知的事项，因此其制作和发布都迅速及时，具有较强的新闻性。

3. 公报的分类

根据公报的内容和发布形式，可将公报分为以下几种类型：

（1）会议公报。

会议公报是党政机关、人民团体或单位在召开重要会议后公开发表的一种文件。会议公报是公报的一种，应用范围比较专一，如《中国共产党第十九届中央委员会第六次全体会议公报》。

（2）事项公报。

党和国家的高级领导机关用以发布重大情况、重要事件或向人民群众公布重大决策、重要事项或重大措施的公报，如《中华人民共和国住房和城乡建设部关于中国风景名胜区事业发展公报》（2012 年 12 月 4 日），就旨在宣传风景名胜区重要价值、作用和意义，扩大我国风景名胜区及世界遗产工作在国内外的影响力，提高对风景名胜资源的保护意识。

（3）联合公报。

这是政党之间、国家之间、政府之间就某些重大事项或问题经过会谈、协商取得一致意见或达成谅解后，双方联合签署发布的文件。这类公报中有一些双方认可、联合签署的条文，比一般的公报有更多的务实性内容，例如《中华人民共和国政府和保加利亚共和国政府联合公报》。

（二）公报写作要领

1. 标　题

一般有三种写法：一是由“会议名称”与“文种”组成，如《中国共产党第十九届中央委员会第六次全体会议公报》；二是直接点明公报的“发文机关”，“发布形式”与“文种”，如《中华人民共和国政府和保加利亚共和国政府联合公报》；三是由公报的“发布机关”、“内容”与“文种”组成，如《中华人民共和国国家统计局关于国家经济及社会发展第×个五年计划执行情况的公报》、《国家住房和城乡建设部关于中国风景名胜区事业发展公报》。

2. 正　文

由于公报内容的不同，各种公报正文的写法也不尽相同。

一是会议公报，其正文主要是由会议概况、议定事项和结语三部分构成。会议概况具体包括会议名称、会议召开的时间及地点、参加会议人员、会议主持人、会议议程等；议定事项则侧重介绍会议提出的任务及要求、会议通过的决议及决定、会议取得的成果及对会议的评价；结语多为会议的号召与要求。

二是事项公报，其正文主要由公报缘由和公报事项两部分构成。公报缘由通常用最鲜明、最精练的语言概述事件的核心内容，即何时、何地、发生了什么重大事件；公报事项则将公报的具体内容完整、有序地表达清楚。

三是联合公报，其正文通常由会谈概况、会谈要点两部分组成。会谈概况部分主要写“谁与谁”、“何时”、“何地”、“做什么”四方面的概况；会谈要点侧重写明双方（或各方）共同关心的问题，彼此的原则立场，取得的共识或达成的协议。

需要指出的是，公报正文内容较复杂的，如会议公报和涉及统计情况的公报等，在撰写时要注意抓住重点和核心，突出行文的主旨；要把写作重点放在对事件的陈述和观点的阐述上，切忌杂芜并陈，令人难得要领；同时为使复杂的内容表述得更加严明有序，结构上也要注意使用分段式，条列式写法。

此外，公报写作还要讲究用语的准确性和概括性。应措辞审慎、用语严密，以便于理解和遵守。

3. 落款与成文时间

事项公报一般没有此项格式；会议公报则是在其标题下用括号标明会议通过的日期；联合公报要在正文之后写明双方签署人的身份、姓名、签订日期，并写明签署地点。

（三）公报例文评析

【例文一】

中国共产党第十九届中央委员会第六次全体会议公报

（2021 年 11 月 11 日中国共产党第十九届中央委员会第六次全体会议通过）

中国共产党第十九届中央委员会第六次全体会议，于 2021 年 11 月 8 日至 11 日在北京举行。出席这次全会的有，中央委员 197 人，候补中央委员 151 人。中央纪律检查委员会常务委员会委员和有关方面负责同志列席会议。党的十九大代表中部分基层同志和专家学者也列席会议。

全会由中央政治局主持。中央委员会总书记习近平作了重要讲话。

全会听取和讨论了习近平受中央政治局委托作的工作报告，审议通过了《中共中央关于党的百年奋斗重大成就和历史经验的决议》，审议通过了《关于召开党的第二十次全国代表大会的决议》。习近平就《中共中央关于党的百年奋斗重大成就和历史经验的决议（讨论稿）》向全会作了说明。

全会充分肯定党的十九届五中全会以来中央政治局的工作。一致认为，一年来，世界百年未有之大变局和新冠肺炎疫情全球大流行交织影响，外部环境更趋复杂严峻，国内新冠肺炎疫情防控和经济社会发展各项任务极为繁重艰巨。中央政治局高举中国特色社会主义伟大旗帜，坚持以马克思列宁主义、毛泽东思想、邓小平理论、“三个代表”重要思想、科学发展观、习近平新时代中国特色社会主义思想为指导，全面贯彻党的十九大和十九届二中、三中、四中、五中全会精神，统筹国内国际两个大局，统筹疫情防控和经济社会发展，统筹发展和安全，坚持稳中求进工作总基调，全面贯彻新发展理念，加快构建新发展格局，经济保持较好发展态势，科技自立自强积极推进，改革开放不断深化，脱贫攻坚战如期打赢，民生保障有效改善，社会大局保持稳定，国防和军队现代化扎实推进，中国特色大国外交全面推进，党史学习教育扎实有效，战胜多种严重自然灾害，党和国家各项事业取得了新的重大成就。成功举办庆祝中国共产党成立100周年系列活动，中共中央总书记习近平发表重要讲话，正式宣布全面建成小康社会，激励全党全国各族人民意气风发踏上向第二个百年奋斗目标进军的新征程。

全会认为，总结党的百年奋斗重大成就和历史经验，是在建党百年历史条件下开启全面建设社会主义现代化国家新征程、在新时代坚持和发展中国特色社会主义的需要；是增强政治意识、大局意识、核心意识、看齐意识，坚定道路自信、理论自信、制度自信、文化自信，做到坚决维护习近平同志党中央的核心、全党的核心地位，坚决维护党中央权威和集中统一领导，确保全党步调一致向前进的需要；是推进党的自我革命、提高全党斗争本领和应对风险挑战能力、永葆党的生机活力、团结带领全国各族人民为实现中华民族伟大复兴的中国梦而继续奋斗的需要。全党要坚持唯物史观和正确党史观，从党的百年奋斗中看清楚过去我们为什么能够成功、弄明白未来我们怎样才能继续成功，从而更加坚定、更加自觉地践行初心使命，在新时代更好坚持和发展中国特色社会主义。

全会提出，中国共产党自一九二一年成立以来，始终把为中国人民谋幸福、为中华民族谋复兴作为自己的初心使命，始终坚持共产主义理想和社会主义信念，团结带领全国各族人民为争取民族独立、人民解放和实现国家富强、人民幸福而不懈奋斗，已经走过一百年光辉历程。党和人民百年奋斗，书写了中华民族几千年历史上最恢宏的史诗。

全会提出，新民主主义革命时期，党面临的主要任务是，反对帝国主义、封建主义、官僚资本主义，争取民族独立、人民解放，为实现中华民族伟大复兴创造根本社会条件。在革命斗争中，以毛泽东同志为主要代表的中国共产党人，把马克思列宁主义基本原理同中国具体实际相结合，对经过艰苦探索、付出巨大牺牲积累的一系列独创性经验作了理论概括，开辟了农村包围城市、武装夺取政权的正确革命道路，创立了毛泽东思想，为夺取新民主主义革命胜利指明了正确方向。党领导人民浴血奋战、百折不挠，创造了新民主主义革命的伟大成就，成立中华人民共和国，实现民族独立、人民解放，彻底结束了旧中国半殖民地半封建社会的历史，彻底结束了极少数剥削者统治广大劳动人民的历史，彻底结束了旧中国一盘散沙的局面，彻底废除了列强强加给中国的不平等条约和帝国主义在中国的一切特权，实现了中国从几千年封建专制政治向人民民主的伟大飞跃，也极大改变了世界政治格局，鼓舞了全世界被压迫民族和被压迫人民争取解放的斗争。中国共产党和中国人民以英勇顽强的奋斗向世界庄严宣告，中国人民从此站起来了，中华民族任人宰割、饱受欺凌的时代一去不复返了，中国发展从此开启了新纪元。

全会提出，社会主义革命和建设时期，党面临的主要任务是，实现从新民主主义到社会主义的转变，进行社会主义革命，推进社会主义建设，为实现中华民族伟大复兴奠定根本政治前提和制度基础。在这个时期，以毛泽东同志为主要代表的中国共产党人提出关于社会主义建设的一系列重要思想。毛泽东思想是马克思列宁主义在中国的创造性运用和发展，是被实践证明了的关于中国革命和建设的正确的理论原则和经验总结，是马克思主义中国化的第一次历史性飞跃。党领导人民自力更生、发愤图强，创造了社会主义革命和建设的伟大成就，实现了中华民族有史以来最为广泛而深刻的社会变革，实现了一穷二白、人口众多的东方大国大步迈进社会主义社会的伟大飞跃。我国建立起独立的比较完整的工业体系和国民经济体系，农业生产条件显著改变，教育、科学、文化、卫生、体育事业有很大发展，人民解放军得到壮大和提高，彻底结束了旧中国的屈辱外交。中国共产党和中国人民以英勇顽强的奋斗向世界庄严宣告，中国人民不但善于破坏一个旧世界、也善于建设一个新世界，只有社会主义才能救中国，只有社会主义才能发展中国。

全会提出，改革开放和社会主义现代化建设新时期，党面临的主要任务是，继续探索中国建设社会主义的正确道路，解放和发展社会生产力，使人民摆脱贫困、尽快富裕起来，为实现中华民族伟大复兴提供充满新的活力的体制保证和快速发展的物质条件。党的十一届三中全会以后，以邓小平同志为主要代表的中国共产党人，团结带领全党全国各族人民，深刻总结新中国成立以来正反两方面经验，围绕什么是社会主义、怎样建设社会主义这一根本问题，借鉴世界社会主义历史经验，创立了邓小平理论，解放思想，实事求是，作出把党和国家工作中心转移到经济建设上来、实行改革开放的历史性决策，深刻揭示社会主义本质，确立社会主义初级阶段基本路线，明确提出走自己的路、建设中国特色社会主义，科学回答了建设中国特色社会主义的一系列基本问题，制定了到二十一世纪中叶分三步走、基本实现社会主义现代化的发展战略，成功开创了中国特色社会主义。

全会提出，党的十三届四中全会以后，以江泽民同志为主要代表的中国共产党人，团结带领全党全国各族人民，坚持党的基本理论、基本路线，加深了对什么是社会主义、怎样建设社会主义和建设什么样的党、怎样建设党的认识，形成了“三个代表”重要思想，在国内外形势十分复杂、世界社会主义出现严重曲折的严峻考验面前捍卫了中国特色社会主义，确立了社会主义市场经济体制的改革目标和基本框架，确立了社会主义初级阶段公有制为主体、多种所有制经济共同发展的基本经济制度和按劳分配为主体、多种分配方式并存的分配制度，开创全面改革开放新局面，推进党的建设新的伟大工程，成功把中国特色社会主义推向二十一世纪。

全会提出，党的十六大以后，以胡锦涛同志为主要代表的中国共产党人，团结带领全党全国各族人民，在全面建设小康社会进程中推进实践创新、理论创新、制度创新，深刻认识和回答了新形势下实现什么样的发展、怎样发展等重大问题，形成了科学发展观，抓住重要战略机遇期，聚精会神搞建设，一心一意谋发展，强调坚持以人为本、全面协调可持续发展，着力保障和改善民生，促进社会公平正义，推进党的执政能力建设和先进性建设，成功在新形势下坚持和发展了中国特色社会主义。

全会强调，在这个时期，党从新的实践和时代特征出发坚持和发展马克思主义，科学回答了建设中国特色社会主义的发展道路、发展阶段、根本任务、发展动力、发展战略、政治保证、祖国统一、外交和国际战略、领导力量和依靠力量等一系列基本问题，形成中国特色社会主义理论体系，实现了马克思主义中国化新的飞跃。党领导人民解放思想、锐意进取，创造了改革开放和社会主义现代化建设的伟大成就，我国实现了从高度集中的计划经济体制到充满活力的社会主义市场经济体制、从封闭半封闭到全方位开放的历史性转变，实现了从生产力相对落后的状况到经济总量跃居世界第二的历史性突破，实现了人民生活从温饱不足到总体小康、奔向全面小康的历史性跨越，推进了中华民族从站起来到富起来的伟大飞跃。中国共产党和中国人民以英勇顽强的奋斗向世界庄严宣告，改革开放是决定当代中国前途命运的关键一招，中国特色社会主义道路是指引中国发展繁荣的正确道路，中国大踏步赶上了时代。

全会提出，党的十八大以来，中国特色社会主义进入新时代。党面临的主要任务是，实现第一个百年奋斗目标，开启实现第二个百年奋斗目标新征程，朝着实现中华民族伟大复兴的宏伟目标继续前进。党领导人民自信自强、守正创新，创造了新时代中国特色社会主义的伟大成就。

全会强调，以习近平同志为主要代表的中国共产党人，坚持把马克思主义基本原理同中国具体实际相结合、同中华优秀传统文化相结合，坚持毛泽东思想、邓小平理论、“三个代表”重要思想、科学发展观，深刻总结并充分运用党成立以来的历史经验，从新的实际出发，创立了习近平新时代中国特色社会主义思想。习近平同志对关系新时代党和国家事业发展的一系列重大理论和实践问题进行了深邃思考和科学判断，就新时代坚持和发展什么样的中国特色社会主义、怎样坚持和发展中国特色社会主义，建设什么样的社会主义现代化强国、怎样建设社会主义现代化强国，建设什么样的长期执政的马克思主义政党、怎样建设长期执政的马克思主义政党等重大时代课题，提出一系列原创性的治国理政新理念新思想新战略，是习近平新时代中国特色社会主义思想的主要创立者。习近平新时代中国特色社会主义思想是当代中国马克思主义、二十一世纪马克思主义，是中华文化和中国精神的时代精华，实现了马克思主义中国化新的飞跃。党确立习近平同志党中央的核心、全党的核心地位，确立习近平新时代中国特色社会主义思想的指导地位，反映了全党全军全国各族人民共同心愿，对新时代党和国家事业发展、对推进中华民族伟大复兴历史进程具有决定性意义。

全会指出，以习近平同志为核心的党中央，以伟大的历史主动精神、巨大的政治勇气、强烈的责任担当，统筹国内国际两个大局，贯彻党的基本理论、基本路线、基本方略，统揽伟大斗争、伟大工程、伟大事业、伟大梦想，坚持稳中求进工作总基调，出台一系列重大方针政策，推出一系列重大举措，推进一系列重大工作，战胜一系列重大风险挑战，解决了许多长期想解决而没有解决的难题，办成了许多过去想办而没有办成的大事，推动党和国家事业取得历史性成就、发生历史性变革。

全会强调，党的十八大以来，在坚持党的全面领导上，党中央权威和集中统一领导得到有力保证，党的领导制度体系不断完善，党的领导方式更加科学，全党思想上更加统一、政治上更加团结、行动上更加一致，党的政治领导力、思想引领力、群众组织力、社会号召力显著增强。在全面从严治党上，党的自我净化、自我完善、自我革新、自我提高能力显著增强，管党治党宽松软状况得到根本扭转，反腐败斗争取得压倒性胜利并全面巩固，党在革命性锻造中更加坚强。在经济建设上，我国经济发展平衡性、协调性、可持续性明显增强，国家经济实力、科技实力、综合国力跃上新台阶，我国经济迈上更高质量、更有效率、更加公平、更可持续、更为安全的发展之路。在全面深化改革开放上，党不断推动全面深化改革向广度和深度进军，中国特色社会主义制度更加成熟更加定型，国家治理体系和治理能力现代化水平不断提高，党和国家事业焕发出新的生机活力。在政治建设上，积极发展全过程人民民主，我国社会主义民主政治制度化、规范化、程序化全面推进，中国特色社会主义政治制度优越性得到更好发挥，生动活泼、安定团结的政治局面得到巩固和发展。在全面依法治国上，中国特色社会主义法治体系不断健全，法治中国建设迈出坚实步伐，党运用法治方式领导和治理国家的能力显著增强。在文化建设上，我国意识形态领域形势发生全局性、根本性转变，全党全国各族人民文化自信明显增强，全社会凝聚力和向心力极大提升，为新时代开创党和国家事业新局面提供了坚强思想保证和强大精神力量。在社会建设上，人民生活全方位改善，社会治理社会化、法治化、智能化、专业化水平大幅度提升，发展了人民安居乐业、社会安定有序的良好局面，续写了社会长期稳定奇迹。在生态文明建设上，党中央以前所未有的力度抓生态文明建设，美丽中国建设迈出重大步伐，我国生态环境保护发生历史性、转折性、全局性变化。在国防和军队建设上，人民军队实现整体性革命性重塑、重整行装再出发，国防实力和经济实力同步提升，人民军队坚决履行新时代使命任务，以顽强斗争精神和实际行动捍卫了国家主权、安全、发展利益。在维护国家安全上，国家安全得到全面加强，经受住了来自政治、经济、意识形态、自然界等方面的风险挑战考验，为党和国家兴旺发达、长治久安提供了有力保证。在坚持"一国两制"和推进祖国统一上，党中央采取一系列标本兼治的举措，坚定落实"爱国者治港"、"爱国者治澳"，推动香港局势实现由乱到治的重大转折，为推进依法治港治澳、促进"一国两制"实践行稳致远打下了坚实基础；坚持一个中国原则和"九二共识"，坚决反对"台独"分裂行径，坚决反对外部势力干涉，牢牢把握两岸关系主导权和主动权。在外交工作上，中国特色大国外交全面推进，构建人类命运共同体成为引领时代潮流和人类前进方向的鲜明旗帜，我国外交在世界大变局中开创新局、在世界乱局中化危为机，我国国际影响力、感召力、塑造力显著提升。中国共产党和中国人民以英勇顽强的奋斗向世界庄严宣告，中华民族迎来了从站起来、富起来到强起来的伟大飞跃。

全会指出了中国共产党百年奋斗的历史意义：党的百年奋斗从根本上改变了中国人民的前途命运，中国人民彻底摆脱了被欺负、被压迫、被奴役的命运，成为国家、社会和自己命运的主人，中国人民对美好生活的向往不断变为现实；党的百年奋斗开辟了实现中华民族伟大复兴的正确道路，中国仅用几十年时间就走完发达国家几百年走过的工业化历程，创造了经济快速发展和社会长期稳定两大奇迹；党的百年奋斗展示了马克思主义的强大生命力，马克思主义的科学性和真理性在中国得到充分检验，马克思主义的人民性和实践性在中国得到充分贯彻，马克思主义的开放性和时代性在中国得到充分彰显；党的百年奋斗深刻影响了世界历史进程，党领导人民成功走出中国式现代化道路，创造了人类文明新形态，拓展了发展中国家走向现代化的途径；党的百年奋斗锻造了走在时代前列的中国共产党，形成了以伟大建党精神为源头的精神谱系，保持了党的先进性和纯洁性，党的执政能力和领导水平不断提高，中国共产党无愧为伟大光荣正确的党。

全会提出，一百年来，党领导人民进行伟大奋斗，积累了宝贵的历史经验，这就是：坚持党的领导，坚持人民至上，坚持理论创新，坚持独立自主，坚持中国道路，坚持胸怀天下，坚持开拓创新，坚持敢于斗争，坚持统一战线，坚持自我革命。以上十个方面，是经过长期实践积累的宝贵经验，是党和人民共同创造的精神财富，必须倍加珍惜、长期坚持，并在新时代实践中不断丰富和发展。

全会提出，不忘初心，方得始终。中国共产党立志于中华民族千秋伟业，百年恰是风华正茂。过去一百年，党向人民、向历史交出了一份优异的答卷。现在，党团结带领中国人民又踏上了实现第二个百年奋斗目标新的赶考之路。全党要牢记中国共产党是什么、要干什么这个根本问题，把握历史发展大势，坚定理想信念，牢记初心使命，始终谦虚谨慎、不骄不躁、艰苦奋斗，不为任何风险所惧，不为任何干扰所惑，决不在根本性问题上出现颠覆性错误，以咬定青山不放松的执着奋力实现既定目标，以行百里者半九十的清醒不懈推进中华民族伟大复兴。

全会强调，全党必须坚持马克思列宁主义、毛泽东思想、邓小平理论、“三个代表”重要思想、科学发展观，全面贯彻习近平新时代中国特色社会主义思想，用马克思主义的立场、观点、方法观察时代、把握时代、引领时代，不断深化对共产党执政规律、社会主义建设规律、人类社会发展规律的认识。必须坚持党的基本理论、基本路线、基本方略，增强“四个意识”，坚定“四个自信”，做到“两个维护”，坚持系统观念，统筹推进“五位一体”总体布局，协调推进“四个全面”战略布局，立足新发展阶段、贯彻新发展理念、构建新发展格局、推动高质量发展，全面深化改革开放，促进共同富裕，推进科技自立自强，发展全过程人民民主，保证人民当家作主，坚持全面依法治国，坚持社会主义核心价值体系，坚持在发展中保障和改善民生，坚持人与自然和谐共生，统筹发展和安全，加快国防和军队现代化，协同推进人民富裕、国家强盛、中国美丽。

全会强调，全党必须永远保持同人民群众的血肉联系，践行以人民为中心的发展思想，不断实现好、维护好、发展好最广大人民根本利益，团结带领全国各族人民不断为美好生活而奋斗。全党必须铭记生于忧患、死于安乐，常怀远虑、居安思危，继续推进新时代党的建设新的伟大工程，坚持全面从严治党，坚定不移推进党风廉政建设和反腐败斗争，做到难不住、压不垮，推动中国特色社会主义事业航船劈波斩浪、一往无前。

全会决定，中国共产党第二十次全国代表大会于2022年下半年在北京召开。全会认为，党的二十大是我们党进入全面建设社会主义现代化国家、向第二个百年奋斗目标进军新征程的重要时刻召开的一次十分重要的代表大会，是党和国家政治生活中的一件大事。全党要团结带领全国各族人民攻坚克难、开拓奋进，为全面建设社会主义现代化国家、夺取新时代中国特色社会主义伟大胜利、实现中华民族伟大复兴的中国梦作出新的更大贡献，以优异成绩迎接党的二十大召开。

党中央号召，全党全军全国各族人民要更加紧密地团结在以习近平同志为核心的党中央周围，全面贯彻习近平新时代中国特色社会主义思想，大力弘扬伟大建党精神，勿忘昨天的苦难辉煌，无愧今天的使命担当，不负明天的伟大梦想，以史为鉴、开创未来，埋头苦干、勇毅前行，为实现第二个百年奋斗目标、实现中华民族伟大复兴的中国梦而不懈奋斗。我们坚信，在过去一百年赢得了伟大胜利和荣光的中国共产党和中国人民，必将在新时代新征程上赢得更加伟大的胜利和荣光！

【简析】这是一篇公布党的十九届六中全会情况的公报。标题直接由会议名称（全称）和文种组成，并在其下用括号注明会议通过的年月日。主体部分包括三方面：一是会议概括，即例文的第一、二、三自然段，交代出会议召开的时间和地点、出席会议人员和主持人；二是会议议定事项，这层内容是全文的重心。它以高屋建瓴之势，对党的十七届五中全会以来的工作进行了肯定，并具体阐明了本次会议听取、讨论、决定和通过的若干重大事项。其中既有原则性的论述，又有深刻有力的分析；结语则对本次会议胜利召开的意义进行了评价。

由于是会议公报，涉及的是对会议全部内容的反映，代表全体与会人员的意志，因此公报中先后多次出现"会议听取"、"会议提出""会议强调"、"会议决定"、"全会通过"等标志性语句，并以之提领一项议题内容，这是会议公报常用的一种表达形式。

【例文二】

全国绿化委员会办公室关于2020年中国国土绿化状况公报

（2021年3月11日）

2020年，各地区、各部门深入贯彻习近平生态文明思想，认真落实党中央、国务院关于国土绿化工作决策部署，牢固树立绿水青山就是金山银山理念，统筹山水林田湖草沙系统治理，深入推进大规模国土绿化行动，国土绿化事业取得新进展新成效。全国完成造林677万公顷、森林抚育837万公顷、种草改良草原283万公顷、防沙治沙209.6万公顷，有力保障"十三五"规划目标如期实现，为全面建成小康社会、建设生态文明和美丽中国作出重要贡献。

一、防疫条件下大规模国土绿化行动有序推进

习近平总书记就防疫条件下做好春季造林绿化工作作出重要指示，李克强总理等中央领导同志作出批示。国务院办公厅印发《关于在防疫条件下积极有序推进春季造林绿化工作的通知》，全面部署春季造林绿化工作。全国绿化委员会印发《深入推进造林绿化工作方案》，明确今后一个时期造林绿化的重点任务。

国家林草局印发《关于积极应对新冠肺炎疫情有序推进2020年国土绿化工作的通知》。国家发展改革委、财政部保障2020年造林绿化中央投资。住房城乡建设部制定《城市公园绿地应对新冠肺炎疫情运行管理指南》。交通运输部下发防疫条件下积极有序推进公路绿化工作通知。水利部结合春季造林绿化推进重点区域水土保持生态治理。农业农村部部署开展村庄清洁行动春季战役。中央军委后勤保障部要求各大单位积极做好防疫条件下春季造林绿化工作。22个省份下发通知或召开视频会议进行动员部署。北京等地实施线上招标。黑龙江等地及时掌握造林进度并跟踪督导。浙江等地采取网络视频培训、线上技术服务等措施。福建等地组织返乡滞留农民和建档立卡贫困人口就地就近造林。江西等地开辟造林苗木运输绿色通道。湖北等地科学调整造林计划安排。湖南等地实行线上订单育苗。广东等地积极解决造林资金紧缺问题。

全民义务植树创新发展

4月3日，习近平总书记在参加首都义务植树活动时强调，要牢固树立绿水青山就是

金山银山理念，加强生态保护和修复，扩大城乡绿色空间，为人民群众植树造林，努力打造青山常在、绿水长流、空气常新的美丽中国。习近平总书记指出，中华民族生生不息，生态环境要有保证。开展全民义务植树是推进国土绿化的有效途径，是传播生态文明理念的重要载体。植树造林、保护森林，是每一位适龄公民应尽的法定义务。要坚持各级领导干部带头、全社会人人动手，鼓励和引导大家从自己做起、从现在做起，一起来为祖国大地绿起来、美起来尽一份力量。

全国人大、全国政协、中央军委分别开展“全国人大机关义务植树”“全国政协机关义务植树”“百名将军义务植树”活动。全国绿化委员会组织开展第19次共和国部长义务植树活动。全国31个省（区、市）和新疆生产建设兵团领导以不同方式参加义务植树。

义务植树尽责形式不断丰富拓展，各级各类义务植树基地体系逐步完善，“互联网+全民义务植树”持续推开。全民义务植树网年访问量突破2400万人次，发放尽责证书860多万张。北京市率先建成国家、市、区、街乡、社村等5级“互联网+全民义务植树”基地。吉林省规划建设89个“互联网+全民义务植树”基地。上海市连续六年举办市民绿化节。福建省在75个县开展“春节回家种棵树”活动。广东省推出“网友植树节”活动。辽宁、河南和湖北等地在防疫期间上线一批尽责项目。天津、海南、重庆、青海、宁夏和新疆等地开展植纪念林活动。

重点生态工程深入实施

印发《山水林田湖草生态保护修复工程指南（试行）》。天保工程完成建设任务24.6万公顷。退耕还林还草、退牧还草工程分别完成建设任务82.7万公顷和168.5万公顷。长江、珠江、沿海、太行山等4项重点防护林工程完成营造林32.9万公顷。三北工程完成营造林47.4万公顷。京津风沙源治理工程完成营造林18.5万公顷。石漠化综合治理工程完成营造林24.7万公顷。建设国家储备林44.8万公顷。出台《红树林保护修复专项行动计划（2020-2025年）》《海岸带保护修复工程工作方案（2019-2022年）》。国家水土保持重点工程治理1.34万平方公里。

河北省实施国土绿化三年行动。山西省实施“两山”生态系统保护修复工程。内蒙古自治区推进黄河流域湿地生态系统修复和水源涵养提升工程。河南省实施建设“森林河南”国土绿化提速行动。湖北省实施长江两岸造林绿化和精准灭荒工程三年行动。四川省开展大规模绿化全川行动。陕西省实施秦岭和黄河流域生态空间治理十大行动。

部门绿化协同推进

教育系统推进绿色学校建设。交通运输系统全年完成公路绿化里程18万公里。水利系统新增造林种草面积999.37公顷。中央直属机关干部职工植树（含折算株数）11.1万株，更新改造机关庭院绿地面积32.6公顷。中央国家机关编印《中央国家机关节约型绿化美化单位建设指引》，加快机关庭院绿化美化建设。共青团组织动员83.4万青少年参与“保护母亲河”行动青年林项目建设。妇联组织开展“最美庭院”“乡村生态文明家庭”创评。国铁集团新增铁路绿化里程4933公里。中国石油组织41.69万人次实体植树231.6万株。中国石化完成义务植树（含折算株数）170.3万株。全国冶金系统深入开展矿山复垦、绿化厂区、美化家园行动。中国邮政建设植树基地164个，植树（含折算株数）16余万株。

城乡绿化美化统筹推进

新增66个城市开展国家森林城市建设，开展国家森林城市建设的城市达441个。城市人均公园绿地面积达14.8平方米。全国建成绿道近8万公里。成功举办第四届中国绿化博览会。印发《2020年农村人居环境整治工作要点》，全国95%以上村庄开展清洁行动，引导4亿多人次农民参加。完成全国村庄绿化覆盖率调查。编写《全国乡村绿化美化典型模式选编》。出台《全国乡村旅游重点村名录建设工作方案》，公布第二批680个全国乡村旅游重点村名单，开展中国美丽休闲乡村和乡村休闲旅游精品景点线路推介活动。

草原保护修复有力加强

编制全国草原保护修复和草业发展规划，印发《全国草原监测评价工作指南》，出台《草原征占用审核审批管理规范》。启动首批国家草原自然公园试点建设39处，覆盖11省（区）14.7万公顷草原。落实草原禁牧8200万公顷、草畜平衡1.74亿公顷，天然草原综合植被盖度达56.1%，天然草原鲜草总产量突破11亿吨。

七、湿地保护修复持续强化

推进红树林保护修复专项行动，开展国际重要湿地生态状况监测，印发《中国国际重要湿地生态状况》白皮书。发布《2020年国家重要湿地名录》，新增国家重要湿地29处。全国湿地保护率达50%以上。

八、防沙治沙扎实推进完成省级政府“十三五”防沙治沙目标责任中期督促检查。在内蒙古、青海等黄河流域5省（区）启动实施规模化防沙治沙试点项目，建设沙化土地封禁保护区13个。全国沙化土地封禁保护区面积扩大到177.17万公顷。开展第六次荒漠化和沙化监测。有效应对春季7次沙尘天气。

九、以国家公园为主体的自然保护地体系建设和野生动植物保护全面加强编制《国家公园空间布局方案》，制定《国家公园设立规范》等5项国家标准。印发《国家公园监测指标和监测技术体系（试行）》和东北虎豹、大熊猫、祁连山、海南热带雨林等4个国家公园总体规划（试行）。开展国家公园自然资源确权登记工作。开展三江源等10个国家公园体制试点评估验收。国家公园体制试点任务基本完成。

完成自然保护地整合优化省级预案编制。推进地质公园、海洋公园、世界自然遗产相关办法修订工作。命名1处国家地质公园，湖南湘西和甘肃张掖成功申报世界地质公园。推进河北大海陀、内蒙古图牧吉、安徽扬子鳄、海南澄迈、甘肃祁连山和新疆卡山等自然保护区问题整改及后续评估、调整等工作。联合开展“绿盾2020”“碧海2020”等专项行动。

完成禁食野生动物的处置和养殖户补偿任务。开展春季候鸟等野生动物保护专项执法行动，继续实施严格禁止商业性进口象牙及其制品措施。国家重点保护野生动物名录新增517种（类）野生动物。调升穿山甲为国家一级保护野生动物。大熊猫、朱 、野马、苏铁等300多种珍稀濒危野生动植物种群数量稳中有升。

森林草原资源保护管理力度不断加大

中共中央办公厅、国务院办公厅印发《关于全面推行林长制的意见》。全国24个省份建立林长制。实施森林质量精准提升工程，全国完成退化林修复197万公顷。推进全国森林经营方案制度体系建设，在73个单位启动全国森林经营试点。开展全国“十四五”期间年森林采伐限额编制工作，报请国务院批准重点林区“十四五”期间年采伐限额。形成《黄河流域林草资源及生态状况监测报告》。完成古树名木抢救复壮第二批试点。

发布火险气象预报422期。印发《森林草原防火督查工作管理办法（试行）》。发出森林火险及安全生产整改通知书361份，整改隐患1646处。全国发生森林火灾1153起、草原火灾13起，分别比2019年下降50.8%和71.1%。制定《蒙辽吉黑四省（区）松材线虫病疫情联防联控机制工作方案》。实施松材线虫病科技攻关“揭榜挂帅”项目。对9省份27个县级疫区松材线虫病防治进行督查。完成草原有害生物防治面积926.87万公顷，挽回鲜草直接经济损失12.5亿元。

绿色富民产业发展和生态扶贫成效显著

全国林业产业总产值达7.55万亿元，林产品进出口贸易额达1600亿美元。经济林、木竹材加工、生态旅游年产值均超过万亿元。出台促进木本粮油和林下经济发展的意见，公布首批国家森林康养基地名单，发布第二批国家花卉种质资源库。全国经济林节庆活动纳入中国农民丰收节，参与人数上亿人次。举办第十三届中国义乌国际森林产品博览会，累计成交额达26.48亿元。

累计选聘建档立卡贫困人口生态护林员110.2万名，精准带动300多万贫困人口脱贫增收。依托森林旅游实现增收的建档立卡贫困人口约46.5万户、147.5万人，户均增收5500元。制定《林业草原生态扶贫十条意见》。林草生态扶贫目标任务全面完成。

国土绿化支撑保障能力持续增强

推进《国家公园法》《自然保护地法》研究起草和《草原法》《森林法实施条例》《自然保护区条例》《风景名胜区条例》修订进程。出台《全国重要生态系统保护和修复重大工程总体规划（2021-2035年）》，启动9项重大工程专项建设规划编制工作。印发《关于严格保护耕地切实做好造林绿化工作的通知》。推动造林绿化任务落地上图管理。修订完善《资源环境综合统计报表制度》。

落实中央资金约1400亿元，新增政策性开发性贷款322.2亿元，用于支持林草生态建设。印发《关于推进开发性金融支持长江经济带大规模国土绿化的通知》。探索林业经营收益权和公益林补偿收益市场化质押担保贷款，质押贷款达20多亿元。全国森林保险参保面积1.62亿公顷，提供风险保障1.59万亿元。出台10多项制度办法，构建国家储备林良性发展机制。

国有林场数量整合为4297个，95.5%的国有林场被定为公益性事业单位。国有林区改革基本实现政企分开、管办分离，改革任务基本完成。集体林权流转稳步推进，新型经营主体达28.39万个。

实施中央财政林业科技推广项目537项，新建国家林草局重点实验室3家，建立第二批长期科研基地60个。完成首次全国林草种质资源普查与收集秦岭地区调查试点工作。全国主要造林树种良种使用率达65%，林木种子样品合格率稳定在95%以上。建设生态网络感知系统，推动新一代信息技术与林草管理深度融合。

积极主动参与全球生态治理

12月12日，习近平总书记在气候雄心峰会上对外宣布，到2030年，中国森林蓄积量将比2005年增加60亿立方米，为全球应对气候变化作出更大贡献。全国森林植被碳储量达91.86亿吨。我国政府对外承诺到2020年森林面积、森林蓄积量“双增”目标如期完成。编制《实现2030年森林蓄积量目标实施方案》。

参加《濒危野生动植物种国际贸易公约》《联合国防治荒漠化公约》《湿地公约》《生物多样性公约》及20国集团、联合国森林论坛、国际热带木材组织、联合国粮农组织、亚太经合组织等线上会议，积极维护多边机制。协调参与世界经济论坛“全球植万亿棵树领导者倡议”。推动与东盟、中东欧、东北亚、上合组织等林草区域合作。援助卢旺达项目被列为联合国南南合作优秀案例，11个林草援外培训课程被评为援外培训经典项目。

2020年，国土绿化工作虽然取得了新进展新成效，但与生态文明建设和高质量发展要求相比，还面临许多困难和挑战。生态资源总量不足、质量不高、功能不强的问题依然存在，自然生态系统多种效益尚未充分发挥，科学绿化理念有待进一步深化落实。国土绿化仍需持续发力，补齐短板，不断提升质量和水平。

2021年是实施“十四五”规划、开启全面建设社会主义现代化国家新征程的起步之年。国土绿化工作要以习近平新时代中国特色社会主义思想为指导，认真践行习近平生态文明思想和新发展理念，坚持绿化为民、绿化惠民，科学开展大规模国土绿化行动，不断提升国土绿化治理体系和治理能力现代化水平，全力推动国土绿化事业高质量发展，为建设生态文明和美丽中国作出新的更大贡献，以优异成绩迎接建党100周年。

【简析】这是一篇公布中国国土绿化重要情况的事项公报。践行绿色理念的生态发展观是新时期我国可持续发展的重要国策，因此采用了公报形式进行广泛公布。全文写得简明扼要，精炼概括，包括两部分内容：一是公报缘由（导语），即第一自然段，交代了2020我国国土绿化工作的背景和总体情况；二是公报事项，从十三个方面我国国土绿化的具体工作进行了阐述。整篇公报、内容新鲜、条理清晰，表达严谨。

【例文三】

中华人民共和国政府和保加利亚共和国政府联合公报

一、应保加利亚共和国总理博伊科·鲍里索夫邀请，中华人民共和国国务院总理李克强于2018年7月5日至8日对保加利亚进行正式访问。两国领导人预祝将于7月7日在索非亚举行的主题为“深化开放务实合作，共促共享繁荣发展”的第七次中国－中东欧国家领导人会晤圆满成功。

访问期间，李克强总理同鲍里索夫总理举行双边会谈，并会见保加利亚共和国总统鲁门·拉德夫。在热烈友好的气氛中，两国领导人就双边关系及共同关心的国际和地区问题交换意见，达成广泛共识。访问取得圆满成功，有力推动了中保关系发展。保方高度赞赏中国改革开放40年来取得的巨大成就，衷心祝愿中国成功实现中华民族伟大复兴的中国梦。

二、双方高度评价近年来两国关系取得的长足发展，高兴地看到，在双方共同努力下，高层交往活跃，政治互信稳固，各领域互利合作富有成果，为两国繁荣和世界的和平与发展作出贡献。

双方一致认为，继续深化中保全面友好合作伙伴关系符合两国人民的共同愿望和利益。双方将以2019年中保建交70周年为契机，巩固政治互信，加强两国人民间的传统友谊，保持国际和地区问题上的对话和协调，深化经贸、投资、基础设施、农业、科技创新、卫生、人文、教育、旅游等各领域合作和扩大人员往来，共同致力于将两国伙伴关系提升至新的更高水平。双方将共同办好建交70周年各类庆祝活动，增进两国人民的相互了解和友好感情。

三、双方一致认为，两国领导人之间的高层对话和密切接触对促进双边关系发展具有重要意义。中方欢迎鲍里索夫总理在双方方便时访华。

双方一致表示，尊重彼此选择的发展道路，尊重彼此国家的主权、领土完整和核心利益。保方重申坚定奉行一个中国原则。

四、保方表示支持“一带一路”倡议和加强中欧互联互通。双方愿以2015年两国政府签署的共建“一带一路”谅解备忘录为基础，加强基础设施建设领域和倡议框架下其他领域合作。

五、双方表示愿推动两国企业在基础设施建设、农业、旅游、新技术、创新、可再生能源等领域加强合作，支持中国企业参与和投资保建设，包括电动交通、组装火车车厢和机车等领域。保总理邀请中国企业参与保加利亚经营权项目。

双方表示共同致力于进一步提升双边贸易规模和水平，在尊重对方国家安全和质量监管要求前提下，为彼此优质商品开放市场。保方希望中方简化进口保农产品、食品程序。中方欢迎更多符合中国检验检疫标准的保加利亚优质农产品进入中国市场。中方欢迎保方参与2018年11月在上海举办的首届中国国际进口博览会。

双方均积极评价两国政府间经济合作联委会对促进双边经贸和投资合作的重要作用。联委会保方共同主席由保经济部长担任，双方商定于2018年在中国举行新一届联委会例会。

六、双方在农业生产和加工、农业科技等领域开展了富有成效的合作，愿继续支持在保加利亚设立的中国－中东欧国家农业合作促进联合会开展工作，欢迎在保加利亚普洛夫迪夫市建设首个16+1农业合作示范区，支持开展16+1农产品跨境电商合作。

七、双方支持两国科研机构、高校、企业在可再生能源等领域开展科技创新合作，推动落实中保科技合作委员会框架下的具体联合项目，服务两国经济快速发展和工业基础现代化。

八、双方愿进一步加强疾病防控和治疗、医疗技术和传统中医药等领域合作，共同促进两国卫生事业发展，维护卫生安全。

九、双方积极开展双边文化合作，推动两国艺术机构、艺术家群体开展交流。保方支持索非亚中国文化中心和孔子学院运作，中方欢迎保方在条件成熟时在华设立保加利亚文化中心。双方支持扩大教育合作，促进留学生及其他形式的教育交流活动。

双方将以筹备2022年北京冬奥会为契机加强体育领域合作。

十、双方愿以2018年“中国－欧盟旅游年”为契机，进一步加强在旅游资源推广、数据交换、开发旅游线路等方面合作。双方愿采取切实措施吸引对方游客，促进双向人员往来。双方支持两国民航企业积极开展商务合作，在条件成熟时开通直航。

十一、双方愿共同深化安全、执法、法治、人权领域合作，打击恐怖主义，包括加强在打击跨国有组织犯罪等领域合作。

十二、双方强调，应维护《联合国宪章》宗旨和原则以及其他国际关系基本准则，坚持多边主义。双方同意加强在联合国及其他国际组织中的沟通与合作，共同促进实现联合国可持续发展目标，携手发展相互尊重、公平正义、合作共赢的国际关系。

十三、双方表示共同努力促进贸易和投资自由化、便利化，反对单边主义、保护主义，维护多边贸易体制。

十四、双方高度评价中国－中东欧国家合作，认为这是重要机制和平台，为巩固中保关系发展提供了新机遇，有助于促进各参与方之间的关系与合作，有助于中欧关系全面发展。

中方赞赏保方为推动“16+1合作”作出的积极贡献以及作为东道主在机制框架下举办的各领域活动，表示支持并预祝第四次16+1地方领导人会议今年秋天在保加利亚成功举办。

十五、双方同意在亚欧会议框架下加强沟通协调，共同促进亚欧经贸领域和互联互通务实合作。

十六、中方重申支持欧洲一体化进程，祝贺保加利亚于2018年上半年成功履行欧盟轮值主席国职责，赞赏保方为推进欧盟与西巴尔干国家的伙伴关系付出的努力。双方一致认为，中欧全面战略伙伴关系是维护世界和平、安全和发展，共同应对全球挑战的重要因素。双方积极评价《中欧合作2020战略规划》，强调建设和平、增长、改革、文明伙伴关系重要性。双方愿在开放、透明、非歧视、包容的多边贸易体制下，根据世界贸易组织规则，促进中欧贸易和投资。保方希望中欧双方尽快达成中欧投资协定。

十七、两国领导人在访问期间见证签署了下列文件：

（一）《中国国家能源局与保加利亚能源部关于和平利用核能合作的谅解备忘录》

（二）《中华人民共和国商务部和保加利亚共和国经济部关于中小企业合作谅解备忘录》

（三）《中华人民共和国政府和保加利亚共和国政府科学技术合作协定》

（四）《中华人民共和国海关总署和保加利亚共和国农业林业和粮食部关于保加利亚去壳葵花籽输华植物检疫要求议定书》

（五）《中华人民共和国国家烟草专卖局与保加利亚共和国经济部关于烟草产业的合作意向书》

（六）《中国电子信息产业发展研究院和保加利亚经济部国家产业园区有限公司加强数字经济产业领域合作谅解备忘录》

（七）《中国国家开发银行与保加利亚发展银行在“一带一路”倡议下开展15亿欧元金融合作协议》

（八）《中国进出口银行与保加利亚Navibulgar航运公司关于6艘散货船9401.7万美元的融资条件清单协议》

（九）《济南锅炉集团有限公司与保加利亚Svilocell EAD公司关于16MW生物质废弃物发电厂项目EPC总承包合同》

（十）《银联国际与保加利亚国家支付转接网络Borika合作备忘录》

中华人民共和国国务院总理　　保加利亚国和国总理

李克强　　博伊科·鲍里索夫

2018年7月6日，索非亚

【简析】这篇中保联合公报在中保关系史上起到了十分巨大的作用，它进一步推动了中保两国定期会晤机制的运行以及双方在各领域的全面合作关系。全文内容完整，语言简练，层次清晰。标题直接点明公报的发布者、发布形式和文种名称，十分显豁，突出；正文部分首先交代了发布公报的背景情况，紧接着用“双方高度评价”、“双方强调”、“双方表示”、“双方一致认为”“双方同意”等作提领语句，将中保双方各自的态度和立场作出了明确、具体的阐述。由于联合公报事关重大，故而在用语上极其讲究准确精练，恰当得体，这是写好此类公报的重要一环。此外，文中将中保双方各自的声明及其共同声明穿插起来进行表述，给人以圆润缜密之感。

二、公　告

（一）公告基础知识

1. 公告的适用范围

公告是党和国家机关使用的一种重要的告知性文书。

《党政机关公文处理工作条例》规定：公告适用于向国内外宣布重要事项或者法定事项。其具体包含两方面的内容：一是向国内外宣布重要事项，公布依据政策、法令采取的重大行动等；二是向国内外宣布法定事项，公布依据法律规定告知国内外的有关重要规定和重大行动等。

值得注意的是，“公告”曾一直只是国家人大、行政机关在各自的公文处理法规中明确的主要文种之一，而在党的机关公文处理条例中，并未被列入 14 个主要文种之内。但党的机关并非不用公告，只是相对国家机关来讲，用得较少，且多与国家机关联合发布。因此，《党政机关公文处理工作条例》亦将其列为党政机关的正式公文。

从文种的适用范围上看，公告与公报极其相近。其所涉及的内容均为党和国家的重要事项，而且辐射范围和发布形式也相同，均是利用大众传媒面向国内外发布。但从实际情况看，二者仍然存在差别，其中在很大程度上取决于使用上的习惯性。诸如公布重要会议情况，多用公报，公布党和国家领导人的重要出访活动及人事变动，多用公告；公布重大事件，多用公报，而公布重要消息，则多用公告；公布有关人口普查、经济发展和国家计划执行情况，多用公报，公布重要事项，则多用公告。

然而，公告在实际使用中，往往偏离了《党政机关公文处理工作条例》中的规定，各机关、单位、团体只注意到公告的广泛性和周知性，事无巨细经常滥用公告，用以发布诸如招生、招聘、开业、开奖、更名、迁址、道路交通管理等具体事宜，致使公告逐渐演变为“公而告之”，严重损害了公告的庄重性，应当予以杜绝。

2. 公告的特点

（1）限制性。

由于公告宣布的是重大事项和法定事项，发文的权力被限制在高层党政机关及其职能部门的范围之内。具体说，国家最高权力机关（人大及其常委会），国家最高行政机关（国务院）及其所属部门，各省市、自治区、直辖市行政领导机关及经授权的职能部门和执法机关（如新华社、海关等）等，有制发公告的权力。其他地方行政机关、党团组织、社会团体、企事业单位，一般不能发布公告。

（2）广泛性。

公告是向国内外发布重要事项和法定事项的公文，其信息传达范围有时是全国，有时是全世界。譬如，我国曾以公告的形式公布中国科学院院士名单，一方面确立他们在我国科学界学术带头人地位，另一方面尽力为他们争取在国际科学界的地位。这样的公告肯定会在世界科学界产生一定的影响。我国有关部门还曾在《人民日报》上刊登公告，公布中国名酒和中国优质酒的品牌、商标和生产企业，以便消费者能认清名牌。

（3）重大性。

公告的题材，必须是能在国际国内产生一定影响的重要事项，或者依法必须向社会公布的法定事项。公告的内容庄重严肃，体现着国家权力机关的威严，既要能够将有关信息和政策公之于众，又要考虑在国内国际可能产生的重大影响。一般性的决定、通知的内容，都不能用公告的形式发布，因为它们很难具有全国和国际性的意义。

3. 公告的种类

（1）重要事项公告。

此类公告主要是用来宣布党和国家在政治、经济、军事、科技、教育、人事、外交等方面需要告知全民的重要事项的。常见的有国家重要领导岗位的变动，领导人的出访或其他重大活动，重要科技成果的公布，重要军事行动，等等。如《民政部关于启用中国·国家地名信息库2021版的公告》《民政部关于国务院批准设立地级三沙市的公告》都属此类公告。

（2）法定事项公告。

此类公告主要适用于依据法律法规的规定面向社会广泛告知某些具有规定性、权威性、约束力的法定事项。如《中国民用航空局 中华人民共和国外交部 中华人民共和国国家卫健委 中华人民共和国海关总署 国家移民管理局关于目的地为北京的国际航班从指定第一入境点入境的公告》就是公布因疫情防控指定入境地点这一法定事项的。

此外，有一类公告是属于专业性的或向特定对象发布的，如经济上的招标公告、采购公告，按国家专利法规定公布申请专利的公告，属专业性公告；也有按国家民事诉讼法规定，法院递交诉讼文书无法送本人或代收人时，可以发布公告间接送达，是向特定对象发布的，这些都不属党政机关公文。

（二）公告写作要领

1. 标　题

公告标题一般常用公文式标题即“发文机关 + 事由 + 文种”模式，如《国务院办公厅关于夏时制的公告》；除此以外，公告还常用完全式标题即“发文机关 + 文种”模式，如《中华人民共和国财政部公告》。此种形式虽不符合最新的公文格式要求，因其使用的习惯性，在实际写作中，仍较常见。

公告一般不编号，但当某一次会议或某一专门事项需要连续发布几个公告时，则应在标题下单独编号，注明“第×号”，如《中华人民共和国海关总署公告》（2019年第28号）。

2. 正　文

公告正文包括公告缘由、公告事项、结语三部分。

（1）公告缘由。即发布公告的依据或目的，如《邓小平同志治丧委员会公告》的开头：“鉴于邓小平同志在党和国家历史发展中的特殊功绩，以及全党全军全国各族人民的共同愿望，现决定：……”。而有的公告可不写公告缘由，开篇即为公告事项。

（2）公告事项。要求一事一告，直陈其事，准确、概括地交代清楚重大事项或法定事项的具体内容，无须写明理由、背景，一般也不用解释。公告事项多的，宜采用分条列项的写法；事项单一的，则采用段落式（极简者甚至独段成文，即与缘由部分合为一个自然段完成全文）。语言要简洁、庄重、严谨，做到易读易懂易知，以利于广大受众的理解接受。

（3）公告结语。通常用“现予公告”“特此公告”等惯用语作为结语。如果事项部分已表意完整，也可省去专门的结语。

3. 落款和成文日期

正文之下居右标住发文机关和成文日期并加盖发文机关印章；也可在标题下用题注标明成文日期。

（三）公告例文评析

【例文一】

民政部关于启用中国·国家地名信息库 2021 版的公告

为推广使用标准地名，更好发挥地名方便群众生产生活、服务经济社会发展、弘扬中华优秀传统文化等作用，民政部对中国·国家地名信息库进行了数据更新和功能优化，形成了 2021 版，即日起正式发布，欢迎社会各界使用。

中国·国家地名信息库 2021 版更新了全国地名、行政区划和界线界桩数据，包括：11 大类地名 61.68 万条，地名标志 8879 个，界线 30 条（共 1949 千米）。数据截止时点为 2020 年 12 月 31 日。此外，还优化升级了系统使用性能和数据共享模式。

中国·国家地名信息库访问网址：https：//dmfw.mca.gov.cn，微信小程序扫码：

使用过程中遇到的问题或有关意见建议，欢迎与我们联系。联系电话：010-58123220，邮箱：zhggjdmxxk@163.com。

民政部

2021 年 11 月 19 日

【简析】这是一篇向国内外宣布重要事项的公告。标题采用公文式标题，明确了“发文机关”、“发文事由”和“文种”，正文首段用“目的式”开头，直陈其事，干脆利落交代了主要事项。第二、三自然段，介绍了“中国·国家地名信息库 2021 版”具体内容。第四自然段以补充说明作结语。全篇层次清晰，表述简洁，完全符合此类公告的结构安排。

【例文二】

中国民用航空局　中华人民共和国外交部
中华人民共和国国家卫健委　中华人民共和国海关总署　国家移民管理局
关于目的地为北京的国际航班从指定第一入境点入境的公告
（第 2 号）

依据《中华人民共和国国境卫生检疫法》和《中华人民共和国民用航空法》有关规定，决定所有目的地为北京的国际客运航班均从指定的第一入境点入境。现公告如下：

一、自 3 月 23 日零时（北京时间）开始，所有目的地为北京的国际始发客运航班均须从天津、石家庄、太原、呼和浩特、上海浦东、济南、青岛、南京、沈阳、大连、郑州、西安 12 个指定的第一入境点入境。各航空公司航班指定的第一入境点可以在民航局、航空公司官网上查询。

二、乘坐上述国际航班的旅客在第一入境点实施检疫并办理入境手续，行李清关。检疫符合登机条件的旅客可搭乘原航班入京。腹舱所带货物在北京清关。

三、目的地为北京的国际航班指定第一入境点的安排及相关措施将根据疫情变化情况适时调整。

特此公告。

中国民用航空局

中华人民共和国外交部

中华人民共和国国家卫生健康委员会

中华人民共和国海关总署

国家移民管理局

2020 年 3 月 22 日

【简析】这是中国民用航空局等部门联合制发的一份法定事项公告。因其告知范围具有明显涉外性，所以采用公告形式。例文标题采用文告式标题；正文则采用段落式结构，第一段开头先交代发文的依据后，直接阐明发文的主要事项；第二、三、四自然段则具体说明了“入境地点、要求和补充事宜”等；最后以“特此公告”作结。全文事项清楚，表述简明，操作性强，充分体现了公告的写作特点和要求。

三、通　告

（一）通告基础知识

1. 通告的适用范围和特点

通告是各级社会组织通常使用的一种告知性文书。

《党政机关公文处理工作条例》规定：通告适用于在一定范围内公布应当遵守或者周知的事项。同公告一样，通告在较长时间只是作为行政机关公文。但与公告的情况不同，早在党的创立时期，党中央就曾使用通告向全党或社会上发布自己的主张和策见，而且使用得非常多，只是建国后较少使用了。现在，《党政机关公文处理工作条例》已将其列为党政机关的正式公文。

在党政公文中，通告是使用频率高、用途非常广泛的普发性公文。通告既可以用来公布重大的事项，也可以用来公布一般事项。其内容既可关涉国家大事，也可以是只涉及较小范围的具体事务。各级党政机关、企事业单位和社会团体都可以发布通告。一般主要采用张贴、登报、广播、电视等形式公开发布。

特别需要注意的是，在实际应用中，通告与公告常被混同使用。许多组织常用公告代行通告，事无巨细都用公告。实际上，通告与公告虽同属于告知性公文，但却有明显区别：

首先，使用范围不同，公告广于通告。通告的发布常常面向国内社会有关方面，对其他范围无效，而公告则面向国内外。

其次，宣布事项不同，公告重于通告。通告常常用于宣布人们应当遵守或者周知的具体事项，而公告则用来公布国家重要事项或者法定事项。

再次，制发权限不同，公告大于通告。通告可由各级党政机关、企事业单位与社会团体公布，而公告制发文机关的级别则较高，一般由省级以上的党政领导机关或授权的专门职能机关发布。

此外，除了二者均采用大众传媒的形式发布外，通告还可以通过张贴和文件形式发布。

2. 通告的特点

（1）约束性。

通告所告知的事项常作为各有关方面行为的准则或对某些具体活动的约束限制，具有法定的约束力，要求被告知者遵守执行。不过，并非所有的通告都具有约束性，有些通告只是需要人们周知，并无规定性内容。

（2）业务性。

通告常用于水电、交通、金融、公安、税务、海关等相关业务部门的事务性工作的办理和要求，内容带有较强的专业性、事务性。

（3）广泛性。

一是适用范围广。其内容可涉及社会生活各方面，因而各级机关、企事业单位、社会团体都可以使用。二是告知范围广泛。不仅在机关单位内部公布，而且向社会广泛公布。

3. 通告的种类

根据通告的适用规定，通告可以分为制约性通告与周知性通告两种类型：

（1）制约性通告。

适用于公布社会各有关方面在特定范围内应该予以遵守或执行的规定和要求。诸如打击不法犯罪行为、维护或整治社会秩序等方面的人们应当遵守或应予禁止的准则或要求，都可使用此类通告。此类通告具有强制性和约束力，具有一定的法律法规作用，如《山西省生态环境局关于开展违法排污行为大整治的通告》《国务院关于打击盗掘和走私文物活动的通告》。需要特别指出的是，此类通告的制发者必须是拥有相应的法定职权的社会组织，决不可超越法定职权制发此类通告或拟制通告条款。

（2）周知性通告。

适用于公布社会各有关方面应当周知的具体事项。诸如车辆年审、更换执照、停水停电之类的事项，均可以使用此类通告告知有关公众。这类通告主要起告启、知照作用，如《河北省公安厅交通管理局关于暂停办理公安交通管理业务的通告》《广州市人民政府关于广州地区电话号码启用八位制的通告》。

（二）通告拟写要点

1. 标　题

通告标题写作与公告类似，多采用常规的公文完全式标题即“发文机关 + 事由 + 文种”形式。对外界发布（发表、张贴）的通告，或按公文系统下发的通告，一般采用这种标题，使人一看标题，就大体知道通告内容。同样，由于使用的习惯性，通告标题写作也常使用文告式标题即“发文机关＋文种”形式。此外，在本部门、团体内部发放、张贴的通告，可以以文种“通告”作标题。

如果事情紧急，必须立即执行，发文单位可在通告前加“紧急”二字，以引起人们关注。

2. 正　文

（1）发文缘由：一般要求写明发布通告的原因、根据（事实依据、政策依据、法律依据）和目的，有的通告还需写明发布背景和意义。缘由部分应力求简明。

通告缘由之后常用“特通告如下”、“特作如下通告”或“现将有关事项通告如下”等特定承启句式进行过渡，引出通告的事项。

（2）通告事项：即正文的核心部分，要求确切地写明应该遵守或周知的具体事项或规定。事项单一的，可采用一段式完成；事项复杂的，宜采用条列式结构，分条列项书写各事项和规定。各条之间的关系应具有内在的逻辑性，并且语言表达上应准确简明、通俗易懂。涉及专业性的内容，其概念、术语需要准确界定和阐释，以便大众理解或执行。

（3）通告结语：通常是对通告内容做补充说明或提出执行要求，也可明确通告的执行时间和生效范围。此外，还可以用“特此通告”模式作结或自然收束。

结语部分可单独成段，也可作为通告事项的最后条款。

3. 落款和成文日期

正文之下标明发文机关和成文日期并加盖发文机关印章。和公告一样，也可在标题下用题注标明成文日期。

（三）通告例文评析

【例文一】

山西省生态环境局关于开展违法排污行为大整治的通告

为认真贯彻落实省委省政府关于生态环境保护的重要决策部署，坚决落实中央生态环境保护督察和“回头看”反馈问题整改，积极回应人民群众期盼，促进全省生态环境质量改善，现将有关事项通告如下：

一、落实企业主体责任。各类排污单位要严格落实环保法律法规和标准，切实履行环境保护义务和责任，规范排污行为，加强环境管理，严格持证排污，做到全面达标排放。

二、创优企业发展环境。坚持生态优先，绿色发展。各类排污单位要主动开展对标改造，提高污染防治水平。对遵守环保法律法规、落实环境保护责任、环境信用良好的企业，全省各级生态环境部门将在建设项目环境影响评价审批、排污许可证发放、专项资金等方面给予支持，鼓励企业绿色发展。

三、全面开展自查自纠。即日起至6月底，全省各类排污单位要对照环保要求，全面开展自查自纠，对存在的各类违法排污问题，制定整改方案并报属地生态环境部门备案。全省各级生态环境部门将主动服务，指导整改落实。对于主动整改的，依法从轻处罚或不予处罚。

四、严查重处违法排污。7月1日起，省生态环境厅将在全省组织开展交叉执法检查。

对于不主动整改或整改不到位仍存在违法排污的，依法严查重处。对于屡查屡犯、群众反映强烈的违法排污行为，将建立“黑名单”制度，纳入社会信用征信系统；综合运用《环境保护法》四个配套办法，依法采取按日计罚、查封扣押、限产停产、行政拘留等行政强制措施；涉嫌犯罪的，坚决移送司法机关追究刑事责任。

五、广泛接受公众监督。欢迎广大群众通过电话、微信公众号和网络方式积极举报各类环境违法行为线索，全省各级生态环境部门将依法保护举报人的个人信息及安全。

举报电话：12369 山西省生态环境厅

0350-12369 忻州市市生态环境局

微信公众号：环保举报

网络举报：登录省、市生态环境部门官方网站。

特此通告

山西省生态环境厅

2019 年 5 月 31 日

【简析】这是一篇制约性通告，发布的主体是国家行政机关。生态环境保护直接涉及公众利益，因此不仅需要广泛告知，还需要社会公众的配合与执行。这篇通告标题采用了三要素形式，完整醒目，表述准确严谨；正文发文缘由阐明了开展违法排污行为大整治的目的，宗旨鲜明；然后通告事项采用条列式，对如何开展违法排污行为大整治作了具体的布置，条理清楚，措施明确。全文语言通俗清晰，简洁有力，体现了通告的规定性和约束力。

【例文二】

河北省公安厅交通管理局
关于暂停办理公安交通管理业务的通告

因公安交通管理综合应用平台升级改造，公安交通管理综合应用平台和交通安全综合服务管理平台将暂停对外服务，现将有关事项通告如下：

2021 年 9 月 10 日 17 时 30 分至 12 日 24 时，9 月 18 日 17 时 30 分至 20 日 24 时，全省公安交管部门对外业务窗口（含车驾管业务窗口、违法处理窗口）与公安交管业务相关的机动车登记服务站以及互联网交通安全综合服务管理平台（he.122.gov.cn）、交管 12123 手机 APP 等均停止对外服务，期间所有业务停止办理。

特此通告

河北省公安厅交通管理局

2021 年 9 月 8 日

【简析】这是一篇周知性通告，发布的主体是国家相关业务部门。发布目的是在一定范围内让人们广泛知晓有关业务性事宜，不带约束性。本通告标题采用了三要素形式，标题完整清晰；正文一开始说明了缘由，然后直接宣告了公安交通管理综合应用平台和交通安全综合服务管理平台暂停对外服务时间期限，最后以“特此通告”模式结尾。事项单一具体，内容清楚明确，利于人们理解。

【思考练习题】

一、修改下列标题的错误

1. ××县人民政府关于清理非法占道经营的公告

2. ××市航运管理局关于河道航行安全的通告

3. ××省人民政府关于严禁烟花爆竹燃放管理的通告

4. 关于工业和信息化部延长《行政执法证》有效期限的通告

5. ××市公安局禁止关于倒卖外汇的通告

二、指出下面公文的不妥之处并加以修改

关于实行交通管制的公告

二〇一一年度环太平湖马拉松赛将于 10 月 15 日上午 8 时至下午 3 时举行。为保证赛事的顺利进行，届时将对湖滨路、北山路、西山路和南山路实行交通管制，除警备车、救护车、消防车外，禁止其他机动车辆通行。

特此通知

××市公安局

二〇一一年十月十三日

三、请根据下列材料，拟写一份公文

××县城区公路上机动车辆乱停乱靠现象十分严重，不少小商贩在公路上摆摊搞经营，不少行人不走横道线而乱穿公路，因而交通时常堵塞，事故也多次发生，给畅通工程带来了不良影响。请以县公安局的名义制发一份公文以整顿城区交通秩序。

第四节 意见 通知 通报

一、意 见

（一）意见基础知识

1. 意见的适用范围

在现行公文中，意见是一种使用频率较高且比较重要的多向性文种。

《党政机关公文处理工作条例》规定：意见适用于对重要问题提出见解和处理办法。在实际工作中，当对某些新的情况和问题以及相关的政策和规定，没有明确或者不相适应，需要上级机关进行及时的指导，提出措施，规范行为，并为下一步完善和制定有关的法律法规做必要的准备，就需要意见这一文种，向上级建议，给平级提供参考，或者对下级进行指导。

意见的多向性使其具有多用途，这些用途与其他公文（如通知、决定、请示、报告、函）的用途颇有相近、交叉之处，但这并不表明它们之间一律可以相互替代，而只意味着选用意见文种时更需要明辨其适用范围，更需要严格依循《条例》的规定进行规范行文，以确保公文制发的严肃性。如上行的意见与请示都要求上级对自己所提的事项或问题，或给予批准，或给予指示，或予以认可，即这两个文种的行文方向与目的在某种程度上有着同一性。但是，它们之间实际上存在着区别，主要表现在所提的事项与内容不尽相同。请示的内容较多涉及的是“人、财、物、机构、编制”以及工作中遇到的需上级作出决定的重大问题或应由上级加以审批的事项等具体问题，也即人们通常所说的“硬件”；而上行意见的内容则多是对工作中一些重大问题提出见解和处理办法以及所遇到的困难，要求上级给予指示或支持，这就是人们通常所说的“软件”。二者切不可混淆使用。

2. 意见的特点

（1）建议性。

所谓意见，就是有一定的建议、参谋和指导作用的看法。意见中所表达的态度是诚恳的，即使是下行的意见也没有决定或者通知等文种的强制性。作为上行文的意见，更要抱着“知无不言，言无不尽”的态度，向上级提交本机关的建设性认识，起参谋的作用。

（2）多向性。

意见具有显著的多向性特点，可以用于上行文、下行文和平行文。作为上行文，主要用于向上级提出可供参考或予以批转的建议。意见上行时，应按请示性公文的程序和要求办理；作为下行文，主要用于对下级机关开展某项活动、做好某项工作作出指示、安排，要求下级机关遵照或参照执行；作为平行文，则主要是对不相隶属机关就某些重要问题提出的建议供对方参考。意见平行时，亦按平行文要求办理。

3. 意见的分类

按行文内容分类可将意见分为请批性意见、指示性意见、建议性意见三种。

（1）请批性意见。

此类意见属于上行文，是向上级机关就重要问题提出见解和办法的意见。其常用于下列情况：需要处理、解决，却无相应政策规定或者与相关政策有矛盾的重要事项、重大问题；需要有关方面配合处理，却无权直接向他们提出执行要求的重要事项、重大问题。面对这些情况，即可向上级报送意见，阐明自己的见解和办法，请求上级予以批示或批转。如《国家发改委关于2015年深化经济体制改革重点工作的意见》就是为实现“简政放权、深化企业改革、落实财税改革”等目标而建议国务院批转实施的请批性意见。

（2）指示性意见。

此类意见属于下行文，是对下级的有关工作予以指挥、指导的意见，即意见中对有关工作的贯彻执行有明确要求，下级机关须遵照执行或参照执行。它是下级开展有关工作、解决有关问题的原则、方法和依据。如《北京市人民政府关于加快推进中小河道水利工程建设全面提高防洪能力的实施意见》就是北京市人民政府针对“7·21”特大自然灾害，加快推进北京市中小河道水利工程建设，尽快扭转中小河道水利工程建设滞后的局面，全面提高北京市防洪能力作出的指示性意见。

（3）参考性意见。

此类意见可以上行，供上级机关作为决策参考，如卫生部《关于进一步加强地方病防治工作的几点意见》就是卫生部向国务院提出的关于地方病防治方面的建议；也可平行，供平级或不相隶属机关处理某些重要问题时作参考；还可以下行，提出供下级处理某问题的参考意见。

（二）意见写作要领

意见的结构与一般党政公文结构相同。

1. 标　题

意见的标题一般按照规范的党政机关公文格式要求，采用三要素标题，即“发政机关＋事由＋文种”形式，如《教育部关于深化本科教育教学改革全面提高人才培养质量的意见》。根据行文的需要可以在文种前加上“几点”“若干”等说明性的文字，如《上海市静安区财政局关于实施积极财政政策促进经济转型发展的若干意见》。

2. 主送机关

意见一般应标明主送机关。但要注意向上行文的意见与向下行文的意见的区别。此外，高级机关下行的普发性意见也可缺省此项格式。

3. 正　文

意见正文的基本组成部分是缘由、事项和结语。

（1）发文缘由：要写明提出意见的目的、依据、原因、意义和背景等，陈述“为何提意见”或“为什么发布实施意见”。这部分要求写得具体概括，开门见山，直奔主题，以便尽快引起下文。发文缘由与发文事项之间常用“提出如下意见”“特制定本处理办法”“现提出如下实施意见，请认真贯彻执行”等为过渡语，起到承上启下之作用。如《国务院办公厅关于加强和规范各地政府驻北京办事机构管理的意见》：“改革开放以来，各地政府驻北京办事机构认真贯彻执行党的路线方针政策，积极开展有关工作，在加强地区间协作、服务本地区经济社会发展、处置突发事件、维护首都稳定等方面发挥了积极作用。但也存在驻京办事机构设置过多过滥、职能定位不准确、公务接待不规范、监督管理机制不健全等问题。为加强和规范各地政府驻北京办事机构管理，经国务院同意，现提出以下意见”就明确地交代了发文的背景、原因、目的和依据。

（2）发文事项：这是陈述具体意见的部分，要求写明具体的见解、办法或措施。这部分内容一般较多，多采用“分类标项，先论后说”的写法，逐一阐述各项意见，使受文者便于理解和办理。如《浙江省人民政府关于进一步整顿和规范文化市场秩序的实施意见》，正文部分从工作目标、工作重点、工作步骤、主要措施四个方面提出了整顿和规范文化市场秩序的实施意见。又从八个方面分析了整顿工作的重点，并有针对性地提出了五条整顿措施：① 提高认识，加强领导；② 部门配合，形成合力；③ 加强宣传，正确引导；④ 严格执法，严肃政纪；⑤ 明确职责，严格监管。其见解措施既显得有理有据，又便于实际操作。

在陈述具体意见时，要注意不同行文方向和用途的意见，须有不同的行文语气。指示性意见的用语应为指令性的下行语气；建议性意见的用语是平和、客观、商讨式的语气；请批性意见虽然是上行文，但其行文目的是请上级批转给有关方面贯彻执行，因而其具体意见（事项）部分不能用祈请语气的言辞。

（3）结语：一般要写清意见提出者的要求、希望。应根据意见的行文方向、行文内容酌选“以上意见如无不妥，请批转有关部门执行”、“以上意见，请予考虑”、“以上意见仅供参考”等惯用语作结。主体部分若已文意完足，也可不设专门的结语。

4. 落款和成文时间

由于意见带有较强的规范性，大多数意见已将发文机关和发文时间置于标题之下，如此结尾落款可省略。但按照公文格式制发的意见，落款一定要标明发文机关和发文时间，并加盖公章。

（三）意见例文评析

【例文一】

教育部关于深化本科教育教学改革全面提高人才培养质量的意见

各省、自治区、直辖市教育厅（教委），新疆生产建设兵团教育局，有关部门（单位）教育司（局），部属各高等学校、部省合建各高等学校：

为深入贯彻全国教育大会精神和《中国教育现代化2035》，全面落实新时代全国高等学校本科教育工作会议和直属高校工作咨询委员会第二十八次全体会议精神，坚持立德树人，围绕学生忙起来、教师强起来、管理严起来、效果实起来，深化本科教育教学改革，培养德智体美劳全面发展的社会主义建设者和接班人，现提出如下意见：

一、严格教育教学管理

1. 把思想政治教育贯穿人才培养全过程。坚持把立德树人成效作为检验高校一切工作的根本标准，用习近平新时代中国特色社会主义思想铸魂育人，加快构建高校思想政治工作体系，推动形成“三全育人”工作格局。把思想政治理论课作为落实立德树人根本任务的关键课程，推动思想政治理论课改革创新，建设一批具有示范效应的思想政治理论课，不断增强思想政治理论课的思想性、理论性和亲和力、针对性。把课程思政建设作为落实立德树人根本任务的关键环节，坚持知识传授与价值引领相统一、显性教育与隐性教育相统一，充分发掘各类课程和教学方式中蕴含的思想政治教育资源，建成一批课程思政示范高校，推出一批课程思政示范课程，选树一批课程思政优秀教师，建设一批课程思政教学研究示范中心，引领带动全员全过程全方位育人。

2. 激励学生刻苦学习。高校要切实加强学风建设，教育引导学生爱国、励志、求真、力行。要提升学业挑战度，强化人才培养方案、教学过程和教学考核等方面的质量要求，科学合理设置学分总量和课程数量，增加学生投入学习的时间，提高自主学习时间比例，引导学生多读书、深思考、善提问、勤实践。合理增加学生阅读量和体育锻炼时间，以适当方式纳入考核成绩。积极组织学生参加社会调查、生产劳动、志愿服务、公益活动、科技发明和勤工助学等实践活动。

3. 全面提高课程建设质量。立足经济社会发展需求和人才培养目标，优化公共课、专业基础课和专业课比例结构，加强课程体系整体设计，提高课程建设规划性、系统性，避免随意化、碎片化，坚决杜绝因人设课。实施国家级和省级一流课程建设“双万计划”，着力打造一大批具有高阶性、创新性和挑战度的线下、线上、线上线下混合、虚拟仿真和社会实践“金课”。积极发展“互联网+教育”、探索智能教育新形态，推动课堂教学革命。

严格课堂教学管理，严守教学纪律，确保课程教学质量。

4. 推动高水平教材编写使用。高校党委要高度重视教材建设，落实高校在教材建设中的主体责任，健全教材管理体制机制，明确教材工作部门。做好马克思主义理论研究和建设工程重点教材统一使用工作，推动教材体系向教学体系转化。鼓励支持高水平专家学者编写既符合国家需要又体现个人学术专长的高水平教材，充分发挥教材育人功能。

5. 改进实习运行机制。推动健全大学生实习法律制度，完善各类用人单位接收大学生实习的制度保障。充分考虑高校教学和实习单位工作实际，优化实习过程管理，强化实习导师职责，提升实习效果。加大对学生实习工作支持力度，鼓励高校为学生投保实习活动全过程责任保险，支持建设一批共享型实习基地。进一步强化实践育人，深化产教融合、校企合作，建成一批对区域和产业发展具有较强支撑作用的高水平应用型高等学校。

6. 深化创新创业教育改革。挖掘和充实各类课程、各个环节的创新创业教育资源，强化创新创业协同育人，建好创新创业示范高校和万名优秀创新创业导师人才库。持续推进国家级大学生创新创业训练计划，提高全国大学生创新创业年会整体水平，办好中国“互联网+”大学生创新创业大赛，深入开展青年红色筑梦之旅活动。

7. 推动科研反哺教学。强化科研育人功能，推动高校及时把最新科研成果转化为教学内容，激发学生专业学习兴趣。加强对学生科研活动的指导，加大科研实践平台建设力度，推动国家级、省部级科研基地更大范围开放共享，支持学生早进课题、早进实验室、早进团队，以高水平科学研究提高学生创新和实践能力。统筹规范科技竞赛和竞赛证书管理，引导学生理性参加竞赛，达到以赛促教、以赛促学效果。

8. 加强学生管理和服务。加强高校党委对学生工作的领导，健全学生组织思政工作体系，坚持严格管理与精心爱护相结合。加强学生诚信教育和诚信管理，严格校规校纪刚性约束。配齐建强高校辅导员队伍，落实专职辅导员职务职级“双线”晋升要求，积极探索从时代楷模、改革先锋、道德模范、业务骨干等群体中选聘校外辅导员。积极推动高校建立书院制学生管理模式，开展“一站式”学生社区综合管理模式建设试点工作，配齐配强学业导师、心理辅导教师、校医等，建设师生交流活动专门场所。

9. 严把考试和毕业出口关。完善过程性考核与结果性考核有机结合的学业考评制度，综合应用笔试、口试、非标准答案考试等多种形式，科学确定课堂问答、学术论文、调研报告、作业测评、阶段性测试等过程考核比重。加强考试管理，严肃考试纪律，坚决取消毕业前补考等“清考”行为。加强学生体育课程考核，不能达到《国家学生体质健康标准》合格要求者不能毕业。科学合理制定本科毕业设计（论文）要求，严格全过程管理，严肃处理各类学术不端行为。落实学士学位管理办法，健全学士学位管理制度，严格学士学位标准和授权管理，严把学位授予关。

二、深化教育教学制度改革

10. 完善学分制。学分制是以学分作为衡量学生学习质量和数量，为学生提供更多选择余地的教学制度。支持高校进一步完善学分制，扩大学生学习自主权、选择权。建立健全本科生学业导师制度，安排符合条件的教师指导学生学习，制订个性化培养方案和学业生涯规划。推进模块化课程建设与管理，丰富优质课程资源，为学生选择学分创造条件。支持高校建立与学分制改革和弹性学习相适应的管理制度，加强校际学分互认与转化实践，以学分积累作为学生毕业标准。完善学分标准体系，严格学分质量要求，建立学业预警、淘汰机制。学生在基本修业年限内修满毕业要求的学分，应准予毕业；未修满学分，可根据学校修业年限延长学习时间，通过缴费注册继续学习。支持高校按照一定比例对特别优秀的学士学位获得者予以表彰，并颁发相应的荣誉证书或奖励证书。

11. 深化高校专业供给侧改革。以经济社会发展和学生职业生涯发展需求为导向，构建自主性、灵活性与规范性、稳定性相统一的专业设置管理体系。完善人才需求预测预警机制，推动本科高校形成招生计划、人才培养和就业联动机制，建立健全高校本科专业动态调整机制。以新工科、新医科、新农科、新文科建设引领带动高校专业结构调整优化和内涵提升，做强主干专业，打造特色优势专业，升级改造传统专业，坚决淘汰不能适应社会需求变化的专业。深入实施“六卓越一拔尖”计划 2.0，全面实施国家级和省级一流本科专业建设“双万计划”，促进各专业领域创新发展。完善本科专业类国家标准，推动质量标准提档升级。

12. 推进辅修专业制度改革。促进复合型人才培养，逐步推行辅修专业制度，支持学有余力的全日制本科学生辅修其他本科专业。高校应研究制定本校辅修专业目录，辅修专业应与主修专业归属不同的专业类。原则上，辅修专业学生的遴选不晚于第二学年起始时间。辅修专业应参照同专业的人才培养要求，确定辅修课程体系、学分标准和学士学位授予标准。要结合学校定位和辅修专业特点，推进人才培养模式综合改革，形成特色化人才培养方案。要建立健全与主辅修制度相适应的人才培养与资源配置、管理制度联动机制。对没有取得主修学士学位的学生不得授予辅修学士学位。辅修学士学位在主修学士学位证书中予以注明，不单独发放学位证书。

13. 开展双学士学位人才培养项目试点。支持符合条件高校创新人才培养模式，开展双学士学位人才培养项目试点，为学生提供跨学科学习、多样化发展机会。试点须报省级学位委员会审批通过后，通过高考招收学生。试点坚持高起点、高标准、高质量，所依托的学科专业应具有博士学位授予权，且分属两个不同的学科门类。试点人才培养方案要进行充分论证，充分反映两个专业的课程要求、学分标准和学士学位授予标准，不得变相降低要求。高校要推进试点项目与现有教学资源的共享，促进不同专业课程之间的有机融合，实现学科交叉基础上的差异化、特色化人才培养。本科毕业并达到学士学位要求的，可授予双学士学位。双学士学位只发放一本学位证书，所授两个学位应在证书中予以注明。高等学历继续教育不得开展授予双学士学位工作。

14. 稳妥推进跨校联合人才培养。支持高校实施联合学士学位培养项目，发挥不同特色高校优势，协同提升人才培养质量。该项目须报合作高校所在地省级学位委员会审批。该项目相关高校均应具有该专业学士学位授予权，通过高考招收学生。课程要求、学分标准和学士学位授予标准，不得低于联合培养单位各自的相关标准。实施高校要在充分论证基础上签署合作协议，联合制定人才培养方案，加强学生管理和服务。联合学士学位证书由本科生招生入学时学籍所在的学士学位授予单位颁发，联合培养单位可在证书上予以注明，不再单独发放学位证书。高等学历继续教育不得开展授予联合学士学位工作。

15. 全面推进质量文化建设。完善专业认证制度，有序开展保合格、上水平、追卓越的本科专业三级认证工作。完善高校内部教学质量评价体系，建立以本科教学质量报告、学院本科教学评价、专业评价、课程评价、教师评价、学生评价为主体的全链条多维度高校教学质量评价与保障体系。持续推进本科教学工作审核评估和合格评估。要把评估、认证等结果作为教育行政部门和高校政策制定、资源配置、改进教学管理等方面的重要决策参考。高校要构建自觉、自省、自律、自查、自纠的大学质量文化，把其作为推动大学不断前行、不断超越的内生动力，将质量意识、质量标准、质量评价、质量管理等落实到教育教学各环节，内化为师生的共同价值追求和自觉行动。全面落实学生中心、产出导向、持续改进的先进理念，加快形成以学校为主体，教育部门为主导，行业部门、学术组织和社会机构共同参与的中国特色、世界水平的质量保障制度体系。

三、引导教师潜心育人

16. 完善高校教师评聘制度。高校可根据需要设立一定比例的流动岗位，加大聘用具有其他高校学习和行业企业工作经历教师的力度。出台高校教师职称制度改革的指导意见，推行高校教师职务聘任制改革，加强聘期考核，准聘与长聘相结合，做到能上能下、能进能出。高校教师经所在单位批准，可开展多点教学并获得报酬。引导高校建立兼职教师资源库，开展兼职教师岗前培训，为符合条件的兼职教师、急需紧缺人才申报相应系列专业技术职务。研究出台实验技术系列职称制度改革的指导意见，优化高校实验系列队伍结构。

17. 加强基层教学组织建设。高校要以院系为单位，加强教研室、课程模块教学团队、课程组等基层教学组织建设，制定完善相关管理制度，提供必需的场地、经费和人员保障，选聘高水平教授担任基层教学组织负责人，激发基层教学组织活力。支持高校组建校企、校地、校校联合的协同育人中心，打造校内外结合的高水平教学创新团队。要把教学管理队伍建设放在与教师队伍建设同等重要位置，制定专门培养培训计划，为其职务晋升创造有利政策环境。

18. 完善教师培训与激励体系。推动教师培训常态化，探索实行学分管理，将培训学分作为教师考核和职务聘任的重要依据。加强高校教师发展中心建设，重点面向新入职教师和青年教师，以提升教学能力为目的，开展岗前和在岗专业科目培训。推进高校中青年教师专业发展，建立高校中青年教师国内外访学、挂职锻炼、社会实践制度。完善校企、校社共建教师企业实践流动岗（工作站）机制，共建一批教师企业实践岗位。鼓励高校为长期从事教学工作的教师设立荣誉证书制度。鼓励社会组织对教师出资奖励，开展尊师活动，营造尊师重教良好社会风尚。

19. 健全教师考核评价制度。加强师德师风建设，将师德考核贯穿于教育教学全过程。突出教育教学业绩在绩效分配、职务职称评聘、岗位晋级考核中的比重，明确各类教师承担本科生课程的教学课时要求。切实落实教授全员为本科生上课的要求，让教授到教学一线，为本科生讲授基础课和专业基础课，把教授为本科生的授课学时纳入学校教学评估指标体系。教师日常指导学生学习、创新创业、社会实践、各类竞赛展演以及开展“传帮带”等工作，计入教育教学工作量，纳入年度考核内容。

20. 建立健全助教岗位制度。助教岗位承担课堂教辅、组织讨论、批改作业试卷、辅导答疑、协助实习实践等教学辅助任务，主要由没有教学经历的新入职教师、研究生、优秀高年级本科生等担任。高校应建立健全助教岗位制度，完善选拔、培训、评价、激励和反馈的全流程助教岗位管理制度。新入职教师承担的助教工作应纳入教师工作量考核，对于表现优秀的应在职称评聘、职务晋升中予以优先考虑。加强对担任助教工作学生的岗前培训和规范管理，合理确定补贴标准，提供必要条件保障，确保教学工作质量。

四、加强组织保障

21. 加强党对高校教育教学工作的全面领导。地方党委教育工作部门、高校各级党组织要坚持以习近平新时代中国特色社会主义思想为指导，全面贯彻党的教育方针，坚定社会主义办学方向，落实“以本为本、四个回归”的要求，加强对本科教育教学改革的领导。高校党委会、常委会和校长办公会要把本科教育教学改革工作纳入重要议题研究部署，高校主要领导、各级领导干部、广大教师要把主要精力投入教育教学工作，深入党建和思政、教学和科研一线，切实把走进学生、关爱学生、帮助学生落到实处。高校的人员、经费、物质资源要聚焦本科教育教学改革，强化人才培养质量意识，形成全员、全方位支持教育教学改革的良好氛围。

22. 完善提高人才培养质量的保障机制。各地教育行政部门要增强工作针对性和实效性，结合区域实际，明确深化本科教育教学改革总体目标、重点内容、创新举措、评价考核和保障机制，加强政策协调配套，调整教育经费支出结构，加大对教育教学改革的投入力度。要进一步落实高校建设主体责任和办学自主权，提升高校治理能力和治理水平，加强内部统筹，着力解决建设难点和堵点问题。要加强对高校教育教学改革成效的督导检查，加大典型做法的总结宣传力度，推动形成狠抓落实、勇于创新、注重实效的工作局面。

教育部

2019 年 9 月 29 日

【简析】这是教育部所发的一份下行意见。标题采用规范的三要素标题，明确了发文机关、事由和文种；主送机关具体写明了权限范围内的主要受文对象；正文缘由简洁概括交代了制发意见的目的，然后通过“现提出如下意见”过渡到主体部分；主体事项在结构上采用了“撮要分条”的写法，分四个小标题，阐释了“严格管理”、“制度建立”、“育人措施”、“组织保障”四方面意见，每一方面分条又具体进行了阐释和说明，可谓主旨显露，措施具体，要求清楚，令人一目了然。

【例文二】

上海市静安区财政局关于实施积极财政政策促进经济转型发展的若干意见

区政府：

为深入贯彻中央经济工作会议关于“继续实施积极的财政政策，促进经济运行保持在合理区间”的精神，按照《国务院关于扩大对外开放积极利用外资若干措施的通知》（国发〔2017〕5 号）、《国务院办公厅关于促进开发区改革和创新发展的若干意见》（国办发〔2017〕7 号）、《上海市人民政府关于进一步扩大开放加快构建开放型经济新体制的若干意见》（沪府发〔2017〕26 号）和《关于印发<关于进一步规范和完善本市区（县）财政扶持政策的意见>的通知》（沪财预〔2010〕69 号）的总体要求，结合本区“十三五”发展规划，制定《静安区关于实施积极财政政策促进经济转型发展的若干意见》：

一、总体要求

（一）基本原则

主动融入上海加快向具有全球影响力的科技创新中心进军、基本建成“四个中心”和社会主义现代化国际大都市的发展大局，认真贯彻落实静安区“十三五”规划，针对经济创新驱动、转型发展的需求，加大财政扶持力度。产业政策面向“产业集聚”兼顾“产业培育”：以总部经济、楼宇经济和涉外经济为基础，聚焦商贸服务业、金融服务业、专业服务业、文化创意产业和信息服务业五大产业的发展，深入推进国家服务业综合改革；以优化中小企业创业创新环境和探索建立政府投资基金为契机，主动对接科创中心建设，充分运用财政资金杠杆效应，引导金融资本和社会资本支持区域经济建设，持续推进创新驱动发展、经济转型升级。

主要目标

1. 确保区域经济持续健康发展。大力发展总部经济、楼宇经济和涉外经济，聚焦商贸服务业、金融服务业、专业服务业、文化创意产业和信息服务业的发展，实现产业能级和服务功能的全面提升。

2. 深化国家服务业综合改革。通过进一步完善“放宽准入、简化审批、创新扶持和完善监管”等机制，力争到2020年在服务业重点领域和关键环节上起到先进表率作用，基本建成国际性、知识性、创新性、融合性服务业集聚发展示范区。

3. 主动对接科创中心建设。主动适应经济新常态，集聚创新要素，积极培育新产业、新业态、新技术、新模式，促进科技创新能力不断提升。推进云计算、大数据、物联网等优势产业集群创新。打造区域经济新增长点，推动智慧城区建设走在全市前列。

4. 促进中小企业转型发展。创新财政资金投入方式，推动中小企业创业创新，支持中小企业做强做精；加大对中小企业融资支持力度，降低融资成本、优化融资环境；打造中小企业公共服务平台，提供政策咨询、教育培训、投融对接等一站式服务。

5. 推动“一轴三带”战略落地。强化资源联动功能，积极引导和激励各类产业园区深度转型，打造贯通南北、共享互融的复合发展轴。坚持“做高、做宽、做厚”，建设南京西路两侧高端商务商业集聚带，建设凸显“水脉、文脉、绿脉和人脉”特征的苏州河两岸人文休闲创业集聚带，做大做强凸显“创新创意、产城融合”特征的中环两翼产城融合发展集聚带。

6. 构筑高端创业创新人才高地。全力打造中国上海人力资源产业园区，深入推进创业创新人才培养和引进计划。不断完善创业创新人才配套政策，重点支持商贸服务业、金融服务业等五大重点产业创业创新，着力打造“国际静安”创业创新人才高地。

二、持续推进“三大经济、五大产业”的发展。

主动适应经济发展新常态，加大财政支持力度，努力提高积极财政政策的针对性和有效性，聚焦提质增效，对新引进和持续为区域经济发展作出重大贡献的企业给予一定的财政扶持。

（一）深度发展总部经济

进一步贯彻落实《上海市鼓励跨国公司设立地区总部的规定》（沪府发〔2017〕9号），对符合条件的企业分别给予开办资助、租房资助、高管奖励和一定的财政扶持。

1. 鼓励跨国公司在本区设立地区总部和总部型机构，支持本区地区总部和总部型机构集聚业务、拓展功能、提升能级。

2. 对国内外大企业的研发中心、运营中心、结算中心、销售中心，集团公司、上市公司投资设立的企业总部，可参照总部和总部型机构政策执行。

（二）全力推进楼宇经济的发展

加快推进重点区域和重点项目建设，为发展楼宇经济提供优质载体。充分发挥区位优势，大力发展楼宇经济。对主动对接本区发展规划、坚持“做高、做宽、做厚”、构建高端专业的产业体系、为本区产业发展布局做出显著贡献的楼宇业主给予一定的补贴。

（三）提升涉外经济发展质量

为落实上海市人民政府贯彻《国务院关于进一步做好利用外资工作的若干意见》的实施意见（沪府发〔2011〕83号），继续优化涉外经济结构，利用上海城市东西发展主轴中心节点的区位优势，突出“国际化、高端化、品质化”特征，强化高端要素集聚，逐步建成与全球城市地位相适应、具有国际要素资源配置能力的全球城市核心CBD区域。对符合条件的涉外企业给予一定的财政扶持。

（四）继续做强高端商贸服务业

贯彻落实《国务院办公厅关于推进线上线下互动加快商贸流通创新发展转型升级的意见》（国办发〔2015〕72 号），集聚高端型、结算型、连锁型品牌贸易企业，鼓励发展买手制百货、体验型门店等新兴业态。推动传统商业转型升级，引导传统商业企业发展线上业务，网络零售企业拓展线下功能，促进线上线下商业融合，构建全方位的营销渠道。增强南京西路、大宁国际商业广场等市级商圈的辐射影响力，促进商业载体间的错位经营和功能互补，并对符合条件的商贸企业给予一定的财政扶持。

（五）持续发展金融服务业

贯彻落实《国务院办公厅关于金融支持经济结构调整和转型升级的指导意见》（国办发〔2013〕67号）、上海市人民政府关于印发《上海市集聚金融资源加强金融服务促进金融业发展的若干规定》的通知（沪府发〔2009〕40号），吸引证券、期货、基金，信托、资管等金融企业落户本区，引导该类持牌金融机构集聚。大力推动国内外私募股权投资基金、产业投资基金、风险投资基金等新兴金融发展。促进互联网金融企业规范化经营并积极转型，打造多元结构的金融业态体系，为实体经济发展提供有力支撑。对符合条件的金融企业给予一定的财政扶持。

（六）集聚发展专业服务业

积极发展管理咨询、法律服务、会计审计、人力资源、检测认证等专业服务业，引进国际知名公司，培育国内专业服务品牌企业；大力发展面向战略性新兴产业、医疗健康和食品安全等领域的第三方检验检测认证服务；推进专业服务业与其他产业的协同发展。对符合条件的专业服务企业给予一定的财政扶持。

（七）融合发展文化创意产业

贯彻落实《国务院关于推进文化创意和设计服务与相关产业融合发展的若干意见》（国发〔2014〕10号）、《上海市人民政府关于贯彻<国务院关于推进文化创意和设计服务与相关产业融合发展的若干意见>的实施意见》（沪府发〔2015〕1 号），支持各类影视企业的集聚发展，积极构筑文化产品、知识产权等要素交易平台，实现文化金融、戏剧产业等领域的突破和创新；吸引顶尖企业和龙头项目落地，逐步完善大影视、大传媒、大戏剧产业服务体系，并对符合条件的文化创意企业给予一定的财政扶持。

（八）壮大发展信息服务业

贯彻落实本市人民政府《关于本市进一步鼓励软件产业和集成电路产业发展的若干政

策》(沪府发〔2012〕26 号)，支持“互联网+”、物联网、大数据、云计算等新兴信息领域发展，结合大数据产业基地建设，引进一批国内外具有影响力的龙头骨干企业，提升信息服务业的技术创新能力，打造区域经济新的增长点，并对符合条件的信息服务企业给予一定的财政扶持。

三、深化国家服务业综合改革

深入贯彻落实《国家发改委关于做好“十三五”服务业综合改革试点工作的通知》(发改产业〔2016〕2557 号)，设立“国家服务业综合改革专项资金”，用于加快推进国际化、高端化、品质化、创新型现代服务业产业体系的建立，打造上海卓越全球城市的核心承载区、服务业体制机制改革的先行区、生产性服务业集聚发展的示范区、生活性服务业品质提升的标杆区，成为核心竞争力强、辐射影响力大的全国高端服务业发展的引领区。

(一)支持服务业体制机制突破

聚焦重点改革领域，在服务业市场准入制度、行政审批制度改革等领域先行先试，率先突破，为服务业高端化、国际化发展营造制度健全、高效便利、公平开放的市场环境。对具有重大影响的服务业体制机制创新项目，给予一定的财政扶持。

(二)支持公共服务平台建设

大力推进企业与社会公共性资源要素的整合，注重整合分散的高端服务资源，实现资源共享、有效利用，拓宽服务领域，做大市场规模。对能提供信息、技术、人才、贸易、资金等服务支撑的公共服务平台项目，给予一定的财政扶持。

(三)支持服务业基础环境建设

主动对接国际标准，完善服务业标准体系；促进知识产权创造和运用，推进知识产权服务体系建设。对企业参与服务业标准体系、知识产权服务体系等建设并取得一定成果的，给予一定的财政扶持。

四、推进国际创业创新活力城区建设

围绕上海建设“具有全球影响力的科技创新中心”的目标，激发静安城区创新活力，加大创新支持力度，设立“科技创新发展专项资金”，深入推进创新转型与融合发展，营造良好的科技创新生态。主要用于以下四个方面：

(一)提升科技企业创新能力

强化企业创新主体地位，继续实施高新技术企业认定、企业研发费用加计扣除、技术先进型服务企业认定等普惠性政策；实施小微科技企业创业创新扶持计划、创新科技小巨人工程、试点卓越创新企业工程等政策。对符合条件的企业给予一定的财政扶持。

(二)推动各类创新载体发挥集聚效应

加快建设张江国家自主创新区静安区分园，促进众创空间品质提升，加强国际创业创新人才引进和国际创新孵化机构集聚，支持组建国家和上海市级工程技术研究中心、企业技术中心等平台，推动建立一批技术创新、产业合作联盟，并对符合条件的企业给予一定的财政扶持。

(三)聚焦云计算、大数据产业建设

全力支持云计算、大数据产业在市北高新园区集聚发展，打造上海领先、国内一流的产业基地；支持云计算、大数据在本区开展应用创新项目和示范工程，并对符合条件的企业给予一定的财政扶持。

（四）完善科技创新投入机制

充分发挥政策性担保的财政贴息、贴费的风险补偿机制的引导作用和杠杆作用，支持建立多渠道、多层次的产业投融资体系；鼓励银行、小额贷款公司、保险公司等金融机构提供科技融资担保、股权质押等金融服务，保障科技创新全链条、全要素的资金供给。

五、大力支持重点区域的建设和发展

为深入推进“一轴三带”发展战略，促进重点区域城市建设快速发展、优势产业加快集聚，设立“重点区域建设专项资金”。着力破解区域内部发展的不平衡，实现空间缝合向空间融合转变；通过全区资源的整合、互补、联动、释放，不断增强发展平衡性和协调性，促进城区空间形态、环境品质、综合功能和整体实力的新提升。

（一）充分发挥复合轴贯通南北、共享互融的协调功能

强化交通连接功能，强化资源联动功能，连接重点功能区、产业集聚区，延续放大由南至北的区位优势、资源优势、功能优势和人文优势，促进沿线产业园区、服务设施和公共空间等资源的有机衔接，实现对城区资源配置的整体优化和战略提升。

（二）优化提升南京西路两侧高端商务商业集聚带功能

利用上海城市东西发展主轴中线节点的区位优势，突出“国际化、高端化、品质化”特征，强化高端要素集聚，升级打造国际商务港。完善城区综合功能配套和社区服务设施，提升核心街区承载能力，不断丰富和拓展南京西路集聚带的发展厚度，延伸拓展南京西路的辐射功能，将南京西路集聚带打造成为上海这一现代化国际大都市最具标志性的区域。

（三）打造苏州河两岸人文休闲创业集聚带发展新亮点

发挥上海沿江沿河开发重要区域的作用，依托苏州河两岸深厚的文化底蕴，坚持高起点规划、高品质开发和高能级产业注入，坚持两岸联动协调开发，打造国际都市中心的滨水示范区、海派历史文化的魅力展示区和高尚人文休闲的中央活动区，成为苏州河两岸融合发展的新标杆以及上海国际大都市的新亮点。

（四）做大做强中环两翼产城融合发展集聚带规模能级

承接中环“黄金走廊”功能，着力提升产业能级，做大经济增量。促进市北园区深度转型，打造全国高新技术产业的示范基地和服务业创新发展的示范区；深化大宁地区联动发展，打造“产、学、研”融合的世界级影视基地；注重产城融合的综合功能开发，打造上海中心城区产城融合的典范，成为上海科创中心建设的重要承载区和宜居宜业的示范区域。

六、继续完善中小企业服务体系

中小企业在自主创业创新、促进经济增长和解决就业等方面发挥着极其重要的作用。继续优化本区中小企业发展环境，设立“中小企业发展专项资金”。主要用于引导中小企业走专业化、精细化、特色化的发展之路，激发中小企业的内在活力。

（一）支持增强技术创新能力

鼓励中小企业研发拥有自主知识产权的技术和产品，加大研发投入和技术改造，做强核心业务，创建自主品牌，并对符合条件的企业给予一定的财政扶持。

（二）支持创业带动就业

深化创业带动就业建设，建立覆盖创业全过程的政策扶持体系，打造市场主导、风投参与、企业孵化的创业生态系统；积极开展在职、再就业等职业培训。对符合条件的企业给予一定的财政扶持。

（三）加大财政金融扶持

搭建中小企业融资服务平台，拓宽中小企业技术创新的融资渠道，降低融资成本。优化融资环境，完善中小企业上市培育机制，进一步拓宽中小企业融资渠道，并对符合条件的企业给予一定的财政扶持。

（四）构筑中小企业服务平台

通过购买服务等创新方式，发挥小微企业服务基地的阵地作用，为中小企业的发展提供信息咨询、人才培训、政策扶持、投融资等一站式服务。

七、充分发挥人才集聚效应

为构建多元化的人才引进机制，吸引高层次人才参与区域经济发展建设，本区将设立“创业创新人才专项资金”。

（一）加大重点产业人才集聚

聚焦商贸服务业、金融服务业等五大重点产业，实施高端人才集聚工程，全力引进和聚集一批高层次、高影响力和高带动效应的高端人才，对作出重大贡献的高端人才给予一定的奖励和补贴。

（二）着力优化人才发展环境

以不断完善人才政策体系为基础，对各类人才利用科研成果、发明专利创办企业，给予一定的财政扶持；坚持高端引领，对区域内高端精英管理人才、优秀专业技术人才参加高层次的组织培训，给予一定的补贴；进一步加大财政投入，用于人才公寓建设。

（三）加大人才公寓建设力度

综合运用土地、资金政策，加大人才公寓建设的顶层设计与统筹规划，制定相应的人才公寓管理办法，明确人才公寓的认定条件，申报程序和优惠政策。例如：降低居住证年限、社保年限等限制；适当延长人才公寓的租住期限，制定弹性的租金标准；降低人才公寓的准入标准，多渠道筹措方圆；有效解决高层次人才引进后的住房问题，进一步优化人才生活环境。

八、探索设立政府投资基金

贯彻落实区委、区政府重大决策部署，依据《国务院关于印发推进财政资金统筹使用方案的通知》（国发〔2015〕35号）、《上海市财政局关于推进本市财政资金统筹使用的通知》（沪财预〔2015〕117号），避免资金使用部门化，由区政府出资设立静安区政府投资基金，着力支持创业创新活动、中小企业发展、产业转型升级，推进基础设施、公共服务领域建设及城市更新与发展，引导社会各类资本投资经济社会发展的重点领域和薄弱环节。

（一）支持创业创新活动

加快建立有利于创新发展的市场环境，增加创业投资资本的供给，鼓励创业投资企业投资处于种子期、起步期等创业早期的企业。

（二）支持中小企业发展

加快落实我区产业政策和区域发展规划，扶持中型、小型、微型企业发展，改善企业服务环境和融资环境，激发企业创业创新活力，增强经济持续发展内生动力。

（三）支持产业转型升级

聚焦“十三五”规划，重点支持商贸服务业、金融服务业、专业服务业、文化创意产业和信息服务业五大产业的发展，有效推动经济结构调整和资源优化配置。

（四）支持基础设施建设

创新公共设施投融资模式，鼓励和引导社会资本参与基础设施项目建设。推动停车诱导、智能终端、移动支付在道路、交通等基础设施建设中的运用，以“数字化、网络化、智能化”为主线，提升基础设施服务能级，推进智慧城区建设。

（五）支持非基本公共服务水平提升

改革非基本公共服务供给机制，鼓励和引导社会资本进入非基本公共服务领域，提高非基本公共服务质量和水平。

（六）支持城市更新

创新政府管理和服务能力，提高投资贸易便利化水平，加快城市更新步伐，提高现有城市空间土地利用效率，深入推进美丽家园、美丽城区建设，打造开放型、国际化的新静安。

九、附则

（一）对既适用国家、上海市相关政策的规定，又适用本意见规定的，一律先执行国家、上海市的有关规定，同一扶持对象可从优，但不得重复享受相同的财政扶持资金。

（二）本意见执行期间，如遇国家或上海市重大政策变化，则作相应调整。本区已颁布的规定与本意见不一致的，以本意见为准。

以上意见如无不妥，请批转实施。

上海市静安区财政局

2017 年 6 月 28 日

【简析】这是一份地方政府职能部门向上级政府提交的一份请批性意见，是就实行积极财政政策促进经济转型发展提出若干具体建议，望得到批转执行。例文标题采用规范的三要素标题，明确了发文机关、事由和文种；主送机关按照上行文的要求，主送一个直接上级，并用简称；正文缘由部分直接概括了发文的依据；主体结合“本区十三五规划”，对 2017 年区内实行积极财政政策的重点工作和具体要求进行了全面阐释，内容逻辑性强，分门别类，层次清晰，详细周到，可操作性强；最后，作为请批性意见，自然希望得到上级机关的同意，能够批转更大范围的有关单位执行，因此，以“以上意见如无不妥，请批转实施”作结，体现了上行意见的特点。

二、通　知

（一）通知基础知识

1. 通知的适用范围

通知属于下行文，是现行党政公文中使用频率最高的文种。

《党政机关公文处理工作条例》规定：通知适用于发布、传达要求下级机关执行和有关单位周知或者执行的事项，批转、转发公文。通知具有十分明显的告知功能，在传达信息、告知事项，或者要求办理、遵照执行等方面发挥着重要作用。通知多方面的用途，从而使其成为使用频率最高的公务文书。

通知的适用范围非常广泛，但在实际应用中，通知的使用情况还不止这些，具体要视发文机关的级别、职权范围及行文目的等因素灵活掌握。不过有一点必须注意，不能凡事都用通知。有的组织在全部发文中，通知的比例相当高，甚至把应该写成通告、通报或其他文种的文件也写成通知，如“征订通知”“停水通知”，等等，这严重损害了公文的严肃性。因此，下面主要就通知和通告的区别做具体说明：

通知与通告这两个文种近似在“通”字上，都是用来传达发文机关的意图和要求的。但通告的“告”字在这里是普遍告知的意思，所以通告是把某一机关组织的意图、要求普遍告诉人们并遵守；通知的“知”字与“告”字虽然都是告知的意思，但“知”与“告”相比，在这里具有特定告知的含义，有可能告知所属全部下级单位和人员，也可能告知部分下级单位和人员，要求它们知照办理。这就是两个文种的主要区别。所以，在具体使用时，凡是向社会上公开告知人们遵守或周知某一事项时，应通过大众传媒使用通告广泛告知；而在组织内部告知下级单位执行、办理或周知某一事项，应通过文件形式使用通知下发和传阅。

2. 通知的特点

（1）广泛性。

通知使用范围极广。在发文机关方面，其使用不受组织级别限制，上至最高的党政机关，下至基层单位，都可以用通知行文；在内容方面，大到全国性的重大事项、行政法规的通晓和发布，小到单位内部告知一般事项，都可用通知行文。

（2）执行性。

通知在布置工作、发布规章、转发文件时，都明确阐述处理问题的原则和具体措施、方法，如需要做什么事、怎么做、达到什么要求等，这说明通知具有具体的执行要求。而这个执行性从发文者的角度来看，就是通知的指挥指导作用。

（3）时效性。

各类通知的效用都颇受时间限制。许多通知有具体的时间要求，要求被告知者立即执行或在规定的期限内办理，不得超期延误，否则可能贻误工作；有些通知虽然无需办理、执行，但自身仍有很强的时效性，只在指定的时间段内有效，过期自动失效。

3. 通知的分类

（1）指示性通知。

指示性通知是上级组织对下级组织就某工作发出指示、提出要求、作出安排时所使用的通知。这类通知根据内容属性又可分为两种：一是法规性通知，主要对实际工作中出现的某些问题，给予解决的原则、界限，其内容政策性强，往往作为行政法规和地方性法规的补充或者试行性文件发布，如《国务院关于坚决遏制部分城市房价过快上涨的通知》和《国土资源部关于涉外非法人企业申请探矿权有关问题的通知》；二是布置性通知，主要是布置任务、部署工作、交代方法、阐明原则，指导性较强，如《重庆市人民政府办公厅关于进一步做好防汛抗旱和防灾减灾救灾工作的紧急通知》。

（2）知照性通知。

知照性通知亦称周知性通知、事务性通知，主要是用于向下级告知某些情况、事务或安排，具体包括任免干部、召开会议、变更机关名称、迁移办公地点、设置或撤并机构、启用或作废印章等。这类通知的目的只是让对方知晓、了解某件事情或某种情况，不要求执行或办理，如《工业和信息化部 发展改革委关于简化移动电话拨打长途电话资费的通知》和《重庆市人民政府办公厅关于延长2020年春节假期的通知》。

（3）颁转性通知。

颁转性通知是用于颁布法规、规章性文书和转发、批转其他机关的来文的通知。颁转性通知的文面形式是复合型，由通知本文和被颁转的文书两部分合成，二者合一为完整的通知文本，被颁转的文书不可视为附件。颁转性通知具体可分为三个类型：一是发布通知，主要用于颁布法规、规章或印发有关文件、资料，如《国务院办公厅关于印发〈公共企事业单位信息公开规定制定办法〉的通知》；二是转发通知，用于转发上级组织和不相隶属组织的公文，如《四川省人民政府办公厅转发国务院办公厅关于印发〈政府网站发展指引〉的通知的通知》；三是批转通知，主要用于批转下级机关的公文，如《国务院批转发展改革委等部门关于抑制部分行业产能过剩和重复建设引导产业健康发展若干意见的通知》。需注意，批转文件与转发文件的区别在于所转发的文件来源不同。对于下级机关的文件，应加以批准、认可，然后再转发下去，因此这类通知带有更强的指示性质。

（二）通知写作要领

通知一般由标题、主送机关、正文、落款及成文日期组成。但是，通知种类较多，结构和写法比较复杂。

1. 标　题

通知的标题一般采用三要素形式，写明发文机关、发文事由和文种，以示庄重，如《四川省人民政府办公厅关于切实做好工业经济稳增长工作的通知》。

通知标题写作除了上述的一般性要求外，根据不同的种类和应用情况，还有一些特殊要求：

一是发布通知标题中的“颁布词”选用须遵守约定俗成的惯例，不可随心所欲。发布通知的标题及正文中都必用“颁布词”，主要有“颁发”“颁布”“发布”“公布”“印发”等。发布一般性的、试行或暂行的规章和有关文件、资料用“印发”“公布”，如《重庆市教育委员会关于印发〈重庆市教育委员会迎接国家“两基”督导检查实施方案〉的通知》；而发布较为重要的法规、规章用“发布”“颁发”“颁布”。

二是转发、批转通知的标题为凸显题旨，使文面简洁明快，要避繁就简。首先，当所转发、批转的文件是多层转发而来，不宜机械地“如实”写出层层转发机关及所转文件标题，而应省去中间转发的各层环节，以直转源文件的形式拟制简明标题。例如《××人事局转发市人事局转发省人事厅转发国家人事部〈关于××××工作的若干规定〉的通知的通知的通知》应当省略“省人事厅、市人事局”及其所发通知，写成《××人事局转发国家人事部〈关于××××工作的若干规定〉的通知》，其实际转发层次的情况可在通知正文中加以说明。

其次，当转发、批转若干机关的联合发文，不宜将其标题中的若干发文机关全部照写，可只标明其中主要机关，其他机关用“等机关”表示。如国务院办公厅用通知转发安全监管总局、发展改革委、工业和信息化部、公安部、财政部、国土资源部、环境保护部、工商总局、电监会《关于依法做好金属非金属矿山整顿工作的意见》时，其标题就简洁地拟制为《国务院办公厅转发安全监管总局等部门关于依法做好金属非金属矿山整顿工作意见的通知》。

三是标题文种名称前可酌情加说明性文字强调发文属性。一是通知的事项十分紧急，可加“紧急”二字，如《××政府关于加强灾后防疫工作的紧急通知》；二是通知是由多个机关单位联合发出，可加“联合”二字，如《××市税务局等部门关于开展税收财务物价检查工作的联合通知》；三是继前一通知发出后因故须再补发一个通知时，可加上“补充”二字，如《国家税务总局关于修订增值税专用发票使用规定的补充通知》。

2. 主送机关

通知均应标明主送机关，以利于通知事项和要求的办理、执行。主送机关的名称一般用全称，也可用规范化简称。若主送机关为多个同类型机关，则用其统称，如国务院向其下级机关发文，其主送机关就写成“各省、自治区、直辖市人民政府，国务院各部委、各直属机构”。不可用笼统不明的泛称，如“各有关单位”。

3. 正　文

各类通知的正文有不同的写法，下面分别加以阐述：

（1）指示性通知正文：通常由通知缘由、通知事项及结语三个层次组成。

① 通知缘由：这一层次通常以一个自然段完成：或简述形势、背景、基本情况；或直接点明通知的根据、原因及目的；或对通知主要内容作“导语”式的概述。段末往往用“现将有关事项通知如下”、“现作如下通知”、“特通知如下”之类的语句作为段落过渡语承上启下。如《北京市住房和城乡建设委员会关于进一步加强十八大期间施工现场安全管理的通知》的缘由：“为加强十八大期间施工现场的安全管理，市住房城乡建设委专门制定了《十八大期间建设工程施工现场服务保障工作方案》，对会场及驻地周边工地专门制定了《北京市住房和城乡建设委员会关于做好中国共产党第十八次全国代表大会服务保障工作方案》，请各单位认真贯彻执行。为了进一步实现十八大期间‘大事不出，小事也不出’的工作目标，特提要求如下”。首句提出了发文的目的，接着交代了发文法律依据，然后又高度概括地点明了通知的基本内容，最后以过渡句“特提要求如下”开启下文。

② 通知事项：这是正文的主体和实体部分，是对通知的内容进行具体地阐述。这一层次的写作必须具体明确，其基本构成是：布置具体任务，阐明工作原则，拟订方法措施，交代注意事项。写法上通常采用条列式，分条列项地提要求、谈措施。如上例的第一个条款就逐条对所实施施工管理的“时间”、“范围”和“内容”等相关事宜作出了明确、具体的阐述。

③ 结语：通常用以提出本通知的执行要求。执行要求有三种写法：“务实型”“务虚型”和“套语型”。其中“务实型”要求是落实为办理具体事务的执行要求，如《北京市人民政府办公厅关于区县公安消防机构实行防消合一体制等相关事宜的通知》结语：“各级政府根据经济和社会发展需要，可组建合同制专职消防队，并动员企业和社会建立多种形式的消防组织，加强消防力量建设，增强扑救火灾能力”就提出了具体的执行要求；“务虚型”要求则是以发出号召、提出希望、加以强调的形式，对本文件的执行作宏观的大原则要求，如《关于在小学减轻学生过重负担的紧急通知》，其结语“各地要立即行动起来，采取有效措施，切实把小学生的过重负担减下来。同时，要遵照本《通知》精神，做好减轻中学生过重负担问题”，提出的就是“务虚型”要求。而“套语型”要求的写法是以模

式化的尾语表明执行要求及方式，如“以上各点，望遵照执行”、“请认真贯彻落实”或“参照执行”之类。

指示性通知如果在主体部分已融汇、渗透了执行要求的内容，则可意尽言止，不必再专门写结语。

（2）知照性通知正文：这类通知细分种类极多，但内容及写法都较为简单，要开宗明义，直叙其事，写得清楚实在。在此只着重简介会议通知和任免通知正文的写法。

① 会议通知正文：通常由会议缘由、会议事项及结语三个层次组成。

A. 会议缘由，包括召开会议的原因、依据和会议名称，然后以“现将有关事项通知如下”之类的语句引出下文。

B. 会议事项，大致由“会议六要素”构成：开会时间与期限、会议地点、与会者及其条件、会议议题和议程、参会需作的有关准备以及会议其他事项（如经费、食宿、交通安排等）。宜采用分条列项方式逐一陈说。

C. 结语，通常是提出具体的受文要求（如要求寄回执或电话回复是否参会等），还可注明联系人、联系地址及联系电话等。

会议通知的写法比较简单、灵活，各项内容的排列顺序也可有所变化，关键的是要把有关事项一次性地交代清楚，做到简洁、周密、完整，免得贻误会期，造成工作上的混乱。

① 任免通知正文：通常由任免依据、任免事项及结语三个层次组成。

A. 任免依据：一般只写明任免的根据，如“经××××研究决定…”，而不必言明深层原因或具体细节。

B. 任免事项：写出任免对象及任免职务。如涉及多人任免，应一人占一行，按职级高低为序分行写出。如是同一人既有任又有免，先写任后写免。有的还要写明被任命、聘任者的任期，以及待遇（级别），如“×××同志任宣传部部长（正局级）”。

C. 结语：常用“特此通知”作结。

任免通知的写作应篇幅短小、用语简要。

（3）颁转性通知正文：此类通知正文比较简短（简单者仅用一句话或一个自然段），写法比较固定，通常包括颁转依据、颁转对象和颁转要求三层内容。

① 颁转依据：即写明颁转文件所经何组织同意的依据。转发不相隶属机关的公文和批转下级机关的公文须写明此项内容，其基本模式是“《×××××》已经×××同意，现转发给你们”。如《国务院办公厅转发农业部等部门关于稳定基层农业技术推广体系的意见的通知》正文“农业部、中发办、人事部、财政部《关于稳定基层农业技术推广体系的意见》经国务院同意，现转发给你们，请认真贯彻执行”，因国务院办公厅无权直接转发农业部等相关部门的文件，颁转内容就必须说明“经国务院同意”的依据。发布本机关的文件或直接转发上级机关的文件可省略此项内容，如《国务院关于印发〈生物产业发展规划〉的通知》正文“现将《生物产业发展规划》印发给你们，请认真贯彻执行。”

② 颁转对象：要求写明被颁转的文件的名称、来源。如《国务院办公厅转发发展改革委 住房城乡建设部〈绿色建筑行动方案〉的通知》正文：“发展改革委、住房城乡建设部《绿色建筑行动方案》已经国务院同意，现转发给你们，请结合本地区、本部门实际，认真贯彻落实。”其中，被颁转的文件名称是“《绿色建筑行动方案》”，文件来源是“国家发展改革委和国家住房城乡建设部”。

③ 颁转要求：提出具体的执行要求。常用的颁转要求用语主要有“遵照执行”、“研究执行”、“遵照办理”、“认真执行”等。有的则稍复杂，在谈颁转执行要求时，对所发布的文件的重要意义或某一方面的精神加以强调或点明，对贯彻执行该文件的有关问题进行具体指示和说明。

另外，需要再予强调的是，此类通知所颁转的文件、材料虽不能称为本通知的正文，但也属于本通知公文整体的有机组成部分，不能当作附件处置。

4. 落款及成文时间

通知要求明确写清落款和成文时间，二者置于正文之下。

（三）通知例文评析

【例文一】

重庆市人民政府办公厅
关于进一步做好防汛抗旱和防灾减灾救灾工作的紧急通知

各区县（自治县）人民政府，市政府各部门，有关单位：

今年7月以来，我市境内长江、嘉陵江、涪江遭遇2012年以来最大过境洪水，人民群众生命受到严重威胁，财产遭受严重损失。洪灾过后，多日连晴，高温持续，部分区县旱象初显，森林火灾和地质灾害时有发生。根据气象预测，今年8月我市气温较常年偏高0.3—1℃，大部地区将出现10—15天的高温天气，洪旱灾害、森林火灾、地质灾害形势严峻复杂。为切实做好防范应对工作，经市政府同意，现将有关事项通知如下：

一、切实提高思想认识。全市各级政府各部门要认真贯彻落实习近平总书记关于防灾减灾救灾“两个坚持、三个转变”的总体要求，按照市委、市政府工作部署，牢固树立以人民为中心的发展思想，坚持底线思维，时刻绷紧防灾减灾救灾这根弦，立足防大汛、抗大旱、抢大险、救大灾，及时排查排除隐患，做好重点领域安全监管，强化监测预警和应急处置，抓实抓细防汛抗旱各项工作，确保人民群众生命财产安全。

二、全面压实工作责任。全市各级政府各部门要按照“党政同责、一岗双责、失职追责”的要求，层层传导压力，逐级夯实责任，实行“一把手”亲自抓、分管领导盯着抓、相关人员具体抓，切实增强责任意识和担当意识。要在前期工作基础上，再检查、再部署、再落实，水利、林业、国土房管、交通、农业、旅游等部门要派出工作组加强指导，确保防汛抗旱、森林防火、地质灾害防治、交通安全、农业减灾、旅游安全等工作取得实效，最大限度减少灾害发生和减轻灾害损失。

三、强化监测预报预警。全市各级政府各部门要加强风险监测，强化信息共享和会商研判，充分利用大数据智能化分析预判，及时预报预警，提高预报精度、延长预见期，把握防灾减灾救灾主动权。要坚持专业监测和群测群防相结合，充分发挥群测群防体系和地质灾害防治“四重”网格化监测预警机制作用，通过网络、电视、手机、广播等多种途径将预警信息及时传递到村到户到人，切实解决预警“最后一公里”问题。

四、加强风险防控和隐患排查。全市各级政府各部门要筑牢安全防线，对山洪灾害易发区、低洼易涝区、森林火灾易发区、地质灾害隐患点、旅游景区等重点防范区域的风险隐患和薄弱环节实施动态管理，实行专人盯守、每日研判，如遇重大水雨情，在日常检查巡查的基础上对风险隐患点、薄弱环节及重点防范区域进行再检查、再排查，发现问题及时整改，快速消除各类风险隐患和薄弱环节。对受威胁严重区域的人员，要做到该转则转、该搬则搬，对重大隐患点该治则治，坚决避免群死群伤事件发生。

五、扎实开展灾害应急应对。全市各级政府各部门要继续强化24小时值班制度，密切关注雨情、水情、墒情、森林火险等变化趋势，及时掌握汛情灾情和应急处置有关信息，强化信息报送工作。进一步建立完善"横向到边、纵向到底，不留死角、无缝覆盖"的防御预案体系，按照"预案到村、责任到人"的要求，修订完善应急预案，细化完善转移避险和应急处置措施，不断提高预案的针对性和可操作性。认真做好应急抢险物资和队伍的准备工作，一旦出现灾情险情，确保能够迅速反应，第一时间出击，第一时间抢险，最大限度降低灾害损失。同时，要注重灾后救助安置，确保抢险救灾过程中社会稳定、人心安定。

六、科学做好蓄水保水用水。全市各级政府各部门要坚持防汛和抗旱两手抓、两不误，及时掌握雨水情、土壤墒情、工程蓄水、农情和城乡生活用水保障等情况，防止久旱之后的旱涝急转。要抓住有利天气时机，科学安排人工增雨，积极应对持续高温干旱。按照"先生活、后生产、再生态"的原则，加强水资源统一管理和科学调度，完善城乡供水计划，在确保防汛安全的前提下，做到能蓄则蓄、应蓄尽蓄，千方百计保障高温伏旱期间城乡居民生活用水安全，最大程度地满足工农业生产和生态用水需求。

重庆市人民政府办公厅

2018年8月1日

【简析】这是一篇指示性通知，内容是对防汛抗旱工作和防灾减灾救灾做具体的安排和布置。其标题完整规范。因防汛抗旱和防灾减灾救灾问题须及时处理，否则会对生产和生活带来不利影响，事项紧急，所以文种前加"紧急"二字以说明；通知主送机关清楚明确；通知缘由简要阐述了发文的原因、目的及依据，通知事项则从"思想认识"、"工作责任"、"预警预报"、"风险防控"、"应急措施"、"科学蓄水"六个方面分条做了具体陈述；结语则采用自然结尾方式，干净利落。全文内容完整，要求明确具体，结构自然严谨。

【例文二】

重庆市人民政府办公厅关于延长2020年春节假期的通知

各区县（自治县）人民政府，市政府各部门，有关单位：

为加强全市新型冠状病毒感染的肺炎疫情防控工作，有效减少人员聚集，阻断疫情传播，更好保障人民群众生命安全和身体健康，按照《国务院办公厅关于延长2020年春节假期的通知》（国办发明电〔2020〕1号），经市政府同意，现将延长2020年春节假期的具体安排通知如下：

一、延长2020年春节假期至2月2日（农历正月初九，星期日），2月3日（星期一）起正常上班。

二、全市大专院校、中小学、幼儿园推迟开学，具体时间由市教委另行通知。

三、因疫情防控不能休假的职工，应根据《中华人民共和国劳动法》规定安排补休，未休假期的工资报酬应按照有关政策保障落实。

重庆市人民政府办公厅
2020 年 1 月 27 日

【简析】这是一篇周知性通知，内容是告知延长 2020 年春节假期的具体事项。标题采用“三要素”形式；主送机关既用统称，也用规范化简称标明受文对象；发文缘由非常简洁交代了目的和依据；然后用“具体安排通知如下”承启下文；主体事项则分条交代说明了延长春节假期的“时限”、以及因此而涉及的“学校开学安排”、“防疫防控休假”等事宜。全文事项完整，内容具体、条理清晰，表述明确。

【例文三】

国务院办公厅关于印发《公共企事业单位信息公开规定制定办法》的通知

各省、自治区、直辖市人民政府，国务院各部委、各直属机构：

《公共企事业单位信息公开规定制定办法》已经国务院同意，现印发给你们，请认真贯彻执行。

国务院办公厅
2020 年 12 月 7 日

【简析】这是一篇发布性通知，内容是印发《公共企事业单位信息公开规定制定办法》。标题颁转词“印发”显示了发文性质；主送机关用统称写明了发文机关权限范围内的相关受文对象；该通知内容简单，正文只用了一个段落，既扼要交代了发布对象，同时还说明了发布依据即经“国务院同意”，最后又用“请认真贯彻执行”提出执行要求。篇幅简短，内容简明，语言简洁。

【例文四】

四川省人民政府办公厅
转发国务院办公厅关于印发《政府网站发展指引》的通知的通知

各市（州）、县（市、区）人民政府，省政府各部门、各直属机构，有关单位：

现将《国务院办公厅关于印发政府网站发展指引的通知》（国办发〔2017〕47 号，以下简称《指引》）转发你们，并结合我省实际提出以下要求，请一并贯彻落实。

提高认识，切实抓好《指引》学习贯彻。

《指引》是新时期国家对政府网站工作的总体部署，为政府网站创新发展指明了方向，对深入推进互联网政务信息数据和便民服务平台建设，提升政府网上服务能力具有重要指导意义。各地各部门要把学习贯彻《指引》作为当前政府网站工作的重中之重，年内至少组织开展 1 次专题学习或集中培训，准确把握新时期政府网站建设的指导思想、发展目标、基本原则，全面落实政府网站职责分工、开设整合、功能定位、集约共享、创新发展、安全防护和机制保障等方面的具体要求，着力提高对政府网站建设的认识水平，自觉把思想和行动统一到《指引》的最新要求上来，增强抓好政府网站建设管理的自觉性和紧迫感。

加强领导，全面落实政府网站管办责任。

各地各部门要加强对政府网站工作的组织领导，确保政府网站建设机构落实、人员落实、经费落实、工作落实。省政府办公厅是全省政府网站的主管单位，负责推进、指导、监督全省政府网站的建设和发展。各市（州）、县（市、区）人民政府办公厅（室）和省直各部门办公室是本地区、本部门政府网站的主管单位，负责对本地区、本部门政府网站进行统筹规划和监督考核，做好开办整合、安全管理、考核评价和督查问责等管理工作。省网信办负责统筹协调全省政府网站安全管理工作。省编办、公安厅、省通信管理局是全省政府网站的协同监管单位，共同做好网站标识管理、域名管理和 ICP 备案、网络安全等级保护、打击网络犯罪等工作。

各地各部门要按《指引》要求明确政府网站主办单位，承担网站的建设规划、组织保障、健康发展、安全管理等职责。主办单位可结合工作实际，指定承办单位具体负责政府网站日常运维和管理等工作。对外包的业务和事项，主办单位要严格审查服务单位的业务资质、服务能力、人员素质，核实管理制度、响应速度、应急预案，确保服务人员技术水平能够满足网站运行要求。

三、严格对标，着力提升政府网站建管水平。

各地各部门要严格按照《指引》要求，结合政府网站普查，组织对本地区、本部门网站开展全面自查梳理，找出不符合《指引》要求的事项，逐项整改落实，确保政府网站依规建设、依规管理、依规运行。各地各部门要在 2017 年 11 月底前完成本地区、本部门政府网站的检查对标和整改工作，并于 12 月 15 日前向省政府办公厅书面报送有关情况。省政府办公厅将组织对《指引》贯彻落实情况开展专项督查，督查结果作为年度政府网站绩效评估的重要内容，相关评估结果向社会公开发布。

各地各部门要按照《指引》要求，进一步建立完善政府网站监管机制、运维机制、协同联动机制，强化考核评价，落实年报制度，网站主办单位要编制年度工作报表，每年 1 月 31 日前向社会公开。要分级分层开展教育培训，实现全省政府网站相关工作人员培训全覆盖，不断提高管网、建网、办网能力，推进全省政府网站有序健康发展。

四川省人民政府办公厅

2017 年 7 月 14 日

【简析】这是一篇转发性通知，内容是转发上级机关的发布通知。正文第一段首先直接交代了转发对象的名称，因为是转发直接上级的文件，所以省略了转发依据；余下自然段则结合本地实际从三个方面对贯彻落实该文件的有关事宜和要求进行具体说明。内容清楚，层次清晰，要求明确。

三、通　报

（一）通报基础知识

1. 通报的适用范围

通报是适用范围较广、使用频率较高的下行公文。

《党政机关公文处理工作条例》规定：通报适用于表彰先进、批评错误、传达重要精神和告知重要情况。在实际工作中，通报作为一种宣传教育、交流信息、推进政务工作公开的工具，得到各级党政机关和其他社会组织的广泛使用，其具体作用是：表彰先进，树立学习榜样而起到弘扬正气、宣传教育的作用；批评错误，惩戒反面典型而起到遏制歪风、警示教育的作用；传达精神、告知重要情况而起到沟通信息、启示引导的作用。所以，通报肩负着特殊使命，具有其他文种所不能替代的功能。

在实际使用中，通报与通知亦有近似之处，二者都有一个“通”字。“通”在这里是传达的意思。“知”和“报”字均含知道的意思，均属告知性文件，且一般都是自上而下地进行传递。但一定要明确它们的区别：通知的“通”字是用“知”字作补充，知的本意是知道，在这里又引申为办理。它的内容侧重于提出要求，明确界限，目的是要求受文机关知道要办什么事，该怎样办理；通报的“通”字是用“报”字作补充，“报”在这里的含义是陈述情况。它的内容侧重于说明、介绍某一事物或问题的情况，目的是交流信息、了解情况，起教育宣传作用。

2. 通报的特点

（1）典型性。

予以通报的人、事或信息，必须具备一定的典型性，即代表性、倾向性、重要性。只有通报典型的人物、事件、信息，才富于经验（或教训）价值，才能发挥教育、启示、引导作用，否则就不应以通报进行告晓。

（2）教育性。

通报不仅是对典型事实的叙述，还要有所分析、评价和议论，以体现其教育、引导功能：以先进的典型，树立榜样，发挥表率作用；以错误的典型，作反面教材，产生惩戒作用；以重要的信息，启发思路，起到引导作用。

（3）时效性。

制发通报必须及时、快速，这样才能发挥通报的应有作用。通报要像新闻报道一样力争一个“快”字。应当得到奖励和表扬的，及时通报，才能宣扬正气，鼓舞斗志，对工作起到推动作用；应当受到批评和惩处的，及时通报，才会立即起到打击歪风邪气和震慑坏人坏事的作用；应当让下级机关知道的情况和问题，及时通报，能立即起到指导工作和防止问题再度发生的作用。

3. 通报的分类

通报按其内容与作用，可分为三类：

（1）表彰通报。

用以表彰先进集体和先进个人事迹的通报。表彰通报的主要内容是：表彰先进集体和先进个人，评价典型经验，宣传先进思想，树立学习榜样，号召人们学习等，如《四川省人民政府办公厅关于表扬四川省康定“11·22”地震灾后恢复重建先进集体和先进个人的通报》。

（2）批评通报。

批评通报。用以批评错误、以示警诫的通报。批评通报的主要内容是：批评严重违法违纪事件，揭露问题，处分错误，总结事故教训，要求人们吸取教训等。

批评通报还可细分为批评错误通报和处理事故通报。前者用于在一定范围内批评、惩处犯错误的人、单位或批评某种不良倾向，如《中国人民银行关于10家金融机构违反“约法三章”处理情况的通报》所批评、处理的就是具有典型性的严重违纪单位,《关于我省一些地方和部门滥行着装问题的通报》则是批评不良倾向的通报;后者用于处理重大事故,2020年7月20日的《福建省人民政府安全生产委员会关于泉州欣佳酒店“3·7”坍塌事故调查处理情况的通报》,就是针对2020年3月7日泉州市鲤城区欣佳酒店所在建筑物发生坍塌事故,造成29人死亡、42人受伤的重大事故所作出的批评通报。

批评通报对下级机关的指导作用重于指挥作用,它不靠强制性措施制约人们,而在知照错误案例后,能指导人们摒弃错误,警戒犯罪。

(3)传达通报。

用以传达重要精神或者告知重要情况的通报。传达通报的主要内容是在一定范围内传达上级机关重要指示精神、重要会议精神,指出工作重点或者具有倾向性的问题、情况和动向,以指导面上工作。

传达通报还可细分为两种:传达精神的指导性通报和传达情况的介绍性通报。前者要针对所通报的情况进行分析并提出意见和要求,如《国务院关于克服官僚主义进一步转变工作作风提高办事效率有关问题的通报》,在对国务院某些部门存在的突出问题做了陈述和分析之后,提出了解决问题的若干“精神”(即方针性、指导性要求);后者重在向下级介绍某些重要信息、情况,不做详尽分析,也不提出具体要求,如新冠疫情期间各地疫情防控机构向社会所发出的实时疫情通报。

(二)通报写作要领

从写作形式看,通报有直述式通报和转述式通报两种写法。直述式通报在通报中直接陈述事实介绍情况,然后在此基础上予以评价、定性并作出决定、提出要求;转述式通报的写法类似转发、批转通知,正文不直接详述事实、情况,而只是针对下级单位或外单位的情况报告、调查报告、通报、总结等来文所反映的事实、情况,略作概述之后进行分析、评价,提出处理意见。其中,直述式通报属于通报写作的常规形式,因此下面主要就直述式通报的写作要领进行阐释。

1. 标　题

通报的标题一般采用三要素标题,如《教育部办公厅关于近期几起商业广告进校园事件有关情况的通报》。需要注意的是,通报的主要功能是进行宣传和教育,不像决定那样重在确认某种决策意见,因此,通报标题中要慎用类似“表彰”、“批评”或“处理”之类的处置词语。这种情况在实际写作中较多,应当引起重视。

转述式通报的正文虽然与颁转性通知相似,但其标题却不能采用颁转格式而仍用上述格式。

2. 主送机关

通报一般应标明主送机关。普发性通报和组织内部知照的通报可以不标明主送机关,而在正文或印发范围内加以说明。

3. 正　文

(1)通报缘由:一般要写出通报的背景、意义或根据、事项提要以及对此事的态度,然后用“现将有关情况通报如下”等语导入下文。如《福建省人民政府安全生产委员会关于泉州欣佳酒店“3·7”坍塌事故调查处理情况的通报》的缘由：“近日，国务院批复泉州市欣佳酒店“3·7”坍塌事故调查报告，认定该事故是一起主要因违法违规建设、改建和加固施工导致建筑物坍塌的重大生产安全责任事故。为深刻汲取事故教训，举一反三，防范遏制重特大生产安全事故，根据省委常委会会议、省政府常务会议部署要求，现将有关情况通报如下”就交代了通报的背景、目的、依据以及通报对象，并对通报对象做了总体评价定性。

通报缘由是正文的“导语”，不一定每篇通报都有“导语”，也不一定每段缘由都写全上述项目，要根据实际行文来确定。

（2）通报事项：这一部分是通报正文的主体，内容较为复杂，具体包括三个层次。

① 事实情况概述：一般陈述通报对象的基本事实、基本情况。应写清事实、情况的“六要素”（时间、地点、人物、事件、原因、结果），使读者知悉该事实、情况；而且一般都是概述，略谈大致情况即可；陈述时还要注意叙述的顺序和详略。表彰或批评人的通报，均可按时间顺序叙述，情况通报的情况交代多数按重轻顺序排列，先写重要情况、突出的情况，后写次要情况、一般情况。如果是事故通报，则可采取倒叙形式，先写事故造成的重大损失，再写事故的发生、经过及处理情况。事实的详略则按通报的主题确定，表扬某人勇斗歹徒，他怎样“勇斗”应该详写；批评某人酒后开车，则要详写他违章的事实及被交通管理部门查处的情况。

如果通报对象是众多个人或单位，正文中只作统称、综述，而不宜一一点名，应另以附件形式列出其名单。

② 分析评价：这一层次是通报事项的核心，是对通报对象进行评价或定性。或对先进事实的精神、意义、价值和表率作用进行分析评价，或对错误、事故的性质、原因、危害、不良影响及教训予以分析和定性，或对重要情况和精神进行说明和总结。如《四川省人民政府办公厅关于表扬四川省康定“11·22”地震灾后恢复重建先进集体和先进个人的通报》中“灾后恢复重建的重大胜利，充分彰显了中国特色社会主义的政治优势和制度优势，展示了党和人民的伟大力量，弘扬了中华民族自强不息、团结奋斗的伟大精神。”的分析评价，就充分彰显了先进事迹的精神，肯定了其重大的意义和价值。值得注意的是，分析评价时一方面应就事论理、入情入理、防止妄加议论，无限上纲，另一方面还要议论精当，鲜明简洁。

③ 决定措施：这一层次的要点是写明“如何”处理。主要是对表彰或批评的典型作出嘉奖或惩处的具体措施。决定事项较多可分条列项地进行表述。这一部分应注意措辞准确，言简意赅。

传达通报一般无决定内容，所以不需设置决定措施部分。

（3）结语：提出希望与要求。表彰通报通常在此对表彰对象作勉励、表期望，更对有关方面和群众提出希望和号召；批评通报则对批评对象提出改正错误的具体要求，并要求有关方面和群众引以为戒；传达通报则是提出指导性意见，以指导全局工作。总之，应根据不同通报内容，向不同的对象提出希望要求。

另外，对转述式通报略作说明：其正文写法与颁转通知类似，可分为两个层次，第一层次简介转发对象，常用“现将《××××》予以印发（或通报各地）”之类的语句写明所印发、转发的文件材料的名称，并对其主要内容略作提示；第二层次则作出评析和要求。评析通报对象（印发、转发内容）的性质和意义，并联系实际表明态度、提出要求。转述式通报是复合体公文，通报本身要篇幅简短，文字简洁。

4. 落款和成文时间

落款和成文时间按党政公文规范格式拟制。

（三）通报例文评析

【例文一】

四川省人民政府办公厅
关于表扬四川省康定“11·22”地震灾后恢复重建先进集体和先进个人的通报

各市（州）、县（市、区）人民政府，省政府各部门、各直属机构，有关单位：

康定“11·22”6.3级地震灾后恢复重建工作开展以来，在党中央国务院和省委省政府的坚强领导下，全省上下按照“三年时间完成灾区恢复重建任务”的目标要求，坚持以人为本、民生优先，因地制宜、科学重建，圆满完成各项工作任务，灾区面貌发生翻天覆地变化，群众生产生活水平显著提升，涌现出一批先进集体和先进个人。

灾后恢复重建的重大胜利，充分彰显了中国特色社会主义的政治优势和制度优势，展示了党和人民的伟大力量，弘扬了中华民族自强不息、团结奋斗的伟大精神。为进一步增强广大干部群众的凝聚力、向心力，激励全省上下团结一心、拼搏实干，经省政府同意，决定对康定市发展和改革局等30个“四川省‘11·22’康定地震灾后恢复重建先进集体”、杨琦等69名“四川省‘11·22’康定地震灾后恢复重建先进个人”予以通报表扬。

希望受到表扬的先进集体和先进个人不忘初心、牢记使命，珍惜荣誉、奋发进取，不断取得新的成绩。各地、各部门特别是甘孜州要广泛宣传他们的先进事迹，激励广大干部群众坚持以习近平新时代中国特色社会主义思想为指导，全面贯彻党的十九大和习近平总书记对四川工作系列重要指示精神，认真落实省委十一届三次全会各项决策部署，以受到表扬的先进集体和先进个人为榜样，爱岗敬业、攻坚克难、锐意进取、改革创新，进一步加快灾区发展振兴，维护民族团结稳定，为奋力推动治蜀兴川再上新台阶作出新的更大贡献！

附件：1. 四川省“11·22”康定地震灾后恢复重建先进集体
　　　2. 四川省“11·22”康定地震灾后恢复重建先进个人

四川省人民政府办公厅
2018年9月7日

【简析】这是一篇表彰通报，内容是对先进集体和个人的优秀事迹进行表彰。标题采用“三要素”形式，发文事由具体概括了通报事项，十分明确；主送机关具体清楚；正文第一段省略发文缘由，直接入题，陈述了表彰对象所做出的先进事迹，事实清楚；第二段紧接通报的事实，在陈述发文目的同时，对先进集体和个人所体现的精神和价值进行了概括与定性，其后分别写明给予表彰对象具体的表彰决定，内容紧凑；第三段则发出号召，首先对受表彰对象进行勉励；其次希望广大干部群众向他们学习，层次感强。

【例文二】

福建省人民政府安全生产委员会
关于泉州欣佳酒店“3·7”坍塌事故调查处理情况的通报

各设区市人民政府及平潭综合实验区管委会安委会，省人民政府安委会各成员单位：

近日，国务院批复泉州市欣佳酒店“3·7”坍塌事故调查报告，认定该事故是一起主要因违法违规建设、改建和加固施工导致建筑物坍塌的重大生产安全责任事故。为深刻汲取事故教训，举一反三，防范遏制重特大生产安全事故，根据省委常委会会议、省政府常务会议部署要求，现将有关情况通报如下：

一、事故调查基本情况

2020年3月7日19时14分，位于泉州市鲤城区的欣佳酒店所在建筑物发生坍塌事故，造成29人死亡、42人受伤，直接经济损失5794万元。事发时，该酒店为泉州市鲤城区新冠肺炎疫情防控外来人员集中隔离健康观察点。

事故发生后，党中央、国务院和省委省政府高度重视，要求全力搜救、救治被困人员，尽快查明事故原因并依法问责。这起事故虽然不够特别重大事故等级，但性质严重、影响恶劣，依据《安全生产法》《生产安全事故报告和调查处理条例》等有关法律法规规定，国务院批准成立了由应急管理部牵头，公安部、自然资源部、住房城乡建设部、国家卫生健康委、全国总工会和福建省政府为成员单位的国务院福建省泉州市欣佳酒店“3·7”坍塌事故调查组进行调查。事故调查组聘请了工程勘察设计、工程建设管理、建设工程质量安全管理、公共安全等方面的专家参与调查。

二、事故主要原因

（一）事故直接原因。国务院事故调查组通过深入调查和综合分析，认定事故的直接原因是：事故单位将欣佳酒店建筑物由原四层违法增加夹层改建成七层，达到极限承载能力并处于坍塌临界状态，加之事发前对底层支承钢柱违规加固焊接作业引发钢柱失稳破坏，导致建筑物整体坍塌。

（二）有关企业和中介机构存在的主要问题。国务院事故调查组认定，泉州市新星机电工贸有限公司、欣佳酒店及其实际控制人杨金锵无视国家有关城乡规划、建设、安全生产以及行政许可等法律法规，违法违规建设施工，弄虚作假骗取行政许可，安全生产责任长期不落实。相关工程质量检测、建筑设计、消防检测、装饰设计等中介服务机构违规承接业务，出具虚假报告，制作虚假材料帮助事故企业通过行政审批。

（三）有关部门存在的主要问题。国务院事故调查组认定，住建、城管等部门组织开展违法建设整治工作不力，对欣佳酒店建筑物在新建、增加夹层改建阶段多次违法建设行为没有及时制止和查处，组织开展城市建成区违法建设专项治理工作五年行动、房屋安全隐患排查整治、“两违”综合治理等历次重大专项行动工作不实不细、失管失察。国土规划、公安部门和消防机构履行工作职责不力、执法不严格，行政审批审查把关不严，对泉州市新星机电工贸公司、欣佳酒店违法建设、弄虚作假骗取行政许可等违法违规行为未及时发现和查处。

（四）地方党委政府存在的主要问题。泉州市鲤城区常泰街道党工委、办事处对欣佳酒店建筑物违法建设、违规改建等违法违规行为，未按规定履行“违法占地、违法建设”

巡查报告职责，未按职责和要求进行查处，属地管理责任严重缺失。鲤城区委、区政府未能正确处理安全和发展的关系，违反有关法律法规规定，研究出台并实施特殊情况建房政策，违规越权审批建设项目，违法违规审批同意建设欣佳酒店建筑物等大量违法建设项目；在治理违法建设历次重大专项行动中工作不实不细、不负责任，放任欣佳酒店建筑物大量违法建筑长期存在；在设置集中隔离健康观察点时忽视房屋建筑质量安全，草率决策。泉州市落实地方党政领导干部安全生产责任制规定不到位；对2007年至2012年鲤城区委、区政府以“特殊情况建房领导小组”长期违法违规审批行为失管失察；未严格落实住房和城乡建设部和福建省委、省政府有关要求，组织开展城市建成区违法建设专项治理工作五年行动、“两违”综合治理专项行动等历次重大专项行动工作不实不细，放任辖区大量违法建筑长期存在。

三、事故追责问责情况

（一）公安机关已采取强制措施人员。泉州欣佳酒店建筑物发生坍塌事故后，福建省公安机关对泉州市新星机电工贸有限公司法定代表人杨金锵、泉州市广鑫建设工程公司法定代表人蔡条辉等23名相关责任人员，以涉嫌重大责任事故罪、伪造国家机关证件罪、提供虚假证明文件罪等依法立案侦查并采取刑事强制措施。

（二）有关公职人员。在中央纪委国家监委的指导下，省纪委监委第一时间成立事故追责问责调查组，在国务院事故调查组调查的基础上，依规依纪依法进行追责问责。省纪检监察机关按照干部管理权限，依据《中国共产党问责条例》《中国共产党纪律处分条例》《中华人民共和国监察法》《行政机关公务员处分条例》等有关规定，经省委批准、中央纪委国家监委同意，对事故中涉嫌违纪、职务违法、职务犯罪的49名公职人员严肃追责问责。

（三）事故单位和技术服务机构。对泉州市新星机电工贸有限公司、欣佳酒店、福建省建筑工程质量检测中心有限公司、福建超平建筑设计有限公司、福建省泰达消防检测有限公司、福建省亚厦装饰设计有限公司、湖南大学设计研究院有限公司及其分公司，依法予以罚款、吊销证照，撤销备案、列入“黑名单”、降低资质等级等相应处罚。

四、下一步工作要求

各级党委政府和有关部门要牢固树立“生命至上、安全第一”的安全发展理念，强化依法行政意识，落实安全生产“三个必须”和“党政同责，一岗双责”，加强安全监管执法，加大安全隐患排查形式主义问题整治力度，层层压实责任，强化风险防控，从根本上消除事故隐患，有效遏制重特大事故和防范重大自然灾害。

（一）坚决贯彻落实习近平总书记重要指示批示精神，牢固树立“生命至上、安全第一”的理念。切实把思想和行动统一到习近平总书记重要指示批示精神和党中央、国务院决策部署上来，牢固树立“生命至上、安全第一”理念，深刻汲取事故惨痛教训，在统筹经济社会发展、城乡建设中自觉把人民生命安全和身体健康放在第一位，把防范化解安全风险摆在重要位置，强化底线思维、红线意识，压紧压实地方党政领导责任、部门监管责任、企业主体责任，加强监管执法，及时分析研判安全风险，紧盯薄弱环节采取有力有效防控措施，及时发现问题、解决问题，从根本上消除事故隐患，为做好“六稳”工作、落实“六保”任务、全方位推动高质量发展超越提供安全保障。

（二）举一反三，持续抓好房屋安全专项整治工作。各级各有关部门要认真汲取事故教训，在前期组织开展的《全省房屋结构安全隐患大排查大整治百日攻坚专项行动》的基础上，结合省委省政府部署开展的八大领域开展安全隐患大排查大整治与国务院安委会部署的安全生产专项整治三年行动，针对百日攻坚中发现的安全隐患与问题，研究完善房屋安全相关规章制度、管理办法和技术导则，进一步提高全省房屋安全动态监管、房屋使用安全管理、农房建设管理等方面工作制度化、规范化水平。同时，住建部门要加快推进《福建省房屋使用安全管理条例》立法工作，从地方法规层面，把房屋使用安全有效管理制度予以固化，健全完善房屋使用安全管理长效管理机制。

（三）扎实抓好安全生产专项整治三年行动。按照党中央、国务院部署要求，结合今年以来开展的安全隐患大排查大整治排查出来的事故隐患，建立工作专班，盯紧动员部署、排查整治、集中攻坚、巩固提升四个阶段的进度安排，扎实推进安全生产专项整治三年行动深入开展。坚持把隐患当作事故对待，建立隐患清单、整改清单、销号清单、制度措施等“四个清单”，做到“一县一册、一企一档”，制订时间表路线图，明确整改责任单位和整改要求，分批分期整改落实。同时，要完善和落实“从根本上消除事故隐患”的责任链条、制度成果、管理办法、重点工程和工作机制，确保三年行动取得实效。

（四）全面做好防灾减灾救灾工作。按照省委和省政府工作部署，立足防大汛、抗大风、抢大险、救大灾，坚持预防预备和应急处突相结合，抓好防汛、防台风、防强降雨和森林防灭火等防灾减灾救灾各项工作的落实。进一步健全完善应急指挥体系，深入排查森林火灾、泥石流、城市洪涝等灾害隐患，强化监测预报预警和应急值班值守，提高应急处置和科学施救能力，严防自然灾害引发次生灾害事故。

福建省人民政府安全生产委员会

2020 年 7 月 20 日

【简析】这是一篇处理事故通报。该通报标题三要素齐全，形式规范，表述清楚；主送对象具体明确；正文缘由交代了背景、目的和依据，突出了重要性；”事故调查基本情况采用“倒叙方式”进行陈述，事实清楚：然后揭示了造成事故的具体问题和性质原因，分析中肯，切中实质；由于是责任事故，因此紧接着写了对相关责任对象的处理结果；最后为吸取教训，警戒错误，从宏观上对受文者提出四项具体要求，以指导全局工作。全文文风庄重、语言凝练、层次感强。

【例文三】

教育部办公厅关于近期几起商业广告进校园事件有关情况的通报

各省、自治区、直辖市教育厅（教委），新疆生产建设兵团教育局：

自 2018 年 10 月我部部署严禁商业广告、商业活动进入中小学校和幼儿园工作以来，各地各校认真开展排查，严格审批“进校园”活动，切实加强校园日常监管，杜绝商业行为侵蚀校园，取得了积极进展。但是，由于个别学校和地区思想不重视、活动组织不严密、学校管理不规范、日常监管不到位、全面排查不彻底，在近期仍然发生了商业广告、商业活动进入中小学校和幼儿园事件。如：2019 年 1 月，山东省菏泽市郓城县丁里长镇王集小学为表彰优秀学生发放了印有“山东梁堤头眼科”广告字样的奖状；2019 年 1 月，四川省南充市南部县第二小学发放了含有服装广告的学生综合素质报告书；2018 年 11 月，湖北省孝感市云梦县中影国际城工作人员，在校（园）领导同意的情况下，进入城关第二小学、云梦县实验幼儿园进行了商业赠票和宣传。山东、四川、湖北等地教育行政部门已对相关单位和人员进行严肃查处和问责。为坚决禁止商业广告、商业活动进入中小学校和幼儿园，确保校园一方净土，现对山东、四川、湖北三起事件予以通报并再次强调以下要求：

一、切实提高思想认识。各地教育行政部门要全面落实全国教育大会精神，对近期发生的几起商业广告进校园事件进行深入剖析，不断增强校长教师政治意识、责任意识、法治意识。要将《教育部办公厅关于严禁商业广告、商业活动进入中小学校和幼儿园的紧急通知》（教基厅函〔2018〕77号）和本通报传达到每所学校、每名校长、每名教师，切实做到人人皆知、人人重视。全体中小学、幼儿园校（园）长和教师必须带着责任、带着感情、带着情怀做好中小学和幼儿园教育教学管理工作，把智慧和力量聚焦到落实立德树人根本任务上来，以德立身、以德立学、以德施教、以德育德，切实履行守护“校园净土”责任，坚决杜绝各类商业广告、商业活动进入校园。

二、牢固树起风险防范屏障。各地教育行政部门要在全面排查的基础上，对区域内所有中小学校、幼儿园排查整改情况进行“回头看”，确保不走过场、不留死角、不存隐患。要对所有进入中小学校、幼儿园或组织中小学生、在园幼儿参加的活动，向学校、学生发放的试卷、奖状、校服、教科书、教辅材料、文具教具等，以及进入校园的APP进行严格排查，特别要防范外部人员借各类活动制作、夹带、发放带有商业广告的物品。

三、构建学校管理长效机制。各地教育行政部门要通过警示教育大会、专题培训、专项督导等形式，切实提高教育系统防范风险的意识和能力，对潜在的各类风险点要明确责任人，严密活动组织，规范学校管理，强化日常监管。要完善各类“进校园”活动和进入校园APP的备案审核制度，按照“凡进必审”“谁选用谁负责”“谁主管谁负责”原则，对主题、形式、内容、方案、举办单位、参加人员、宣传物品等进行严格把关，并安排专人负责监管。对于各类进入校园或组织中小学生、在园幼儿参加的活动，须由县级及以上教育行政部门进行审批。对于再次出现类似事件的地方和学校，要予以严肃处理。

教育部办公厅

2019年2月25日

【简析】这是一篇传达重要精神的通报。这种通报不仅要反映情况，更重要的是通过对相关情况的分析，要提出一定的指导要求。这篇通报就把握了这一特点，正文在高度概括并分析三起商业广告、商业活动进入中小学校和幼儿园事件的基础上，从“思想认识、风险防范和管理机制”三个方面针对性提出改进工作的原则和意见。既有总体情况，又有具体要求，体现了较强的针对性和指导性。

【思考练习题】

一、修改下列标题的错误

1. 关于××省林业厅进一步深化国有林场改革的建议
2. ××省教育委员会关于印发迎接国家“两基”督导检查的实施方案
3. ××省人民政府关于转发国务院关于进一步加强农田水利建设的通知
4. ××区人民政府转发《××市人民政府关于破除一批行业性垄断的决定》的通知
5. ××大学关于表彰××同学见义勇为的通报

二、根据下述背景材料拟写公文标题

1. ××市发展计划委员会向上级政府行文，提出要在全市农村地区加快实现通电、通水、通电话、通水泥路和通有线电视的建议。

2. ××市政府审定市人事局《关于做好人才流动工作的意见》并予以下发执行。

3. ××省教委招生办公室拟召开一次2012年高等院校招生会议，向有关单位下发一份文件。

4. ××物业管理总公司××物业分公司物业管理员叶××恪尽职守、智擒盗贼，保护了业户的人身财产安全，总公司发文表彰他的事迹。

5. ××公司就××员工违反劳动纪律、违章操作，造成了公司财产重大损失，决定给予其开除厂籍处分一事发文。

三、指出下面公文的不妥之处并加以修改

1. 关于××银行印发《外资银行外部审计指导意见》的意见

××银行各分行、营业管理部：

为规范外资银行的外部审计工作，总行制定了《外资银行外部审计指导意见》。现发给你们，请转发有关中心支行、外资银行和会计师事务所遵照执行。在执行中如发现有什么问题，及时反映给我们，以便不断总结经验，使之逐步完善。

××银行

二〇××年×月×日

2. ××总公司关于表彰营业员××同志的通报

各分公司：

二〇××年×月×日中午十二时左右，××市××路××百货商厦的售表柜台前来了一个青年顾客，提出要买一块“雷达”牌手表。青年营业员××同志将手表拿出上了几扣弦后递给这个顾客，又忙着接待别的顾客。而强烈的责任促使她随时盯着买表人的动作。忽然，她发现那人侧过身子挡住自己的视线，把表放在耳边装作听表样。这种行为引起了××同志的警觉，心想：挑表为什么要侧过身子背对着营业员呢?当青年顾客把表交回来的时候，××同志立即进行了检查，发现弦是满的，表面上有两道划纹。她马上意识到新表已被换走，于是当机立断，喊了一声：“你停一下!”那人听到喊声，慌忙向店外跑去。见此情景，××同志一跃跳到货圈外，用尽力气拼命追赶。霎时间，那家伙穿过胡同，跑出数百米。××同志边追边喊：“抓住他!抓住他!”终于在众多群众的协助下，将罪犯逮住扭送公安派出所，从其衣袋里搜出换去的新表。

××同志机智果断，不顾个人安危与坏人坏事作斗争，保住了国家财产，精神可嘉。决定给予通报表扬，并颁发奖金，以资鼓励。

××总公司

××年×月×日

四、根据材料拟写公文

1. 根据下列材料代××大学教务处起草一份教学检查的实施性意见。

检查主要内容：各专业计划的执行情况、教学进度、教学大纲的执行情况及效果；各专业理论教学、实践教学、教学管理存在的问题；教师教学态度、教学方法、教案、教学效果和批改作业等教学情况；实验、实习课程的组织管理措施及效果；学生出勤、课堂纪律等情况。

检查时间：第 10 周—第 13 周，即 11 月 5 日—12 月 2 日。

检查方式：根据新修订的《教学工作质量检查暂行办法》（同时下发）实施检查，采用教师互评和学生评议相结合的方式。各教研室开展教师互相听课和评教活动，学院督导对各系进行抽查听课；各系召开教师和学生座谈会。

其他要求：各系领导要高度重视，认真部署，要求实事求是完成此项工作；各系注意总结经验，对检查过程中发现的有关问题，上报教务处，并积极、及时地进行整改；各系在 14 周把教学检查工作的有关情况和《系（部）教师教学情况综合评定表》报教务处。

2. 根据下列材料代××省教育厅拟制一份会议通知。

××省教育厅准备于 2011 年 4 月 16 日至 19 日，在××市××大学学术交流中心报告厅召开全省高校校（院）长办公室工作会议。4 月 15 日持本通知到学术交流中心接待室报到。参加会议人员有本省各高新校校（院）长办公室主任（或副主任），每校 1 ~ 2 人。本次会议的目的是进一步加强高校校（院）长办公室工作，促进全省各高校校（院）长办公室工作的协作与交流。

3. 根据下列材料以××市政府的名义拟发一份转发通知。

××市人民政府收到省政府下发的《关于禁止非法买卖文物的通知》后向下级有关单位和部门下发，要求认真执行。

4. 根据下列材料以××大学的名义拟发一份通报。

××大学××学院年级××专业××班的××同学，在学校组织的××学科的期末考试中，试图抄袭事先准备的写有答案的纸条。当被监考老师发现制止时，该生拒不承认，并借机大声叫嚷，严重扰乱了考场秩序，造成极其恶劣的影响。

第五节　报告 请示 批复

一、报　告

（一）报告基础知识

报告是下级机关向上级机关或主管部门汇报工作、反映情况所使用的一种公文文种。这种公文有时也在会议上正式陈述和系统讲述时使用，例如《政府工作报告》《决胜全面建成小康社会 夺取新时代中国特色社会主义伟大胜利——在中国共产党第十九次全国代表大会上的报告》等。

1. 报告的适用范围

《党政机关公文处理工作条例》规定：报告“适用于向上级机关汇报工作、反映情况，回复上级机关的询问”。报告只向直接上级报送，是典型的上行文。直接上级包括一些双重领导的两个上级，一个是直接的行政领导上级，一个是直接的业务主管上级，例如，一个市级公安局的上级领导机关既是市政府，也是省公安厅。

在公务活动中，报告的使用频率很高，它发挥着汇报工作、提供信息、辅助决策、反馈结果、凭证备查等多方面的作用。具体而言，它既可以帮助上级机关随时了解下级的情况和意见，对下级进行切合实际的科学的领导和指导，又可以帮助下级接受上级机关的及时指导和督促，使自己的工作少出或不出差错，少走或不走弯路。

2. 报告的特点

（1）汇报性。

所有报告都是下情上达，以向上级或主管部门汇报工作、反映情况为行文目的，是下级机关及时得到上级机关的领导和指导的主要途径。

（2）陈述性。

报告多采用叙述手法，直陈其事，一般不展开理论分析和论证，也不需要上级机关答复，所以一般不用祈使、请求的笔法和语气。

3. 报告的种类

按不同的标准，可对报告作不同的分类。

（1）按用途及内容分，可将其分为如下四类：

① 工作报告。

向上级汇报例行工作或临时性工作情况时使用。行文目的主要是为了让上级了解下级的工作情况和动向，掌握全局、指导工作，建立上下级之间的正常工作关系。

② 情况报告。

向上级汇报工作中发生或发现某些情况和问题时使用。行文目的主要是为了让上级机关了解和掌握有关情况及动向。情况报告往往是就某一突发情况、某一问题或某一项工作、某一次会议的部分事项向上级报告，其内容一般比工作报告更具体、更有特定意见，而工作报告则注重工作的“全过程”，其内容一般比较综合、全面。

③ 答复报告。

回答上级的询问时使用。有问才答，说明行文的被动性；有问必答，表明行文的必要性。

④ 报送报告。

向上级报送文件、物件的报告。

（2）按内容的广狭范围分，可将其分为如下两类：

① 综合报告。

所涉及内容具有综合性、全面性的报告。用于向上级汇报本单位一定时期内全面工作或多方面工作的情况，为上级的相关决策提供参考。各类社会组织领导向相关组织的代表大会报告该组织的全面工作时，亦使用此类报告。

② 专题报告。

所涉及内容具有单一性、专项性的报告。用于向上级反映某项工作、某事件、某特殊情况或专门事项。既可以写情况、事故，也可汇报经验体会、检讨工作失误，内容单一集中，一事一报。

（二）报告写作要领

1. 标题和主送机关

（1）报告的标题。

报告的标题采用常规公文标题模式，有两种写法：

第一，发文机关 + 报告事由 + 文种。

如《××省土地管理局关于开展土地登记工作的报告》。

第二，报告事由 + 文种。

如《关于进一步加强森林防火工作的报告》。

（2）报告的主送机关。

报告的主送机关，一般是发文机关的直属上级机关，通常用习惯性简称，如“省委”“省人民政府”“市财政局”等。《条例》规定：“向上级机关行文，原则上主送一个上级机关。”因此，受双重领导的机关向上级机关呈送报告，一般应根据内容的针对性，确定某一上级为主送机关，另一上级为抄送机关；在某些特殊情况下，才能一并列为主送机关。

2. 正　文

（1）报告缘由。

是报告的导语。一般概述基本情况和写报告的起因依据，段末用“现将有关情况报告如下”等过渡语引出下文。

（2）报告事项。

是报告的核心内容。内容大致包括工作（情况）陈述及分析、经验或教训总结、处理措施或今后的计划。可采用条列式或分题式方式陈述所要汇报的工作（情况）。

（3）结语。

通常以“特此报告”“特此报告，请审阅”“以上报告，请审阅”或“以上报告如有不妥，请指正”等惯用语作结。

（三）报告写作要求

1. 如实报告

写报告必须坚持实事求是原则，有一说一，不夸大，不缩小，让上级了解到真实、准确的情况，实现对工作的正确领导、指导。

2. 及时报告

无论是汇报工作、反映情况，还是答复询问，都要有时效观念，以便上级迅速掌握情况，及时指导工作；如果时过境迁再写报告，则不仅失去了报告的意义，而且会延误公务，给工作带来损失。

3. 不得夹带请示事项

《条例》规定：“不得在报告等非请示性公文中夹带请示事项。”报告与请示是两种公文，各有所宜，不应混用。报告的汇报性、陈述性决定了上级在收到下级的报告之后，不需要作专门的回复，因此在报告中夹带请示事项，不仅不符合行文要求，而且会延误工作。

（四）报告案例分析

【例文一】

丰都县人民政府
关于丰都县2012年度依法行政工作情况的报告

市政府：

2012年，在市委、市政府的坚强领导下，在市政府法制办等市级部门的大力支持下，我县认真贯彻落实重庆市有关改革发展和法治政府建设的决策部署，牢固树立以“弘扬民主法治精神，加快法治政府建设”为主题，以“科学决策、依法行政”为目标，坚持依法决策，加强行政管理，规范行政执法，强化行政监督，依法行政水平不断提高，法治政府建设加快推进。现将我县2012年依法行政工作情况报告如下：

一、加强组织领导，高位推进依法行政工作

我县历来高度重视依法行政工作，为切实加强依法行政的组织领导，成立了以县长为组长，常务副县长为副组长，相关部门主要负责人为成员的依法行政工作领导小组。领导小组坚持集体学法，并在县政府常务会议上定期研究和部署相关工作，重点解决社会保障、征地拆迁、移民安置、城镇建设、行政审批、政务公开等涉及民生依法行政工作中的具体问题，有力地推动了依法行政工作的落实，切实维护和保障人民群众的合法权益。

二、健全决策制度，严格科学民主决策

我县始终坚持依法行政理念，切实贯彻落实重大决策制度。一是印发《丰都县人民政府工作规则》（丰都府发〔2012〕8号），进一步完善了重大行政决策制度，明确了重大决策事项的范围。明确要求重大决策需由县政府全体会议、县政府常务会议讨论决定，或经县政府全体会议、县政府常务会议讨论通过报县委审定后才能实施。二是积极推行“公众参与、专家咨询、风险评估、合法性审查和集体讨论”的决策程序和“跟踪评估、责任追究”等制度，确保重大决策的合法化、科学化、民主化。

三、规范行政管理，提高行政服务水平

认真贯彻落实全国深入推进行政审批改革工作电视电话会精神，把深入推进行政审批制度改革作为深化行政管理体制改革的突破口。一是规范行政审批项目管理。县级审批项目由原来的947项精简为475项，办件总环节由2 796个减少到798个。二是建立高质量行政服务中心。建成总面积为3 000平方米的行政服务中心，目前进驻部门57家、办事窗口170个、工作人员170人，全县475项审批项目全部纳入其中，实现所有行政审批事项的集中办理。三是简化审批程序。为提高审批的效率，构建了“一站式办公、一条龙”服务体系，为重点企业提供全程“保姆式”服务，极大缩短了审批时限。四是推进政府信息公开制度。将县级部门所有行政许可和公共服务项目纳入县级项目管理库，把审批项目的名称、程序、时限、收费标准等内容印制汇编成册，通过“丰都县行政服务中心门户网”、“丰都县公众信息网”等媒体对外公开，方便群众查阅，接收群众监督。五是依法界定行政机关的职能和权限，推进政企、政资、政事及政府与市场中介组织的分开。

四、加强执法监督，规范行政行为

我县严格按照《重庆市行政执法人员管理办法》对执法人员进行管理，规范执法行为，保障行政执法公正、文明。一是将全县全部行政执法人员信息录入重庆市行政执法人员信息系统，加强行政执法人员的监督管理，以便人民群众的查询和监督。二是开展行政执法培训。11 月 29 日至 30 日，全县开展了为期两天的行政执法培训，并邀请市政府法制办执法监督处处长等法学专家对参训的行政执法人员进行授课，进一步提高执法人员的综合法律素质。三是严格执行行政执法案卷评审和罚缴分离制度。我县出台了《丰都县规范基层执法专项工作实施方案》，明确各部门任务，细化落实责任。县政府划拨专项执法经费，提供专用办公场所，抽调工作经验丰富，业务技能熟练的专业办公人员对执法案件进行评查，对执法情况进行抽查。对行政事业性收费实行“单位开票，银行收款，统一开户，收支统管”的“收支两条线”管理办法；对罚没收入实行“罚缴分离”的管理方法，确保财务管理规范化和制度化建设。

五、加强规范性文件制定、备案和清理

我县先后出台《丰都县行政机关规范性文件审查登记办法》和《关于切实做好规范性文件代拟工作的意见》，切实做好在规范性文件制定和审查工作。2012 年全县共制定规范性文件 40 件，主要涉及农村集体土地征收、民营投资建设等方面。对审查实施的规范性文件按要求及时向市政府法制办和县人大常委会备案，做到“有件必备、有备必审、有错必纠”。在规范性文件清理方面：做好“清、改、废”工作。今年规范性文件共废止 1 件、保留 3 件，并将清理结果及时向社会公布。

六、努力化解矛盾纠纷，促进社会和谐

社会的稳定和谐是经济发展社会进步的保障，在矛盾纠纷化解上建立多元化的解决机制。一是制定调解措施，提高行政调解成功率。根据市政府办公厅《关于于加强行政调解工作的意见》，结合我县实际，出台了《关于加强行政调解工作的实施意见》，2012 年成功调解 157 件行政申请。二是加强复议案件办理，提高复议质量。今年共审理行政复议案件 22 件，较去年同比下降 9%。其中，不予受理 1 件、受理 21 件。受理的案件中维持 10 件、撤销 1 件、驳回申请 1 件、终止审理 7 件、正在审理 2 件。在案件类型上，行政处罚 8 件，占 38.2%；户口转非 4 件，占 19.1%；占地移民安置争议 2 件，占 9.5%；林权争议 2 件，占 9.5%；工伤认定 2 件，占 9.5%；土地房屋争议 2 件，占 9.5%；其他 1 件，占 4.7%。县政府作为被申请人的行政复议案件 2 件，较去年同比下 91.3%。其中维持 1 件、驳回行政复议申请 1 件。三是加强行政应诉，提高应诉出庭率。严格按照《重庆市行政机关行政应诉办法》，提高行政机关负责人出庭应诉率，降低诉讼案件量。今年行政诉讼案件 14 件，较去年同比下降 67.5%。其中原告撤诉 5 件、驳回诉讼请求 3 件、维持 2 件、撤销 1 件、正在审理 3 件。在案件类型上，占地移民安置争议 3 件，占 21.4%；林权争议 9 件，占 64.3%；其他 2 件，占 14.3%。

今年，我县依法行政工作虽然取得了一定的成绩，但与上级推进依法行政，加快法治政府建设的要求相比，还存在不小的差距。目前尚存在重大行政决策制度的落实情况仍需提高、行政效能和服务意识仍需加强、行政执法队伍素质仍需提升等方面的问题。

下一步，我们将以“推进依法行政，加快建设法治政府”为目标，认真学习贯彻党的十八大精神和市第四次党代会精神，紧密结合我县实际，认真落实依法行政各项任务。我们将进一步健全重大决策制度，提高落实情况；进一步加强行政管理，提高行政审批效能；进一步加强执法监督，提高依法办事能力；进一步加强规范性文件的审查和清理，提高审查报备效率；进一步加强矛盾纠纷的化解，促进社会和谐，努力让我县法治政府建设迈上新台阶。

丰都县人民政府

2012 年 12 月 19 日

【简析】这是一篇带有工作总结性质的专题工作报告。标题由发文机关、报告事由和文种三要素构成。正文第一个部分概述丰都县人民政府 2012 年依法行政工作开展的基本情况；第二个部分从六个方面分条列项具体陈述丰都县人民政府 2012 年依法行政工作的采取的措施、取得的成绩；第三个部分陈述了工作中存在的问题和不足；结尾提出今后工作的打算。全文层次井然、条理清楚、语言庄重，值得学习借鉴。

二、请　示

（一）请示基础知识

请示是下级机关就某一具体问题或某项工作向直属上级机关或业务主管部门请求指示和批准的呈请性公文。请示可以理解为"请求指示"，凡属本单位或部门无权或无法解决而又必须解决的问题或工作，均可写成请示，行为上报，陈述情况，要求上级给予指示或帮助。

1. 请示的适用范围

《党政机关公文处理工作条例》规定：请示"适用于向上级机关请求指示、批准"。请示是公文中典型的上行文。在公务活动中，请示的作用既表现在请求指示的效能方面，也必须在它可以作为上级领导机关决策和处理问题的书面依据。具体而言，请示的作用主要体现在以下几个方面：一是涉及方针、政策界限等方面的重要问题，请求上级给予明确指示或解释；二是遇到无章可循的新情况、新问题，把握不准的疑难问题，请求上级给予指示；三是涉及其他地区、部门、系统的工作或问题，本机关（单位）无权独自决断时，请求上级予以批示、协调；四是本机关（单位）情况特殊，难以执行上级统一要求时，请求上级批准予以变通；五是其他按规定必须经上级批准方可开展的工作以及遇到困难请求上级帮助解决。

2. 请示的特点

（1）期请性。

请示涉及的事项是本机关迫切需要办理而自己无权自行办理，或无力独立办理，或不知应不应当办理、应当如何办理，必须经过上级机关或有关业务主管部门的指示、批示或批准后才可以办理的事项，具有期望、请求上级给予答复、给予指示、给予批准、给予政策、给予帮助的性质。这是请示与报告的重要区别点。

（2）预先性。

请示必须事前行文，得到上级批准后方可开展工作，不允许"先斩后奏"。

（3）单一性。

《条例》规定："请示应当一文一事。"请示的事项必须单一，一份请示只能写一件迫切需要解决的事项，不涉及其他内容，以便上级尽快答复，行文简短。报告则涉及很多内容，着重写情况和意见，行文可以较长。

3. 请示与报告的区别

请示和报告都是上行公文，常常被混淆使用，但实际上是有明显区别的两类公文文种。

一是行文目的、用途不同。请示旨在请求上级批准、指示，需要上级审批，重在呈请；报告是向上级汇报工作、反映情况，提出意见或建议，答复上级询问，一般不需上级答复，重在呈报。

二是行文时间不同。请示需要事前行文，不能“先斩后奏”；报告一般在事后或者工作进行过程中行文。这正如平常工作中所说的“事前要请示，事后要报告”。

三是主送机关不同。请示一般只写一个主送机关，受双重领导的单位报其上级机关的请示，应根据请示的内容注明主送机关和抄报机关，主送机关负责答复请示事项；而报告有时可多级多头主送，如情况紧急需要上级领导机关尽快知道的灾情、疫情，等等。

四是写作重点不同。请示和报告虽然都要陈述、汇报情况，但报告的重点就在汇报工作情况，报告中不能夹带请示事项。而请示中陈述情况只是作为请示原因，即使反映情况所占篇幅再大，其重点仍在请示事项。

五是处理结果不同。请示属于“办件”，指上级机关应对请示类公文及时予以批复；报告属于“阅件”，除需批转的建议报告外，收文机关对其他报告都不可作答复。如果把请示误写为报告，就可能因不同处理方式而误时误事。

六是篇幅结构不同。请示多采用篇段合一式、三段式或总分条文式结构，篇幅一般较短。报告常用总分条文式、分部式或贯通式（多段式）结构，篇幅一般较长。

正因为有上述区别，绝不能把请示误用为报告，也不能写为请示报告。

4. 请示的种类

依据请示的目的、用途的不同，可将其分为两类：

（1）请求指示的请示。

下级在工作中遇到新情况、新问题，本组织难以解决或不能擅自处置，需请求上级组织给予明确指示时使用。

（2）请求批准的请示。

下级遇到超越本级组织权限的事项，必须请示上级，需获得上级的授权或批准才能办理该事项时使用。

（二）请示写作要领

请示的格式一般有标题、主送机关、正文、落款、附注。

1. 标　题

请示的标题采用常规公文标题模式，有两种写法：

第一，发文机关 + 请示事由 + 文种。

如《北京市人民政府关于采取果断措施控制北京市大气污染的请示》。

第二，请示事由 + 文种。

如《关于调整烟叶经济政策实施方案的请示》。

在拟制请示标题时应特别注意：标题中避免使用“申请”“请求”“希望”“恳请”一类的祈请用语，以免重复；也不可写成“请示报告”或“报告请示”，因请示和报告适用范围各异，各为独立公文文种，不能合用或混用。如《关于恳请解决新增建设用地指标的请示》《凉山州人民政府关于申请评定李从元等四位同志为烈士的请示》《××局关于增加工程专业技术人员的请示报告》《关于增加教师的报告请示》，均属不规范的请示标题，应去掉标题中的“恳请”“申请”“报告”字样。

2. 主送机关

请示必须写明主送机关，且主送机关只能有一个。《条例》规定“向上级机关行文，原则上主送一个上级机关，根据需要同时抄送相关上级机关和同级机关，不抄送下级机关”，“党委、政府的部门向上级主管部门请示、报告重大事项，应当经本级党委、政府同意或者授权；属于部门职权范围内的事项应当直接报送上级主管部门”，“除上级机关负责人直接交办事项外，不得以本机关名义向上级机关负责人报送公文，不得以本机关负责人名义向上级机关报送公文”。

请示的主送机关要根据上级机关的业务分工和指示关涉的业务内容，严格对口选定。

3. 正　文

（1）请示缘由。

请示正文的开头一般应简要而充分地说明请示的原因、背景或依据。如果原因较复杂，则不能片面追求简要而使之简单化，必须将情况讲清，把道理说透，才能为请示提供充分的依据。段末可用惯用语“请示如下”引出下文，有时也可不用惯用语而另起一段直奔主体。

（2）请示事项。

这是请示的核心内容部分，陈述请求上级指示、批准的具体事项。

（3）结语。

结语一般用“妥否，请指示”“当否，请批示”“特此请示，请予批复”之类的惯用语重申期复意愿。

4. 落　款

落款包括署名和成文时间两项内容，并加盖公章。

5. 附　注

在成文日期的下一行，用圆括号注明联系人的姓名、电话，以便上级机关及时联系。

（三）请示写作要求

1. 情况要确凿，意见要明确

请示内容涉及有关实施、背景等情况必须完全属实，不得有半点虚假，否则会影响上级批示、指示的正确性，给工作造成损失；《条例》规定：“行文应当确有必要，讲求实效，注重针对性和可操作性。”要针对请示的事项，进行认真研究，提出明确而又合理的意见，不能因为是请示，就只将问题提出来，或把几种不同意见都写上去由上级去批示，采取把矛盾上交的不负责任态度。

2. 必须事前请示，必须一文一事

请示具有预先性，必须事前行文，得到批复后方可开展工作，不允许“先斩后奏”；一份请示不能同时提出两个或几个互不相关的问题，以免涉及较多主管部门，即使几个问题同属一个部门主管，也可能会出现因请示中一事不妥而全文不能及时得到批复的情况。

3. 不得多头请示，不得越级请示

一份请示只能有一个主送机关，受双重领导的单位，要根据请示的具体事项，选定一个作为主送机关，同时抄报另一上级机关，以免造成相互推诿或批复意见不一，自己难以执行办理的被动情况；《条例》规定：“行文关系根据隶属关系和职权范围确定。一般不得越级行文，特殊情况需要越级行文的，应当同时抄送被越过的机关。”请示因按隶属关系向直接上级呈报，直接上级解决不了的问题，再由其逐级向上请示，如因重大特殊情况必须越级请示时，应抄报越过的机关。

（四）请示案例分析

【例文一】

关于交通肇事是否给予被害者家属抚恤问题的请示

最高人民法院：

据我省××县人民法院报告，他们对交通肇事致被害人死亡，是否给予被害者家属抚恤的问题，有不同意见。一种意见认为，被害者是有劳动能力的人，并遗有家属要抚养的，就给予抚恤；被害者若是没有劳动能力的老人或儿童，就不给予抚恤。另一种意见认为：只要不是由被害者自己的过失所引起的死亡事故，不管被害者有无劳动能力，都应酌情给予抚恤，我们同意后一种意见。几年来实践经验证明，这样做有利于安抚死者家属。

妥否，请指示。

××省高级人民法院

2019 年 9 月 20 日

【简析】这是一则请求指示的请示，这类请示多涉及政策、认识上的问题，请求上级明示。正文开门见山，提出对交通肇事是否给予被害者家属抚恤有不同意见，继而申明同意的意见及同意的理由，最后提出要求，请求上级明确批复。全文观点鲜明，语言简洁，写作规范。

【例文二】

江东区××局关于追加工作经费的请示

江东区人民政府：

随着宁波市“六个加快”战略的实施和海洋经济的加快发展，我局今年新增工作任务较多，考察调研、会议等费用有所增加，由于年初没有这些工作经费的预算，因此目前 2018 年度工作经费出现了一定缺口。拟申请追加工作经费 35 万元，含“六个加快”领导小组办公室工作经费、海洋经济发展工作经费、2019 年经济社会发展思路调研工作经费、《现代化核心城区指标体系研究》课题经费以及年度专家咨询会会议和活动经费等。特请区政府批准，并同意该项资金拨付。

当否，请批复。

江东区××局

2018 年 11 月 9 日

【简析】这是一份请求批准性的请示。标题由发文机关、请示事由和文种三要素构成。正文开头，江东区××局比较详细介绍了该局请求追加工作经费的缘由，接着提出具体请示事项，请示事项部分言辞恳切地表明希望上级给予五个方面的经费支持，结语规范。

三、批　复

（一）批复基础知识

批复是指答复下级机关请求事项的公文。它是上级机关对下级机关所提请求而表明态度或作出明确答复时所使用，是典型的下行文。

1. 批复的适用范围

《条例》规定：批复“适用于答复下级机关请示事项”。批复的主要作用是代表某个机关或部门对请示予以回复，即表述其对来文的决策性意见，其对下级工作的指导作用和制约作用是不言而喻的。

2. 批复的特点

（1）被动性。

所有批复均是应下级机关的请示而发，一般而言，有“请示”就必有“批复”，无“请示”就无“批复”，这点与大多数党政公文是不同的。

（2）针对性。

批复只在答复下级机关的请示事项时使用，并且仅就请示的事项表明态度，提出意见和办法，不旁及其他事项；而且批复一般只发送给呈报请示的下级机关，只有当批复意见具有某种程度的普遍指导意义时才需要抄送其他下级机关。

（3）权威性。

批复中就下级机关请示事项所提出的处理意见和办法，代表着上级机关的指示精神和决策意见，对下级机关具有行政约束力，下级机关必须按此贯彻执行。

（4）简要性。

批复对下级机关请示的问题一般只作原则性、结论性的指示和决断，不必具体分析，详细阐述，用语简洁精炼，行文简明扼要。

3. 批复的种类

（1）指示性批复。

用于答复请求指示的请示。这种批复要就请示事项的开展或该事项的重要性、意义提出指示性意见，明确、具体指导下级机关开展该项工作。

（2）批准性批复。

用于答复请求批准的请示。无论是否同意，都要作出回答。下级机关请求批准的事项只有得到上级机关的审核批准，才能将该事项付诸实施，批复中不予批准的请示事项，下级必须遵命撤销拟议。

（二）批复写作要领

批复的基本组成部分是标题、主送机关、正文、落款。

1. 标　题

批复的标题有两种写法：

第一，“发文机关 + 批复事由 + 文种”。

如《国务院关于深圳市城市总体规划的批复》《××市税务局关于同意××县工具厂免税的批复》。

第二，“批复事由 + 文种”。

如《关于加快黄河三角洲开发问题的批复》《关于召开全省地方政协工作经验交流会问题的批复》。

2. 主送机关

批复的主送机关只有一个，不能多头主送。如果批复的内容有普遍性，需要告知其他单位时，可抄送有关单位。

3. 正　文

批复的正文由批复引据、批复事项和结尾三部分组成。

（1）批复引据。

批复引据即批复的原因和根据，可引述下级来文的日期、发文字号和文题，有的还简述来文内容。常用固定句式，其模式为：请示标题及发文字号 + 收文语 + 过渡语。如《重庆市人民政府关于重庆大板营市级自然保护区范围及功能区调整的批复》正文开头，就是典范的模式化批复引据：

你县《关于调整大板营市级自然保护区功能区的请示》（西府发〔2010〕106 号）收悉。经研究，现批复如下：

（2）批复事项。

这部分是批复的核心内容，可针对来文予以答复。或肯定、或否定、或阐释、或解释、或希望、或要求，都可以据实写出。如部分同意及否定，均要说明理由。

（3）结尾。

批复正文的结尾常用惯用语“此复”“特此批复”收束，也有自然结尾的。

4. 落　款

结尾一般写对与会者的希望和要求，也有的会议纪要不写专门的结尾用语。

（三）批复写作要求

1. 有请必复，及时批复

批复下级机关的请示事项，是上级机关职责所在，上级收到下级的请示必须及时批复，切忌拖延，以免贻误工作。

2. 一请一复，有的放矢

请示应一文一事，批复也应一文一事，批复事项必须针对请示事项，不兼及请示事项以外的问题搞综合批复。

3. 鲜明表态，明确指示

批复中必须对来文请示事项明确表态，不能模棱两可、含糊其辞；批复中所作指示，可以是宏观的，原则性的，但仍须旨意明确，不能有歧义。

4. 语言精练清晰，篇幅短小

批复表述应直陈其事，简明扼要，语气坚决、肯定，使请示单位一目了然，不需长篇叙述和说理，篇幅不宜过长。

（四）批复案例分析

【例文一】

重庆市人民政府关于重庆大板营市级自然保护区范围及功能区调整的批复

酉阳县人民政府：

你县《关于调整大板营市级自然保护区功能区的请示》（酉府发〔2010〕106 号）收悉。经研究，现批复如下：

一、重庆大板营市级自然保护区（以下简称保护区）地处重庆市酉阳自治县东北部，位于东经 108°50′50′—109°04′09′，北纬 29°02′24′—29°24′23′之间。主要保护对象是南方红豆杉、红豆杉、林麝等国家珍稀、濒危野生动植物及森林生态系统。保护区原总面积 30825.5 公顷，其中核心区面积 10750.0 公顷，缓冲区面积 4781.3 公顷，实验区面积 15294.2 公顷。为减少保护区人地矛盾，加强保护和管理，同意对保护区范围以及功能区作适度调整。其调整方案如下：

将大板营片区“涉石—龙井坝”以东南一线，茶园溪片区“决台坝—老山”以东一线，细沙河片区“龙井坝—余家坡”南北一带，“茨竹坪—沟家坝”东西一带，竹子溪片区“鱼梁丝—庆口—大营”以东南一线，木叶河片区“长滩—岩门口—苏家湾—高家堡—朱家坝—龙家坝—石水井”东北至西南一带，“李家坝—张家坝—细沙河口—大堂—尚家湾—剥刀岭—陈家坡”以西南一带，面积共计 9579.1 公顷调出保护区。

将大板营片区“猴子岩—枝枝拐—新开洞—青龙嘴—蒋家湾—倒坨—细渔泉河门口—小咸井—瓦厂坪—大咸井—斑鸠场—洞坎脚—烂塘湾—土地坳—后槽—乱草坪—滩果溪”一带，茶园溪片区“冷水河沿线—鱼梁丝—茶园溪—下坝—大湾”以东南一线，面积共计 1838.7 公顷调整为缓冲区；将大板营片区核心区“求雨洞—大溪沟—茨竹溪”以东南一带，

"红树溪—唐家大堡"以东北一片，面积共计 642.8 公顷调整为实验区；将缓冲区细沙河片区"竹子溪—何家坪—朱沙溪—二台坪"以东一片，竹子溪片区以东北一片，面积共计 765.4 公顷调整为实验区；将实验区木叶河片区"面子上—烂塘湾"西北一线面积 198.6 公顷调整为缓冲区。

调整后,保护区总面积 21246.4 公顷。其中核心区面积 7131.8 公顷,缓冲区面积 4405.7 公顷，实验区面积 9708.9 公顷，分别占总面积的 33.6%、20.7%、45.7%。地理坐标位于东经 108°52′30′—109°04′11′，北纬 29°02′32′—29°24′23′之间。保护区范围及功能分区以附图（见附件）为准，文字描述作为参考。

二、你县要按照公布的面积、范围和功能分区，抓紧落实保护区勘界和立标工作，标明区界，并向社会公告。

三、要采取有效措施，确保调整后保护区性质和功能不变，生态系统和生态过程的完整性不受影响，主要保护对象得到有效保护。调出保护区的区域要作为外围保护地带加强保护，采取措施恢复生态功能，严禁建设污染环境及威胁生物多样性的资源开发项目，确保该区域生物资源得到维育和保护。

四、要妥善处理好保护区与当地经济建设和居民生产生活的关系。保护区属禁建区域，不得在保护区核心区和缓冲区内开展旅游活动及建设任何生产设施;在保护区实验区内按规定建设设施，必须进行环境影响评价并依法履行审批手续。

五、保护区一经调整应保持稳定，不得随意调整保护区范围面积及功能区。确需调整的，应严格按照程序报批。

重庆市人民政府

2011 年 2 月 25 日

【简析】这是一则指示性批复。批复引据部分直接引述来文标题和文号，批复事项部分表明同意请示事项，并提出了非常具体的指示性意见，体现了批复的权威性。

【例文二】

关于陈保龙等 4 位同志取得 2018 年度工艺美术系列初级专业技术资格的批复

柳州市工艺美术系列职称改革领导小组：

《关于审批陈保龙等 4 位同志工艺美术系列初级专业技术资格的请示》(柳二轻职改字〔2019〕1 号）收悉。经研究，同意柳州市龙潭公园管理处陈保龙、吴国太、吴耀海和柳州市博物馆（柳州工业博物馆、柳州文庙管理所）易建为等 4 位同志取得助理工艺美术师专业技术资格，时间从 2018 年 12 月算起。

特此批复。

柳州市职科章工食此领到组办公室

2019 年 1 月 18 日

【简析】这是一则批准性批复，开头先引来文标题和文号，便于收文者明确这是自己哪篇请示的批复，然后表明同意请示事项，并对相关时间作了指示，态度明确，文辞简约，格式规范。

【思考练习题】

1. 报告与请示有区别？

2. 请以某镇党委的名义向上级党委写一份本单位遵守中共中央关于改进工作作风、密切联系群众的八项规定（中央政治局 2012 年 12 月 4 日会议审定）情况的报告。

3. 请以某县教委的名义向上级拟写一份关于成立招生考试院的请示，并以该县教委上级的名义拟写一份同意设立招生考试院的批复。

第六节　议案 函 纪要

一、议　案

（一）议案基础知识

议案是指由具有法定提案权的国家机关、会议常设或临时设立的机构和组织，以及一定数量的议员个人，向权力机构提出进行审议并作出决定的议事原案，是国家权力机关或立法机关开会时列入议程、交付审议的有关国家和地方性重大事项的建议和方案。每个国家的议案提交程序和规定虽然有所不同，但都是行使国家权力的重要手段，是现代国家政治生活中必不可少的组成部分。

在我国，议案是各级人民政府向同级人民代表大会或者人民代表大会常务委员会提出，并请求大会予以审议、表决的文书。议案一般涉及重大问题，具有建议性、可行性特点。《中华人民共和国宪法修正案》（2004 年 3 月 14 日第十届全国人民代表大会第二次会议通过）第 72 条规定："全国人民代表大会代表和全国人民代表大会常务委员会组成人员，有权依照法律规定的程序分别提出属于全国人民代表大会和全国人民代表大会常务委员会职权范围内的议案。"

在国外，议案主要由议员提交。议员提交的议案指的是议员向议会（国会）提出的议事原案。有的国家规定单个议员即可提交议案，如英国、加拿大、澳大利亚等；有的国家规定若干议员联名方可提交，如日本、韩国等。

本书所指议案，指的是由各级人民政府制发的法定公文。

1. 议案的适用范围

《党政机关公文处理工作条例》规定："适用于各级人民政府按照法律程序向同级人民代表大会或者人民代表大会常务委员会提请审议事项。"议案作为国家行政机关公文的一个文种，其发文机关为各级人民政府，受文机关是同级人民代表大会或人民代表大会常务委员会，功用为提出审议事项和审议要求，所以不能越级提出议案，也不能向下级人民代表大会或人民代表大会常务委员会提出议案。

2. 议案的特点

（1）制发机关的法定性。

议案的制发机关只能是各级人民政府，政府的职能部门和其他组织无权制发。

（2）内容的特定性。

人民政府所提议案的内容，必须属于该人民代表大会或常务委员会职权范围内的有关事项。

（3）时效的规定性。

各级人民政府的议案，应当而且必须在同级人民代表大会或其常务委员会举行会议规定的限期前提出，否则不能列为议案。超过期限提交的议案一般改作“建议”处理，或移交下次人大会议处理。提交大会审议的议案，人民代表大会必须限期审议表决或提出处理意见。

（4）行文的定向性。

议案是平行文，只能由各级人民政府向同级人民代表大会或其常务委员会行文，不能向其他部门单位行文。主送机关也只有一个。

（5）事项的必要性和可行性。

适合提交人大议案审议的事项，必须是重要事项，符合人民群众的意愿和要求，而且议案中提出的方案办法措施，也必须是切实可行的，才有可能获得通过。

3. 议案与提案的区别

“议案”与“提案”一字之差、却有本质区别。

一是行文主体不同。“议案”由各级人民政府向同级人民代表大会或其常务委员会行文；“提案”专用于人民政协，由政协委员（政协各专门委员会或参加政协的各党派、人民团体，也可政协委员个人或联名）向同级人民政协提案委员会提交的文书。

二是内容要求不同。“议案”内容相对较窄，法律规定：会议期间向人大提交议案，必须属于本级人民代表大会职权范围内，闭会期间向人大常委会提交议案，必须属于本级人大常委会职权范围内。而政协“提案”除了格式上有具体的要求，其内容上不受限制。

三是通过的方式不同。人大议案须经人民代表大会或人大常委会议审议后表决通过，形成相应决议或决定。而政协提案，只要经过提案委员会审查，符合《中国人民政治协商会议全国委员会提案工作条例》规定，即可立案。

四是时限要求不同。议案，一般只在人民代表大会开会期间提出；提案既可在人民政协全体会议期间提出，亦可在休会期间提出。

五是法律效力不同：议案具有法律约束力，承办单位必须执行；而提案不具有法律约束力，只起民主监督作用。

4. 议案的种类

（1）事项性议案。

关于财政预算，城乡发展规划，重大工程以及政治、经济、社会、文化、教育、科技、卫生等领域重大事项的决策，须提请人民代表大会审议批准时使用的议案，属于事项性议案。

（2）机构设立议案。

机构设立议案是各级人民政府针对重要机构的增设、撤销和合并，需用议案向同级人民代表大会常务委员会提请审议时使用的一种例行公文。

（3）任免性议案。

任免性议案是行政机关向权力机关提请任命、免去或撤销行政机关工作人员职务，请求人民代表大会审议批准的议案。

（4）建设性议案。

以行政部门的身份向权力部门提出建议，也可以使用议案。这种议案有些像建设报告，供人民代表大会审议、采纳。

（5）批准条约的议案。

批准条约的议案是国务院提请全国人民代表大会常务委员会批准草签的国际条约，或提请批准加入某国际公约（条约）而使用的议案。

（二）议案写作要领

1. 标题和主送机关

（1）议案的标题。

议案的标题采用常规公文标题模式，有两种写法：

第一，发文机关 + 案由 + 文种。

如《××省人民政府关于提请审议设立非物质文化保护委员会的议案》

第二，案由 + 文种。

如《关于加大投入 加快开发和建设××旅游景区的议案》

（2）议案的主送机关。

议案的主送机关，只能是同级人民代表大会及其常务委员会。不能有其他并列机关。要采用全称或规范化简称，不得随意简化。

2. 正　文

（1）案据。

议案的第一部分为案据，即提出议案的依据。案据是提请审议批准事项的理由和依据，即为什么提出议案。主要说明提请审议事项的依据（法律、政策及现实情况等）、目的意义、作用以及相关背景。

（2）事项。

议案的事项是在议案中提出要求审议的具体事项，不需要分析说明，是什么就写什么，简单明了。有的议案要说明的东西较多，则把说明文字作为附件附上。如果议案事项是提请任免领导人，直接列出要求任免什么人，什么职务即可。

（3）结语。

议案的结语，主要是用来提出要求，通常有“请审议决定”“现提请审议”“请予审议”，等等。

3. 签　署

议案的签署，与其他行政公文有所不同。其他行政公文一般用单位名称签署，议案则多用行政机关负责人名义签署，即政府首长签字。如果国务院提交给全国人民代表大会的议案，要署国务院总理的姓名。各省、市、自治区提交给同级人民代表大会的议案，要由省长、市长或自治区主席签署。

（三）议案写作要求

（1）熟悉国家法律、法规和党的路线方针政策以及相关地方经济社会发展战略、相应党委政府的工作思路。由于议案的政治性、政策性很强，涉及立法事项及重大方针政策，因此必须以法律、政策为依据。

（2）语言准确、精炼、庄重。议案篇幅不宜过长，缘由简明扼要，抓住要点，言简意赅，不必展开论述、说理，就事论事。

（3）标题必须醒目、具体和明确。主体明确，事项明了、单一。一案一事一题，不得一案数事。

（4）观点鲜明，内容具体。

（四）议案案例分析

【例文一】

××县人民政府
关于提请审议×××任职的议案
×函〔2021〕×号

××县人民代表大会常务委员会：

根据《中华人民共和国地方各级人民代表大会和地方各级人民政府组织法》第四十四条第九款“在本级人民代表大会闭会期间，决定副省长、自治区副主席、副市长、副州长、副县长、副区长的个别任免”的规定，现提请任命：

×××为××县人民政府副县长。

附件：1. 关于提请县人大常委会审议×××任职议案的说明
　　　2. ×××任职考核简介

县　长：×××
2021 年 9 月 28 日

【简析】这是一篇批准职务任命的议案。该议案言简意赅，清楚明了地交代了案据和事项，并使用了规范的结语。语言准确、精炼、庄重。值得学习借鉴。

【例文二】

国务院关于提请审议设立重庆直辖市的议案

全国人民代表大会：

重庆市是我国西南地区和长江上游最大的经济中心城市。1983 年国务院决定将重庆列入全国首批经济体制改革试点城市和计划单列城市，赋予省级经济管理权限。为了充分发挥重庆市作为特大经济中心城市的作用，进一步推动川东地区以至西南地区和长江上游地区的经济和社会发展，并且有利于三峡工程建设和库区移民的统一规划、安排、管理，同时解决四川省由于人口过多和所辖行政区域过大、不便管理的问题，国务院经过认真研究、反复论证，拟将四川省的万县市、涪陵市和黔江地区所辖行政区域划入重庆市，设立重庆直辖市，总面积 8.2 万平方公里。总人口 3 002 万人。重庆直辖市设立后，由国务院依据宪法和有关法律的规定。对其管辖的行政区域的建置和划分作相应的调整。设立重庆直辖市是为了加快中西部地区经济和社会发展所采取的一项重要举措。国务院于 1996 年 12 月 20 日提请全国人大常委会审议。八届全国人大常委会第二十四次会议审议后，决定提请第八届全国人民代表大会第五次会议审议。现将设立重庆直辖市的议案送上，请予审议。

国务院总理 李鹏

1997 年 2 月 27 日

【简析】这是国家最高政府机关国务院向同级人民代表大会（全国人大）提交的议案。标题由发文机关、提请审议的事项（事由）和文种三要素构成。正文第一个部分说明提出议案的理由、提请审议的基本内容；第二个部分强调设立重庆直辖市的重大意义，以及程序要求。结束语“现将设立重庆直辖市的议案送上，请予审议”，是议案惯用结束语。全文简明、规范。案由、解决办法和有关事项交代条理清楚。

【例文三】

重庆市涪陵区人民政府
关于提请审议 2018 年度区级预算执行和其他财政收支审计查出问题整改情况报告的议案

区人大常委会：

区政府同意《关于 2018 年度区级预算执行和其他财政收支审计查出问题整改情况的报告》，现提请区五届人大常委会第二十七次会议审议。

区长 种及灵

2019 年 12 月 23 日

【简析】这是一篇事项性议案。标题由发文机关、提请审议的事项（事由）和文种三要素构成。该议案言简意赅，用语规范的结语。

二、函

（一）函基础知识

函，实际就是信件，是人们书面传递和交流信息的一种常用交际形式。本书所述的函，指的是作为法定公文文种的文书，有较强的法定效力。

1. 函的适用范围

《党政机关公文处理工作条例》规定：函“适用于不相隶属机关之间商洽工作、询问和答复问题、请求批准和答复审批事项。”函是公文中典型的平行文。

2. 函的特点

（1）平等性和沟通性。

函主要用于不相隶属机关之间相互商洽工作、询问和答复问题，体现着双方平等沟通的关系，这是其他属于上行文和下行文的公文所不具备的特点。即使是向有关主管部门请求批准，在双方不是隶属关系的时候，也不能使用请示和批复，只能用函，而且姿态、措辞、口气也跟请示和批复完全不同，也要体现平等性和沟通性的特点。

（2）灵活性和广泛性。

函对发文主体的要求很宽松，各级党政机关，各类社会团体、企事业单位，均可相互发函。函的内容和格式也比较灵活。

（3）单一性和实用性。

函的内容必须单一，一份函只能写一件事项。函无需在原则、意义上作过多阐述，不重务虚重务实，以解决问题、办理事项为落脚点。

3. 函的种类

（1）按性质分，可以分为公函和便函两种。公函用于机关单位正式的公务活动往来，便函用于日常事务性工作的处理。便函不属于正式公文，没有公文格式要求，不用发文字号，只需在尾部署上机关单位名称、成文时间并加盖公章即可。

（2）按发文目的分，可以分为去函和复函两种。去函即主动提出公务事项所发出的函，复函则是回复对方所发出的函。

（3）按内容和用途分，可以分为商洽函、通知函、催办函、邀请函、请示答复函、转办函、催办函、报送材料函等。

（二）函写作要领

公函的格式一般有标题、发文字号、主送机关、正文、落款。

1. 标　题

公函的标题一般有两种形式。一种是“发文机关名称＋事由＋文种”。如“山东省发改委关于报送政府信息公开工作年度报告的函”。另一种是“事由＋文种”。如“关于征求《四川省人民政府关于进一步加强环境保护工作的意见》意见的函”。

2. 发文字号

与其他公文的发文字号相似，只需在机关、单位代字中加上“函”字。如“川政函字〔2012〕08 号”表示四川省人民政府 2012 年第 8 号函件。

3. 主送机关

主送机关即受理函件的机关、单位。应写全称。

4. 正　文

函件正文一般由“开头＋主体＋结尾＋结语”组成。

（1）开头。

主要说明发函的缘由。概括交代发函的原因、目的、依据等内容，然后用“现将有关问题说明如下”或“现将有关事项函复如下”等过渡语转入下文。依据主要包括上级有关文件、会议、指示精神，或有关法律法规等。

复函的缘由部分，首先引述来文的标题、发文字号，然后再交代根据，说明发文的缘由。如“贵校《关于加强校园周边环境整治的函》（×校函字〔2000〕第 08 号）收悉。现复函如下”。

（2）主体。

这是函的核心内容部分，要求直陈其事，主要说明致函事项。函的事项部分内容单一，一函一事。无论是商洽工作、询问和答复问题，还是向有关主管部门请求批准事项等，都要用简洁得体的语言把需要告诉对方的问题、意见表达清楚，如果事项复杂，可以分条列项来写。如果属于复函，还要注意答复事项的针对性和明确性，如不能满足要求时，应加以解释。

函的主体要突出务实精神，以办事、解决问题为核心，言简意赅，要言不烦。

（3）结语。

结语主要向对方提出希望或请求。或希望对方给予支持和帮助，或希望对方给予合作，或请求对方提供情况，或请求对方给予批准等。

商洽函的结语常用：“恳请协助”“贵方意见如何，请函告”“协助办理为盼”“望大力协助，盼复”等。

询问函的结语常用：“请速回复”“盼复”“请予函复”等。

请批函的结语常用：“请审核批准”“当否，请审批”等。

答复函、批答函的结语常用：“此复”“特此函复”“专此函告”等。

5. 落　款

落款包括署名和成文时间两项内容，并加盖公章。

（三）函写作要求

首先，要注意行文简洁明确，语言要朴素自然，把握分寸。无论是平行机关或者是不相隶属机关的行文，都要注意语气平和有礼，不要以势压人或强人所难，也不必逢迎恭维、曲意客套。复函则要注意行文的针对性，答复的明确性。

其次，注重时效性，尤其是复函更应该迅速、及时处理函件，以保证公务活动的正常进行。

（四）函案例分析

【例文一】

关于商请派车运送民工的函

××省交通厅：

为了做好今年的春运工作，及时运送在我省务工的外省民工回家过春节，我们组织了民工运送专门车队。但由于我们运力不足，无法满足民工的需求，特请贵省派出大型客车20辆，与我省组成运送民工车队，负责运送贵省在我省工作的民工。

妥否？请尽快函复，以便办理有关手续。

××省交通厅（章）

××××年×月×日

【简析】这是一则典型的商洽函。语言简洁而朴实。正文缘由部分，开门见山交代了发函的原因、目的，继而提出事项要求。结语使用得当，又暗含催促对方办理的意思。

【例文二】

××县人民政府
关于用城镇建设用地覆盖三峡库区移民生态工业园的函

重庆市国土房管局：

为加快推进我市三峡移民生态工业园规划编制工作，我县将在人和镇清凉村、人和村、立新社区，双江街道蜀光村、石云村，青龙街道杨沙村设立云阳县三峡移民生态工业园。经核实，云阳县三峡移民生态工业园用地的500.00公顷范围，有269.432 3公顷符合现行土地利用总体规划确定的建设用地范围，尚有230.567 7公顷不符合现行土地利用总体规划的用地，我县承诺将不符合现行土地利用总体规划的用地纳入新一轮土地利用总体规划中，确保我县城镇建设用地空间布局覆盖云阳县三峡移民生态工业园。

此函附件：××县三峡移民生态工业园土地利用总体规划局部图

××县人民政府
2019年9月16日

【简析】这是一篇请批函，正文、语态得体，文字简洁，先写发函的背景、依据，继而写做法、态度。以附件报送总规局部图，节约正文篇幅，是个巧妙的处理。

不足之处是未能在结语处表达请批意愿、主送机关未用规范化全称。

【例文三】

国务院办公厅关于同意建立推动道路货运
行业高质量发展部际联席会议制度的函
国办函〔2021〕94号

交通运输部：

你部关于建立推动道路货运行业高质量发展部际联席会议的请示收悉。经国务院同意，现函复如下：

国务院同意建立推动道路货运行业高质量发展部际联席会议制度。联席会议不刻制印章，不正式行文，请按照党中央、国务院有关文件精神认真组织开展工作。

附件：推动道路货运行业高质量发展部际联席会议制度

国务院办公厅
2021年9月28日

【简析】这是一篇请示答复函，态度鲜明。此函行文简练准确，文字语气合乎批准机关身份。

三、纪　要

纪要，也称为会议纪要。最开始是作为内部文件使用，1987 年以后才作为正式行政公文。是根据会议、会议文件和其他会议资料分析归纳写成，它既可以上呈，又可以下达，被批转或被转发至有关单位遵照执行，使用广泛。

（一）纪要基础知识

1. 纪要的适用范围

纪要适用于记载会议主要情况和议定事项。

2. 纪要的特点

（1）纪实性。

纪要应如实反映会议的内容和议定事项。纪要如实地反映会议内容，不能离开会议实际搞再创作，不能自以为是地拔高、深化和填平补齐。否则，就会失去内容的客观真实性，违反纪实的要求。纪实性是纪要的基本特点，也是撰写纪要的基本原则。

会议纪要应如实反映会议的内容和议定的事项。

（2）提要性。

纪要是提炼会议的要点，不同于会议记录，不能有闻必录，平铺直叙。撰写纪要应围绕会议主旨及主要成果，对会议繁杂的情况和内容进行综合、提炼和概括性的整理，重点应放在介绍会议成果，概括出主要精神，归纳出主要事项，体现出中心思想，使人一目了然，易于把握精髓。而不是叙述会议的过程，切忌记流水账。

会议为达成决议或共识的内容不宜出现在纪要中。

（3）约束性。

纪要一经下发，便要求与会单位和有关人员遵守、执行。在这一点上，纪要与党务决议基本一致，只不过比决议的规范性、严肃性程度低。

3. 纪要的种类

（1）办公会议纪要。

办公会议纪要用以传达由机关、单位召开的办公会议所研究的工作、议定的事项和布置的任务，要求与会单位和有关方面、有关人员共同遵守、执行。

（2）其他会议纪要。

其他会议纪要指专门工作会议、专题讨论会、座谈会、学术研究会等会议形成的纪要。这类纪要，有点起通报会议情况的作用，使有关人员尽快知道会议的基本情况和主要精神；有点具有指导作用，它所传达的会议精神，可对有关方面的工作予以指导。

根据写法的不同，纪要又可分为条项式（决议式）纪要、综合式（概述式）纪要和摘要式纪要三种。

（二）纪要写作要领

纪要由标题 + 成文日期 + 正文组成。在结构上与其他公文不同的是，纪要不用主送单位和落款，成文时间多写在标题下方。纪要不盖公章。

1. 标　题

纪要的标题有单标题和双标题两种形式。

（1）单标题。

由“会议名称 + 文种”构成。如“全国农村爱国卫生运动现场经验交流会纪要”。

由“事由 + 文种”构成。如“关于安徽省电力公司培训中心发展规划的会议纪要”。

由“发文机关 + 事由 + 文种”构成。如“卫生部关于全国地方病防治工作会议纪要”。

（2）双标题。

由“正标题 + 副标题”构成。正标题揭示会议主旨，反映会议的主要精神和内容；副标题标示会议名称和文种。如：“探讨新时期文学的发展——中国当代文学研究会第二次学术讨论会纪要”。

2. 成文日期

成文日期有两种写法：一种是写于标题下；一种是写于正文右下方。

3. 正　文

会议纪要的正文由导言、主体和结尾三部分组成。

（1）导言。导言即会议纪要的开头部分，一般是概括会议的基本情况，包括会议的名称、目的、内容、时间、地点、规模、参加人员、主要议题和会议成果等。导言不能写得过长，要简明扼要、让人们读后对会议有个总体的了解。

（2）主体。主体是会议纪要的核心部分。它根据会议的中心议题，按主次、有重点地写出会议的情况和成果，包括对工作的评价、对问题的分析、会议议定的事项、提出的要求等。主体的写法一般有三种。

一是条目式，就是把主体内容包括讨论的问题和议定的事项，按主次一条条列出来，使其条理化，一目了然。办公会议纪要、工作会议纪要多用这种写法。

二是概述式，就是把会议的内容或议定事项，进行综合概括，分成若干个部分。每个部分谈一个方面的内容。这是一种比较普遍的写法，它有利于突出主要内容，分清主次，一般把主要的、重要的放在前面，而且尽量写得详细、具体一些，次要的和一般性的内容放在后面，可简略一些。较复杂的工作会议或经验交流会议纪要多用这种写法。

三是发言式，就是把与会者的具有典型性、代表性的发言要点摘录出来，按发言顺序或按内容性质先后写出。为了便于把握发言内容，有时根据会议议题，在发言人前面冠以小标题，在小标题下写发言人的名字。这种写法的好处是，可尽量保留发言人谈话的风格，避免一般化和千篇一律，比较客观、具体。一些重要的座谈会议要，常用这种写法。

（3）结尾。

结尾一般写对与会者的希望和要求，也有的会议纪要不写专门的结尾用语。

（三）纪要写作要领

1. 掌握会议全貌

写作会议纪要首先要弄清楚会议的目的、任务、内容和形式，掌握会议的所有文件材料，参加会议的全过程，并认真做好记录，特别要注意阅读会议的主体文件和材料、领导同志的发言，掌握会议的主要精神。

2. 突出会议主题

会议纪要虽然是会议情况和结果的反映，但不能面面俱到，照搬会议记录，而应该围绕会议主题，抓住要点，突出重点，把会议的主要情况简明扼要地反映出来，把会议议定的事项一一叙述清楚。

3. 文字简洁明快

写作会议纪要应根据会议内容确定写法和篇幅，要简明扼要。在语言表达上，尽可能简短、通俗，切忌长篇大论，应以叙述为主；在层次结构、段落安排上，要条理清楚，篇幅一般不宜过长。

4. 注意与会议记录的差别

会议纪要和会议记录有密切联系，也有显著区别。

二者的联系在于：会议纪要以会议记录为基础和依据，表现会议的主要内容。

二者的主要区别是：第一，性质不同。会议记录是讨论发言的实录，属事务文书；会议纪要只记要点，是法定行政公文。第二，功能不同。会议记录一般不公开，无须传达或传阅，只作资料存档；会议纪要通常要在一定范围内传达或传阅，要求贯彻执行。

会议纪要报送上级时，会议主办单位需另拟一份报送报告，与会议纪要一并报上。

（四）纪要案例分析

【例文】

全国农民工“求学圆梦行动”推进会
会议纪要

2018年11月7日，教育部、中华全国总工会联合在江苏省南京市召开了全国农民工“求学圆梦行动”推进会（以下简称“推进会”）。全国总工会副主席、书记处书记、党组成员阎京华，教育部职业教育与成人教育司副司长雷鸣，江苏省人大常委会副主任、省总工会主席魏国强出席会议并讲话。各省、自治区、直辖市总工会和部分教育厅（教委）分管继续教育工作的同志参加了会议。天津市教委、国家开放大学和江苏、福建、广州3个省（市）总工会、广汽集团以及优秀农民工学员代表在推进会上做了典型发言。

会议传达了习近平总书记在同全总新一届领导班子成员集体谈话时的重要讲话精神，宣讲了中国工会十七大和全国教育大会精神，并肯定了各地农民工“求学圆梦行动”取得的成绩，要求各级工会和教育行政部门切实提高对开展农民工“求学圆梦行动”重要性的认识，加强领导、整合资源、筹措资金、创新模式、营造氛围，大力推动农民工“求学圆梦行动”取得新成效。

会议认为，农民工“求学圆梦行动”意义重大，开局良好，反响热烈。文件印发以来，教育部职成司、全国总工会宣教部作为落实工作的职能部门，密切配合，建立了定期沟通联络机制，积极争取政策和资金扶持，推动提高企业职工教育经费的提取额度。同时，为了精准服务，两部门联合搭建了全国“求学圆梦行动”信息服务平台，开展实地调研，深入行业企业了解农民工学习情况，督促全国各地特别是农民工相对集中的重点省市配套制订实施细则，稳步推进工作实施。

两年多来，各地教育行政部门与工会系统贯彻落实文件要求，积极提升农民工学历层次和技术技能水平，已初见成效。一是两部门加强协作，优势互补，在组织方式、学习形式、学费优惠、网络教学资源等方面探索了行之有效的合作模式，初步形成了多方协同配合的工作机制。二是注重校企合作、工学结合，充分利用新媒体等手段，积极探索了适合农民工群体的继续教育新模式。三是多措并举加大经费支持力度，为农民工“求学圆梦行动”提供资金保障。部分省市通过争取财政经费、工会经费、企业培训经费、学费减免、奖助学金等途径为农民工继续教育给予补助扶持。四是加大宣传，整合力量，积极营造了社会各界共同支持农民工教育的良好社会氛围。通过两年多的努力，“求学圆梦行动”为各地行业企业和农民工提供了实实在在的继续教育服务，产生了良好的社会反响。据不完全统计，全国21个省市、300余所高校参与其中，受益农民工学员已超过百万人。

会议指出，在各地教育部门和工会系统的共同努力下，农民工“求学圆梦行动”虽然取得了不少成效，但从全国面上看，各地发展不均衡，相关措施针对性和操作性不强，工作落实力度不够，推进效果还不理想。

会议强调，做好下一阶段农民工“求学圆梦行动”工作，各地教育行政部门和工会系统必须深入贯彻党的十九大精神，落实好全国教育大会部署，以习近平总书记关于教育、工人阶级和工会工作的重要论述武装头脑，指导实践，推动工作。一是加强领导，高度重视。各级教育行政部门和工会系统要从战略和全局的高度认识“求学圆梦行动”的重要意义，加强对工作的领导，做到有人管、专人抓，分年度有计划推进。要坚持立德树人、德技并修，把开展农民工“求学圆梦行动”作为新时代办好继续教育、建设学习型社会、大力提高国民素质的一项重要工作，与维护农民工的权益、做好农民工服务等工作结合起来，切实加以重视和推进。二是加强配合，发挥优势。要充分发挥教育系统的教育资源优势和工会系统的组织动员优势，建立定期协商机制，互通工作推进情况，共同研判解决工作推进中存在的困难和问题，实现教育供给侧与需求侧的畅通匹配。此外，要充分调动其他部门、行业协会、企业、社会志愿者以及农民工群体的积极性，加强各单位和部门之间的合作，共同把活动开展好，形成各有关方面齐抓共管的良好工作格局。三是加大投入，精准服务。全国总工会将和教育部一起继续积极做好专项经费的筹措工作。各级工会也要和各地教育行政部门一道结合各地的实际情况，加大对农民工“求学圆梦行动”资金投入的力度，积极推动企业认真落实有关规定，足额提取职工教育经费，确保60%以上用于一线职工，充分用于员工的学历和技能提升。与此同时，也要积极争取社会资金对活动开展的支持。四是以人为本，提升内涵。要进一步增强农民工学员在求学圆梦过程中的获得感和幸福感，进一步在内涵建设和质量提升上下功夫，用心用情服务好农民工学员。要继续探索产教融合、校企合作、工学结合的继续教育新模式，提供订制化课程，并充分运用信息化手段为农民工提供网上报名、学习、考试、补贴申领等服务，解决农民工工学矛盾，不断提高农民工的学习满意度。五是扩大宣传，助力“圆梦”。要充分发挥主流媒体作用，善于用好新媒体，加大对农民工“求学圆梦行动”的宣传力度。要大力宣传以习近平同志为核心的党中央对农民工的关怀和做好为农民工服务工作的决策部署，大力宣传开展农民工“求学圆梦行动”的好经验好做法和取得的成效，大力宣传开展农民工“求学圆梦行动”中涌现出的各方面的先进典型，努力营造全社会关心支持农民工求学圆梦的良好氛围。

会议要求，各地教育行政部门和工会系统要以推进会为契机，务实合作、开拓创新，以扎实的工作、优质的服务助力广大农民工求学圆梦，助力产业工人素质提升，助力国家人力资本建设，为决胜全面建成小康社会、实现中华民族伟大复兴的中国梦而做出新的更大贡献！

（教职成司函〔2018〕167号）

【简析】本文采取的是概述式写法。导言部分介绍了会议主题、会议时间、地点、出席人等基本概况，正文部分把会议的内容进行综合概括，按逻辑关系分成“会议传达”与“会议认为”“会议指出”“会议强调”“会议要求”五部分，层次分明，逻辑清晰，表述有序。

【思考练习题】

1. 议案和提案有什么区别？

2. 请以某高校的名义向所在辖区政府拟写一份关于整治校园周边治安环境的函，并以辖区政府的名义拟写一份复函。

第三章 常见事务文书写作

第一节 调查报告

一、调查报告的含义和作用

(一) 调查报告的含义

调查报告是对某项工作、某一事件、某个问题或某种现象等，经过深入细致的调查后，将调查中收集到的材料加以系统整理，用科学的方法进行分析，然后写成的书面报告。

调查报告是在实际工作中使用频率较高的事务文书。调查报告的写作能力，被看成是从事各项工作的基本能力。

(二) 调查报告的作用

1. 反应客观情况

在实际工作中，每个单位、部门都可能出现某些问题，某项工作可能会发生新的变化，社会也会不断出现新情况、新现象。这就需要调查研究，以便及时了解和解决。调查报告以书面形式向组织或领导汇报调查情况，提出意见或建议，可以作为领导决策的依据。

2. 总结典型经验

很多单位、部门，在创造性开展的工作中，往往有一些值得其他单位、部门学习借鉴的经验或做法。调查报告可用来推广新生事物、介绍先进典型及总结典型经验，以便其他单位或部门在工作中参考。

3. 揭示社会问题

社会生活中一些事件，由于各种原因，广大民众不知真相；很多关系国计民生的问题，需要引起相关单位或部门的重视。通过调查研究而写成的调查报告，能够揭示社会问题和事实真相，让人们知晓相关情况。

二、调查报告的特点

调查报告作为常用事务文书，具有下列特点：

1. 真实性

调查报告是用事实说话、凭数据立论，是在占有大量翔实的材料的基础上，用叙述性的语言实事求是地反映某一客观事物或现象，提出问题，分析问题，得出科学的结论。对调查的对象，不能带主观情感，更不能随意编造数据。充分了解实情和全面掌握真实可靠的素材是写好调查报告的基础。

2. 典型性

调查报告所调查的问题、现象及人物等，具有代表性或普遍性，不是个别的、特殊的或者局部性的人或事；调查报告所占有的材料具有典型性，能揭示事物的本质或规律。

3. 针对性

调查报告一般有比较明确的意向，总是针对和围绕某一综合性或是专题性问题而展开相关的调查取证。调查报告所提出的解决问题的意见或建议，也必须是针对相关问题而发，做到有的放矢。

4. 理论性

调查报告离不开确凿的事实，但又不是材料的机械堆砌，不能满足于现象的罗列，简单地反映情况，停留在感性认识阶段。调查报告要对核实无误的数据和事实进行严密的分析论述，进而探析问题的原因，提示事物的本质和规律，预测事物发展变化的趋势，提出应对策略。

三、调查报告的种类

调查报告依据不同的标准，有不同的分类方法。

（一）按反映的内容分类

1. 介绍典型经验的调查报告

介绍先进单位或个人在贯彻落实党和国家的各项方针政策过程中，或在日常的思想政治、经济建设、科学教育等方面取得的典型经验。这类调查报告着眼于树立榜样、推广经验、褒奖先进，目的是通过典型来指导、推进其他单位、其他部门或其他人员的工作，如《靠名牌赢得市场——关于深圳市飞亚达（集团）股份有限公司的调查》。

介绍典型经验的调查报告跟反映工作成绩的通讯报道有些近似。区别在于调查报告重在调查，特别注重对调查过程和调查所得数据的叙述和列举；同时，调查报告提出解决问题的意见建议。

2. 揭示问题的调查报告

这是针对某一问题展开调查，以揭示这一问题的种种现象、实质和深层原因为主要目的的调查报告。它的主要功能是揭示问题的本质，探究问题产生的原因，分析问题的症结所在，提供解决问题的思路和方法，如《网络课程学习生态缺失现状调查报告》。

3. 宣传新生事物的调查报告

这是针对社会现实中某种新近产生或新近有了长足发展的事物而写的调查报告。在建设中国特色社会主义过程，新生事物总是不断涌现的。反映新生事物的调查报告的文体功能，就是全面地报道某一新生事物的背景、情况和特点，分析它的性质和意义，指出它的发展规律和前景。这类调查报告用于反映代表时代发展方向、具有鲜明时代特征的新生事物，具有新材料、新见解、新深度，把人们的思想认识向前推进一步。如《放权到乡镇，服务到农村——莱芜市健全农村社会化服务体系的调查》。

4. 反映社会情况的调查报告

这是针对一些社会情况所写的调查报告。这里所说的社会情况，主要是指社会风气、百姓意愿、婚恋、赡养、衣食住行等民生方面的基本情况。

这类调查报告虽不直接反映政治、经济等重大问题，但百姓生活也是跟政治、经济密切相关的。另外，这也是群众最为关心的一些问题。因此，各种新闻媒体都十分重视这一领域的报道。如《北京人出游记——北京居民京、津、沪地区旅游消费调查》《农村热门话题调查》等，都属于这种类型的调查报告。

（二）按功能分类

调查报告按内容来分类很难涵盖，而按功能来分，交叉性相对较小。因此，最常见的是按功能来分类。

1. 指导型调查报告

指导型调查报告是以社会生活中值得和应该推广的先进经验、优秀典型为调查对象，通过对这些对象进行调查研究，并提出若干值得人们借鉴和思考的问题的调查报告。指导型调查报告的主要任务是为推广先进经验和优秀典型提供依据，与前述介绍典型经验的调查报告和宣传新生事物的调查报告差不多，如《茶产业托起云南民族地区脱贫致富梦》。

2. 定性型调查报告

定性型调查报告是以某些事件或人物为对象，通过调查，从党和国家方针、政策的角度对其性质予以界定，从而引起有关单位、部门或人员重视的调查报告。该类调查报告的目的是核对事实、明断是非、得出正确的结论。

3. 咨议型调查报告

咨议型调查报告是以某个事关全局的问题为对象，通过调查、分析、研究，向领导者或上级机关决策者提供意见、建议和方案的调查报告。该类调查报告的目的调查问题，摸清社情民意，分析原因，以便出台相关政策解决问题，如《中国奶制品市场前景调查分析报告》。

四、调查报告与调研工作的关系

（一）调研工作是调查报告写作的前提

调查研究是调查报告写作最为关键的环节，是前提和基础，没有对工作的调研，就不能掌握鲜活的第一手材料，也就无从写调查报告了。一般来说，调查任务的确定有两种情况：一种是上级预导根据掌握的初步情况，布置下级派组织有关人员进行调研；另一种情况是作者本人根据工作的需要而开展调研。无论是哪种情况，调研工作实际上规定了调查报告的写作方向。写作什么类型的调查报告，与调查的对象、调查方法、调查工作的深入情况密切相关。

（二）调查报告是调研工作的理想结果

调研工作的理想结果是写出有深度的调研报告。但有了调研工作，不等于就能写好调查报告。调查报告不是对调研工作的简单实录，也不是对调查材料的生搬硬套。调查报告关注的是典型事例、典型经验、重要问题或重要现象，因而有一个如何立意、如何选择材料、如何分析研究的问题。这里涉及作者的思想认识水平、调查研究能力以及写作能力。不同的人去进行目的相同的调研工作，也可能会写出不同深度和角度的调查报告。

五、调查报告的写法

撰写调查报告，必须在认真调查，充分占有材料并对材料进行分析研究后，根据调查目的、调查内容和所收集的调查材料来确定写作思路、安排文章结构。调查报告在外部结构上一般由标题、前言、主体、结语四部分组成。每一部分根据不同的需要而有不同的写法。

（一）标题的撰写

调查报告的标题从形式上来看，有单标题和双标题。

1. 单标题

又分为文件式标题和文章式标题两种。

文件式标题与党政公文的标题写法基本相同。主要有两种形式：一种是“调查机关 + 事由 + 文种”，如《全国农业区划委员会办公室关于开发区占地情况百县调查报告》；一种是“事由 + 文种”，如《湖南农民运动考察报告》。文件式标题一般用于内部交流的调查报告，特别是作为行政公文的附件下发的调查报告一般都用文件式标题。这样写的好处是要素清楚，读者一看就知道这是写的什么单位，涉及的是哪些问题，文种也很明确。这样写的不足之处是太模式化，不够新鲜活泼。

文章式标题又含问题式标题、内容式标题两种。问题式标题是针对调查的关键点，在标题中提出问题，引起读者注意，如《乡村振兴：治理有效如何实现》；内容式标题是在标题中标明调查的中心内容，如《中国网络社会治理研究报告》《中国建材材料市场前景调查分析报告》等。

2. 双标题

双标题由正副标题组成。正标题一般采用常规文文章标题写法，点明调查报告的主旨或揭示调查者对这个问题的看法。副标题采用公式化写法，点明调查对象和文种。如《在全面开放中推动科学发展——昆山改革开放 30 年情况调查》《将军工优势转化为经济社会发展优势——来自四川军民融合发展一线的报告》等。

（二）前言的撰写

前言一般根据主体部分组织材料的结构顺序写作。常用的前言写法有以下几种：

1. 提要式

将调查对象的主要情况、调查后的结论用概括性的文字叙述清楚。这种写法能提纲挈领，统摄全文。如《靠名牌赢得市场——关于深圳市飞亚达（集团）股份有限公司的调查》的开头：

飞亚达（集团）股份有限公司（以下简称飞亚达）是一家以生产钟表为主的大型企业，1987 年成立于深圳。在经济特区这块改革开放的沃土上，该公司坚持不懈地实施名牌战略，终于在竞争激烈的钟表行业后来居上。历经十二年的艰苦创业，飞亚达由一个钟表小厂发展为总资产逾八亿元，年创利润八千万元的上市公司，成为国内同行的翘楚。

2. 交代式

在开头简单地交代调查的对象、目的、方法、时间、范围及背景等，使读者在入篇时就对调查的过程和基本情况有所了解。如《2011 年杭州市农村劳动力资源调查报告》的开头：

为进一步摸清农村劳动力就业状况，2011 年 6 月至 8 月，市人力资源和社会保障局在全市开展了农村劳动力资源调查，调查以行政村劳动保障平台为依托，由行政村劳动保障工作人员采取一户一表的方式逐户进行调查填写。根据调查结果，进行数据比对分析，找出存在的问题，并对下一步做好农村劳动力就业及转移就业工作提出了建议意见。

3. 问题式

在开头提出问题，引起读者对调查课题的关注，促使读者思考。这样的开头可以采用提问的方式引出问题，也可以直接将问题摆出来。巧设悬念的提问可以引起读者的阅读期待，吸引读者去寻求谜底，从而有效地增强文章的吸引力。写作时，可以用设悬念的方式引出调查对象、点明文章主旨、进行过渡等。比如《猎豹奔腾展雄风——长丰集团弘扬和培育企业精神的调查》开篇写道：

作为湖南推进工业化进程的十大标志性企业之一，长丰“猎豹”以其强大的活力赋予了企业无限的生机，同时也给人们留下了许多想象空间和耐人寻味的思考话题。一家曾经烙有浓厚计划经济色彩的国有企业，为什么能在日趋激烈的市场竞争中脱颖而出？一个昔日名不见经传的军械修理小厂，何以一跃成为拥有总资产 41 亿多元的国家大型企业？是什么法则使它迅速崛起为中国越野汽车市场的一颗最耀眼的明星，而且连续三年进入全国工业企业 500 强之列？为此，我们走进了长丰（集团）有限责任公司。

一篇好的调查报告，不仅要善于选择事实，而且要善于排列事实。作者把有一定异常性的事实放在开篇，先来个提示或暗示，而将原因、详情暂时隐藏起来，为读者设下疑团——悬念，诱发读者的探求欲望，直到缘由、实情一一抖出。这不但能使读者产生阅读快感，也可生发作品的深刻意蕴和弦外之音。这样写，显然是符合读者的心理诉求的，也能更好地发挥调查报告的传播作用。如《悲情赵家沟——来自云南镇雄山体滑坡现场的调查报告》对 2013 年 1 月 11 日云南镇雄山体滑坡事件进行调查，文章这样开头：

乌蒙山深处，雨雪交加，寒风凛冽。1 月 11 日，早晨 8 时 18 分许，云南省昭通市镇雄县果珠乡高坡村赵家沟村民小组，瞬间被从天而降的山体滑坡掩埋。近 28 小时后，搜救结束，此次灾害造成 46 人死亡 2 人受伤。这个偏僻山村的悲情经历令人心痛。毁灭性的灾难是什么原因造成，有没有什么预兆？仍受威胁的村庄，未来何去何从？记者在现场进行了调查采访。

（三）主体的撰写

调查报告的主体部分是调查报告的内容展开部分。这一部分要以大量的事实、数据反映调查的真实情况，并通过作者的真实视野，对所调查的现象作出要言不烦的分析和评价，给读者以启迪。主体部分与前言部分是相衔接的，往往根据调查的意图和材料情况，采用以下几种写法：

1. 用观点串联材料

调查报告不是简单的事实记录，而是通过调查的材料提炼出作者的观点。因此，调查报告可以根据观点来统帅、串联材料。在写作时，用小标题标出观点，将调查报告自然分割成几个部分，每一部分再用具体的材料说明。这种写法理论性较强，材料和观点有机结合，容易写出深度。例如《按照市场经济规律指导农民增收——山东省微山县调查》的主体就是用观点串联材料："抓住了规律就抓住了根本""把握市场需求，发挥自身优势""围绕市场竞争，加强联合与协作"、"遵循价值规律，推进农业'四化'"。全文就是由这四个部分所显示的基本观点来组织调研材料，条理非常清晰。

2. 以材料的性质归类分层

有些材料提炼观点比较困难，作者写作时可以按调查的材料性质进行归类，再用序数符号或小标题分成几点叙述；也可不用序数符号，直接分层叙述。例如调查报告《重庆主城市民身心健康调查报告》，分别市民的饮食习惯情况、市民的睡眠/压力情况、市民的健康意识和行为情况、市民的体检与健康维护情况、市民对自己身体健康评价情况、市民对打造健康重庆和接受健康服务的情况等七个方面展开的。再如《关于绿色江苏建设情况的调研报告》，就是从发展现状、存在问题及发展潜力分析和对策建议三个方面着手写作的。

3. 以调查的过程为顺序

围绕某一中心事件进行的调查，若将材料先梳理成一个个小观点，并将材料按性质归类，可能会比较困难。而按照调查的顺序进行写作，则可以让读者循着调查者足迹、随着调查者的视线观察生活，并对事件作出正确的判断。这种写法现场感强，容易组织材料，写起来相对容易。但要注意对材料的剪裁，不能记流水账。如《暗访北京站前发票非法交易》一文，分别写了这样几层内容：12 月 6 日 15 时 35 分，记者在北京站东侧出站口遇到第一个卖发票的人；过马路前，又遇到四五个卖发票的小伙子；过马路后，被一个穿棕色皮衣的卖发票者拦住纠缠难以脱身；在站前丁字路口东北侧又遇到几个卖发票的男女。全文就是按照调查的过程来写作的。

（四）结尾的撰写

调查报告的结尾是调查报告的有机组成部分，是调查报告主旨的自然升华和内容的收束。结尾常用的有以下几种写法：

1. 总结全文，强化主旨

调查报告在分析问题或现象、阐述观点后，结尾部分应对全文进行总结，得出结论，进一步强化主旨。

2. 提出问题，启发思考

调查报告是对生活中问题的关注和思考，但写出了调查报告并不是问题的终结，作者往往于文章结尾处，有针对性地提出一些问题，启发读者思考。如《昆山经济技术开发区的调查》。

3. 提出建议，引起注意

很多调查报告不仅要提出问题，而且要提出解决问题的建议或意见。因此，在文章的结尾处常常要针对调查的内容提出一些建议，以引起有关领导和有关方面的注意，敦促问题的解决。

六、调查报告的写作要领

调查报告是作者将调查的情况报告给读者，但这种报告与一般情况汇报不同，作者不仅要把调查的情况报告给读者，而且还要将对事实材料进行分析研究而得出的结论报告给读者。

（一）选题要准

熟悉社会生活情况，才能选准调查研究的内容。国家方针、政策具有很强的宏观调控性、现实针对性、普遍指导性，是创造性开展工作的基本依据。社会生活中、实际工作中，会不断出现典型经验、新生事物、社会问题等。只有细心观察、认真研究，才能发现问题、发现典型、发现新生事物。如果是受命调查，当接受一项任务之后，要首先研究党和国家方针、政策，吃透上级的指示精神，调研才能深入下去，写起调查报告来才能方向明确。

选题要从必要性（理论价值、实践价值）、创造性（是否有新意）及可行性（条件是否许可、与自己的能力是否相适应）三个方面来考虑。

（二）调研要深

深入扎实、周密精细的调查研究，是写好调查报告的关键所在。要撰写一篇高质量的调查报告，必须深入实际，运用多种调查方式和方法，了解事情的真相，了解事物发展的全过程。

调研前要进行周密策划，制订调研方案，包括调研内容（对象及重点）、调查方式（蹲点式调查、解剖式调查、跟踪式调查等）、调查方法（问卷法、访问法、观察法、测验法等）、课题小组任务分解、路线选择、日程安排、经费预算等。

调研时要把握事物全貌，既要了解现实情况，也要了解历史情况；既要听成绩，注意了解它的经验，也要寻问题，不可忽视它有哪些教训。在具体的调查中，掌握第一手资料，

调查后要整理和分析材料。调查借宿后，要对资料进行检查、核对、归类，使资料系统化、条理化；同时，要分析资料，通过表面抓实质，把零散的东西系统化、感性的东西理性化，要透过现象看本质。分析时要尊重客观事实，不能事先划框子、定调子，然后去挖例子，应站在客观的立场上，通过实际的调查、科学的分析再做合理的结论。这样，掌

握的材料就不是片面的、零碎的，写起调查报告来就会得心应手。

（三）立意要新

善于标新立异，切忌陈词滥调。调查报告的指导性很强，特别讲究“新”。要反映新情况，研究新问题，总结新经验，提出新对策，提炼新观点。如果一篇调查报告毫无新意，重复过去已经解决的问题，套用以前已经用过的材料，叙述别人已经提过的观点，或者所述观点转弯抹角，似是而非，错也没错，用也没用，对实际工作就失去了指导意义。这就要求我们善于抓住事物的新特点，寻找人们普遍关心的、现实生活中迫切需要解决的各种问题。如：《湖南农民运动考察报告》，毛泽东通过对农民运动的深刻分析，形成了四个基本观点：农民运动不是“糟得很”而是“好得很”；农民的主体——贫农不是“痞子”而是“革命先锋”；革命不是请客吃饭，而是一个阶级推翻另一个阶级的暴烈行动；农民不能文质彬彬，要一切权力归农会。报告特别强调：把地主权力打下去，把农民的权力长上来，这是革命时期的中心斗争，这个斗争不胜利，一切经济斗争均无胜利的可能。这些观点态度鲜明、内涵精深，富有新意。

（四）思路要清

调查报告要写得有针对性、有说服力，必须抓问题。只有对问题有深刻的调查研究，写出的调查报告才会有很强的针对性；只有对问题有清醒的认识把握，写出的调查报告才会有鲜明的时代性；只有对问题有可行的解决办法，写出的调查报告才会有具体的实效性。因此，在调查研究中一定要注重细致了解问题、深入研究问题，针对问题去思考、去探索、去耕作。

注重揭示规律。调查研究的一个重要目的，就是经过实践寻求规律。这就要求我们在调查中必须用全面的、理性的、辩证的观点进行深层次的思考，积极寻求以点带面、揭示规律的东西。了解情况、分析问题不满足于抓次要的现象或枝节的东西，而是要了解主要的、本质的东西；不满足于掌握事物外部的特征，而是要挖掘事物的内在联系；不满足于眼前的结果，而是要追踪发展的趋势；不满足于掌握浅显的、粗线条的问题，而是要钻研疑难问题和考察细节。只有这样，才能从众多的矛盾中抓住主要矛盾，从复杂的问题中找出核心、本质原因，总结出带有规律性的东西。

注重观点与材料统一。调查报告的观点是从大量的事实材料中引出来的。在调查研究阶段，材料又在文章中有效地说明观点，观点和材料是密不可分的。只有材料，没有观点，调查报告会流于现象的罗列，就会削弱调查报告的作用；只有观点，而没有有说服力的材料，观点也难以使人接受。因此，写作调查报告，为了探索事物的内部联系以形成的正确的观点，要尽量调查典型的、有意义的材料，并在材料的整理中，从材料本身的内质、时代的需求、领导决策意向和调研方向等方面提炼出具有普遍意义的观点，并在文章中用材料说明观点，使观点和材料统一起来。

注意叙议结合。调查报告主要是具体的事实的叙述，以叙述为主要的表达方式。调查对象的基本情况、调查的经过、调查的典型事实都要用叙述的方法表述出来。事实是调查报告的主体，调查报告以叙为主，而对事实的分析和评价、从材料中归纳出的观点，则要用议论的表达方式，叙是议的基础，议又是叙的升华。叙议结合是调查报告表达上的一个特点。

（五）材料要真

真实是调查报告的生命，也是撰写调查报告必须坚持的根本原则。这就要求听真话，察实情。材料中反映的情况要真实，引用的观点要正确，使用的数据要准确，绝不能主观臆造，夸大拔高。调查报告的写作同文艺作品、理论文章等文体相比，最显著的区别是，靠事实说话，以叙述为主，用观点概括。因此，用于分析、论争观点的材料一定要典型，要真实可靠。

（六）语言要精

在语言表述上，特别要求观点鲜明，不似是而非；朴素实在，不故弄玄虚；简洁明快，不拖泥带水；一分为二，不搞绝对化；形象生动，不呆板老套，力求言之有理、言之有据、言之有物、言之有趣。

恰当使用一些群众语言，可以增强调查报告的生动性。好的群众语言，是广大群众在长期的生产生活实践中锤炼出来的，是高度浓缩了的生活变迁的形象反映，富有时代特色。例如，“要想富，先修路”“一年不出新，没有出路；两年不出新，没有退路；三年不出新，只有死路”“解放思想，黄金万两；观念更新，万两黄金”，等等，这些话，可以抵得上一大段干巴巴的叙述。选择适当的群众语言，不仅有助于说明问题，也可以增强文章的感染力。如：

今年以来生猪价格持续处在高位运行，猪肉价格连连创出历史新高。高涨的猪肉价格对老百姓的生活已经造成了一定影响，“肉价”成了上至中央下至百姓绕不开的话题。“花（生）你钱”“（绿）豆你玩”“（大）蒜你狠”……，下一个会不会是“猪坚强——让肉价飞？”为了解当前生猪发展的真实情况，南充市统计局和西充县统计局组织人员，深入西充县的东太、罐垭、青龙、金泉、华光等五个乡和晋城镇对半年来生猪生产情况及生猪生产成本进行了调查。

“花（生）你钱”“（绿）豆你玩”“（大）蒜你狠”……，下一个会不会是“猪坚强——让肉价飞？”等群众语言，不仅是对论证的强有力支持，也有助于克服调查报告单调乏味和概念化的倾向，使文章趣味盎然、生动真实。

调查报告也可以适度使用一些辩证性、抒情性的语言。如毛泽东写的《星星之火，可以燎原》一文，结尾在展望快要到来的革命高潮时是这样写的：

它是站在海岸遥望海中已经看得见桅杆尖头的一只航船，它是立于高山之巅远看东方已见光芒四射喷薄欲出的一轮朝日，它是躁动于母腹中快要成熟了的一个婴儿。

这样的语言生动形象，充满诗情画意，给人以力量，给人以信心，给人以希望。

七、调查报告案例分析

【例文】

2011 年杭州市农村劳动力资源调查报告

杭州市人力资源和社会保障局：

为进一步摸清农村劳动力就业状况，2011 年 6 月至 8 月，市人力资源和社会保障局在全市开展了农村劳动力资源调查，调查以行政村劳动保障平台为依托，由行政村劳动保障工作人员采取一户一表的方式逐户进行调查填写。根据调查结果，进行数据比对分析，找出存在的问题，并对下一步做好农村劳动力就业及转移就业工作提出了建议意见。

一、全市农村劳动力资源概况

本次调查范围为我市农村户籍劳动者，主要对象为我市16周岁以上，男60周岁以下、女50周岁以下的农村劳动力。

调查表明，全市农业人口总数3 821 727人，农村劳动力总数1 956 034人，占全市农业人口的51.18%，总体就业率达97.49%，转移就业率达98.68%；全市农村就业困难人员共有110 250人，其中已转移就业99 441人，转移就业率为90.20%。其中，主城区农业人口总数85 371人，农村劳动力总数52 174人，占主城区农业人口的61.08%，主城区农村劳动力就业率为97.41%，转移就业率为98.71%；主城区有农村就业困难人员7806人，已实现转移就业6 731人，转移就业率为86.23%。

二、数据比对分析

将2011年我市农村劳动力资源调查数据与2010年相关数据对比，2011年全市农村劳动力资源呈现以下几个特征：

（一）萧山、余杭区和五县（市）农村劳动力比重下降

据调查，2010年全市有农业人口331.24万人，农村劳动力207.92万人，农村劳动力占农业人口的62.77%。而2011年全市有农业人口382.17万人，农村劳动力195.60万人，农村劳动力占农业人口比重为51.18%。一年内农业人口增加了近51万，农村劳动力却减少了近12.3万，农村劳动力的比重由62.77%降为51.18%。而主城区农村劳动力所占比例不降反升（具体见表1），因此数据变化主要来自萧山、余杭和五县（市），剔除数据误差，调查表明我市农村劳动力资源呈下降趋势。

表1　2010—2011年农村劳动力及所占比例

项　目	2010年		2011年	
	主城区	全市	主城区	全市
农业人口（万人）	11.90	331.24	8.54	382.17
农村劳动力（万人）	6.77	207.92	5.22	195.60
所占比例（%）	56.89	62.77	61.12	51.18

（二）我市农村劳动力总体就业率及转移就业率均有所提高

与2010年相比，2011年我市农村劳动力总体就业率及转移就业率均有所提高，分别达到97.49%和98.68%。具体见表2。

表2　2010—2011年农村劳动力总体就业率及转移就业率

项目	2010年		2011年	
	主城区	全市	主城区	全市
总体就业率（%）	96.16	93.14	97.82	97.49
转移就业率（%）	97.82	94.46	98.71	98.68

（三）我市农村纯务农人数明显下降

2010 年全市纯务农人口有 355 291 人，占全市农村劳动力总数（2 079 194 人）的 17.09%，其中纯务农就业 322 116 人，占全市已就业人口（已就业人口 = 纯务农就业 + 转移就业）的 18.90%，纯务农未就业 33 175 人，占全市纯务农人口的 9.34%。2011 年全市纯务农人口 224 635 人，占全市农村劳动力总数（1 956 034 人）的 11.48%，全市纯务农就业 211 063 人，占全市已就业人口（1 681 524 人）的 12.55%，全市纯务农未就业 135 72 人，占全市纯务农人口的 6.04%。农村劳动力纯务农比例明显下降。

从主城区看，2010 年主城区纯务农人口有 4 540 人，占主城区农村劳动力总数的 6.71%，而 2011 年主城区纯务农人口有 1508 人，占主城区农村劳动力总数的 2.90%。具体见表 3。

表 3　2010—2011 年纯务农情况

项目	2010 年				2011 年			
	主城区	比例（%）	全市	比例（%）	主城区	比例（%）	全市	比例（%）
纯务农	4540	6.71	355 291	17.09	1508	2.90	224 635	11.48
纯务农就业	3869	6.97	322 116	18.90	1216	2.82	211 063	12.55
纯务农未就业	671	14.78	33 175	9.34	292	19.36	13 572	6.04

纯务农比例的变化，一方面说明随着农村就业工作的开展，调查所得的数据更能够真实地反映农村客观就业状态，另一方面说明农村劳动力就业增收的渠道不断得到拓宽。

（四）就近单位就业人数明显下滑，自主创业和公益性岗位就业人数基本持平，外出就业人数则有小幅增加

调查表明，2010 年全市已实现转移就业的农村劳动力共 138.22 万人，其中就近单位就业 53.83 万人，占已转移就业人数的 38.95%，居各类转移形式的首位，其次是外出就业，共 35.09 万人，占 25.39%，排名第三的是灵活就业，共 32.10 万人，占 23.22%，第四位为自主创业 16.58 万人，占 12%，第五位是公益性岗位就业，仅占 0.45%。

2011 年全市已实现转移就业的农村劳动力共 147.05 万人，比上年增加了 8.83 万人，其中灵活就业 46.68 万人，占已转移就业人数的 31.75%，居各类转移就业形式的首位，其次是就近单位就业 46.02 万人，占 31.30%，第三是外出就业 37.23 万人，占 25.32%，第四是自主创业 16.41 万人，占 11.16%，第五是公益性岗位就业 6 917 人，仅占 0.47%。从近两年的农村劳动力转移就业情况看出，就近单位就业已不是绝对主要的转移就业形式，日益转变成灵活就业、就近单位就业、外出就业三足鼎立之势。具体见表 4。

表 4　2010—2011 年全市农村劳动力转移就业情况

项目	就近单位就业		外出就业		自主创业		公益性岗位		灵活就业	
	人数	占比（%）	人数	占比（%）	人数	占比（%）	人数	占比（%）	人数	占比（%）
2010 年	538 314	38.95	350 888	25.39	165 838	12.00	6 227	0.45	320 972	23.22
2011 年	460 242	31.30	372 309	25.32	164 146	11.16	6 917	0.47	466 847	31.75

（五）灵活就业为农村劳动力转移就业的主要形式

调查所指的灵活就业是指除外出就业、就近单位就业、自主创业、公益性岗位就业外

的亦工亦农亦商的就业形式。与往年就近单位就业为主的转移就业形式不同，2011 年灵活就业所占比例迅速上升，已居各转移就业形式的首位。调查显示，2010 年全市灵活就业 32.10 万人，占转移就业人口的 23.22%，而 2011 年全市灵活就业 46.68 万人，占全市转移就业人口的 31.75%，增加了 14.58 万人，提高了 8.5 个百分点。从主城区看，2010 年主城区灵活就业 2.11 万人，占主城区转移就业人口的 40.77%。而 2011 年主城区灵活就业 19 849 人，占主城区转移就业人口的 47.40%，提高了 6.63 个百分点。具体见表 5。

表 5　2010—2011 年灵活就业情况

项目	2010 年				2011 年			
	主城区	占比（%）	全市	占比（%）	主城区	占比（%）	全市	占比（%）
灵活就业	21 054	40.77	320 972	23.22	19 849	47.40	466 847	31.75

（六）农村就业困难人员数量减少，转移就业率大幅提升

据调查，2011 年全市农村就业困难人员为 11.03 万人，比 2010 年少了 8.70 万人，已实现转移就业 9.94 万人，转移就业率达 90.20%，比去年同期高出 15.55 个百分点。具体见表 6。

表 6　2010—2011 年农村就业困难人员情况

农村就业困难人员	2010 年		2011 年	
	主城区	全市	主城区	全市
总人数	3 424	197 199	7 806	110 250
已转移人数	3 125	147 206	6 731	99 441
转移就业率（%）	91.27	74.65	86.23	90.20

三、存在的问题

经过近几年的实践，我市城乡统筹就业工作取了重大突破，相继出台《杭州市委杭州市人民政府关于做好 2009 年稳定就业工作的意见》（市委〔2009〕9 号）、《杭州市委杭州市人民政府关于进一步完善促进就业长效机制的若干意见》（市委〔2009〕10 号）等一系列积极就业政策文件，从建立健全农村劳动力求职登记制度、实施职业介绍补贴、给予用工补助和社会保险费补助、大力开发农村公益性岗位、鼓励农村劳动力自主创业，提供相应职业培训等措施办法入手，大力帮扶农村劳动力特别是农村就业困难人员就业和转移就业。2010 年，我市又出台《关于创建覆盖城乡全民共享的充分就业城市的若干意见》（市委〔2010〕12 号），将充分就业区、县（市）、充分就业行政村纳入充分就业城市创建范围。截至 2011 年 12 月底，全市所有区县（市）均达到充分就业标准，达到充分就业城市创建目标。但也存在一些问题，需要加以进一步研究解决。主要有：

（一）《农村劳动力求职登记证》发放范围不广、农村劳动力自主创业未取得突破性进展。2011 年全市共发证 10 866 本（其中主城区 1 112 本），仅占农村就业困难人员总数的 9.86%。另外，2011 年，全市农村劳动力自主创业 164 146 人，占全市农村劳动力转移就业的 11.16%，分别比 2010 年减少 1 692 人，降低 0.84%。

（二）主城区农村就业困难转移就业情况尚不理想。主城区农村就业困难人员比去年增加了一倍多，转移就业率为 86.23%，比去年下降了 5.04 个百分点。根据调查，主城区

农村就业困难转移就业情况不理想的原因有二，一是主城区农村“4050”人员增长较快，技能相对缺乏，找到就业稳定性高、待遇好的工作难度大；二是主城区的就业帮扶政策好，对“4050”人员的照顾较多，“4050”人员不愿意到单位就业。

（三）农村劳动力就业稳定性不高。我市90%的农村劳动力已转移至二、三产业就业，但以灵活就业和就近单位就业、外出就业为主，其中灵活就业的比例与去年相比有大幅攀升，就近单位就业人数下降，比例下滑，外出就业人数略有增加，比例相当。根据调查，我市萧山、余杭和五县（市）受访人员更喜欢灵活就业的原因是认为就近单位就业的稳定性较低、待遇不高，找到合适的工作岗位难，因此更喜欢亦工亦农的灵活就业形式。灵活就业的特性决定了这些农村劳动力转移就业的不稳定性也在提高。

（四）农村“双低”人员转移就业率有待提高。我市农村就业困难人员 11.03 万人，已实现转移就业 9.94 万人，转移就业率达 90.20%，但农村“双低”人员就业情况不容乐观，其中农村低保家庭 2.70 万人，已实现转移就业 1.99 万人，转移就业率为 74.13%，低收入农户家庭 2.45 万人，已实现转移就业 1.90 万人，转移就业率为 77.47%，“双低”人员转移就业率均有待提高。

四、进一步促进我市农村劳动力就业及转移就业的对策设想

（一）进一步健全完善农村劳动力就业政策体系。及时评估 2009 年开始实施的农村积极就业政策实施效果，根据农村实际情况，对目前在落实执行的农村就业政策进行评估，对存在的不足和问题进行分析和解决，进一步完善我市农村积极就业政策体系，主要是农村劳动力自谋职业、自主创业、灵活就业政策体系，同时，以《农村劳动力求职登记证》为抓手，做好农村劳动力求职、就业登记和管理工作，加大农村公益性服务岗位开发力度，积极宣传企业用工补贴政策，发挥企业用工的主渠道作用。以农村就业困难人员为重点服务对象，不断深化充分就业行政村创建内涵，提高创建质量，进一步挖掘农村公益性服务岗位，鼓励用人单位吸纳农村劳动力特别是农村就业困难人员转移就业，大力优化就业创业服务，促进农村劳动力充分就业，增加收入。

（二）加强就业培训，提高农村劳动力的就业竞争力。充分利用现有的各类职业教育和就业培训资源，进一步健全完善覆盖城乡的就业培训网络。结合地域经济发展特点，因地制宜地开展各类就业培训，提升农村劳动力的职业素养。同时，利用好农村基层劳动保障平台收集信息的优势，做好信息对接工作，针对辖区企业的用工需求，开展应急性、短期性培训，推广订单、定向培训，切实提高农村劳动力职业技能培训的针对性和有效性。

（三）大力扶持创业，发挥创业带动就业的倍增效应。创业促就业是实施扩大就业发展战略的重要内容。一是充分发挥报刊、电视、基层劳动保障平台等宣传阵地作用，大力宣传现有的创业政策和创业成功典型，增强创业意识，营造创业氛围。二是通过多种渠道，征集和开发一批投资少、见效快、市场发展前景好、适合本地农村劳动力的创业项目，开展创业项目展示活动。三是根据农村劳动力自身特点和创业不同阶段的需要，采用与专家结对、“一对一”辅导等措施，加强创业帮扶，为农村劳动力自主创业提供各个阶段的创业服务。四是加大资金投入，试点有特色的小额担保贷款业务，解决农村劳动力自主创业资金不足的瓶颈。

【简析】这是一篇反映社会情况的咨议型调查报告。前言部分简单地交代调查的对象、

目的、方法、时间、范围及背景等，使读者在入篇时就对调查的过程和基本情况有所了解。主体部分就 2011 年杭州市农村劳动力资源情况，包括构成情况、就业情况以表格的形式简洁明晰进行介绍。在此基础上，分析存在的四个方面问题，最后提出进一步促进农村劳动力就业及转移就业的对策。数据翔实，结论可靠；结构完整，逻辑层次分明，语言表述简洁明晰。

【思考练习题】

1. 编制一份调研方案。

2. 确定一个选题，写一份调查报告。

第二节　简报（信息）

一、简报基础知识

（一）简报的含义和作用

1. 简报的含义

简报就是简明情况报告，政府机关、企事业单位、社会团体用于汇报工作、反映情况、交流信息的事务性文书。信息动态、简讯、要情、工作通讯、情况反映、情况交流、内部参考等都属于简报范畴。

2. 简报的作用

（1）汇报作用。通过简报可以向上级部门汇报本部门、本系统、本地区的工作情况和重要动态，从而使上级部门能及时了解下情，为上级部门制定政策、指导工作提供参考。

（2）交流作用。通过简报可以向平级单位传递信息，交流工作中的新情况、新问题、新经验、新成绩，便于相互了解、交流信息、吸收经验、相互学习、促进工作。

（3）指导作用。通过简报可以向下级单位部门传达上级的指示，推广先进经验，树立典型样板，指出注意问题，对工作起到指导和推动的作用。

（二）简报的特点

简报的特点主要体现在以下几个方面：

（1）简洁性。简报之所以称之为“简报”，就是在于它简短精炼。简报语言简洁明了，内容简明扼要，反映主要问题，不必面面俱到。一期简报甚至只登一篇文章，几段信息，或一期几篇文章，让读者能快速读完，从而适应现代工作的快节奏。

（2）时效性。简报需要及时地将所反映的重要情况发布出来，让有关人员及时了解情况，以便及时地处理问题，制定政策，更好地发挥其作用。

（3）新颖性。简报主要是报道具有较大参考价值的新情况、新经验、新动向，能让读者在所反映的新情况、新经验、新动向中得到启发与借鉴。一旦简报失去了新颖性，也就失去了其价值与作用。

（4）真实性。真实是简报的生命。简报所反映的情况以及材料必须真实可靠，事物的分析解释必须坚持实事求是的原则。选择具有价值，值得重视的情况和问题，所运用的材料要经过调查研究，仔细核实，确保其真实性。

（5）专业性。简报是由有关单位、部门主办，组织专人撰写，传递工作的各种信息，包括情况、经验、问题和对策等，专业性十分明显。通常情况就是：专业性的东西多写，一般性的东西少写，无关的东西不写。

（6）保密性。简报是在相关领域内部一定范围内传播的，简报的有些内容不宜对外公布。不同的简报有不同程度的保密要求，有不同的阅读范围，有的简报会专门注上“内部参考”的字样。

（三）简报的种类

简报的形式多样，从不同的角度、用不同的方法可以分出不同的种类。

（1）按性质分，有综合简报和专题简报。

（2）按时间分，有定期的简报和不定期的简报。

（3）按发送的对象分，有上行简报、下行简报、平行简报。

（4）按内容分，有情况简报、会议简报、动态简报、经验简报。

① 情况简报，也叫工作简报，是用于反映工作中的动态和工作进展情况。常见的形式一般有两种：一种是综合性情况简报，是在明确的主题贯穿下，综合反映工作情况和问题，这类简报既有广度，又有深度，不是有闻必录，而是抓住主要问题，反映最有价值的情况。二是专题性情况简报，主要是将某一项专门工作的动态、进展、问题向主管部门反映或向有关部门、下属单位作通报，借以传播信息，推动工作。

② 会议简报。会议简报主要是及时描述会议的概况，介绍会议交流的情况、经验，探讨研究的问题以及反映会议的决议和主要精神。规模较大、时间较长的会议一般需要编发多期简报，以起到及时交流情况、推动会议的作用。小型会议一般是一会一报，通常在会议结束后，写一期较全面的总结性的情况反映。

③ 动态简报。动态简报一般报告重大问题的处理情况以及工作动态、经验或问题等。这种简报动态性、时效性较强。动态简报一般也分两种：一是工作动态简报，主要反映本系统、本部门内部工作的正反两方面的新情况和新动向；二是思想动态简报，主要反映公众对政府重大方针、政策的反应和认识，社会上的某种思潮或思想倾向，各行各业各阶层的思想状况等。这类简报多见于单位编发的“内部参考”，这种动态简报一般都具有内部参考和保密性质。其流通、阅读范围有较严格的限定。

④ 经验简报。是一种专门介绍先进典型、报道先进经验的简报。

二、简报写作要领

（一）简报的格式与写法

简报通常由报头、报核、报尾三部分组成。

（1）报头。简报有固定的报头，相当于行政公文的版头。通常报头在首页的上方，约占 1/3 的篇幅，主要包括简报名称、期号、编写单位、印发日期、秘密等级等几部分。报头与报核之间，用横线隔开。

① 简报名称通常用套红大号字体套红印刷，位于在报头的正中，标明“××简报”。如“会议简报”“招生工作简报”“科研工作简报”。

② 期号一般排在简报名称的正下方，标明“××期”，也可以标明累计的总期数。

③ 编发单位位于期号的下方左侧，单位名称应适用规范的全称。

④ 印发日期位于期号的下方右侧，应标明具体的年、月、日。

⑤ 秘密等级位于标题的左上角，应根据具体情况准确标明“绝密”“机密”“秘密”或“内部参考，注意保存”等字样。

（2）报核。一般由按语、目录、标题、正文和署名 5 个部分组成。

① 按语。按语是简报的编者针对简报的内容所作的说明、提示或者评价，一般是放在报核的最上方。按语部分通常在开头处使用“编者按”“按语”“按”等字样来引出按语。需注意的是，按语不是简报必备的结构要素，但转发式简报和重要简报通常需有按语。按语写作形式一般有三种：说明性按语，对简报的内容、背景所做的简短性说明。提示性按语，提示简报的中心内容，有助于读者迅速把握发稿意图和理解稿件精神。评价性按语，表明编者对简报内容的看法和评论。

② 目录。位置在“按语”下方，标题上方，居中标注“目录”。目录也不是简报必备的结构要素，若简报只有一篇文章，则无需目录。

③ 标题。简报的标题不同于一般公文的标题，它要求简洁而准确、生动而醒目，好的简报标题既能吸引眼球，又简明扼要。简报的标题，形式多样，常见的有：

A. 主题式标题，根据简报内容用一句话高度概括其主题，让人一看就明白全文的主旨。如《经开区召开创建全国文明城区督察情况反馈会》《培养残疾人的文化自信　增强残联工作的文化自觉》。

B. 正副式标题，正标题揭示主题，副标题补充交代出单位与事件等，如《关爱连你我，扫尘迎佳节——××地产开发公司开展“我们的节日·春节”主题活动》《情系灾区　再献爱心——××师范学院党员踊跃交纳“特殊党费”支援抗震救灾》。

④ 正文。正文通常由开头、主体、结语三部分构成。

A. 开头是用简洁准确一句话或一段话概括简报的主旨或主要内容，给读者一个总体印象。常用的简报的开头方式有三种：一是概述式，直接写出事件的时间、地点、人物、起因、结果等内容；二是结论式，先写出事情的结果或结论，然后再作具体说明，或得出结论的理由；三是疑问式，将所阐述的道理用用提问的方式表现出来，引起读者的注意。

B. 主体是正文的核心内容，是对开头叙述的事实和提出的问题进行具体阐述或展开。主体部分通常采用以下几种写法：一是按时间顺序写，即按照事情发生、发展、结束的顺序来写。这种写法脉络清楚，适合报道一个完整的事件过程。二是按空间变换的顺序写，这种写法适合报道一个事情几个方面的情况；三是按事理归纳分类法来写，即把所有材料归纳为几个部分，按序号或小标题归纳为几个部分、几个方面，按序号或小标题分别叙述；四是用夹叙夹议法来写，一边叙述、一边评论，这种写法适合反映某种带有倾向性问题的简报。

C. 结语。简报的结语一般是一句话或一段话指出事实的意义，或者揭示事件发展的趋势，起到画龙点睛的作用。但不是每篇简报都要用结语，有的文章主体写完了，就可以自然结束，不写结语。

⑤ 署名。即提供简报材料的单位或个人名称，通常写在正文后右下角并用圆括号括上。如果作者就是编发单位，则可不署名。

（3）报尾。在简报最后一页下端，用横线与报核隔开，横线下左侧写明发送范围，并注明简报的报、送、发单位。（报，指简报呈报给上级单位；送，指报送同级单位或不相隶属的单位；发，指发放到下级单位。）在横线下的右侧标明简报的编印份数。

内部资料，注意保密

简报名称

期号（总期号）

编发单位名称　　　　　　　　　　　　　　印发日期

（按语）

（目录）

正文

发送范围：　　　　　　　　　　　　　　　编印份数：

（二）简报的写作要求

（1）要明确主题，选准角度。简报的编写应围绕当前的形势和中心任务，选择新鲜的、对读者有启发意义的情况和内容来报道。简报的编写者应该在“新”字上下功夫，把新情况、新问题、新经验、新动向真实地呈现给读者。

（2）要讲究时效，反应迅速。简报是单位领导对一些问题做出决策的参考依据之一，也是单位推动工作的一个重要手段。简报的功能，决定了简报的编者必须讲求时效。这就要求简报的编写者思想敏锐、行动敏捷，对问题反映得快，对材料分析得快，写作构思快，动笔成稿快。

（3）要内容真实，语言简练。简报作为加强领导和推动工作的重要工具，因而简报内容必须绝对真实、准确，用客观事实说话，切忌虚假报道。语言要简洁精练，少写空话、套话，多用短句、省略句，多用“三进三同”式的简称。

三、简报案例分析

【例文一】

××房改简报

第一期

××市房改办公室

××××年×月×日

按：××矿务局房改办为确保住房制度改革中“提租补贴”政策的正常运转，10月份对全局所属单位进行了全面调查。这次调查，得到了各级领导的支持，组织严密，投入自查的人员多，自查效果大，在全市是绝无仅有的。他们这种对工作认真负责的精神，为全市各房改单位做出了好榜样，也充分反映了领导和房改办的工作人员高度重视住房制度改革，坚持执行房改政策，敢于和善于自查自纠的工作作风。现将××矿务局《房改工作检查情况的汇报》转发给你们，供参考借鉴。

房改工作检查情况的汇报

为确保住房制度改革，实现“提租补贴”的正常运转，真正做到“一手发出去，一手收回来”。在二步到位运转一周年之际，局房改办于今年10月份召开了各单位房改办主任会议，部署了房改大检查工作，要求各单位以自查的形式，进行“两查四核实”。“两查”是：查补贴范围，查漏扣资金；“四核”是：核实住房面积、租金额、补贴基数、补贴金额。经过两个月的自查核实，截至11月底，大多数单位都已基本完成。

已查实的16个单位中，除有5个小单位参改人员较少，没有发现问题外，其余的大多数单位都不同程度地查出了问题。据九矿、三厂、局直、基建公司等14个单位的统计，在被调查的62 863房承租户中，漏扣资金的有484户，占0.7%，少扣资金168 552.58元。在已发补贴的91 578人中，不该发补贴的有218人……通过追回漏扣租金和多发的补贴，可追回资金205 783.24元。

这次检查核实工作，之所以能取得较大的收获，主要原因有以下三点：

1. 领导重视，业务部门配合。在局里召开房改办主任会议以后，按照要求，各单位立即行动，有的矿长亲自挂帅，召开了工资、财务、房管和工会有关人员参加的房改工作会议，进行了动员并布置了工作。如××矿副矿长××同志，就亲自召集了财务、审计、工资等各科科长会议，要求这几个部门把检查工作当成自己业务的一部分，给房管科以大力支持，并抽出一名工作人员专做检查核实工作。因此，该矿场虽然职工居住分散，人员调动频繁，检查工作难度大，但经过两个月的工作，仅漏扣资金一项就查出57户，少扣租金23 343.53元。补贴方面的问题，还在继续检查中。

2. 配备力量，分层包干。（略）

3. 执行政策，方法得当。（略）

发：（略）	编印20份

【简析】这是一篇反映专题工作情况的简报，格式规范。正文包括按语、标题和主体。

采用评价式按语对正文的内容作了评价并提出了要求。标题采用主题式，对简报中心内容进行高度概括。正文内容翔实，事例具有典型性，并利用大量数字介绍工作成绩，使得内容真实可信，同时还归纳了三条工作经验。各条经验个性特点明显，具有一定的借鉴或启示意义。语言也比较简洁。

【例文二】

上海精神文明建设

简　报

第 13 期

（总第 963 期）

上海市精神文明建设委员会办公室　　　　2021 年 4 月 12 日

【我们的节日·清明】

青浦区清明祭英烈 让党史学习教育走“新”更走心
杨浦区多措并举开展“我们的节日·清明”系列活动

【群众性精神文明创建活动】

金山区漕泾镇推动丧事简办　倡导移风易俗文明新风

【我们的节日·清明】

青浦区清明祭英烈
让党史学习教育走“新”更走心

青浦区紧扣“我们的节日·清明”，把握主题、注重特色，将“清明祭英烈”同开展党史学习教育、弘扬优秀传统文化紧密结合，让党史学习教育走“新”更走心，让红色宣传教育走深走实。

着力发挥区域红色文化资源的教育功能，在缅怀革命英烈中铭记历史、学习党史。积极探索红色资源利用新路径，举办 2021 年上海市社会各界清明感恩典礼，通过回溯百年党史走过的光辉历程，厚植清明传统文化内涵，上线启动国内首个新四军云上纪念广场，弘扬红色文化。区退役军人事务局、区文明办、区教育局等单位通过集体祭扫先烈、为革命英烈擦拭墓碑、慰问烈士遗属和英烈后代、继承英烈遗志宣誓等形式，共同组织烈士家属、退役军人代表、青少年学生等群体，利用烈士陵园、烈士公墓等红色阵地开展“学党史悟初心 缅先烈担使命”主题活动 2 场、“探寻红色记忆”主题慰问 11 场、擦拭墓碑活动 20 余场。全区各级党政机关、企事业单位、社会团体全面开展各类“清明祭英烈”活动，以主题实践、参观展览、诵读感悟等形式营造浓厚氛围。

聚力培育担当民族复兴大任的时代新人，在爱教学习体验中滋养情怀、汲取力量。策划开展“我们来看望您”主题活动，以“前辈带后辈”“大手拉小手”等方式，激发广大青少年学习党史的热情，滋养家国情怀，汲取奋进力量。开展祭扫活动，实施“情景式”现场教学，各中小学校广泛组织学生至烈士陵园、烈士公墓现场祭奠英烈，通过祭先烈、敬先贤、忆先人，引导中小学生缅怀革命先烈，继承先烈遗志。充分发挥先进典型、模范人物的引领和带动作用，向中小学生现场宣讲革命烈士故事。青浦一中在西乡烈士陵园聆听区最美退役军人代表带来的革命教育“微党课”，追寻革命烈士的英雄足迹，追思英烈事迹。积极创新“清明祭英烈”活动形式，通过参观红色主题展览、观看党史红色电影、探究清明民俗活动等形式，增强学习体验实际效果。徐泾中学在组织学生祭扫活动中设计革命历史题目，形成“英烈探究任务单”，引导学生在完成任务过程中进行思考和研究。依托长三角生态绿色一体化发展示范区党史学习教育精品路线等红色资源，在“清明祭英烈”活动中与吴江、嘉善两地加强联动，联合开展缅怀英烈系列主题实践活动，推动共享红色资源，打造“一体化”党史课堂。

全力肩负学史力行为民服务的使命担当，在“我为群众办实事”中锤炼党性、岗位建功。结合“我为群众办实事”实践活动，在严格落实疫情防控各项要求和确保祭扫活动安全有序的基础上，开展预约祭扫、网上祭扫。延续去年“延长周期、错峰引导、高峰预约”的有效做法，引导市民群众错峰祭扫。积极推进网上祭扫和线下瞻仰联动，将互联网作为开展祭扫英烈等褒扬纪念活动的重要途径，鼓励社会各界足不出户祭奠先烈、追忆先人。注重宣传引导，推进文明祭扫、无烟祭扫。通过“绿色青浦”“文明青浦”“青浦双拥”“青浦英烈”等各类新媒体平台，及时发布祭扫便民服务信息，向市民群众发出倡议，呼吁大家争当安全祭祀的守护者、生态祭扫的先行者、文明祭祀的拥护者，以移风易俗、保护环境、倡导新风的实际行动，播撒新时代文明新风。

（青浦区文明办）

杨浦区多措并举开展
“我们的节日·清明”系列活动

为进一步弘扬中华传统节日——清明节，杨浦区提前谋划、积极推进，通过线上线下相结合的方式，开展了一系列内涵丰富、意义深刻的活动。

传承英烈精神，立志报效祖国。清明期间，杨浦区文明办、教育局、关工委共同举办

“传承英烈精神，立志报效祖国——网上祭英烈”网络文明传播活动，缅怀革命先烈以及在疫情期间牺牲的逆行战士们。区域内广大中小学生积极参加杨浦文明网“网上祭英烈”活动，点击鼠标向烈士鞠躬、献花、撰写留言，表达对先烈的哀思和深切怀念。有3万余名学生寄托哀思、感悟留言，6万多人次向英烈鞠躬、鲜花。

追寻红色文化，继承红色基因。坚持把开展“我们的节目·清明”系列活动与推动党史学习教育、“童心向党”教育实践活动结合起来，平凉路街道、市东实验中学举办“学党史 祭英烈 传承红色基因”活动，通过师生代表向费达夫烈士雕像敬献花篮、高唱《义勇军进行曲》、学生宣誓等形式，引导学生在缅怀先辈的情怀中追寻红色记忆，传承红色基因。团区委、退役军人事务局、少云中学举办“国旗下成长暨清明祭英烈 青春心向党”活动，师生代表向邱少云烈士雕像献花，并邀请老军人姜德福同志做《长征路上的黄豆粒》英烈故事宣讲。上海理工大学附属小学发起了“探春日风景 寻红色印记”主题活动，倡导学生寻访以上海抗战烈士命名的马路，致敬英雄。

突出民俗传播，传承中华文化。坚持弘扬清明节民俗传统，把“我们的节目·清明”系列活动与群众的精神文化生活相结合。长海路街道在黄兴公园举办“花开长海铺锦绣 宜居乐业颂和谐”踏青赏花民俗项目展示暨文化服务日活动。新江湾城街道在湾谷科技园举办“‘风’靡新城十五载 献礼建党一百年”社区第十五届风筝节活动并举办亲子风筝小课堂，激发下一代对风筝文化的兴趣，更好传播风筝的制作技艺。

（杨浦区文明办）

【群众性精神文明创建活动】

金山区漕泾镇推动丧事简办
倡导移风易俗文明新风

金山区漕泾镇以争创全国文明村镇为契机，自2019年起大力推进“丧事简办”工作。如今，全镇丧事简办率显著提高，群众丧事办理负担明显减轻，移风易俗、厚养薄葬、节俭养德、文明理事的社会新风尚逐步形成。

健全机制明方向。成立移风易俗推进工作领导小组，将丧事简办纳入各村（居）党组织目标管理以及党建责任制的工作考核，形成各司其职、通力协作、合力共为的工作态势。公布《漕泾镇关于开展移风易俗工作的实施方案》，出台“七个不”“三个倡导”规则，对不实行丧事简办的党员和骨干取消评优资格。制定健全移风易俗承诺、丧事报告、监督检查、保障激励等各项制度，保障移风易俗工作按规有序推进。加强民主自治管理，在充分听取群众意见的基础上，将移风易俗纳入全部14个村（居）的村规民约、居民公约，由村（居）民相互监督简办丧事。

广泛宣传浓氛围。发放《移风易俗丧事简办倡议书》20000余份，在公益性墓地的醒目位置设置墙体彩绘、围栏围挡、迎风旗公益广告，依托《新漕泾》报、微信公众号、漕泾抖音等媒体，开展多形式、全覆盖的宣传，为推进厚养薄葬，移风易俗造浓氛围。丰富主题宣讲活动，组织开展以“丧事简办”为主题的“嘎讪胡，评评理”道德宣讲13次，创编《老娘走脱了》等提倡厚养薄葬的小品，在“我们的节日·重阳节”以及三下乡等活动中巡演。打造“孝文化”品牌，评选镇级孝星14人、村居孝星64人，引导百姓见贤思齐，厚植“厚养薄葬”理念。坚持党员干部示范带头，全镇党员干部参与宣传2000余人次，涌现了丧事“一简到底”的村主要负责人、劝退吹打队的党员骨干等先进典型。

创新工作见实效。推崇“无烟祭扫”，在公益性墓地全面实施无烟、低碳等文明祭扫行动，近年来无烟祭扫率达到了100%。开通“云祭扫”，依托“微漕泾”微信公众号开通清明节网上祭扫服务平台，让群众通过在线献花、点烛寄语等形式缅怀先烈先辈。实行“预约祭扫”，采用村（居）委预约等方式，控制祭扫和落葬人数，做到墓地人员限时、限流、限量，确保祭扫、殡葬等的管理在可控范围内。2019年至今，全镇丧事简办率同比提高38.36%，环保、节俭、文明的理念深入人心，文明乡风不断浓厚。

（金山区文明办）

【简析】这是一篇格式规范的工作简报，报头有简报名称、期号、编写单位、印发日期几个部分。报核包含目录、标题、正文和署名4个部分。由于收录的信息较丰富，用目录的形式使得简报内容一目了然，并每则正文后均有署名。正文内容丰富，及时快速地向读者提供新信息，反映新情况，语言简洁精炼，是一篇优秀的工作简报。

【例文三】

简　　报

第十四期

××××学院办公室编　　　　　　　　　　××××年××月××日

利剑高悬　警钟长鸣
我校认真贯彻落实全市党风廉政建设
警示教育电视电话会议精神

××月××日，学校党委、行政召开机关部门副处级以上领导干部、教学院（部）党总支书记会议，传达贯彻全市党风廉政建设警示教育电视电话会议精神。会议由党委书记×××主持。

会议首先通报了今年以来全市纪检监察机关查办案件的情况，介绍了近年反腐败成果展览概况，重点学习了市委书记××在全市党风廉政建设警示教育电视电话会议上的讲话。

×××校长语重心长地说：陈云同志曾经谆谆告诫我们“党风是关系党的生死存亡的大问题”，最近全国、全市查办的一些大案要案表明了我党惩治腐败的决心。今天我们召开这个干部会，其目的就是要让全体师生知晓上级会议精神，发动大家都来监督。监督严格了，就是对干部最大的保护。党风校风好了，对于我们营造风清气正、和谐稳定的环境，以崭新的姿态迎接本科教学工作水平评估，是十分有利的。

最后，党委书记×××强调：1. 高度重视党风廉政建设工作，处级以上干部，既要履行好“一岗双责”，更要管好自己，抓好制度建设，坚持办事公开。2. 抓紧传达会议精神，明确“一个月”主动说清问题的期限。3. 告诫那些有问题的同志千万不要心存侥幸，要主动找纪委说清问题，这既是爱护自己，也是爱护学校。全校上下以扎实的工作、优异的成绩向党献礼。

【简析】这是一篇会议简报。标题采用正副式标题，“利剑高悬，警钟长鸣”作为主标题，简洁而醒目。开头部分交代了会议的时间、会议名称，参加会议的人员以及会议的基本内容，主体部分对会议的具体内容做了介绍，如有哪些人发言，发言的主要内容和精神，这部分按照会议的顺序展开，条理清晰，重点突出，语言表述简洁。正文采用自然结尾的方式，简洁明了。

第三节　计划 总结

计划和总结，是两种常用的并具有内在联系的事务文书。

做工作，办事情，应在事先科学谋划、精心设计，确立目标，确定措施，安排实施步骤，便于在工作中遵照执行；计划完成后，应对工作的全过程或事情的某些方面进行认真总结，指导今后工作的开展和进行。计划是总结的前提和依据，总结是计划的检验和一阶段计划的前提与依据。二者相辅相成，相互依存、相互促进。

一、计划基础知识

（一）计划的含义及作用

1. 计划的含义

计划是党政机关、企事业单位、社会团体和个人，为了实现某项目标或完成某项任务而预先对步骤和措施做出系统化、条理化的安排的事务性文书，(书面材料的总称)。规划、纲要、方案、要点、安排、打算、设想、目标责任、意见等都属于计划的范畴。

2. 计划的作用

“凡事预则立，不预则废”。一个好的计划可以使工作有条不紊地进行，提高工作的自觉性，减少盲目性，成功的可能性就会增大；相反，事先没有做任何打算和安排或者安排不周，工作就有可能遭受挫折，甚至归于失败。

具体说来，计划的作用体现在以下几方面：

首先，计划可以起到落实上级工作要求、保证正常工作秩序、提高工作效率的作用。

其次，计划可以起到上级向下级传达布置任务的作用，下级向上级领导机关请示报告的作用；

计划可以起到为以后的检查工作和总结工作提供依据的作用。

最后，计划提出明确的工作目标计划，有利于调动广大群众的工作积极性，激励团队加强合作。

（二）计划的特点

（1）预见性。计划的制定是建立在预想的基础上，是先于实践活动进行的，对将要实施的活动进行一个预见性的安排，包括要做什么，如何做，以及实施过程中可能遇到的情况、问题及具体的解决措施等。

（2）指导性。制订计划是为实现目标或完成任务而服务的，因而，计划一经制定，就要对未来的工作起到指导作用和约束作用。工作的开展、时间的安排等，都必须按计划严格执行。

（3）可行性。计划必须重视预想的可行性，计划的制订是建立在必要而且可能的前提之下，即目标可以实现，措施与办法切实可行。而不切实际的计划毫无意义。

（4）明确性。计划中的目标、任务、步骤、方法必须具体明确。明确的计划，可以使人行有所依、查有所据。计划内容的含混不清、模棱两可就必然会引起执行的混乱。

（三）计划的种类

计划是一种统称，按照不同的分类标准，计划可以分为不同的种类。

按内容分，有工作计划、生产计划、建设计划、财务计划、教学计划、科研计划、学习计划等。

按时间分，有长期计划、短期计划、年度计划、季度计划、学期计划、月份计划等。

按主体分，有国家计划、地区计划、部门计划、单位计划、个人计划等。

按形式分，表格式计划、条文式计划、文表结合式计划。

表格式。采用表格的方式，把计划内容列入表格中。常用于项目具体、内容比较简单，但数据多却又无须多加说明的计划。如招生计划、销售计划等。

条文式。是采用文字表述的方式将计划的主要内容呈现出来。一般的计划都是采用这种形式。

文表结合式，将各项内容填进表格，再用简短文字作解释说明。

按侧重点分，有纲要、规划、安排、方案、设想、要点、打算等。

纲要：纲，原指渔网之大绳。汉代郑玄《诗谱序》："举一纲而万目张。"纲要是指一个国家、一个地区某项事业全局性、长期性、纲领性战略设计。如《法治政府建设实施纲要（2021—2025年）》《知识产权强国建设纲要（2021—2035年）》。

规划：指国家、地区或部门、企事业单位具有全局性、战略性、较长时期的事业发展长远设想。我国习惯以五年为单位制定事业发展规划。有时，纲要和规划连用。如《中华人民共和国国民经济和社会发展第十四个五年规划和2035年远景目标纲要》《重庆市国民经济和社会发展第十三个五年规划纲要》《河北省特殊类型地区振兴发展"十四五"规划》。

设想：初步的仅供参考的草案性的计划。

要点：列出工作主要内容的计划。

方案：对专项工作从目的、要求、工作方式方法到具体步骤都做出全面部署与安排的计划。

安排：对短期内专项工作进行具体布置的计划。

打算：短期内工作的要点式计划。

实施意见：便于下级具体实施时灵活掌握的概要性方案。

按性质分，有综合性计划和专题性计划。

综合计划是对总体性、全面性、阶段性工作的规划或安排。一般以时间为单位，如年度、学年、季度计划。

专题计划是对一项任务、一个专题工作的预先安排。其特点是任务单一、内容集中。

二、计划写作要领

（一）计划的写作格式与写法

计划一般包括标题、正文和落款三个部分。

1. 标　题

计划的标题一般由制订计划的“单位名称、时限、计划内容、文种”这四要素组成，有时可以省略部分要素。计划的标题常见形式：

（1）全称式：四要素齐全。如《××中学 2021 年教学工作计划》。

（2）省略式：可省略时限、单位或单位、时限同时省略。如《××公司销售工作计划》《××新产品开发计划》等。

（3）法定公文式：由单位名称 + 关于 + 事由 + 文种组成。如《××公司关于扩大生产规模的工作计划》。

注意：计划如不成熟还未最终定稿或者还未批准通过，应在标题的右侧或正下方加括号注明“初稿”“讨论稿”或“征求意见稿”。

计划的标题写作要规范，计划单位名称要用规范的称呼，计划的时限要具体写明，计划内容要写明计划所针对的问题，计划的种类名称可以根据计划适用的时间长短、详略的类型选用。计划标题应根据计划的种类、范围和内容需要拟制。

2. 正　文

计划的正文包括前言、主体和结尾三个部分。

（1）前言。计划的前言就是问答“为什么制订计划”的问题。主要阐明制订计划的指导思想，制订计划的依据和目的，说明为什么做，依据什么做，能不能做。即用简洁的文字阐明党和国家的方针、政策，上级的指示精神，以及本单位、本部门的基本情况。

本段文字不宜写得冗长，常用“特制定本计划”等过渡语导入下文。

（2）主体。计划的基本内容部分，是计划的核心，包括计划的目标与任务、措施和步骤、其他说明。主要是解决“做什么”和“怎么做”的问题。

“做什么”。即确定具体的目标、任务。任何计划都要写明计划期内所要完成的目标和任务。应提出明确的目标、主要任务和重要指标。条文式的计划多采用分项叙述的方式，用小标题或者序号标明层次，表格式计划则将其作为列表的项目或类别。

“怎样做”。即完成目标、任务的措施或步骤。措施是指实施计划的具体办法和力量部署。在明确目标、任务以后，把具体的实施措施和完成任务的手段和方法都拟定出来才可能确保计划完成。本部分措施要具体，分工要明确，条理要清楚，步骤和时间安排要科学，即先做什么，再做什么，最后做什么，主要抓什么，其次抓什么；每一步什么时间完成，达到什么程度。

说明其他事项。有的计划在主体部分还单独说明完成工作目标或任务的具体时间，检查计划实施情况的方法，实施计划过程中的要求，修订计划的方法等。本部分内容应视计划的需要来确定是否写入计划的主体之中。

（3）结尾。即计划的结束语。计划的重点是目标和任务，以及完成目标任务的措施。一般写出措施以后，全文即可结束。也可在结尾处总括全文，表明完成计划的决心、提出希望或展望计划的实施前景。是否写计划的结尾应根据计划的现实客观需要灵活掌握。

3. 落　款

包括计划的署名和日期。如标题中已写明单位的也可不用署名。日期写在正文的右下方，标明制订计划的具体日期。上报或下达的计划，还应加盖公章。

（二）计划的写作思路

1. 计划的写作体式

计划的写作体式多样，灵活自由。无论何种体式，写作的思路一般是以“为什么要制订计划”“做什么”“怎么做”为先后顺序进行构思。因此比较常见的写法有以下两种：

（1）按顺序写，即按照前言——目标任务——措施和步骤的先后顺序来安排写作内容。部分与部分之间形成一种顺承或递进的逻辑关系。这种方式的好处是对计划所要开展的工作有整体认识，条理清楚，一目了然。

（2）分条列项写，有的计划具体任务多，可先把任务分类，然后根据任务的类别，逐条逐项地写上方法措施，即把目标任务和措施步骤分解搭配，构成对应关系。这种方式的好处是便于计划目标贯彻实施和检查落实。

2. 制订工作计划的步骤

（1）认真分析计划制定者的具体情况，这是制订计划的根据和基础。

（2）根据上级的指示精神和计划制定者的现实情况，确定工作方针、工作任务、工作要求，再据此确定工作的具体办法和措施，确定工作的具体步骤。环环紧扣，付诸实现。

（3）根据工作中可能出现的偏差、缺点、障碍、困难，确定如何克服的办法和措施，以免发生问题时，工作陷于被动。

（4）根据工作任务的需要，组织并分配力量，明确分工。

（5）计划草案制定后，应交全体人员讨论。计划是要靠群众来完成的，只有正确反映群众的要求，才能成为大家自觉为之奋斗的目标。

（6）在实践中进一步修订、补充和完善计划。计划一经制定出来，并经正式通过或批准以后，就要坚决贯彻执行。在执行过程中，往往需要继续加以补充、修订，使其更加完善，切合实际。

（三）计划的写作要求

（1）要符合政策，吃透“两头”。制订计划必须贯彻党和国家的有关方针、政策及上级指示精神，即“吃透上头”精神。要向下级了解客观情况和具体问题、困难等，即“摸清下头”情况。使计划总的要求和基本想法与上级协调一致，同时还能符合客观实际。

（2）要实事求是，留有余地。制订计划要把全局需要同本单位的实际情况结合起来，既不能说大话、空话，更不能说假话。同时要充分考虑到在计划的实施过程中，常常会出现一些不可预见的因素从而影响计划的完成，所以计划制定要留有余地。

（3）要具体明确，主次分明。计划内容要具体、明确，把要做的事情写得实实在在，才便于人们依照施行，也便于人们对照检查工作。依据每一项任务的主次、缓急来安排工作程序，把中心工作和重点任务突出出来，切忌杂乱无章。

（4）要表述得当，语言简明。计划的表述要明确，要突出中心和重点，要处理好表述的先后和详略关系。

三、计划案例分析

【例文一】

××县环卫局2020年工作计划

2020年是县政府提出创建国家级卫生县城的第一年，县环卫工作以党的十九大精神为指导，创新工作思路、大胆改革，继续巩固和完善“六化”工作模式，全面提升环卫工作质量，着力提高市容环境卫生水平，为创建“国家卫生县城”奠定良好的基础。

总体目标：

巩固省级卫生创建卫成果，确保不反弹。完善长效机制，稳步提高市容环境卫生水平。重点抓好生活垃圾处理综合配套设施项目建设，实现市容环境卫生工作再上新台阶。

主要内容：

一、以城市精细化管理为推手，保持城区环境卫生水平高质量常态化

我们充分认识到实施环卫工作精细化的重要意义，提升标准，强化措施，上下动员，积极参与，努力开创环卫精细化管理工作的新局面。具体做好以下几点：

（一）加强环卫机械管理，提高保洁标准和质量

保洁工作坚决执行“两扫一保”工作制度，加强对保洁员的管理，严查保洁员上岗率，人工补扫、全天捡拾，使主要街道保洁时间不低于12小时，一般街道保洁时间不低于8小时，坚决做到“四净六无”，即：路面净、沟眼净、树穴净、道板净；无废弃堆积物、无连片纸屑、无污泥积水、无人畜粪便、无白色污染，无杂草，确保清扫效果。分管领导、督查科加强督查，保证人员上岗率和路面保洁质量。各班子成员、公司经理、督查科工作人员认真负责，不徇私情，发现问题，现场整改。对不负责任造成损失的层层追究责任；出现市级领导不满意、市民投诉、电视台曝光、在保洁员使用上弄虚作假、虚报冒领等问题的，实行一事一议，当即处罚。

充分发挥我局机械设备的优势，城区25条主次干道全面推行机扫。为保证作业质量，我们将进一步对机扫车队加强管理，对司机、维修人员进行专业技术培训，制定行之有效的维修用油制度，标定油耗，完备维修报批手续，节约开支，堵塞漏洞。定时举办安全行驶比赛、节油比赛、技术大练兵等。积极主动研究车扫与人扫的衔接，请保洁公司经理、

片长给每台车的司机作业情况打分，一周一汇总，一月一评比，末位淘汰，首位奖励，大大提高道路清扫质量，促进城区主次干道精细化作业水平的提高。市里有重大活动，车队随时服从调遣。对承揽的公路局管理的154公里过境国省干道的清扫业务，及时高质量做好保洁作业。

（二）生活垃圾日产日清，为市民群众营造良好的生活环境

生活垃圾收集运输全面密闭化，重点做好主次干道和居民小区的垃圾清运工作，进入冬季后要求必须在上午9：00前完成第一次清运，以后机动灵活调度垃圾压缩车，随时清运。做到城区生活垃圾日产日清，彻底做到车走地净、垃圾箱整洁美观、不超速行驶、装卸人员着装整洁卫生，并尽力防止清运车滴漏污水等扰民现象发生。清运公司与保洁公司联动，重点寻找城中村、背街小巷、散居小区的积存生活垃圾堆，不惜人力、物力、财力，将所有视野内的垃圾清运完毕。垃圾箱点必须有专人管理，对城区1 656个垃圾箱每周进行两次清擦，对箱点周围的建筑垃圾及时清理，地面清洁无遗撒，垃圾箱摆放整齐、干净美观无破损。同时，彻底做到装车安静、车走地净、垃圾箱摆正、不超速行驶、装卸人员着装整洁卫生，并切实注意交通安全。

（三）进一步完善环卫基础设施，规范到位管理

环卫公共设施密切关系百姓生活，加强对城区24座直管公厕的管理。有专人保洁，每日清扫保洁，做到地面、隔墙无乱贴乱画，坑位、门窗、墙壁、灯具、洗手盆池清洁卫生，无积尘、蛛网，墙面无剥脱，地面无积水，蹲坑、便池内无积粪、无尿碱，基本无臭。每天对城区所有公厕管理情况进行全面督查，发现问题及时处理；定期对所有公厕内最易损坏的门拉手、门扣锁、上下水软管等物件进行排查，及时更新维修；对城区部分公厕实施人性化改造，新建残疾人专用通道，对受损的残疾人专用厕位进行更新改造，并安装免费公厕标志牌；公布督查电话，确保城区所有公厕实行免费正常开放；公厕的所有管理人员定期学习日常行为规范，定期召开例会，组织人员坚持对城区公厕每天巡回查、每周轮回查、每月集中查。安排路段保洁员对城区1 356个果皮箱每天随满随清掏，每周擦洗两次，使之成为点缀城市环境的一道靓丽风景线，使城市形象得到较大提升。

（四）全力做好固体废弃物综合处理场管理工作，及时无害处理生活垃圾

所有城区生活垃圾必须密封清运至市生活垃圾综合处理场，垃圾处理场安排好垃圾的推平、压实、覆盖工作。做好进场垃圾的计量工作，准确核实每天、月、年的垃圾数量。严格禁止建筑垃圾及有毒废物进场，特殊情况需进场时，请示领导按规定办理手续后方可进场，同时做好监督处理和记录工作。渗沥液处理设备要定期保养，维护，确保正常运转。加强值班工作，注意防盗、防火、防爆，确保财产安全。落实安全责任制，防止安全事故发生。

二、认真做好全市环境卫生委托管理工作

按照托管协议的要求，从严制定作业标准，做好托管道路保洁工作，及时清运生活垃圾。采取得力措施，坚决消灭生活垃圾死角，并积极出谋划策，帮助街道办事处清理整治"三大堆"、清运建筑垃圾堆，理顺工作程序，搞好督查考核，全力配合开展工作，使城中村、背街小巷、散居小区与主城区一样整洁靓丽，优美宜居，促进城区整体环境卫生水平得到较大提升。

三、全力加快推进城乡环卫一体化进程

按照《××市城乡环卫一体化实施方案》的要求，全力推进各镇中转站建设，2020年上半年各镇垃圾中转站全部建成。我们将积极对各镇规划建设垃圾中转站做好技术指导，对投入使用的垃圾中转站，按照清运协议的要求，保证生活垃圾日产日清，建立健全“户集、村收、镇运、市处理”的村镇生活垃圾处理体系，保证2020年底前全部完成城乡环卫一体化工作。

最后，希望全体职工心往一处想、劲往一处使，共同努力、团结一心，为××环卫工作再创佳绩，为××社会经济更好更快的发展而不断努力。

××县环卫局

2019年12月××日

【简析】本文是年度综合式计划。采用了条文式结构，格式完整规范。标题是省略式，由时限和文种组成。正文由前言和主体、结尾三部分组成。前言概括地写明制订计划的依据。主体包括“总体目标”“主要内容”两部分，主要回答了计划的核心问题“做什么”“怎么做”，本部分是采用分条说明的方式。结尾，表明完成计划的决心、提出希望，鼓舞士气。落款写明了单位和制订计划的时间。本文通过分析县政府工作的重心，又认真分析单位实际情况，从而抓住环卫局本年度工作的中心，再据此有所侧重地拟定计划，目标明确，重点突出，条理清晰，措施切实可行，符合计划写作的要求，是一篇较成功的工作计划。

【例文二】

××大学××××年秋期教研工作计划

一、指导思想

以科学发展观为指导，认真将整改方案分解、细化、落实到部门工作中；加强内涵建设、强化职业研究意识，启动一流课程建设和产学研工作；将“教学质量年”工程与课程改革、国重复检有机融合，进一步加强教学常规管理、完善教学质量监控体系，重点提高课堂教学质量；通过“技能节”彰显我校教学特色和教学成果，提升教师“双师”素质。

二、工作目标

1. 针对创先争优活动中查摆出来的与教学科研有关的问题，认真制定整改方案，采取措施，切实解决。

2. 加强督导，强化规范，提高质量，力争在市教学科研评比中取得良好评价。

3. 配合各学部、年级组，做好精品课程与重点建设课程的立项，初步构建优秀教学团队。

4. 试行产学研条例，拟定产学研合作项目的管理细则，规范管理流程。

5. 组织好第七届教学科研年会，为省市学术成果评选奠基。

6. 加强部门作风建设，进一步提高服务意识和服务水平。

7. 以教师继续教育为抓手，切实抓好教师的知识更新和专业技能的提升。

三、重点工作

（一）继续实施“教学质量年”工程，加大督导面，强化规范，全面提高教学质量

1. 严抓教学规范的学习和执行，和学部协作形成教学管理合力。加大督导力度和督导面，继续实行每月一次的教学开放日，组织各学部试行“部教学开放日”活动，力争覆盖到所有教师。针对重点课程、重点人员、重点班级、重点时段采取有效措施，促进课堂教学质量的全面提升。

2. 结合市教学质量督导的要求，进一步完善校－系两级教学管理体系，明确职责，增强教学管理工作的科学性和有效性。

（二）启动精品课程体系建设，推动优秀教学团队的建设工作

1. 根据学校《一流课程建设方案》，配合学部做好重点建设课程的立项、审批工作。

2. 根据精品课程建设的需要，发挥统筹协调的功能，优化校内资源配置。

3. 重视教师梯队建设，力争本学期形成优秀教学团队雏形。

（三）加强对产学研合作项目的宏观管理，力争能够产生一定的经济效益和良好的社会效益

1. 进一步完善《产学研条例》，理顺学校-系对产学研合作项目的管理关系，积极拓展产学研合作项目的影响力。

2. 通过产学研项目带动专业教师实践能力的提升。

（四）认真组织教学科研年会，为省、市技能大赛选拔优秀选手

1. 本学期基本实现“技能节”制度化。从各专业、各年级的项目设置到选手的选拔办法等形成系列制度，在一定时期内保持相对稳定，便于学校更加有序地做好备战和参赛工作。

2. 在进一步扩大学生参与面的同时，重点提高教师竞赛项目的质量和水平，争取教师在省级及以上大赛中有新的突破。

（五）加强调研分析，提升教师队伍的科研素质

1. 开展对中青年教师个人专业发展规划的调研、分析，帮助教师明确职业生涯目标，确立优秀教师快速成长机制。

2. 做好国家级以及市级等各级各类研究课题的管理工作。邀请专家或校内有经验的教师开设讲座，有效指导教师如何进行有价值的教科研。

3. 完成校刊的征稿、编辑、出版工作。

4. 按计划认真组织新教师的系列培训及第七届“中青年教师教学能力竞赛暨学校骨干教师”认定的工作。

（六）加强作风建设，提高服务能力

1. 坚持部门例会制度，加强作风建设，明确工作目标和岗位职责，严格遵守学校的各项规章制度。按照学校行政人员考核办法，认真落实岗位职责，做好年度考核评价工作。

2. 为部门教研员工提高个人业务水平创造学习条件，将个人的提升与部门工作绩效相结合。

3. 做好参加学校各项活动的组织工作，并通过形式多样的部门活动增加彼此的了解，建设和谐团队。

4. 配合学校做好数字校园平台的建设工作。

四、教研处重点工作月程表

月份	主要工作内容	责任处室	备注
九月份	期初教研工作会议	教研处、学部	
	期初教研检查	教研处、学部	
	拟定第二届“三杯”课堂教学大赛活动计划，并落实宣传工作	教研处、学部	
	课堂教学质量检查	教研处、学部	
	20××—20××学年度教科研成果统计	教研处、学部	第一周
	新教师培训（一）	教研处、人事处	
略	略	略	

××××年××月××日

【简析】这是一篇学期专题工作计划。采用文表结合式，写法比较规范。

标题采用完整式，是专题性计划最为常见的标题写法，由单位名称、时限、内容和文种组成，读者根据标题就可以初步了解本篇计划主要内容。

正文由前言和主体两部分组成。前言阐明了制订计划的依据即指导思想。主体包括“工作目标”“重点工作”“重点工作月程表”三个部分，主要回答了“做什么”和“怎么做”的问题。目标制定明确，任务具体，措施适当，重点突出，层次清楚，一目了然。本文亮点在于列出重点工作月程表，安排科学，分工明确，便于执行和检查。

落款标明制订计划的时间。由于单位已在标题中体现，落款可不必重复。

四、总结基础知识

（一）总结的含义和作用

1. 总结的含义

单位或个人对一定时期的工作、学习或思想进行回顾，分析研究，找出经验教训，得出规律性认识用以指导、促进今后工作活动的一种事务性文书。小结、体会等属于总结范畴。

2. 总结的作用

总结是回顾过去，是从过去的工作中找出规律性的东西，为今后的工作提供借鉴和帮助。因而总结可以起到培养工作能力，提高认识水平的作用。任何一项工作都有得与失，通过及时总结经验教训，可以提高认识和工作技能，进一步推动工作开展。总结可以起到加强管理、交流信息的作用。以总结的形式，将本单位、本部门的情况向上级机关部门汇报，既有助于上级机关对本单位、本部门的管理、指导、也有助于有关部门之间典型经验的及时推广。

（二）总结的特点

（1）回顾性。总结主要是通过对某阶段工作或任务完成之后的客观评估与回顾，归纳经验、反思教训，为今后工作提供借鉴

（2）理论性。总结应把对工作零星的、表面的感性认识上升为全面的、本质的理性认识，探寻出客观规律，以指导以后的工作。

（3）客观性。总结是对实际工作再认识的过程，是以实践活动为依据，其内容和材料要完全忠实于客观实际，其观点要从工作实践中抽象概括出来而绝不允许主观臆断。否则就会失去总结应有的价值。

（4）自我性。总结中回顾的实践活动都是本人或本单位、本部门已经完成的工作，其中的成绩、做法、经验、教训等，都有自指性的特征。行文通常用“我”“我们”等第一人称对过去的事实进行自我评价。

（三）总结的种类

总结的种类很多，按照不同的分类标准，总结可以分为以下几类。

（1）按内容来分，有学习总结、工作总结、生产总结、教学总结等。

（2）按时间来分，有年度总结、季度总结、学期总结、阶段总结、月份总结等。

（3）按范围来分，有地区总结、行业总结、部门总结、单位总结等。

（4）按性质来分，有综合性总结和专题性总结。

① 综合性总结。是指在一定时期内，对本单位、本部门或个人的工作进行全面系统的回顾与评估。从功能上说，综合性总结大都属于汇报性总结。常用于年终或工作进行到某一阶段，向上级或群众汇报工作。

② 专题性总结。是指对某项工作或某一专门问题进行的回顾与评估，偏重突出某些成绩或某些典型经验，或以效果、成绩为主，或以体会为主，或以做法为主。常以第一人称撰写的刊登在报刊上的工作总结，就属于这一类型。

五、总结写作要领

（一）总结的格式与写法

总结一般由标题、正文、落款三部分组成。

1. 标　题

总结的标题常见的有以下几种

（1）完整式标题。即写明单位名称、时限、内容与文种。如《××工厂 2021 年生产工作总结》。

（2）新闻式标题。用简练的语言概括总结的主要内容或基本观点，标题中不出现单位名称、时限、文种的字样。如《锐意改革创新　不断开拓发展》。

（3）正副式标题。标题包含正副标题，用正标题来点明总结的主旨和重心；用副标题来具体说明总结的内容和文种。如《实施人才战略，确保教学质量——××大学 2020 年师资队伍建设工作总结》。

2. 正　文

正文一般包括前言、主体和结语三部分。

（1）前言。即基本情况概述，主要是对工作背景和开展工作的条件作一个简要交代。

简明扼要地介绍总结的背景、时间、主要成效和目的等内容，让阅读者有一个总体把握，也为主体的具体阐述做好铺垫。另外，也可以用具体的数据或概括性的语言对主要成绩作简要陈述作为开头。也可以先阐明题旨或先提出问题，以引起注意再针对问题提出自己的看法和依据，以此引出下文。总之，前言的写法比较灵活，采用何种形式和内容没有严格的固定要求。

（2）主体。主体是总结的核心部分，主要包括成绩与经验、问题和教训两大部分。

主体的第一部分是“成绩与经验”，又包含成绩做法、经验体会两个方面，这部分是主体的重要内容。其中的成绩和做法是基础材料，要将成绩及取得成绩的做法写明，最好要有实例、数字。经验体会是重点，在全文中占主导地位，要写得充分，并要从中找出规律性的东西。主体的第二个部分是“问题和教训”部分，在这部分里要实事求是地把工作中出现的失误和问题写明，并分析产生失误和问题的原因，以达到吸取教训，加以改进的目的。

这两部分内容需要根据具体情况取舍，一般来说，年终向上级汇报或向群众介绍情况的综合性总结，“问题与教训”部分应略写。如果撰写介绍经验的专题性总结，应详写“成绩与经验”，每条经验、体会或做法、都要从大量的材料中加以分析、提炼，从中找出规律性的东西来，以便提供学习与借鉴。“问题与教训”部分可以不写。如果是分析问题的专题性总结，那么“问题与教训”部分就是重点，需要深刻分析失误与问题，“成绩与经验”部分可以略写。

（3）结语。结语部分通常是在总结经验教训的基础上提出改进工作的办法或下一步努力的方向或今后的打算设想。也可以用表明决心的方式或格言、谦语作为结语。此部分内容要求精炼简洁。

3. 落　款

落款指署名与日期。总结的署名可在标题之下，也可在正文的右下方，日期都是在正文的右下方。如是要投稿发表的总结，署名应在标题下面，正文的右下方落上日期。标题上已经如已出现单位名称，就可以不再署名，落上日期就可以。正式向上级呈报或下发的总结，署名和日期应放在正文的右下方，还要加盖公章。

（二）总结的写作思路

上面介绍了总结的核心部分是总结的主体部分，总结的写作思路就是总结主体部分的写作思路，主体内容的结构思路。主体部分写作思路有多种，最常见的总结的写作思路是采用“成绩与经验——问题与教训——今后的打算”的逻辑顺序，根据具体情况取舍性地写作。

另外，总结主体部分还有三种常见的结构形式，也可根据具体情况采用：

（1）纵式结构。就是按照事物或实践活动的过程安排内容。通常是以工作或活动的进程为线索，按工作展开的程序和步骤，分段说明每个步骤和阶段的工作情况，或者按时间顺序分别叙述每个阶段的成绩、做法、经验、体会、问题、教训等内容，在有序地回顾工作同时归纳总结经验教训。这种结构方式的好处是使得工作的进程或活动的全过程清楚明白，条理性强。

（2）横式结构。按事实性质和规律的不同分门别类地依次展开内容，使各层之间呈现相互并列的态势。这种结构安排的优点是使得各层次的内容鲜明集中。

（3）纵横式结构。先采用纵式结构，写事物发展的各个阶段的情况或问题，然后用横式结构总结经验或教训。一般是先归纳和提炼出几条经验或教训，分别展开论述，把工作过程、工作办法、取得的成效等穿插在里面写，使经验和教训看起来更加充实。这种结构的优点是既注意了内容的逻辑性，又能突出总结的重点内容。

（三）总结的写作要求

（1）要占有材料，实事求是。写总结前，应充分占有资料，全面掌握情况，这是让总结内容充实、观点正确的首要前提。分析材料的时候，要求实事求是，如实地反映工作的情况，准确恰当评价工作，既要看到成绩也要看到问题。做到成绩不浮夸、经验不肤浅、问题不回避、教训不空泛。

（2）要善于分析，探究规律。写好总结的关键在于深入分析材料，能从工作材料和感性认识中，探究出对未来工作具有指导借鉴作用的规律来。

（3）要选取典型、突出重点。总结在写作时应根据具体情况而有所侧重，防止将总结写成平铺直叙，面面俱到的“流水账”。在总结写作时通常需要用实例或数据来说明问题，应选取具有典型性的实例和数据来说明问题，以增强说服力。

（4）要精心设计，写出特色。写总结不能千篇一律，要写出带有个性色彩的东西。在形式上需要精心设计，依据总结的具体情况选择不同的结构安排，注意突显特色。在内容上要把真正属于自己的东西表述出来，不能只注重共性，忽视个性。如果一篇总结只需经过简单的加工处理，便可用于任何一个单位或任何一个年度，那就是由于缺乏个性特色而造成的。

六、总结案例分析

【例文一】

20××年度工作总结

×××

回顾刚刚过去的20××年，到村任职已近两年了，回想起初任村官时的激动和茫然，现在的我多了几分成熟和稳重。在两年多时间里，通过镇村两级领导的提点指导和参与各项工作的历练，我个人在思想认识和工作实践上都有了很大的进步。

一、20××年工作回顾与总结

不断创新，加强学习。一是放平心态，端正态度。以村民身份去定位自我，深入村里体会农民疾苦，将农民切身利益与自己本职工作紧密联系在一起。二是积极投身工作，锻炼自己。通过参与远程教育设备维护与使用、秋季秸秆禁烧、脱贫攻坚台账录入、村“两委”换届选举、农村劳动力资源调查等工作，积累宝贵工作经验。三是努力做到“五个学习”。向书本学习、向村民学习、向领导学习、向实践学习、向同事学习。不轻视小事、琐事，不害怕重复、无偿，不拒绝平淡、平凡，力所能及为村民服务，不挑大小，注重总结与积累，更加注重用心学习和踏实工作，加强锻炼以提高自己的工作能力。四是加强工作协调能力，经过几个月的工作锻炼，能够很好地协调村居和镇政府之间的工作，保证村上工作如实上报，乡镇任务顺利下达。

融入农村，深入群众。本村经济薄弱，农业生产设施相对落后，以传统种植业、零散家庭养殖业为主，经济效益低下，增收困难，村里青壮劳动力大多外出务工，留下的大多是年老妇幼人员。经过对村情的熟悉后，我主动向支部书记请求，参与到各类村级事务中去历练。我了解农村人的艰辛，能设身处地地为村民着想，我能用更实在的语言与村民们交谈，用踏实的行动参与各项工作，不嫌脏，不怕苦，不怕累。一个村委会就是一个小社会，我们面临的是复杂的人际关系，繁琐的村居事务，想要融入其中，就必须低下身来向农民群众学习，尤其是向本村的老党员老干部学习，结合自身实际，寻找融合点，从而不断提高自己处理农村工作的能力和创新服务农民群众的思路。

恪尽职责，亲力亲为。在近两年的工作中，我立足实际，在村级事务管理中，尽职尽责，努力成为“党员群众的贴心人、方针政策的讲解员、致富信息的传递者”，逐步实现从学生到村官的转变，发挥自身的知识和能力，为群众办实事。今年我参与负责的新型农村养老保险工作和两委换届工作，工作的复杂和任务的繁重既是一次很好的学习锻炼机会，也是对我工作能力的检验。繁琐的农村工作对于我来说，是与村民互相交流、增进互相了解的机会。通过这些繁杂的工作，一方面增进了我与村民的感情，村民们把我当成村委会的一名普通的工作人员，当成一名普通的村民看待，这对以后工作的开展打下了良好的群众基础；另一方面，我对本村有了比较详细的认识，对全村的村情有了进一步的了解，这对我协助村党支部书记和村主任完善我村的管理工作，提出合理化建议，奠定了基础。

二、存在的不足

回顾自己到村任职以来的工作，虽然在很多方面有很大的进步，但还存在很多不足，需要在今后的工作中不断地改进。

（1）思想认识有差距。刚踏上工作岗位，缺乏社会实践，思想认识不到位，在工作中常遇到课堂上学不到的知识，很多东西要自己去体验，不能纸上谈兵，停留在口头上。只有提高自己的认识，由感性认识上升为理性认识，才能把各种工作思路和计划应用于实践。

（2）工作方法有不足。因人生阅历少，社会实践不足，处理事情的方法比较简单。有计划不能下决心实践，对有些工作犹豫不决，造成很多问题不能得到及时有效的解决。

（3）办事能力待提升。村里的情况比较复杂，很多问题没有接触过，加之思想认识不足，工作方法欠妥，社会实践经验缺乏，在处理复杂问题时，往往考虑问题不周到。有时候对某一事情过于追求完美，犹豫不决，造成很多工作不能得到及时有效的解决。

三、20××年工作思路与计划

在新农村建设过程中，要科学制定村庄发展规划，发掘农村的优势，通过规划、建设和管理，改进村庄发展中存在的不足。作为新农村建设的新生力量，我们大学生村官要深入学习“十三五规划”关于农村发展特别是惠民利民的各项政策，要充分认识农村未来几年的发展方向和潜力。在国家政策方针的引导下，利用自己掌握理论知识和开阔的发展视野，为新农村建设的规划提出更为科学的方向和建议。

一样的青春，一样的梦想。我的村官之路刚刚启程，两年的农村工作、学习与生活，期待我们共同奋进。展望新的一年，寄予新的希望。20××年即将过去，在新的一年里我将在以往的工作基础上总结经验，寻找方法，再接再厉，以新农村建设为目标，以为民谋利益为根本，以更加饱满的热情投身到工作中去。

20××年 12 月 30 日

【简析】这是一篇个人工作总结，格式较规范，前言中简明扼要地对年度工作进行回顾，并为主体部分的阐述做好铺垫。20××工作的回顾和总结部分，全面回顾了年度的工作，具体写了取得的成绩和工作的做法。存在的不足部分，客观分析了自己的不足。20××年的工作思路，结合自己的不足，提出了工作改进的方法和思路。总结全面，内容具体，是一篇较规范的个人总结。

【例文二】

××县交通运政管理所 20××年节能减排工作总结

××县交通运政管理所 20××年节能减排工作，在上级主管部门的领导和指导下，深入贯彻落实科学发展观，按照《××市交通运输局转发云南省交通运输厅关于组织开展交通运输行业 20××年节能宣传周活动的通知》〔市交运〕××号文件精神，积极参与县内资源节约型、环境友好型社会的建设，实现“十三五”节能减排目标。我所结合××移民迁建实际情况，切实抓好节能减排工作，有针对性地开展节能减排活动，基本完成了各项节能减排工作目标，有力地促进了建设资源节约型、环境友好型的交通行业，现将一年来的节能减排工作总结如下：

一、20××年度节能减排工作的情况

（一）提高思想认识。交通行业是国民经济的重要基础产业，同时也是节能降耗的重点行业，我所以低碳、绿色的理念，把节能减排工作作为交通可持续发展战略，抓紧抓好。

（二）加强领导，明确任务。为加强节能减排工作的领导，使工作有人抓、有人管，成立了所长为组长、副所长为副组长、所属各科室工作人员为成员的节能工作小组，明确专人负责节能减排专项工作的宣传、组织和整理日常工作，把节能减排的指标任务，分解到各科室、各辆车，落实到位。

（三）根据单位工作性质，认真学习“十三五”节能减排综合性工作方案，加强宣传，进一步提高对交通节能减排工作的认识。交通行业是节能降耗的重点行业，节能减排工作人人有责。领导干部积极带头参与上级主管部门、县政府宣传部组织的大型“节能减排、绿色环保”宣传活动，向广大参与或未参与交通运输的广大人民群众发放近千份节能知识宣传单，营造良好舆论氛围，大力促进交通运输行业节能减排与低碳发展。

（四）结合××县县城迁建实际，大力支持××县新县城移民搬迁期间“临时城市公交试运行”战略，打造低碳交通、建设低碳城市。推动公交运输装备水平的提高，鼓励使用新能源、节能环保型公交车辆，为移民群众提供方便周到、快速准时、经济舒适、绿色环保、安全可靠的交通服务，积极引导移民选择公共交通作为主要出行方式，提高公共交通出行分担率。

（五）加强运输市场管理，优化运力结构。认真履行“三关一监督”职责，强化运输市场管理，抓好道路运输市场清理整顿工作，严厉打击非法营运车辆，坚决取缔高耗能的客货运车辆。规范客运经营秩序，对机动车维修户进行年检检查，监督维修业户提高服务水平，降低车辆维修成本。在全社会大力倡导节能驾驶，广泛渗入驾驶培训工作。认真总结和推广汽车节能驾驶操作经验，将节能意识和技能在驾驶培训工作大力推广，提高了培训普及率，加大了运输企业节能驾驶教育培训力度。

（六）重视生产生活管理，提高节能减排水平。以创建节约型机关为契机，从节约一滴水、一度电、一粒米、一张纸、一升油的小事入手抓管理。

1. 坚持节约用电。严格控制照明用电，对单位新办公楼的电线、电灯、走廊照明灯具进行更新。安装走廊照明灯声光控开关，避免走廊“长明灯”“白昼灯”情况的出现，做到人走灯灭。要求干部职工在办公室自然光照较好时，不使用照明灯具；在使用电脑、打印机、传真机、复印机等办公自动化设备时，尽量减少待机时间，下班前关闭各类电器设备的电源。

2. 坚持节约用水。加强单位用水管理，定期对供水管线进行检查维修，消除水管跑、冒、滴、漏水现象。

3. 坚持节约用油。严格单位公务车辆管理，公务用车一律按照《公务用车管理制度》管理，由所办公室统一合理调配，减少单独派车，提倡在集体公务活动中合乘公务用车，避免公车不必要的浪费和公车私用。短距离公务外出由个人乘坐摩托车。同时严格要求驾驶员遵守机关公务用车制度，落实公务车辆节能措施，加强车辆日常保养，对发现的一般性问题和故障，及时排除，尽可能减少大修大开支。

4. 坚持节约办公用品。充分发挥办公自动化优势，有效利用电子公文传输系统收发和办理文件，严格控制纸质文件印刷数量，尽量在电子媒介上修改文稿，减少办公用纸使用次数。办公用纸双面打印或重复利用，草拟文件一律使用单面废弃纸张起草，推行无纸化办公，严格控制办公用品的使用量。打印机、复印机的墨粉用完后，重新灌装，重复使用，促进办公用品的高效利用和循环利用，严禁铺张浪费现象在单位内部蔓延。

二、存在的不足

（一）节能减排压力不断加大。交通运输业消耗能源量，然而快速发展的交通运输业又是全县经济快速发展的重要保障，消耗总量和增长速度呈加快趋势，能源供给相对不足，势必给节能减排带来更大的压力。

（二）运输结构不合理。因县城历史发展的滞后，运输结构特别是客货运力结构不合理的问题突出，城市运输车辆存在着多、散、杂的特点，无法进行集中治理，高能耗、高排放的老旧车辆淘汰缓慢，节能环保型车辆推广进展不快。

（三）清洁能源设施滞后，推广缓慢。

（四）节能减排工作基础薄弱。干部职工对节能减排工作的思想认识不够深刻，对辖区内道路运输行业的宣传力度还有待加强。

三、下一步工作打算

（一）进一步深化宣传教育推动节能减排。加强节能减排法律、法规宣传活动，倡导“少开一次空调、少坐一次电梯、少开一天车、出门关灯、随手关水、节约用纸”，积极发动干部职工从身边、细节、点滴入手，防止跑冒滴漏，鼓励干部职工找漏洞，出点子，搞创新，提高节能意识，落实各项节能措施，做到下班检查各科室电器、灯是否关闭，做到人走灯灭，切断空调电源，杜绝长明灯、长流水，营造“人人讲节约、事事讲节约、时时讲节约”的良好氛围。

（二）要进一步健全完善本单位节能管理的规章制度，进一步加强管理推动节能减排。建立健全“目标明确、责任落实”的节能减排管理制度，落实责任，严格督查。对耗电高的办公设备逐步进行淘汰，节约办公费用开支，提倡节约用纸、用电和办公用品，减少一次性办公用品的使用。

（三）及时查找工作中存在的问题。抓住重点，突破难点，提出改进的办法和措施，要在节能技术上进一步加大投入，加强对高耗能设施的管理，严格控制能耗。

（四）创新工作思路和方法，进一步建立和完善符合实际的机关节能工作责任制度，把各项工作和措施落到实处，使节能行动取得实效，全面完成既定的节能减排工作目标任务。

总之，一年来，通过抓节能减排工作，和县政府统一安排部署的节能减排活动和单位自身开展的一系列宣传学习活动，增强了干部职工的资源忧患意识和节约意识，提高了资源管理水平，获得了宝贵经验，收到了现实成效。在下一步工作中，我所将在上级主管部门的领导下，努力转变观念、转变作风、加强监管，把提高工作效率与开展资源节约活动有机地结合起来，不断总结和探索，挖掘潜力，采用新办法、新措施，完成节能减排目标，降低行政成本，建设资源节约型、环境友好型的交通行业，促进交通事业又好又快发展。

××县交通运政管理所（公章）

20××年 12 月 31 日

【简析】这是一篇部门工作总结，格式规范。标题选择最通用的完整式，由单位名称、时间、内容和文种构成。前言部分简明扼要地介绍总结的背景、时间、成效等内容。主体部分：年度节能减排工作情况，即成绩与经验，详细写了所取得成绩与工作的做法，内容翔实具体，重点突出。存在的问题，即问题和教训，分析客观。下一步打算，结合工作中存在的问题提出改进工作的思路，思路清晰。结语部分表明继续做好工作的决心，文字比较简洁。落款规范，由于要上报，需加盖公章。

【思考练习题】

1. 请为本单位或部门开展的某项活动写一份简报。
2. 请为本单位拟写一份年度工作计划，并根据这份计划完成的情况写一份总结。

第四节　述职报告

一、述职报告的含义和作用

（一）述职报告的含义

述职报告是党政机关、企事业单位、人民团体的干部或专业技术人员，就自己履行岗位职责的情况，进行自我回顾和自我评述而写成的，是向主管部门、组织人事部门或本单位的职工群众进行陈述汇报的事务文书。

述职报告或当众宣读，或呈进给特定的上级领导审阅，具有很强的透明性和应用性，其写作质量的高低，包括思想观点、材料内容、结构安排及语言运用等的优劣，都直接反映述职者的工作实绩、态度和基本素质，也影响着述职者的发展，因而受到人们的关注和重视。

（二）述职报告的作用

1. 考核与管理

述职报告是我国社会主义现代化建设过程中，建立和实行新的干部管理体制和专业技术管理人员管理及考核体系的一种重要工具。领导和组织人事部门通过干部或专业技术人员的述职，对他们进行考核和管理，以便选拔和任用德才兼备的干部，评价和褒奖专业技术人员。

2. 评议与监督

述职报告是领导干部或专业技术人员与本单位的职工群众进行思想感情和工作见解交流的重要载体。职工群众通过相关人员的述职报告，不仅了解他们的工作和履职情况，而且监督和评议他们的工作，从而强化他们的公仆意识、责任意识。

3. 总结与改进

述职报告便于促进被考核领导干部或专业技术人员不断总结经验，明确自身职责，努力提高政治思想水平、领导才干和业务素质，进而更加勤政廉政、爱岗敬业，提高工作效率。

二、述职报告的特点

（一）主体的法定性

述职的主体是担任一定职务的干部或履行一定职责的专业技术人员者向特定对象陈述自己履行岗位职责的情况，不任职者，则不存在“述职”。任何单位和个人都不得替代其他单位和个人进行述职，述职主体总是以第一人称的口吻，对自己的有关情况进行自我述评，而不是从第三者的角度检查、总结和评价他人的工作情况。

（二）内容的规定性

述职报告是以“职”为其所“述”的对象，必须根据自己一定时段所在岗位的职责、目标的履行情况，从德、能、勤、绩、廉诸方面进行报告。国家、部门或单位规定了每一个岗位的职权范围、责任和目标，因而述职报告的内容也是十分明确的。所写的内容必须真实，是实实在在已经进行了的工作和活动，事实确凿无误，切忌弄虚作假。

（三）表达的述评性

从表达方式来看，述职报告既有述也有评。所谓述，就是要求报告人述说自己在一定时期内履行职责的情况。所谓评，就是要求报告人依据岗位规范和职责目标，对自己任期内的德、能、勤、绩、廉等方面的情况，作自我评估、自我鉴定、自我定性。

（四）时效的特定性

述职报告是述职者在特定的时限，为接受一定的考核而拟写的。无论是任职期满、试聘期满、年度结束的述职报告，还是上级领导不定期、临时布置的一些述职活动所需的书面材料，都必须在规定的时间内拟写完毕，否则就会影响对述职者的考核，甚至影响全局工作，迟到的述职报告也就失去了它应有的时效。

（五）价值的鉴定性

述职报告既是上级领导考核鉴定的依据，又是群众民主评价的基础，最后的材料将作为述职者升迁、留任、降职或调任等的重要凭据而纳入干部或专业技术人员管理档案。述职报告的作用程序和最终目的决定了它非可有可无，而是具有相当的行政约束力，具有鉴定审核的实际价值特征。

三、述职报告的分类

述职报告的分类，可以从几个不同的角度进行划分，因而存在着交叉现象。

（一）从内容上划分

（1）综合性述职报告：是指报告内容是一个时期所做工作的全面、综合的反映。
（2）专题性述职报告：是指报告内容是对某一方面的工作的专题反映。
（3）单项工作述职报告：是指报告内容是对某项具体工作的汇报。这往往是临时性的工作，又是专项性的工作。

（二）从时间上划分

（1）任期述职报告：这是指从任现职以来的总体工作进行报告。一般来说，时间较长，涉及面较广，要写出一届任期的情况。
（2）年度述职报告：这是一年一度的述职报告，写本年度的履职情况。
（3）临时性述职报告：是指担任某一项临时性的职务，写出其任职情况。

四、述职报告撰写要领

（一）标　题

1. 单标题

可用文种名词作为标题，直接写“述职报告”；也可在文种前加时间、职务等，如《2021年度述职报告》《2017 年至 2021 年担任××局长职务期间的述职报告》等。

2. 双标题

双标题由正副标题组成。正标题一般采用常规文文章标题写法，写主题，或者写述职报告类型；副标题采用公式化写法，写述职场合。如《继往开来，与时俱进，为建设教学应用型大学而奋斗——在××大学第×届教职工代表大会上的述职报告（2020—2021 年度）》《市党代表述职报告——在中国共产党××市第×届代表大会第四次会议上》。

（二）称　谓

称谓是述职者面对的对象。向上级的述职报告，称谓为主干单位或本门的名称，如“××县人大常委会”“××组织部”；对大会的述职报告，因面对的是领导和本单位职工，可直接写“各位领导，各位代表，同志们”之类的称谓，具体根据会议性质及听众对象而定。

（三）正　文

正文是述职报告的核心和关键。由前言、主体、结尾三部分组成。

1. 前　言

是整个正文立标定调部分，陈述述职人的基本情况，一般应简要交代任职的自然概况（何种职务、职称、任职时间）、岗位职责及个人认识以及对个人履行职责的总体评价等。述职者面对的对象或呈报的部门或负责人听众在对报告的全貌有一个大致的了解，也能够统领全篇，激发听取的兴趣，启发和引导听众积极思考。

2. 主　体

主题是关键部分，从德、能、勤、绩、廉等方面写履行职位职责的情况，内容包括自己的工作思路、工作指导思想、工作实绩及工作的成效和经验，要注重介绍有代表性的典型的工作实绩，并写明其起止时间。

主体要述、评结合，要写得翔实有价值，既要避免空洞、抽象地表述自己的政绩或专业业绩，又要防止面面俱到，不分轻重，对一些难题的应对思路和重大问题的解决过程以及最后的效果和影响，要交代得一清二楚。

主体部分一般有三种形式：

一是横式结构，即按照事物的性质和逻辑关系写履行职位职责的情况，如例文《2020 年度××乡班子述职报告》。

二是纵式结构，即按照时间先后和事物发展的自然顺序安排内容。此种结构用得较少。

三是纵横交叉式结构。既考虑时间的先后顺序，又注意内在的逻辑联系。有的是先把工作进程按时间先后顺序写出来，然后再把每一段进程中的若干具体做法分别陈述出来；有的则是先按逻辑顺序把材料归纳成几个方面，然后分别按照工作展开的顺序先后加以陈述。这种结构多用于某一阶段的述职报告。

3. 结　尾

概述存在的主要问题、工作中的失误及原因、改正措施以及努力方向，表示自己尽职尽责的决心、做好本职工作的愿望和努力目标。报告结束时要有礼貌用语，如“以上述职报告妥否，请予审议！”“谢谢大家！”

（四）落　款

包括述职人姓名或述职单位名称与具体报告时间。

五、写作注意事项

写好述职报告要把握五个要点：

（一）述评结合，真实客观

述职报告是干部工作业绩考核、评价、晋升的重要依据，述职者一定要实事求是、真实客观地陈述，力求全面、真实、准确地反映述职者在所在岗位职责的情况。

写作时要以事实和材料为依据。事件材料必须真实可信，数字要准确可靠。背景材料要有辅助性，能与事实形成鲜明的对比或者烘托。材料的来源主要依靠以下途径：个人述职材料要注意平时积累，因是自己的履职情况，材料会更真实可信；集体述职的材料，一是开座谈会，与会人员要具备代表性，各方面的人都要有，这样得来的材料才不至于偏颇；二是个别走访；三是查阅各部门递交或者以往的文字材料，诸如计划、简报、部门总结、会议记录、统计报表等。

没有分析与归纳，这样的述职报告仅仅只是一篇汇报材料而已，只能作为资料收藏，对实践工作毫无指导意义。因此，述职人必须持严肃、认真、慎重的态度，既要对自己负责，也要对组织负责，对群众负责。对工作的走向，前因后果，要叙述清楚，评得恰当；所叙述的事情，要概述，让人一目了然，并从中引出自评。述职报告一定要讲真话、讲实话、讲心里话，述职者的自我评价一定要客观，做到与事实相符，既不自吹自擂也不过分谦虚。切忌浮泛的空谈，切勿引经据典地论证，定性分析必须在定量证明的基础上进行。

（二）点面结合，重点突出

述职报告的写作目的不是为了炫耀功绩，而是为了说明述职者是否称职，因此，写述职报告不能贪多求全，顾及方方面面，什么工作都写，而要突出重点，写出亮点。

为了突出重点，述职报告写作中就要点面结合。可先把过去一段时间之内所做工作的材料全面地搜集起来，包括面上的材料与点上的材料、正面的材料与反面的材料、事件材料与数字材料以及背景资料等，然后进行筛选、整理，分清哪些是重点工作，哪些是一般工作，对于重点工作详写，而一般工作则略写。

述职报告不仅要突出重点，而且要突出亮点。亮点就是特色，要对开展的工作分析研究，提炼出工作的特色，把零散的感性的事实与材料上升到理性的高度，引出让人看得见、摸得着、用得上的规律。这样的述职报告才不会造成千篇一律的面孔，才会确实具有指导意义。

（三）结构紧凑，语言浅近

述职报告切忌仅是简单地罗列事实。面对众多的述职材料，述职者在动笔之前要精心构思，根据具体情况来确定采用什么结构。只有条理清楚，才能克服罗列事例、堆砌数据、就事论事和平铺直叙、面面俱到的毛病，才能突出重点，用有限的篇幅勾勒出完整的自我形象。

由于述职是人和人之间的传播活动，需要更加适应人们的接受心理，拉近述职者和听众的心理距离，这就特别讲究语言的大众化、口语化。写作时多用短句子，注意长短交叉合理；

慎用文言和欧化语；少用单音词，避免同音不同义或易混淆的词语，不随便使用简略语。

【例文】

××县财政局综治工作述职报告

2020 年，财政局认真贯彻县综治委、县财办创安工作精神，坚持预防为主方针，加强组织领导，明确目标责任，完善基础建设，健全治安网络，在财政部门营造了一个安定团结的治安环境，确保了我县财政工作的顺利开展。

一、夯实基础，抓好“四个到位”

1. 组织领导到位

为了加强对社会治安综合治理工作的领导，我局成立了以局长为组长，分管机关副局长、纪检组长为副组长的社会治安综合治理工作领导小组，由监察、人教、办公室等单位相关人员组成工作专班，负责协调、督导、检查工作，并对楼栋民调小组、治保小组、矛盾纠纷调处小组人员进行了相应调整和充实，为我局社会治安综合治理工作的顺利开展提供了强有力的组织保证。

局领导高度重视社会治安综合治理工作，经常深入基层调查研究，对工作中出现的新情况、新问题及时进行指导、解决；2 次到综治联系点检查指导工作，促进了综治工作的顺利开展。

2. 目标责任到位

按照全县统一部署，根据自身实际，以[××年]36 号文件制订印发了切实可行的《某财政局××年年社会治安综合治理工作计划》，进一步明确了目标任务和方法步骤。单位一把手与二级单位负责人、基层所所长签订年度工作目标责任状时，将社会治安综合治理工作纳入考核范畴，做到与财政主要工作同时规划、同时部署、同时考核、同时奖惩、同时查检督办，并将干部工资发放与工作完成情况挂钩，每月只发放 80%，20%在年底实行奖惩兑现；各单位根据责任状制订本单位职责，将社会治安综合治理目标任务分解落实，细化到项，责任到人，局办公室也与办公楼、家属院门卫、水电工分别签订了责任状，形成了上下联动、一级带一级、一级抓一级、一级督一级、一级对一级负责的责任管理机制。

3. 宣传发动到位

凡机关综合性会议，局领导必讲综治工作，统一认识，增强防治观念；社会治安综合治理工作领导小组定期召开专题会议，研究部署综治工作。并有计划、有步骤地举办各类宣传教育，组织学习有关综治文件及领导讲话精神，切实加强财政“四五”普法教育和综治专题教育；采取出墙报、贴标语、办公开栏等形式大力宣传创安政策法规，使之深入人心，不断增强财政干部职工法制意识、综治工作参与意识和创安达标意识。在此基础上，做到“五上墙”。即综治方面固定标准上墙，创安领导小组名单上墙创建治安模范单位的标准和目标上墙，治保小组成员名单和工作职责上墙，民调小组成员名单和工作职责上墙，进一步突出了创安工作位置，为创安工作顺利开展营造了良好的氛围。

4. 督办落实到位

没有有效的监督检查，社会治安综合治理工作就容易流于形式，很难收到实效。为此，我们采取得力措施，加强督办落实。

一是实行定期汇报制度，要求各单位每季度汇报一次社会治安综合治理工作，及时总结经验、查找不足；二是开展经常性检查，督办综治工作落实情况，将隐患消灭在萌芽状态；及时纠正工作中的不良倾向，制定改进措施，督促整改落实；三是实行责任追究制和一票否决制，规定对整改落实不到位、弄虚作假、欺上瞒下的一律取消单位评先资格，并对单位负责人进行严肃处理。

二、规范管理，加强“三项建设”

1. 加强制度建设

完善门卫制度、水电管理制度、小车管理制度、值班制度、调解治保制度和日常管理制度，进一步规范机关管理，确保安全无事故。对机关大院、家属楼大院由门卫担任监督员，常日值班，对独立办公单位，由职工24小时轮流值班，并坚持小车进库制度，确保机关、车辆安全无事故。加强矛盾纠纷排查调解，今年共调解各类纠纷3件，调解率100%，调解成功率100%。在春节、国庆节等重点节假日，做到早安排，早防治，各单位现金不库存，票据集中管理，确保不断岗、不缺人。

2. 加强队伍建设

一是加强流动和暂住人员管理，立卡建档，随时掌握变化；二是加强财会人员管理，严格执行《财务集中核算制度》，坚持“四统一”，即：统一账户，统一核算，统一审批，统一采购，确保无违纪违规事件发生；三是加强原练习人员管理。继续实行包保责任制，巩固练习者教育转化成果，使系统内的一名原练习者从思想上、行动上与彻底决裂。

3. 加强基础建设

加大投入力度，完善安全设施基础建设，具体做到“五个落实”：即落实办公楼、家属楼总栅门，对损坏、锈蚀的铁栅栏进行了修补；落实重要股室防盗门及有关安全设施；落实自行车、小车库；落实办公楼消防设施，添置更新了灭火器、消防栓；落实安全用电设施，对局配电房进行了维修，扩大变压器容量，添置散热空调，更新已老化线路，及时消除了安全隐患。同时加强环境建设，建成苗圃、绿化带，落实“门前四包”，“六有八无”，确保庭院管理规范，机关环境绿化、美化、净化、亮化。

三、注重实效，做好“三个结合”

1. 与文明创建工作相结合

始终坚持将社会治安综合治理作为文明创建的一项重要内容来抓，促进了文明创建工作的深入开展。截至目前，在系统内18个单位中，有2个创建成省级文明单位，1个创建成某县文明单位，11个创建成某级文明单位，4个创建成某级文明单位，创建面达100%，被县委、县政府命名为“文明系统”。

2. 与党风廉政建设相结合

坚持民主集中制原则，定期召开民主生活会，对系统内党员干部建立了廉政建设档案，其内容主要包括党员干部每年的述廉报告、廉政勤政考评记载、个人及家庭重大事项报告等；定期对独立核算单位实行经费审计，对拟离任单位负责人实行经济责任审计。

3. 与财政各项工作相结合

根据财政工作实际，强化措施，维护稳定发展大局。充分发挥财政部门职能作用，积极参与和支持企业破产改制，努力构建社会保障体系，及时拨付困难补助资金、安置费等，确保了某等一批企业破产改制的顺利进行；在税收入库不均衡的情况下，多方筹措资金，确保了农业、教育、科技等重点支出的需要，并根据社会治安综合治理工作的需要，对政法和社会治安综合治理等部门所需的经费，给予财力上的支持和保障；积极开展《会计法》执法大检查，开展财政监督检查，规范会计管理，维护财经秩序；积极推行部门预算、国库集中收付、政府采购、收支两条线等财政四项改革，规范财政管理行为；严格政府债务管理，加大农金会借款、财政周转金及干部个人借款清收力度，实行常年征收，取得了初步成效。

回顾今年来的工作，我们虽然取得了一定成效，但同时也存在着一些不足，主要表现在工作不平衡、软硬件设施有待加强等方面，我们将再加领导，再加措施，再加力度，将我县财政系统综治工作进一步完善，抓紧抓实，抓出成效，推动财政工作全面发展，为全县经济发展和社会稳定作出更大的贡献！

【简析】报告前言对××县财政局综治工作进行总体评价；主体部分从三个方面述评××县财政局综治工作情况，述得真实，评得客观；结尾概述了存在的不足，提出了今后努力的方向。全文格式规范，各要素齐全。虽是单项工作述职报告，但综治工作涉及面广，因此文章采用横式结构，从抓好“四个到位”、加强“三项建设”、做好“三个结合”几个方面写综治工作情况，条理清楚，重点突出。不足之处在于对今后需要改进的工作写得有些简单。

【思考练习题】

1. 述职报告的作用和特点是什么？
2. 写一份个人述职报告。

第五节　启事 声明

一、启　事

（一）启事的含义

启，即告知、陈述。启事指单位或个人就某项具体事项告知一定范围的公众，以寻求帮助或者希望参与相关活动的事务文书。

（二）启事的作用

启事主要用于发布信息，提请关注，寻求帮助或协助办理，征召人员、稿件、方案等。启事的作用须通过媒体或其他方式公开传播才能显现。

（三）启事的种类

按照启事的作用、内容性质，可以分为以下几种类型：

（1）寻找类启事：主要包括寻人启事和寻物启事。

（2）声明类启事：主要用于发布信息，引起关注，或者表明立场，包括开业、停业启事，迁址、更名启事，遗失作废、更正修订启事等。

（3）征召类启事：主要用于征集人员或稿件、方案等，包括征稿启事、征集方案启事、征订启事、征婚启事，人员招聘启事、招标启事、招领启事、招租（寻租）启事等。

（四）启事的特点

1. 公开性

启事的主要传播方式是公开发布，或者在一定范围公共场所张贴，或者在公共媒体发布。

2. 告启性

启事发布的主要目的是告知相关人群相关信息，以寻求知晓、协助或者帮助，具有鲜明的告启性。

3. 灵活性

启事用途广泛，内容丰富，写作、传播灵活，具有很强的灵活性。

（五）启事写作要领

启事一般包括标题、正文、落款三个部分。

1. 标　题

启事的标题形式多样。或者单独由文种名称作为标题；或者由“事项 + 文种”组成，如“开业启事”“寻物启事”“寻人启事”“招聘启事”等；或者由“启事主体 + 事项 + 文种”构成，如“东方公司招聘启事”“《红岩》杂志社征稿启事”等。

2. 正　文

不同的启事种类，正文内容和结构安排有所不同。

（1）寻找类启事。

寻找类启事正文主要由遗失物品的构成、显著特征或走失人的主要特征，遗失（走失）地点、时间，希望在人们的帮助下失而复得的强烈愿望、表示谢意的感情，联系人、联系方式等部分组成。

（2）声明类启事。

声明类启事正文包括缘由、声明事项的具体内容两部分内容。

（3）征召类启事。

征召类启事正文一般包括征召目的、对象、要求、相关注意事项等部分内容。若内容复杂，常分条目陈述。招领启事正文则相对简明、笼统，常用模糊语进行表达。

3. 落　款

落款由启事者、时间组成。

（六）例文评析

【例文一】

上海市阳光社区青少年事务中心杨浦区工作站招聘启事

上海市阳光社区青少年事务中心（以下简称“市阳光中心”）是于2004年2月经上海市民政局批准注册成立的民办非企业单位，主管单位为共青团上海市委员会。市阳光中心实行理事会领导下的总干事负责制，理事会成员由社会工作专业的专家学者、青少年工作者和热心青少年事务的社会人士组成。市阳光中心承担政府委托的14-25周岁本市常驻人口中的未进一步就学和没有稳定就业的青少年教育、管理和服务事务，负责对全市青少年事务社会工作者进行业务指导、管理和调配，支持其参加资格认证、职业培训等。

杨浦区工作站是设立在杨浦区，负责对区内所属青少年事务社工进行业务指导、绩效考核和日常管理的站点。

在市阳光中心、杨浦区政法委和杨浦团区委的关心和指导下，在每位社工同仁的共同努力下，十几年来，市阳光中心杨浦工作站获得了多项殊荣：2006年度、2009至2013年度荣获“上海市阳光中心优秀工作站”；2013年荣获上海市青年五四奖章集体；2015年荣获上海市阳光中心“优秀项目”二等奖；2017年“春天的蒲公英——小法官网上行”活动组织奖等；2018——2019年年度上海市禁毒工作先进集体等。

一、招聘职位

青少年事务社会工作者

二、招聘区域及人数

杨浦区，4人

三、主要岗位职责

1. 运用社会学、心理学、法学等相关知识，以社会工作的价值观和专业伦理为准则，运用专业的方法和技巧，了解和把握14-25周岁本市常驻人口中的未进一步就学和没有稳定就业的青少年的动态，深入群体并协助其解决就学、就业等实际困难和社会适应问题；

2. 开展个案、小组、社区等专业服务，预防青少年违法犯罪，协助他们实现自我发展；

3. 动员和发展社会各方力量共同开展工作，整合社会资源，维护相关社会关系；

4. 运用上海市青少年事务社会工作系统做好专业工作记录及维护。

四、岗位要求

1. 上海市户籍，年龄在30周岁（含）以下（1991年3月22日后出生）；具有相关专业（社会学、心理学、法学、教育学、行为学等）年龄可以放宽至35周岁（1986年3月22日后出生）。身心健康，能胜任岗位工作。计算截止时间为2021年3月22日。

2. 本科及以上学历（以学信网鉴定报告为准）不限专业；具有相关专业（社会学、心理学、法学、教育学、行为学等）可放宽至大专学历（以学信网鉴定报告为准）；

3. 具有良好的政治素质，热爱青少年社会工作，具有社会责任感；诚实守信，性格开朗，具有亲和力；遵守国家法律和法规，无违法违纪行为和不良记录；

4. 具有良好的语言及书面表达能力，擅于交际与沟通，熟悉青少年心理活动思维，熟悉社区网络，具有一定的组织与协调的能力，富有团队协作精神；

5. 具有助理社会工作师、社会工作师或助理心理咨询师、心理咨询师资质证书者优先考虑；

6. 具有市级志愿者服务经历者优先考虑；

7. 中共党员优先考虑。

五、招聘办法

秉承公开、平等、竞争、择优的原则，采取笔试和面试相结合的方法，根据笔试和面试的综合成绩，经体检、政审合格后予以录用。

六、合同与薪资

被录用人员与市阳光中心签订劳动合同并参照沪综治办［2016］56 号文件核定职级发放薪资，薪资结构分为基本工资、绩效奖金、全勤奖金、其他补贴等，试用期薪资以核定职级薪资的 80%发放。

七、招聘方式

笔试和面试

八、截止日期

即日起至 2021 年 4 月 5 日

九、报名办法

将个人简历发送至 scyc_yp@126.com。

（2021-03-24 来源：上海市杨浦区人民政府官网）

【简析】这是一则人员招聘启事。标题由“启事主体 + 事项 + 文种”构成。正文首先对启事发出者“上海市阳光社区青少年事务中心”进行简介。正文主体部分以条目形式发布招聘职位、招聘区域及职数、主要岗位职责、岗位要求、招聘办法、合同与薪资、招聘方式。最后介绍截止日期、报名办法。本例文内容具体，层次分明，表述简明。主要不足是应聘人员条件、要求不明确。

【例文二】

纪念中国自然资源学会成立 30 周年
征稿启事

2013 年 10 月 23 日，是中国自然资源学会成立 30 周年纪念日。我会成立 30 周年以来，在促进资源学科发展、服务社会经济建设、构建学术交流平台、普及资源科学知识、增强学会影响力与凝聚力等方面取得了显著成绩。

为传承历史，继往开来，再创佳绩，学会理事会研究决定举办系列纪念活动。组织撰写纪念性学术论文，在学会主办的《自然资源学报》《应用基础与工程科学学报》《资源科学》《Journal of Resources and Ecology》《干旱区资源与环境》等期刊设立专栏，是系列纪念活动的一项重要内容。

投稿具体要求如下：

1. 围绕资源科学考察、资源学科发展、资源研究的方法手段、资源教育与人才培养、资源利用的开发与推广、资源信息与数据积累、资源科学普及等，要与学会发展、学科建设相结合。例：自然资源综合科学考察与学会发展；学会在促进资源科学发展中的地位与作用；资源信息数据共享与学会会员的科技需求。

2. 投稿需契合各刊办刊宗旨，论文格式、评审程序及版面费、稿酬等，按照各期刊要求执行。

3. 文头注明纪念中国自然资源学会成立30周年征文字样，文末注明作者姓名、工作单位、通信地址、邮政编码、联系电话等信息。

4. 征稿日期：即日起至2013年3月30日止。

投稿邮箱地址：

《自然资源学报》：zrzyxb@igsnrr.ac.cn

《应用基础与工程科学学报》：jbse@iee.pku.edu.cn

《资源科学》：zykx@igsnrr.ac.cn

《Journal of Resources and Ecology》：jorae@igsnrr.ac.cn

《干旱区资源与环境》：kexue2006@163.com

中国自然资源学会秘书处：csnr@igsnrr.ac.cn

中国自然资源学会成立30周年纪念活动筹备工作组

2012年10月31日

（载《资源科学》2012年11期）

【简析】这是一则征稿启事。标题“启事事项 + 文种”构成。正文首先介绍征稿缘由、征稿目的、征稿主题、征稿具体要求、投稿方式等。由于内容较多，结构方式上采用条目式，醒目、清晰。落款具体。

二、声　明

（一）声明的含义

声明即公开表态或说明事实真相。作为应用文，声明是告启类事务文书的一种，指党政机关、企事业单位、社会团体、其他组织及个人就有关事项或问题向社会公开表明自己立场、态度的事务文书。声明一般在公共平台发布，既可以在报刊、网络登载，也可以通过广播电台、电视台播发，还可以在适当范围进行张贴。

（二）声明的作用

（1）郑重表明立场、观点和态度。

（2）警告和警示。

（3）依法保护当事人合法权益。

（三）声明的种类

按照声明的作用、内容性质，可以分为以下两种类型：

（1）维权声明：当事人的某种合法权益受到侵害，为维护自己的合法权益、引起公众关注，并要求侵权方停止侵害行为而发表的声明。

（2）说明性声明：对遗失、变更等情况加以说明，以引起公众和相关当事人关注的声明。

（四）声明的特点

1. 公开性

声明的主要传播方式是公开发布，或者在一定范围公共场所张贴，或者在报刊、电台、电视台、网络等公共媒体发布。

2. 庄重性

声明是当事人（机关、单位、组织或个人）对相关重要事项立场、态度的对外宣示，具有鲜明的庄重性。

（五）声明写作要领

声明一般包括标题、正文、落款三个部分。

1. 标　题

声明的标题一般包括三要素：声明发布者 + 事项 + 文种。如"《中医药学报》关于抵制学术不端行为的声明""中华医学会对一稿两投和一稿两用问题处理的声明""《西部金融》改版声明"。若是联合声明，还须在文种词"声明"之前加上"联合"一词，如"中美关于建立无烟工作场所伙伴关系的联合声明"。

声明标题也可省略表达。第一种情况是"声明发布者 + 文种"，如"《现代医药卫生》杂志编辑部严正声明""本刊声明""××（集团）有限责任公司声明"；第二种情况是"事由 + 文种"，如"律师授权声明""版权声明""对一稿两投问题处理的声明"；第三种情况是文种词成为标题，如"严正声明""特别声明""声明"。

2. 正　文

首先简明扼要地写明发表声明的情况、背景、原因等，接着对相关问题郑重、明确表明立场、态度。

3. 落　款

落款由署名、时间和附项三项内容组成。有的声明正文内容中写有希望公众检举揭发侵权者等内容，还应在署名右下方附注相关单位地址、电话、邮箱地址等，以便联系。

（六）例文评析

【例文一】

太极集团有限公司关于不法分子冒用太极集团名义涉嫌开展违法犯罪活动的声明

近日，太极集团有限公司（以下称"太极集团"）发现，有不法分子冒用"太极集团"的名义、太极集团官方 LOGO，运营名为"太极集团"的 APP，推出所谓"医疗新能源投资""医疗设备"等项目。了解到相关情况后，我司高度重视并立即展开调查。经核实，我司从未创建、使用、运营上述 APP，且从未授权他人创建、使用、运营上述 APP，从未委托任何个人、单位为委托代理人。

对此，太极集团郑重声明：

1. 我司与上述“太极集团”APP 的运营没有任何关联关系，前述 APP 及关联方所从事的一切行为，均与我司无关。

2. 我司正告不法分子，停止一切损害我司名誉及侵害人民群众合法权益的不法行为。我司将通过法律途径严肃追究不法分子的法律责任。

3. 我司在此提醒广大投资者，谨防不法分子冒用我司名义和信息开展非法活动，在投资过程中对相对方的资质进行严格审核，提高警惕，避免上当受骗，遭遇非法侵害应立即向属地公安机关报案。

特此声明

太极集团有限公司

2021 年 7 月 26 日

（来源：太极集团官网 https：//search.taiji.com/）

【简析】这是一则维权声明。标题为完整式。正文首先介绍近期不法分子冒用太极集团名义涉嫌开展违法犯罪活动的情况以及太极集团开展的相关调查核实情况，接着表明 3 点态度：第一，集团与上述“太极集团”APP 的运营没有任何关联关系；第二，正告不法分子，停止一切损害我司名誉及侵害人民群众合法权益的不法行为；第三，提醒广大投资者，谨防不法分子冒用我司名义和信息开展非法活动，在投资过程中对相对方的资质进行严格审核，提高警惕，避免上当受骗。态度鲜明，立场确定，层次清晰，逻辑严密。

【例文二】

中国科协所属全国学会
关于加强科技期刊科学道德规范营造良好学术氛围的联合声明

中国科协所属全国学会主办的科技期刊是我国科技期刊的代表性刊群。为加强科技道德规范，促进科研诚信，维护学术活动的严肃性和声誉，营造学术期刊良好的学术氛围，提高我国科技工作者和科技期刊编辑出版队伍的职业道德水平，保障我国科技事业的健康发展，为创新型国家建设做出积极贡献，我们郑重发表联合声明。

一、注重科学道德建设，弘扬创造精神

弘扬创造精神，坚持开拓创新，促进学术交流，服务科研生产，积极推动科技进步；努力传播科学知识，率先垂范成为先进文化的实践者；注重科技人才培养，推动专业技术人才科学素质和创新能力的提升；加强职业道德修养，提倡追求真理、实事求是，团结协作、诚实劳动的优良品质，提高科研诚信意识，为繁荣我国科技事业而积极努力工作。

二、注重学术诚信教育，规范学术行为科技期刊应尊重作者权益，对存在署名有争议、引用他人著述未注明出处、不诚信地一稿多投、抄袭、剽窃、弄虚作假等学术不端行为的文章，坚决拒绝刊登。一经发现，由本刊或联合中国科协所属相关科技期刊视情节轻重给予书面警告、拒绝刊登有其署名的稿件、通知其所在单位等处理；轻者给予 3～5 年不允许刊发其论文的处罚，情节严重者，将以适当方式予以公布，终生不刊用该作者的论文，通报国家基金资助部门，并转请有关部门进行处理。若一个单位屡次出现学术不端行为，科技期刊将要求该单位对所投稿件作学术预审，并将只受理经过单位预审的来稿。当学术不端行为涉及单位负责人时，将通报上一级单位。

三、注重编者队伍建设，恪守职业道德

注重专家办刊，加强同行评议建设。发挥期刊编委会和审稿专家作用，严格稿件学术质量审查规范，客观、公正对待每篇稿件。建立明确的审稿、撤稿及发布制度，维护学术记录的真实性和准确性。如发现已发表的论文存在弄虚作假、抄袭剽窃或严重差错等问题，应在最短的时间内，通过及时发布撤稿声明，更正启事或公开致歉信等方式进行纠正，并通知收录有关文章的数据库予以撤稿。如发现审稿人利用审稿牟取私利乃至剽窃所审稿件内容时，将根据情节轻重分别予以警告、终身禁止其审稿乃至公开披露等处分。

四、注重作者队伍建设，遵循职业规范

所有论文署名作者均应对论文工作做出过实质性贡献，并对文章负责。论文投稿前，所有署名作者均须对稿件的全部研究内容进行审查，确保结果准确可靠，确保不存在学术不端行为，并同意署名及共同作者的署名排序。署名作者应对为此项研究做出过某种贡献的合作人员和机构予以感谢。论文发表时，应对非涉密研究项目获得的经费支持及来源予以标明。论文的作者应明确说明使用过或引用过他人的工作，如果发现已投递或发表的文章中存有问题，应有责任和义务及时予以修正或提出撤回。中国科协欢迎其他部门科技期刊共同努力，加强学术道德建设，强化科研诚信，营造良好的学术氛围，共同推动科技事业的健康发展和社会进步。

中国科协所属全国学会　全体科技期刊

2012 年 3 月
（载《针刺研究》2012 年第 5 期）

【简析】这是一则联合声明，属于说明性声明。正文首先阐明本声明事项的意义是“为加强科技道德规范，促进科研诚信，维护学术活动的严肃性和声誉，营造学术期刊良好的学术氛围，提高我国科技工作者和科技期刊编辑出版队伍的职业道德水平，保障我国科技事业的健康发展，为创新型国家建设做出积极贡献”，接着以明确而强硬的语言表明态度“郑重发表联合声明”。声明内容分条陈述，完整明确。

【思考练习题】

1. 启事有哪些种类？
2. 请为本单位拟写一份人员招聘启事。
3. 请为本单位拟写一份维权申明。

第四章　常见专用文书写作

第一节　协议　合同

一、协　议

（一）协议基础知识

1. 协议的含义与作用

（1）协议的含义

协议书有广义和狭义之分。

广义的协议书是指社会集团或个人处理各种社会关系、事务时常用的“契约”类文书，包括合同、议定书、条约、公约、联合宣言、联合声明、条据等。

狭义的协议书指国家、政党、企业、团体或个人就某个问题经过谈判或协商，取得一致意见后，订立的一种具有经济或其他关系的契约性文书。它是社会生活中，协作的双方或数方，为保障各自的合法权益，经双方或数方协商达成一致意见后，签订的书面材料；是当事人双方（或多方）为了解决或预防纠纷，或确立某种法律关系，实现一定的共同利益、愿望，经过协商而达成一致后，签署的具有法律效力的记录性应用文。

（2）协议的作用

订立协议书，其目的是更好地从制度上乃至法律上，把双方协议所承担的责任固定下来。作为一种能够明确彼此权利与义务、具有约束力的凭证性文书，协议书对当事人双方（或多方）都具有制约性，它能监督双方信守诺言、约束轻率反悔行为，它的作用，与合同基本相同。口头协议一律无效；书面协议有三种形式，即合同中的条款、独立的协议书及信函、电报、传真、电子邮件等其他书面形式。

2. 协议的特点

协议作为契约的一种，将双方经过洽谈商定的有关事项记载下来，作为检查信用的凭证，一经订立，对签订各方具有约束作用。它确定了各自的权利与义务，双方各执一张，作为凭据，互相监督、互相牵制，以保证合作的正常进行。

以就业协议书为例，就业协议书是高校毕业生（特有）和用人单位经过洽谈、协商，明确各自的权利和义务后达成一致意见的书面文书。其中也可以包括：服务期、工作岗位、工作内容、劳动保护和工作条件、工资报酬和福利待遇、协议终止的条件、违反协议的责任等内容。就业协议书的作用是：办理就业报到证；确定用人单位和毕业生之间各自权利和义务的书面文书，不同于劳动合同。其主要意义在于将毕业生与用人单位双方相互选择的关系确定下来，一般没有详细确定双方具体的权利与义务。

3. 就业协议书和劳动合同的区别

劳动合同则指用人单位在与劳动者确定工作关系后签订的关于双方权利与义务的协议。劳动合同具体内容包括：劳动合同期限、工作内容，劳动保护和劳动条件，劳动报酬，社会保险和福利，劳动纪律，劳动合同终止的条件，违约责任等。签协议后还要再签劳动合同，劳动合同可以约定试用期。《劳动合同法》第十九条规定，试用期劳动合同期限三个月以上不满一年的，试用期不得超过一个月；劳动合同期限一年以上不满三年的，试用期不得超过两个月；三年以上固定期限和无固定期限的劳动合同，试用期不得超过六个月

4. 协议的种类

协议书的种类与合同类似，主要有买卖协议，供用电、水、气、热力协议，赠与协议，借款协议，租赁协议，融资租赁协议，承揽协议，建设工程协议，运输协议，技术协议，保管协议，仓储协议，委托协议，行纪协议，居间协议等。

（二）协议写作要领

协议的内容根据不同的情况有时原则性强一些，有时相对具体一些，但基本内容主要是：一是协议事项。在合同中协议事项称为标的，即双方当事人要求实现的结果，共同指向的事物。如货物、劳务、工程项目等。协议事项同样是指这些内容；二是标明数量、质量、价金等；三是协议要求与违约责任。

协议的结构主要由四个方面组成：

1. 标　题

一般按协议事项的性质写出名称。

2. 称　谓

要写明签订协议的双方（或多方）单位名称和代表人姓名。为了行文方便，习惯上规定一方为甲方，另一方为乙方，如有第三方，可简称为丙方。在协议中不能用我方、你方、他方作为代称。

3. 正　文

主要由两部分组成：一是开头。开头主要写明双方签订协议的依据、目的和双方“信守”的表态。二是协议的主要条款，一般分条列项具体说明。

4. 结　尾

结尾包括三个方面：一是署名，二是签订协议的日期；三是附项，即附加的有关材料予以注明，最后还要写清双方的地址、电话、开户行、账号、电报挂号等。

由于协议是一种契约活动，一旦签订，就具有法律效力，因此内容必须遵守国家法律、法令、符合国家政策要求，任何单位和个人都不能以协议为名进行违法活动。协议应遵循平等互利、协商一致、等价有偿的原则。协议必须是出于当事人的真正自愿，在双方自由表达意志的基础上，经过充分协商而达成协议。同时要体现协作的精神，遵循等价有偿的原则，符合价值规律的要求。

（三）协议案例分析

【例文一】

赞助协议书

甲方：____

地址：______________________________ 联系方式：_______________________

乙方：____

地址：______________________________ 联系方式：_______________________

第一条　甲方权利义务：

1. 甲方有权监督、指导、协助乙方的活动宣传工作，并提出改进意见；
2. 甲方须严格遵守事先商议好的宣传内容以及有关优惠政策；
3. 甲方必须遵守提供给乙方现金 150 元；（另附宣传喷绘）
4. 甲方提出与活动无关的宣传费用均由甲方另行支付；
5. 甲方须保证提供的优惠政策、物品真实性。

第二条　乙方权利义务：

1. 宣传公布时，将本次活动的相关内容制成海报，张贴到学校指定的宣传栏；
2. 赞助商提供宣传单，乙方免费为商家发，起到宣传赞助商的作用；
3. 赞助商提供喷绘，乙方免费为商家在学校悬挂，以此宣传赞助商；
4. 乙方如发现甲方违规操作、诈骗行为，提供相关证据，可以取消本协议，且本协议终止。

第三条　附则：

1. 本协议的合作有效期为建立合作关系到活动结束终止；
2. 协议期间内，甲乙双方均不可以有违反本协议的行为，如有违反本协议规定的行为，双方须以提前三天告知对方；
3. 本协议共三份，商家 社团 社联各执一份，具有相同的法律效力，经双方签约代表签字后生效。

甲方（商家）：签字　　　　乙方（社团）：签字　　　　乙方（社联）：签字

_____年_____月_____日　　_____年_____月_____日　　_____年_____月_____日

【例文二】

合作经营协议书

甲方：

乙方：

经甲乙双方友好协商，就中石油煤层气保德区块地面工程合作经营事宜，自愿达成如下协议，以资信守：

一、合伙宗旨：共同合作、合法经营、利益共享、风险共担。

二、合作经营项目：中石油煤层气保德区块地面建设工程。

三、合作经营地点：山西省保德县。

四、出资金额方式：期限垫付。

1. 甲方以现金方式出资 200 万元；乙方以现金方式出资 200 万元（主要用于补足前任合伙人撤资款项）。

2. 合同签订之日乙方向甲方交付 100 万元投资款，剩余 100 万元乙方须在 2012 年 3 月 31 日前全额到位。

3. 2012 年 3 月 31 日前应付前任合伙人撤资的 17 万利息，双方各承担 8.5 万元。

4 乙方垫付 2012 年 2 月开工前期全部费用。（回款前）

五、股份划分：甲方________%、乙方________%。作为确定盈余分配和债务承担的基础。

六、合作期间甲乙双方的出资为双方共有资产，不得随意请求分割。

七、甲乙双方的任何一方原则上不得中途退撤，任何一方在不给合作事务造成不利影响的前提下可以退出，但须经双方协商认可。

八、甲乙双方的分工、权利与义务：

1. 甲方为合作项目的负责人，全面负责合作业务的日常经营与管理，重点负责商务活动及工程的回款工作。费用不得超过工程总额的 10%。

2. 乙方负责合作项目的生产，施工、安全工作。

3. 以甲方公司的名义，在保德县与当地银行开设账户，双方各留印鉴、共同管理。乙方负责施工过程中的财务工作，对于涉及财务、账目以及借款、还款、日常投资等资金使用事项在超过____________元额度（________元以下的应各自记账留存凭证定期对账），应许甲乙双方协商一致方可进行。同时，甲乙双方都有对财务账目的监督权利。

九、盈余分配与债务承担：

合作双方共同经营，共同合作、共担风险、共负盈亏。

十、合作任一方违反本协议导致合作损失的，应当对另一方承担。

本协议未尽事宜，双方协商解决。

本协议一式<u>2</u>份，甲乙方各执一份，经甲乙方签字画押后生效。

甲方：　　　　　　　　　　　　　　　　乙方：

年　　月　　日　　　　　　　　　　　　年　　月　　日

【例文三】

个人房屋转让协议书

转让方（以下简称甲方）：

工作单位：

住址：

身份证号：

受让方（以下简称乙方）：

工作单位：

住址：

身份证号：

经自愿协商达成一致，甲方将自己合法拥有的一套房屋转让给乙方，双方就房屋转让相关事宜达成以下合同条款，以资共同遵守：

第一条　转让房屋的基本情况

转让房屋（以下简称该房屋）位于　　市　　区　　路　　号　　单元　　层　　室，房屋结构为　　，建筑面积　　平方米（包括卧室、客厅、卫生间、厨房、阳台及其附属设施），实际使用面积　　平方米。

第二条　转让价格

双方商定该房屋转让价格为（人民币）元整，大写（人民币）。

第三条　付款方式

双方一致同意购房款由乙方分期支付。在甲方向乙方交付房屋全部钥匙同时，乙方应支付购房款　　元（大写）；剩余房款　　元（大写）在甲方将房屋产权证办理到乙方名下后，在交付乙方房产证同时由乙方全部支付。甲方在收款时应向乙方出具收据。

第四条　房屋交付

甲方应于本合同生效之日起 日内，将上述房屋的全部钥匙交付乙方，并在双方在场的情况下由乙方对房屋进行验收，乙方如无任何异议，视为该房屋情况符合本合同约定，甲方完成房屋交付，上述房屋的占有、使用、收益、处分权归乙方行使。

第五条　房屋过户

房屋交付乙方后，甲方应当在 时间内办理该房屋的过户手续，将该房屋的产权证办理到乙方名下，办理产权证相关费用由甲方承担。

第六条　甲方的承诺保证

甲方保证自己对该转让房屋拥有处分权，转让该房屋不存在法律上的障碍。

甲方保证该转让房产不涉及第三方的权利，本合同签订前该房屋集资、购房款、天然气管道安装费、壁挂炉安装费用、物业管理费及其他应当交纳的费用已全部交清，如有尚未交纳或拖欠的费用，由甲方全部承担。

第七条　违约责任。

甲方违反本合同约定，未能在约定时间内交付上述房屋的，每逾期一日，甲方应按乙方已付购房款的万分之二承担违约责任；逾期超过三个月时，乙方有权单方解除本合同，甲方应承担全部购房款 20%的违约金。

乙方违反本合同约定，未能在约定时间内支付约定的购房款，每逾期一日，甲方按应付购房款的万分之二计算滞纳金，逾期超过三个月时，甲方有权单方解除本合同，乙方应承担全部购房款 20%的违约金。

第八条　本合同未尽事宜，由双方另行协商，并签订补充协议，补充协议和本合同具有同等法律效力。

第九条　本合同在履行过程中发生争议，由双方协商解决。协商不成时，甲、乙双方同意由 仲裁委员会仲裁。

第十条　本合同自甲、乙双方签字之日起生效。

第十一条　本合同一式二份，甲、乙双方各执一份，具有同等效力。

甲方：　　　　　　　　　　　　　　　　　　乙方：

年　　月　　日　　　　　　　　　　　　　　年　　月　　日

二、合　同

（一）合同基础知识

1. 合同的含义与作用

（1）合同的含义。

合同是当事人或当事双方之间设立、变更、终止民事关系的协议。《中华人民共和国民法通则》第八十五条规定："合同是当事人之间设立、变更、终止民事关系的协议。依法成立的合同，受法律保护。"《中华人民共和国合同法》第二条规定："本法所称合同是平等主体的自然人、法人、其他组织之间设立、变更、终止民事权利义务关系的协议。"《中华人民共和国民法典》第四百六十四条规定："""合同是民事主体之间设立、变更、终止民事法律关系的协议"。合同制在中国古代就有悠久的历史。《周礼》对早期合同的形式有较为详细的规定。判书、质剂、傅别、书契等都是古代合同的书面形式。经过唐、宋、元、明、清各代，法律对合同的规定也越来越系统。还有一种说法，现代的合同都写有一式两份，因为以前民间订制合同时就是一张纸，写好后从中间撕开，一人拿一半，有争执的时候再合起来，所以就有了合同和一式两份的说法。最早的时候，合同被称作"书契"。《周易》记述："上古结绳而治，后世对人易之以书契。""书"是文字，"契"是将文字刻在木板上。这种木板一分为二，称为左契和右契，以此作为凭证。"书契"就是契约。周代的合同还有种种称谓："质剂"，长的书契称"质"，购买牛马时所用，短的书契称"剂"，购买兵器以及珍异之物时所用；"傅别"，"傅"指用文字来形成约束力，"别"是分为两半，每人各持一半；"分支"，将书契分为二支。"判"就是将分为两半的书契合二为一，只有这样才能够看清楚契约的本来面目。现在代词汇中的判案、审判、判断、批判等等都是由此而来。"合同"即合为同一件书契，这是"合同"一词的本义。今天签订的各种合同都是在纸张上，在古代却是实物。由此看来，古今意义上的合同已不可同日而语。

（2）合同的作用。

依法成立的合同，受法律保护。合同是两个以上法律地位平等的当事人意思表示一致的协议。合同以产生、变更或终止权利义务关系为目的。合同是一种民事法律行为。根据《中华人民共和国合同法》（以下简称《合同法》）的规定，依法成立的合同，自成立时生效。其中，合同的成立，是指双方当事人依照有关法律对合同的内容和条款进行协商并达成一致。合同成立的判断依据是承诺是否生效。而合同生效，是指合同产生法律上的效力，具有法律上的约束力。通常合同依法成立之际，就是合同生效之时。两者在时间上是同步的。但是，《合同法》还规定，法律、行政法规规定应当办理批准、登记等手续生效的，合同经批准、登记后即生效。

2. 合同的特点

合同有效成立的五个条件：一是双方当事人应具有实施法律行为的资格和能力；二是当事人应是在自愿的基础上达成的意思表示一致；三是合同的标准和内容必须合法；四是合同双方当事人必须互为有偿；五是合同必须符合法律规定的形式。

合同的主要特点是法律约束力。

合同的法律约束力，是法律赋予合同对当事人的强制力，即当事人如违反合同约定的内容，即产生相应的法律后果，包括承担相应的法律责任。约束力是当事人必须为之或不得为之的强制状态，约束力或来源于法律，或来源于道德规范，或来源于人们的自觉意识，当然，源于法律的法律约束力，对人们的行为具有最强的约束力。

合同的约束力主要表现为：① 当事人不得擅自变更或者解除合同；② 当事人应按合同约定履行其合同义务；③ 当事人应按诚实信用原则履行一定的合同外义务，如完成合同的报批、登记手续以使合同生效。不得恶意影响附条件法律行为的条件的成就或不成就，不得损害附期限法律行为的期限利益等。自成立起，合同当事人都要接受合同的约束，如果情况发生变化，需要变更或解除合同时，应协商解决，任何一方不得擅自变更或解除合同。除不可抗力等法律规定的情况以外，当事人不履行合同义务或履行合同义务不符合约定的，应承担违约责任。合同书是一种法律文书，当事人发生合同纠纷时，合同书就是解决纠纷的根据。

合同无效的情形。一是一方以欺诈、胁迫的手段订立合同，损害国家利益；二是恶意串通，损害国家、集体或第三人利益；三是以合法形式掩盖非法目的；四是损害社会公众利益；五是违反法律、行政法规的强制性规定；六是格式条款及免责条款无效；七是虚伪表示与隐匿行为。

合同解除。合同解除的类型包括以下几种情况：第一，约定解除。即当事人以合同的形式，约定一方或双方在某种条件下享有解除合同的权利。第二，法定解除。即当事人依法律的规定通过行使解除权解除合同的行为。第三，协议解除。即当事人通过协商一致而解除合同的行为，实际上是以一个新合同解除旧合同。

合同诈骗有以下几种情形：

（1）伪造证件。行骗者伪造单位、伪造营业执照及各种许可证等，利用伪造证明签订合同骗取钱财。

（2）设饵钓鱼。以紧俏物品为诱饵抓住对方急于发财的心理，许以高利，签订合同侵吞对方预付货款。

（3）利用联营，骗取投资。以联营为名，打着优势互补、共同盈利的幌子，取得对方信任，签订联营合同，骗取对方投资款。

（4）欲擒故纵，先予后取。以预付货款或给付定金为诱饵，给对方一定甜头，打消对方顾虑，达到骗取对方大量钱财的目的。

（5）恶意串通，合演双簧。两个以上的单位和个人，事先串通，一买一卖，制造商品紧俏气氛，以此推销劣质或滞销商品，骗取货款。

（6）假痴不癫，顺手牵羊。以滞销和积压商品为目标，抓住对方急于推销滞销和积压商品的心理，签订购销合同，顺手取之。

（7）偷梁换柱，从中牟利。通过签订合同，骗取对方货物，然后将所骗货物处理，以自己的劣质产品顶款，从中牟取暴利。

（8）金蝉脱壳，人去楼空。诈骗者先以种种优惠条件打动对方，签订巨额合同，一旦货物到手，随即藏匿或外逃。

（9）移花接木，指山卖磨。自己没货，而把需方领到码头、货场或仓库，把他人之货说成自己的货，骗取对方信任，签订合同，诈骗对方的货款。

（10）以小充大，狐假虎威。牌子大，资金少；假集体，真个体。以大牌欺骗对方，签订合同，谋取不义之财。

（11）以假乱真，假戏真唱。双方当事人为规避法律，签订假标的合同。一方假戏真唱，借机推销劣质或滞销商品，骗取对方货款；而被骗方只得自认倒霉。

（12）招摇过市，以势欺人。诈骗者用董事长、总经理等显赫身份，以豪华办公场所等表面形式，博得对方信任，签订合同，谋取财物。

（13）浑水摸鱼，乱中取之。这类诈骗手法往往是借订货会、展览会、博览会等之机，利用会议期间人员复杂、时间仓促、不易审查的特点，签订合同，骗取财物。

（14）抛砖引玉，沆瀣一气。诈骗者以贿赂或女色打通关节，买通有关人员和领导，里应外合，狼狈为奸，损公肥私。

（15）掩人耳目，盗名欺世。盗用他人公章、合同纸、有关证明凭证，以他人名义，签订合同，进行诈骗。

（16）明火执仗，强取豪夺。诈骗者通过签订合同，诱使对方送货，一旦货到需方，则以暴力相威胁，抢劫财物，手段极其恶劣。

（17）非法转让，坐收渔利。这类诈骗往往发生在建筑工程承包合同中，其特点是一方利用种种手段，将工程承揽到手，然后，转手倒卖，从中牟取暴利。

（18）设置陷阱，守株待兔。往往是以高利润为诱饵，签订加工承揽合同，合同中设置陷阱，造成对方违约，骗取保证金、抵押金、中介费等。

（19）上楼抽梯，环环相连。以转让专利、高新技术为名，打着包技术、包设备、包培训、包回收、包利润的幌子，引诱对方签订“五包”合同，连续骗取对方转让费、中介费、培训费、设备费等。

（20）引狼入室，祸及自己。这类诈骗往往发生在涉外合同中，中方企业考察不慎，盲目签订合同，外方诈骗者则采用种种手段，设置骗局，诱惑中方企业上钩，诈骗钱财。

3. 合同的种类

（1）单务合同和双务合同。单务合同，是指合同当事人仅有一方承担义务。双务合同，是指合同的双方当事人互负对待给付义务的合同关系。

（2）有偿合同和无偿合同。有偿合同，是指一方通过履行合同规定的义务而给付对方某种利益，对方要得到该利益必须为此支付相应代价的合同。无偿合同，是指一方给付某种利益，对方取得该利益时并不支付任何报酬的合同。

（3）有名合同和无名合同。有名合同，又称典型合同，是指法律上已经确定了一定的名称及规则的合同。无名合同，又称非典型合同，是指法律上并未确定一定的名称及规则的合同。

（4）要式合同和不要式合同。要式合同，是指法律规定或当事人约定必须采取特殊形式订立的合同。不要式合同，是指依法无需采取特定形式订立的合同。

（5）主合同和从合同。主合同，是指不依赖其他合同而能独立存在的合同。从合同，是指以其他合同的存在为存在前提的合同，又称为附属合同。

（6）实践合同和诺成合同，实践合同，是指除当事人双方意思表示一致以外尚须交付标的物才能成立的合同。在这种合同中，除双方当事人的意思表示一致之外，还必须有一方实际交付标的物的行为，才能产生法律效果。实践合同则必须有法律特别规定，比如定金合同，保管合同等。诺成合同，是指当事人一方的意思表示一旦经对方同意即能产生法律效果的合同，即“一诺即成”的合同。特点在于当事人双方意思表示一致，合同即告成立。

（二）合同写作要领

一份合同必须具备以下几个要素：一是合法性，主体、交易标的、权利和义务等不能违反我国法律、法规和司法解释的强制性和禁止性规定。二是商业性，包括平衡利益、易于执行、控制风险。三是专业性：体例严谨，章、条、款、项，根据实际情况灵活处理；内容齐备、定义模块、主义务模块，担保义务模块，附随义务模块，责任分配模块，争议解决模块，合同效力和附则模块；表述有序，句子语法正确，通顺；用词精确，称呼前后一致，主体关系清晰（正确使用或/和），标准界定清楚（忌用大约，相当等词）；确保交易安全，付款期限、方式、担保，履行地，管辖，解决争议方式，等等。

合同写作重点：

1. 首　部

合同标题，第一行居中排列，或独立封面。

合同编号，由客户自行按合同管理制度的需要设定。

声明和摘要，对于重要的合同条款，制作独立的声明和摘要有助于引起对方的注意，或迅速阅读和掌握合同内容。

合同各方，包括单位全称、地址，个人则写明姓名、工作单位或住址，不要遗漏合同各方法定代表人和授权代表的姓名和联系方式。

前沿和鉴于，这是合同的开始部分，主要表达的是各方的主体资格和签约目的，并为导入合同正文做好铺垫。

2. 正　文

包括签订合同的依据和目的、标的物、数量和质量、价款或酬金、履行方式、地点和期限、双方权利义务、保证和承诺、违约责任、合同解除和终止、合同生效条件、不可抗力、争议解决、法律适用、保密、合同修改、未尽事宜、通知、合同正副本份数及保存、合同附件等。简单合同采用八个必备条款：标的和标的物、数量、质量、价款或报酬、履行期限、地点和方式、违约责任、争议解决的方法。

3. 尾　部

契约主体盖章、授权代表签字、签约时间、签约地点等。

（三）合同写作注意事项

（1）要清楚地了解当事人的要求，包括当事人在本次交易中的商业目标——当事人的目的是什么？当事人希望以何种方式达到其目的？是否有其他方案可供选择？交易各方的动机是什么？当事人注重的是“结果”还是“手段”，还是两者都要兼顾？

（2）要了解整个交易的结构以及商务背景，包括：当事人与对方过去是否有过类似交易，以及双方在本次交易中所处的地位等。随后要进行相应的法律调研。虽然根据合同自由原则，合同绝大部分条款由双方当事人约定，但是也有一些强制性、禁止性法律规定会对当事人的权利和义务产生实质性的影响，因此，律师要了解这些规定并采取相应对策。律师最后还要考虑是否有合适的先例文本以及如何加以利用。

① 律师（委托人）要了解参与交易的当事人的数量、相互之间的关系；并且要了解各当事人的法律地位，包括法律行为能力和相应授权。

② 律师应考虑合同各方在本项目之前是否有过业务关系，并且这些业务关系同现在要进行的交易是否有关联。在签订新合同时，律师应避免使当事人在新合同项下的义务与在此前签订的合同项下的义务产生矛盾，否则当事人在实施新合同过程中就有可能处于对新合同违约或者对原合同违约的尴尬地位。即使是同一类型的交易，合同内容会因具体项目情况的差异而不同。如果需要对合同的内容进行变更，律师必须能向客户解释做出变更的原因。

③ 律师应考虑在一个具体的交易中双方所处的地位。处于优势地位的一方有能力拒绝接受对方某些条款。如果己方当事人处于相对弱势地位，律师在起草合同条款或审阅修改对方合同条款时就应考虑己方当事人可接受的底线。在招投标项目中，投标方会向发标方投送标书并对发标方制定的项目合同条款进行逐条应答。发标方和投标方的谈判地位通常比较悬殊。由于发标方会在若干个投标人中进行选择，因而如果某一投标方的合同条款与其他投标人的合同条款相比更为苛刻，该投标方就很有可能在此轮竞标中被淘汰。此时，投标方的律师面临较大的挑战，需要在降低当事人风险的前提下使当事人有机会中标。有些招标书明确规定，投标方必须符合全部要求，任何不符将视为废标。此时律师的主要职责是要对招标方提供的合同进行审阅，要向当事人解释清楚按照招标方的版本签订合同所要承担的风险。律师应该利用自己的经验，对投标各方的状况做出判断，关注其他投标方是否可能答应招标方的全部条件。如果招标书中存在较多的苛刻条款，就要考虑是否存在所有的投标方均无法完全符合要求的可能。如果所有其他投标方均不能百分之百地符合招标方的要求，则己方当事人即使对某些合同条款提出保留意见，仍有机会在新一轮的投标中胜出。在有的招标项目中，并不要求投标方完全符合招标方所有的要求，而允许投标方提出修改建议。此时，律师需要做出判断，考虑应该提出哪些修改建议，既不能过于苛刻致使己方当事人在评标过程中处于不利地位，也不能过于保守而使当事人承担不必要的风险。有些项目虽然名义上不是通过招投标进行，但实际上有某些招投标的成分。

④ 了解行业惯例。这对最大限度地保护当事人的利益也至关重要，因为行业惯例一旦形成以后非常难以改变。在遵循行业惯例的前提下，律师可以在合同中加入一些特别条款以保护当事人的利益。除了国际和全国通行的行业惯例外，有些项目和交易还要考虑当地的行业惯例。中国的律师通常会向外国客户就当地的行业惯例提供咨询，而中国的企业要到国外去从事商务活动也应该就当地的行业惯例咨询当地的律师。这些行业惯例并非法律规定，而是一种约定俗成的习惯做法，具体操作时通常应遵循。

⑤ 明确各方已达成协议的事项以及有待进一步磋商的事项。律师在起草合同时如果忽略了向当事人了解与对方已经达成协议的事项，使得所起草的合同文本与双方当事人经协商取得一致后的条款不相符合，将导致返工。通常，双方当事人就某些问题达成了一致，但在其他问题上尚未达成一致，此时律师还要考虑那些尚未达成一致的事项与已达成一致的事项之间的关系、这些事项对己方当事人的重要性、这些事项与当地行业惯例之间的关系。

⑥ 明确要起草的合同的数量和性质。如果某一合同在整个交易中与自己客户的利益

并没有关系，律师就无须关注。律师在为当事人提供服务的过程中要明确了解哪些合同需要本人起草，哪些合同需要本人审阅并提出相应的修改意见。值得注意的是，在任何交易中，能够争取到起草合同这一权利的一方总是对合同条款拥有最大的控制权，也处于一个更优势的地位来保护己方利益。

⑦ 调研及收集先例文本。在起草合同前应该进行相应的调研，收集类似交易的范本或者先例文本。使用先例文本有两个优点：第一是节省时间；第二是先例文本中的一些条款对起草本次交易的合同有很好的借鉴和提醒作用，因为先例文本所涉及的问题很有可能在本次交易中再次出现。

（四）合同案例

【例文一】

鱼池承包合同书

甲 方：

乙 方：

内 容：大庆市兴跃工程有限公司所属的10亩养鱼池，承包给陈万海同志发展养鱼垂钓事业。每年承包费为5 000元。就承包有关事宜协商如下：一、承包期5年，自2009年1月1日起至2013年12月30日止。二、承包费用自签订合同之日起一次付清，即人民币25 000元整。三、乙方在承包期间如对鱼池进行清池修整，改造等事宜，经济投入由乙方自行支付。甲方不负任何责任。四、承包期间发生任何事故由乙方负全部责任，甲方不承担任何责任。五、承包期间如遇到上级政策变化时以政策为准。牵扯赔偿时兴跃工程有限公司将不予赔偿，由乙方自行与索赔方协商解决。六、本合同未尽事宜甲乙双方协商解决。

甲方：　　　　　　　　代表人：

乙方：　　　　　　　　代表人：

2009年1月1日

【例文二】

医疗合作合同书

甲方：

乙方：

经甲乙双方协商，本着友好合作，互惠互利的原则基础上在甲方医院内开展风湿、腰腿痛专科，特订立如下协议：

一、甲方提供诊室__2__间给乙方合作风湿、腰腿疼科诊室使用。

二、甲方提供处方、发票、办公桌、椅、诊断床给乙方使用，由甲方统一收费。

三、甲方协助乙方办理广告宣传等相关手续，其费用由乙方负责。

四、乙方医务人员必须具备执业行医资格方可上岗，遵守门诊各项规章制度，文明行医，若发生医疗事故纠纷，甲方协助调查处理，其经济及法律均由乙方承担全部责任。

五、乙方使用甲方的普药耗材按进价结算。

六、乙方每月应提前向甲方交纳管理费人民币 2 000 元整，3%提成。不得有任何理由拖欠，否则甲方有权单方面终止合同。

七、合同期限暂定______年，自_______年______月______日至_______年______月_____日止。期满后同等条件下乙方优先续签。

八、在合同期间任何一方不得无理由终止合同，否则赔偿对方损失。

九、乙方如有私自收费被甲方发现，终止合同，并不退还押金。

十、乙方负责采购各种药品，但必须具备三证手续，否则后果自负。不得收治本科范围外的患者。

十一、甲方医务人员不得接诊乙方风湿腰腿痛专科患者，如有违规，所得收入归还给乙方。

十二、

十三、风湿科营业额结账方式为当天收入一结清，乙方付甲方提成输液费当天结清。

十四、本合同一式两份，甲乙双方各执一份，自签字之日起生效，具有同等法律效力。未尽事宜双方协商解决。

甲方代表：　　　　　　　　　　　　乙方代表：

年　　月　　日

【例文三】

××××××课题研究合同书

项目名称：××××××××××××××××××××××××××研究

项目委托方（甲方）：

项目受托方（乙方）：

依据《中华人民共和国合同法》、《国家社会科学基金项目管理办法》和《国家社科基金项目资金管理办法》等规定，经甲乙双方协商一致，签订本合同：

第一条　研究内容

乙方承担甲方委托的项目研究内容为：

1. 研究主题：×××××××××××××××××××××××××。

2. 具体内容：

1）×××××××××××××××××××××××××。

2）×××××××××××××××××××××××××。

3）×××××××××××××××××××××××××。

第二条　成果要求

1. 本成果属于国家社科项目研究，成果主要以专著的形式体现，字数原则上不少于 5 万字，乙方应当以纸质材料并附电子数据的形式向甲方提供最终成果。

2. 在理论学术方面，以研究、借鉴国内外有关观点和成果为基础，达到比较科学、相对超前的要求，揭示事物的发展规律、趋势，揭示相互关系，对实践具有较强的指导性。

3. 在实践操作方面，分析方法要科学合理，有理有据，对该领域实践中的概况、存在的主要问题和主要矛盾有比较准确而全面的阐述；所提的对策方案，既能以现实实践为基础，既有实操性又有超前性，符合科学、合理的要求，较强的参考价值。

4. 资料内容应具有代表性，数据来源要真实可靠，体现本领域的最新情况。

第三条、合同履行时间

1. 本合同有效期自 2017 年 9 月 8 日至 2020 年 12 月 30 日。

2. 甲方有权对乙方是否按照预定的进度开展课题研究工作的情况进行检查、督促。

第四条 研究经费及支付方式

1. 研究开发经费是指完成本项目研究工作所需的成本。本合同的研究经费为：人民币伍万元整（小写 50000 元）。开展研究需要的调研经费不包含在内，由甲方从课题经费中另行开支。

2. 乙方课题经费的使用报账时，需由甲方签字，报账方式按《国家社科基金项目资金管理办法》、《×××××××××大学财务管理规定》执行。

3. 乙方应当按经费预算方案使用经费，并接受甲方的监管。

第五条 知识产权归属和分享

1. 甲乙双方约定甲方享有合同项目成果的知识产权，乙方及其工作人员不享有署名权。

2. 在不影响重复率的情况下，乙方可以将研究成果以论文的形式在期刊上发表，但必须署名系研究项目的阶段性成果。乙方发表的相关论文如可获得学校相关科研奖励的，奖励归乙方所有。

3. 乙方应确保提交给甲方的所有工作成果均为完全原创，相关数据、观点的引用严格遵守学术规范，无任何侵权事由。由此给甲方造成的损失，乙方应承担赔偿责任。

第六条 违约责任

1. 合同执行过程中，甲方有权对课题研究的内容等做出合理调整，乙方有义务积极配合。

2. 乙方提交的课题成果经委托方初审或者专家评审未通过的，甲方有权拒绝返还履约保证金。乙方还应赔偿因此给委托方造成的各项损失。

第七条 验收的标准和方式

1. 乙方应在 2020 年 12 月 30 日之前，按要求基本完成课题研究，向甲方提交课题初步成果。甲方对初步成果提出修改、补充意见后，乙方应在 30 日内完成修改、补充，并提交课题研究最终成果草案。

2. 甲方负责对乙方提交的最终成果组织评审验收。验收的方法为鉴定会、专家评估。专家评审组在最终审定中对课题成果提出修改、补充意见的，受托方应在 15 个月之内完成修改、补充工作。

八、保密

1. 乙方对甲方提供的所有项目资料负有保密义务，未经甲方允许，不得在本合同委托事项范围之外向任何第三人披露、使用，也不得擅自使用。

2. 乙方因违反保密义务给甲方造成危害与损失的，应当承担相应的法律责任，并赔偿甲方的各项损失。

3. 不论合同是否变更、解除或者终止，合同保密条款不受其限制而继续有效，各方均应继续承担约定的保密义务。

4. 保密期自本合同履行结束后长久有效。

九、其他

1. 在本合同履行过程中发生争议，双方应当协商解决，也可以请求主管部门进行调解。

2. 本合同自双方签字盖章后生效。对本合同任何条款的修改、补充或更改，双方必须签订书面协议并签字盖章后方可生效。

3. 本合同正本一式三份，甲乙双方各执一份，主管部门存档一份。

甲方（签字）: 　　　　　　　　　　　　乙方（签字）:

年　月　日　　　　　　　　　　　　年　月　日

第二节　策划书 方案

一、策划书

（一）策划书基础知识

1. 策划的含义与作用

策划书即对某个未来的活动或者事件进行策划，并展现给读者的文本；策划书是目标规划的文字书，是实现目标的指路灯。撰写策划书就是用现有的知识开发想象力，在可以得到的资源的现实中尽可能最快地达到目标。

2. 策划书的特点

（1）明晰性。条理清晰，逻辑分明，令阅读者看完策划书后，能够按照策划书的内容有计划、有步骤地执行下去。

（2）通俗性。使用浅显易懂的语言，充分体现对方的利益和要求。

（3）图文并茂，形式活泼。

3. 策划书的种类

策划书一般分为商业策划书、创业计划书、广告策划书、活动策划书、营销策划书、网站策划书、项目策划书、公关策划书、婚礼策划书、医疗策划书等。

（二）策划书写作要领

（1）策划书名称。写清策划书名称，简单明了，如“××活动策划书”，“××”为活动内容或活动主题，不需要冠以协会名称。如果需要冠名协会，则可考虑以正、副标题的形式出现。避免使用诸如“社团活动策划书”等模糊标题。

（2）活动背景、目的与意义。活动背景、活动目的与活动意义要贯穿一致，突出该活动的核心构成或策划的独到之处。活动背景要求紧扣时代背景、社会背景与教育背景，鲜明体现在活动主题上；活动目的即活动举办要达到什么样的一个目标，陈述活动目的要简洁明了，要具体化；活动意义其中包括文化意义、教育意义和社会效益，及预期在活动中产生怎样的效果或影响等，书写应明确、具体、到位。

（3）活动时间与地点。该项必须详细写出，非一次性举办的常规活动、项目活动必须列出时间安排表（教室申请另行安排）。活动时间与地点要考虑周密，充分顾到各种客观情况，比如教室申请、场地因素、天气状况，等等。

（4）活动开展形式。协会须注明所开展活动的形式，比如文艺演出、文体竞赛、影视欣赏、知识宣传、展览、调查、讲座等。

（5）活动内容。活动内容为活动举办的关键部分。活动内容要符合时代主旋律和校园文化建设内涵，健康向上，富有教育意义与启示意义。杜绝涉及非健康文化的消极内容。要详细介绍出所开展活动的主要内容，如影片放映要写出影片的性质、名称和大致内容。

（6）活动开展。作为策划的主体部分，表述方面要力求详尽，不仅仅局限于用文字表述，也可适当加入统计图表、数据等，便于统筹。活动开展应包括活动流程安排、奖项设置、时间设定等。涉及奖项评定标准、活动规则的内容可选择以附录的形式出现。活动流程安排大致可以分为三个阶段：① 活动准备阶段（包括海报宣传、前期报名、赞助经费等）；② 活动举办阶段（包括人员的组织配置、场地安排情况等。注：须注明开展活动的阶段负责人、指导单位、参加人数等信息）；③ 活动后续阶段（包括结果公示、活动展开情况总结等。注：如有涉及校园卫生、环境等情况，应及时清理）。

（7）活动经费预算。经费预算要尽量符合实际花费；写出每一笔经费预算开支，以便于报销处理（报销时附正规发票）。如果大型活动需资金赞助，联系社团联外联部。

（8）活动安全。对于大型活动和户外活动，要成立安全小组，指定第一安全负责人，充分考虑安全隐患，把人身安全放在活动开展的首要位置。在策划书的结尾，除写明策划单位、策划时间以外，协会负责人须亲自签名，并盖上协会印章，以示责任。

（9）注意事项。策划书格式可以根据活动大小与类型灵活书写，做到内容充实、版面安排得当、策划书字体、版面排版规范、美观。如有附件（比赛规则、评分标准、奖项设置等）可以附于策划书后面，作为附录部分。策划书电子版须妥善保管，以备后用。

（三）策划书案例

【例文一】

大学活动策划书

一、策划书名称

尽可能具体地写出策划名称，如“×年×月×日信息系×活动策划书”，置于页面中央。

二、活动背景

这部分内容应根据策划书的特点在以下项目中选取内容重点阐述，具体项目有：基本情况简介、主要执行对象、近期状况、组织部门、活动开展原因、社会影响以及相关目的动机。其次应说明问题的环境特征，主要考虑环境的内在优势、弱点、机会及威胁等因素，对其做好全面的分析（SWOT 分析），将内容重点放在环境分析的各项因素上，对过去现在的情况进行详细的描述，并通过对情况的预测制订计划。如环境不明，则应该通过调查研究等方式进行分析加以补充。

三、活动目的及意义

活动的目的、意义应用简洁明了的语言将目的要点表述清楚；在陈述目的要点时，该活动的核心构成或策划的独到之处及由此产生的意义都应该明确写出。

四、活动名称

根据活动的具体内容影响及意义拟定能够全面概括活动的名称。

五、活动目标

此部分需明示要实现的目标及重点（目标选择需要满足重要性、可行性、时效性）。

六、活动开展

作为策划的正文部分，表现方式要简洁明了，使人容易理解。在此部分中，不仅仅局限于用文字表述，也可适当加入统计图表等；对策划的各工作项目，应按照时间的先后顺序排列，绘制实施时间表有助于方案核查。另外，人员的组织配置、活动对象、相应权责及时间地点也应在这部分加以说明，执行的应变程序也应该在这部分加以考虑。

七、经费预算

活动的各项费用在根据实际情况进行具体、周密的计算后，用清晰明了的形式列出。

八、活动中应注意的问题及细节

内外环境的变化，不可避免地会给方案的执行带来一些不确定性因素，因此，当环境变化时是否有应变措施，损失的概率是多少，造成的损失多大等也应在策划中加以说明。

九、活动负责人及主要参与者

注明组织者、参与者姓名、单位（如果是小组策划应注明小组名称、负责人）。

【例文二】

元旦师生联谊晚会活动策划书

一、晚会主题：团结、和谐、欢乐、感恩。

二、晚会目的：旨在加强我院研究生师生之间的交流与合作，增进师生之间的了解、加深学生之间的友谊，共同迎接圣诞和新年到来，为构建和谐校园而努力。

三、主办单位：××学院研究生党支部

四、晚会时间：12 月 24 日晚 7 时

五、晚会地点：亿洋酒店二楼宴会厅

六、出席人员：院领导、研究生学院领导、老师，院硕士生导师，院全体研究生。

七、活动具体内容：

（一）宣传

1. 宣传和扩大影响力：由院研究生（姬×　王×）负责。

2. 制作、派发请帖和邀请函：请帖和邀请函由院研究生支部制作，在晚会前两天，由院研究生支部负责发送请帖，邀请院领导、研究生学院领导、老师，院硕士生导师。

3. 在晚会的前两天，制作节目单 20 份并派发给现场嘉宾。

（二）活动操作方案

1. 物品准备：

（1）晚会前一日所需舞台设备（灯光、扩音设备、话筒）所有节目所需道具全部到位（刘×负责）

（2）灯光、音响等器械布置，由院研究生支部负责（具体人员待定，熟悉灯光音响控制）要求在活动开始前将器械布置并调试好，整个活动期间还负责灯光音响的调控以及保护，活动结束后负责将器械交还。

（3）舞台设计与布置，由院研究生支部（李× 刘× 罗×）负责根据负责人的设计方案布置舞台，在活动进行期间还负责所需表演物品的保管（统一找地点存放，如礼品包、各类道具，等等，由两名同学看守）搬运和布置

（4）主持人选拔由各班推荐一名（男女比例适当，最好由08和09级同学担任）

（5）节目统一验收由院学生支部（侯老师 黑× 李× 刘×）负责，节目报名由各班班长负责，上报2～3个节目（内容积极向上，有特色，有风格，能体现出当代大学生的良好面貌、最佳组合为师生共同参与的节目）节目第一阶段上报时间12月1日，节目统一检查时间12月10日。

2. 晚会安排（黑× 李× 姬×）

（1）开场安排具有激情的健美操或街舞表演，提升晚会气氛。

（2）主持人上台：开场词并介绍出席领导。

（3）领导致辞，晚会开始。

（4）节目表演：总共分三个单元，每个单元结束后穿插互动小游戏。每个单元确定主题，把各班所报节目实施分组。最终选出6名主持人（建议三男三女）四名是晚会主持人，二人为娱乐互动主持人。会结束之前有一个合唱，由全体老师和同学共同演唱《难忘今宵》（暂定）。由领导致闭幕词宣布晚会结束。

3. 会前准备

（1）所需物品。

矿泉水1箱，水果、小吃适量，晚会道具（荧光棒等）游戏环节所需道具，领导桌牌，晚会邀请函。

（2）费用预算。

场地租赁费1 000元；

矿泉水×2箱=50元；

水果、小吃，预计200元；

晚会道具（荧光棒等）预计150元；

游戏环节道具、小礼品，预计100元；

节目单和请柬制作，预计100元；

杂费：100元；

共计：1 700元。

（三）前期准备和各部门协调

（1）会场于晚会开始一小时前布置完毕，前期设置，布置、装饰、宣传（王×贺×负责）

（2）邀请函，桌牌及节目单制作摆放（同上）。

（3）奖品及晚会道具购买（刘× 王×负责）。

（4）会场音控、灯光（待定）。

（5）礼仪，接待（李× 罗×负责）。

（6）机动组（赵× 刘× 李×）。

联谊会领导小组

组长：张×副院长

副组长：侯×老师 黑×

成员：李× 刘× 赵× 王× 李× 姬× 刘× 王× 刘× 罗× 李× 贺×

注：各节目和主持人名单于12月1日中午12时之前报到×老师办公室。

（四）游戏环节备选节目

1. 椅子渡河

概要：用两张椅子轮流传送来渡河的接力赛。

（1）全员分成三队。

（2）地板上各画出一条起点和终点线，中间当渡河。

（3）各队派出二人以传递椅子的方式前进，到达对岸后放下一位。

（4）另一位再回到起点，以同样的方式把下一位队员运过去。

（5）如果脚着地，全部队员都要重新做起。

（6）最快渡河的一队获胜。

2. 七拼八凑

此游戏适合晚会最后，掀起高潮。

要求：参加人数30～50人为佳，分成4～5组道具：托盘、背景disco音乐、奖品一份可以是精美的糖果（可以分的）。

主持人要求大家分组坐好（一定要有男有女）。

将游戏规则告知大家，每组先选出一名接收者，手持托盘站在舞台上。

其他小组人员按照主持人的要求提供物品放到托盘中。最先集齐物品的小组获胜。

背景音乐起，主持人开始宣读物品，每一个相隔一定时间给队员准备，慢慢加快。

采集物品来自日常的例如：眼镜、手表、皮带、袜子、口红、钱等，一定要有比较难的放在最后，如药片、糖果、一毛钱等。

聪明的主持人还可以临时选择一些东西。

3. 心心相印，我来比你来猜

道具：游戏题目（可以是具有可表演性的成语或词语）。

参加人员：两人一组，可多组参加。

游戏规则：游戏开始表演的一组两人先要面对面（一人为表演动策划，一人为猜测者），然后由主持人会把要表演的成语或词语写在一张纸上，让表演动作者做给猜测者看，当表演者表演完，猜测者能猜出表演者所做动作的成语或词语时，就算过关。（注意：动作者可以用语言来解释，但不能说出动作中的字。参考词语有：左右为难、无孔不入、金鸡独立、狗急跳墙、东张西望、无中生有、眉开眼笑、胸有成竹、鸡飞蛋打、低声下气）。

4. 结对而行

道具：绳子若干。

参加人员：两人一组或多人一组，多组参加。

游戏规则：本游戏要求场地较大，游戏开始时先把每一组人员的左腿或右腿绑在一起，多组并排一起站在起跑线上，主持人喊“开始”时，各队齐出，最先到达终点的队就算获胜。本游戏要求参加者的配合默契。

5. 击鼓传花

道具：鼓或音乐、花。

游戏规则：参加者先围成一圈，当击鼓者开始击鼓时，花就开始传，当鼓停时，花到谁手，谁就是“幸运者”，就要表演节目。表演后，花就从这个“幸运者”开始传，节目依此进行。

6. 成语（或词语、诗）接龙

游戏规则：本游戏就是由一人起头说出一个成语，然后其余的人就按顺序接下去，注意：每位接龙者所接的成语的首字必须是前一人的最后一字，可用同音代替。当轮到某个接龙者而这位接龙者却不能接出的话，主持人可给予其一定的惩罚（可以让其表演一个节目或模仿一个动作）。

7. 真心话大冒险

比较普通的为首先猜拳或划拳等，由输的一方选择“真心话”还是“大冒险”，选择真心话，则由胜方随意问输者问题，输者必须全部如实回答；选择大冒险，则胜方随意出任何行为问题由输方尝试完成，诸如在避风塘里学超人跑一圈完成后，本回合结束，开始下一回合。

这个游戏没什么秘籍，但要注意的是，要想把真心话说绝了把大冒险玩到极致，第一要保证所有参加游戏的人严格遵守游戏规则，不能因为任何理由而中止履行惩罚；第二要积累真心话问题和大冒险创意，要不游戏进行不到几轮就“江郎才尽”了。

8. 双人顶气球接力（师生合作）

分组比拼两人一组只能用脸部贴着气球从一头跑到另一头，中途气球掉下则重来，先完成的一组取胜。

9. 大西瓜和小西瓜

同组人排成一列，从第一人开始，喊“大西瓜”的同时用手比画小西瓜（小圆），第二人喊“小西瓜”的同时比划大西瓜（大圆），如此接下去，错的扣分，最后错最少的组胜出。

10. 倒着说

先规定出题的字数，比如这一轮出题必须在四个字以内，也就是说出题的人可以任说一句话，例如“我是好人”，那么答题人必须在5秒钟之内把刚才的那句话反过来说，也就是“人好是我”，如果说不出或者说错就算失败。

可参考：《元旦晚会互动小游戏大全》。参考词句有：五岭逶迤腾细浪，乌蒙磅礴走泥丸。知我者，谓我心忧，不知我者，谓我何求。海内存知己，天涯若比邻。蜀道之难，难于上青天。

××学院研究生党支部

【例文三】

青协策划书

一、活动目的：

为提高大家义务植树的意识，提高大家爱护花木，珍惜绿色的责任心，我院志愿者开展了形式多样的护绿行动和植物种植实践体验活动，做到人人参与，宣传与实际行动相结合，从而令孩子们在活动中体验成功的喜悦，增加对植物生长的了解，增强环保意识，生态意识，以达到为班级、学校、社会增添绿色，净化、美化环境的目的。

二、活动时间：

3月14日

三、活动对象：

院青年志愿者协会

四、行动口号：植树造林，利在当今，功在千秋

五、活动流程：

1. 活动开展

（一）前期准备

（1）联系场地（2月28日—3月5日）

（2）确定植树地点、订购树苗（3月7日）

（3）活动宣传（3月9日出海报，并召开各班团支书会议）

（4）招募志愿者、筹备费用，统计参加人数和名单（3月9日）

（5）召开志愿者会议通知各事项并交代注意事项。水和食物自带。要求志愿者自己准备写好愿望的卡片和胶袋（或其他树的“礼物”），植树时将“礼物”挂在树上。

（6）踩点。确定植树地点和路线等相关事项。

（7）秘书部做好活动横幅，内容包括活动主题（“让森林走进城市，让城市拥抱森林"）以及活动的主办单位以及赞助商名称。举行签字仪式。

（8）秘书部干事在3月10日—3月11提前借到两台相机。并由秘书部成员负责当天照相。

（二）活动期间

（1）3月14日7：00 全体志愿者在室内篮球场集中。带队干事提前10分钟到场，清点人数以及签到。秘书部干事负责。

（2）7：30由学校分小组出发按照事先设计好的乘车路线坐车前往目的地，志愿者车费自付。乘车期间注意财物安全。干事提前过去，划分好场地，分好工具。

（3）8：00预计到达场地，清点人数，并向志愿者说明相关事项，要注意安全。并邀请该场地的林地工作人员讲述植树的要领和日常维护树木的知识。

（4）9：00各小组各自拿分好的工具，前往植树地点，对划分好的场地，分小组植树。植树后方可挂上准备好的“礼物”。

（5）10：30 植树结束，全体志愿者在横幅下集合并由秘书部成员照相留念。并交回工具等。

（6）11：00集队点名，合影留念，一起坐车回校。

（三）活动后期

（1）参加活动的所有青协干事上交活动总结心得到各部长处

（2）活动过程中注意安全

六、注意事项

1. 若成员身体不适，及时来找医疗队擦药，病重不能坚持者，由干事陪同回学校就医。

2. 若有重大事故，立即与负责人取得联系，及时处理。

3. 各小组需要统一听从青协工作人员的安排，遵守植树场地的有关规定，请勿带火种上山。

4. 注意场地卫生，不要乱扔垃圾。

5. 植树过程注意合理利用工具，节约用水，注意方法和安全。

6. 活动完毕，合影留念。

7. 青协爱心组干事巡视植树情况，为志愿者提供帮助，发现有突发事件及时报告负责人

8. 青协干事里面抽出的2名医疗队成员，带上医疗箱，准备好一些外伤药，皮肤药，以及药油，预防有志愿者擦伤，皮肤过敏，头晕等

9. 如遇天气及其他特殊原因活动后延一天

七、经费预算

1. 宣传单40张，40元。

2. 药品经费：皮康王2支，5元×2 =10元；红花油30元；止血贴一盒，3元；白花油15元，药品花费共：58元。

3. 车费：踩点：8元；干事来回车费：10元×4=40元，车费一共：48元

4. 横幅：90元

5. 海报：10元

经费共计：246元

20××青年志愿者协会

二、方　案

（一）方案基础知识

1. 方案的含义

方案是对一个具体项目的规划设计，围绕具体的需求而展开，阐述技术、方法、产品和应用。

方案的设计应充分理解需求，采用合适的技术手段和产品满足或引导用户的需求，并阐述方案的特色，体现方案的竞争优势，实现公司在项目中的目标。

2. 方案的种类

方案的种类一般没有统一的划分，以网络营销为例来分，可以分为以下几种：

（1）销售型网络营销方案。销售型网络营销目标是指为企业拓宽网络销售，借助网上的交互性、直接性、实时性和全球性为顾客提供方便快捷的网上售点。目前许多传统的零售店都在网上设立销售点，如北京图书大厦的网上销售站点。

（2）服务型网络营销方案。服务型网络营销目标主要为顾客提供网上联机服务。顾客通过网上服务人员可以远距离进行咨询和售后服务。目前大部分信息技术型公司都建立了此类站点。

（3）品牌型网络营销方案。品牌型网络营销目标主要在网上建立企业的品牌形象，加强与顾客的直接联系和沟通，增加顾客的品牌忠诚度，配合企业现行营销目标的实现，并

为企业的后续发展打下基础。目前大部分企业站点属于此类型。

(4)提升型网络营销方案。提升型网络营销目标主要通过网络营销替代传统营销手段，全面降低营销费用，提高营销效率，促进营销管理和提高企业竞争力。如戴尔、海尔等站点属于此类型。

(5)混合型网络营销方案。混合型网络营销目标力图同时达到上面目标中的若干种。如亚马逊通过设立网上书店作为其主要销售业务站点，同时创立世界著名的网站品牌，并利用新型营销方式提升企业竞争力。它既是销售型，又是品牌型，同时还属于提升型。

（二）方案写作要领

方案一般构架分为：方案概述、需求分析、系统总体设计、系统详细设计、产品介绍、设备清单和附件组成；对于多系统的综合性方案，以子系统为章节，每个子系统包括系统设计、产品介绍、设备清单。系统的每个组成部分都是有必要的，因为每个组成部分针对不同的阅读对象。

1. 方案概述

“概述”作为方案的序曲是必不可少的；“概述”通常是讲解客户行业的发展趋势、国内外先进的技术与管理方式，以及本方案的目的、意义等；客户的技术负责人对概述部分内容会比较清晰地了解，会直接跳过。但客户公司领导往往会关注这方面的信息，好的概述甚至能增加公司决策者对公司的好感和信任。

2. 需求分析

需求分析是公司决策者和客户技术负责人关注的内容，体现了方案是否理解了用户想采用什么技术、达到什么功能；良好的需求分析能让客户体会到我们在切实地为用户实际考虑，详细的需求分析能增强双方的亲近感。

3. 系统总体设计

系统总体设计主要阐述系统模式、系统的构架、系统组成、系统功能、系统特点和重点问题解决手段；这是客户技术负责人重点关注的地方，通过总体设计把握整个系统设计的大方向，在系统总体设计一定要体现整个方案的精华所在，以取得客户技术负责人的基本认可。

4. 系统详细设计

每个组成部分的详细设计，主要面向客户技术人员；客户技术人员会对每个技术细节进行认真阅读、比较和分析，对每个指标和功能进行核实，和用户实际使用需要相结合；系统详细设计方案一定要详细、明确，分层次、分子系统地进行详细阐述和介绍。

产品介绍、设备清单和附件其实也是系统详细设计的组成部分。附件一般为系统相关图纸、业绩案例等。

（三）方案设计过程

方案设计过程包括：需求调研、技术调研、图纸与清单设计、方案设计、方案审核、封装。

1. 需求调研

了解需求的途径：可以采用拜访用户、现场勘查或邀请用户参观访问的方式，了解用户想要什么，引导用户如何实现希望的功能；同时结合用户所在单位、行业或者政府的规划、政策等文件，以满足政策法规、上级单位的要求；需求调研要注意技术的可行性，这需要我们对技术有充分的了解，而用户的需求也不一定是合理的，需要引导客户朝我们能实现的方向引导。通过需求调研，我们能了解整个项目的规模，如子系统组成、点位数量、可以采用的技术手段等；需求调研为我们的方案设计奠定了基础。

2. 技术调研

经过需求调研和技术调研后，我们需要做好相关技术资料、产品资料和参考案例的准备；比如：项目中需要用到无线短信报警发送器、安全隔离网闸或其他一些比较特殊的产品，我们要充分了解它们的参数、特点和应用方式，确定其在方案中的可行性；同时我们也可以准备一些参考案例，通过成功的、成熟的案例提高方案设计的效率。方案设计可以先借鉴后创新；借鉴并不等同于拷贝，而是参考设计思想、方法和技巧，从而基本满足设计的需要。创新是对用户需求的分析结合技术手段后提出的新的手段和方法，提升系统使用的功能和价值。

3. 图纸与清单设计

根据需求和技术选型，我们开始系统地设计，从设计图纸和清单开始；图纸包括点位图、拓扑图、和系统图，点位图描述系统点位和物理分布，对点位、走线、汇聚、中心进行标注。拓扑图描述系统的基本组成和结构。系统图描述系统的详细结构和连接，将点位、配置反映在图纸上。确定点位和系统结构后，对点位和配置进行描述，采用表的方式，由点位表和配置表组成；点位表的大量数据来源于点位表的统计，如各种设备的数量（摄像机、DVR、线缆管路的类型长度等）；配置表根据点位表的明确的类型和数量进行配置，最终形成一个完成的配置清单，同时包含了成本和报价。

4. 方案设计

经过需求调研、图纸设计和清单的配置后，方案的设计将水到渠成；方案的设计可以根据下述的框架展开。首先是概述部分，大概介绍一下项目单位和项目本身的情况，体现大概的工程规模，工程要求达到的品质要求；介绍当前主流技术手段，本项目采用的技术方法，以及给本项目带来的效益效果。

5. 方案审核

方案设计完成后应进行审核，既然已花了几天时间做方案，花半个小时时间审核是完全有必要的；审核的内容主要是方案的完整性、方案格式、错别字和一些与方案无关的文字。

6. 封　装

方案的封装一般可以分为：简装（胶印、穿孔、拉杆）、软精装、硬精装，封装的方式将影响方案或者标书的成本，根据项目的重要性酌情选择。

（四）方案例文

【例文一】

中秋节演出活动方案

一、活动目的：

丰富村民业余文化生活，不断提升社区文化水平和村民环境意识、文明程度，加强农村公共文化服务体系建设，范文之规划方案：中秋节演出活动方案。（www.unjs.com）

二、时　间：2020 年中秋节当日下午 2：30

三、地　点：黄庙社区幸福广场

四、原　则：坚持“社区主办，社会联办，文明健康，喜庆祥和，贴近群众，丰富内容，提升品位，形成特色”的原则。

五、形式：结合成都文化部门组织的乡镇文艺巡演，结合我镇文艺队排练节目进行共同演出，同时结合乡镇就业服务，做好富士康招聘宣传工作。

六、主办单位：临济镇人民政府

七、承办单位：临济文化站

八、参加人员：临济镇政府部分工作人员及各村（社区）“四职干部”

九、邀请媒体：邛崃电视台、今日邛崃报

十、活动议程：

1. 临济镇领导 对讲话

2. 广场文艺演出

3. 富士康招聘进行宣传

十一、相关部门职责

1. 临济镇党政办

宣传横幅制作、音响。

负责主席台的安排布置。

2. 临济镇文艺队

负责节目编排、演出。

3. 临济镇黄庙社区

负责黄庙社区广场卫生。

4. 临济镇派出所

负责活动区域的安全。

5. 临济镇文化站

负责活动期间工作组织协调，保证活动顺畅。

【例文二】

中秋节演出活动方案

一、活动目的

借助中秋节这一中国传统节日，组织水晶城小区业主举办联谊活动，一方面是为了加强开发公司和业主之间的交流和沟通，另一方面是为水晶城社区文化建设做好前期基础工作。同时，也可以充分发掘业主的口碑传播资源，利用老客户关系，积极传播项目活动信息，继续实施老带新活动，利用活动促销，集中解决滞销产品。通过举办此次联谊活动，将有助于提升开发商和水晶城项目的形象和口碑，也是向客户很好诠释水晶城品质生活的有效手段。

二、活动主题

中秋情意浓，润安献真情——水晶城中秋业主联谊会。

三、活动时间

2020年中秋节晚上17：30—21：00。

四、活动地点

水晶城新售楼部广场

五、参加人员

1. 新城住宅小区开发建设领导小组领导；

2. 润安公司领导；

3. 水晶城项目组人员、水晶城业主以及周边居民人员等。

六、活动内容

1. 中秋晚会

安排一台答谢业主客户中秋文艺演出，节目时长为2小时，节目内容包括歌曲、舞蹈、变脸、反串、魔术等，中间穿插业主抽奖，晚会尾声安排品尝直径1米的巨型月饼。

2. 业主抽奖

凡在水晶城购买房屋的客户（以交纳大定为准）均可参加中秋抽奖，凭中秋业主联谊活动邀请函参加抽奖。

奖项设置：

一等奖（1名）：全自动洗衣机（价值1 000元）；

二等奖（2名）：微波炉（价值500元）；

三等奖（3名）：豆浆机/榨汁机（价值300元）；

纪念奖（10名）：电饭煲（价值100元）。

抽奖流程：

（1）客户直接在《邀请函》上填写个人信息，凭《邀请函》出席演出活动，并将副券投入现场抽奖箱；

（2）抽奖顺序为先抽纪念奖，其次三等奖，以此类推，由主持人在节目中穿插进行，抽奖人员从观众中随机挑选；

（3）中奖客户凭个人身份证、邀请函正券可当场到售楼部工作人员处办理领奖手续，现场未领奖的奖品在售楼部保留有效期为一周，过期视为放弃领奖。

3 猜谜游戏

活动现场布置字谜，由来访客户和业主自由参加猜谜游戏，凡猜中谜底的客户可到售楼部前台工作人员处兑换礼品一份（礼品为抽纸和扑克）。（详见方案）

六、活动流程

1. 17：30：来宾开始签到、参观售楼部，参加猜谜游戏；

2. 18：20：来宾到贵宾区就座；

3. 18：25：主持人宣布活动开始，介绍与会嘉宾；

4. 18：27：政府领导讲话（3 分钟）；

5. 18：30：公司领导讲话（3 分钟）；

6. 18：35：中秋晚会演出（约 2 小时），中间穿插业主抽奖活动；

7. 20：40：晚会结束。

七、会场布置

售楼部广场彩虹拱门 1 个、气柱 2 个、墙体条幅（竖）若干条，演出舞台一个及灯光、音响、无线话筒等道具一组，现场摆放露天塑料座椅。从大门到财政局，沿着绿化带两侧，均匀布置彩旗。售楼部贵宾区、洽谈区，以及演出现场前排贵宾坐席，安排月饼、糖果、瓜子、纯净水等节日食品。

八、推广配合

1. 短信：50 000 条（主要面向手机高端客户）。9 月 20 日至 9 月 22 日发送（成交客户短信提前发送）。

2. 单页：20 000 份，大 8 开，150 克双胶纸。9 月 20 日至 9 月 22 日派发。

3. 邀请函：800 份。9 月 18 日开始向客户发放。

4. 电视流字：9 月 20 日至 9 月 22 日播出。

5. 单页和邀请函须在 9 月 16 日开始印刷，9 月 17 日交付使用。

九、人员安排

总策划及现场指挥：李×；

物品采购、演出洽谈：王×、李×；

手续办理、政府协调：王×；

客户通知、邀请函发放、奖品兑换：张×；

现场布置：李×，工程部、物业部同事配合；

现场客户接待：张×，全体销售人员；

秩序维护：郭×，公司其他部门同事配合（具体分工另行安排）。

十、活动预算

序号，项目及物品名称，数量，单价，金额，备注

序号	项目及物品名称	数量	单价（元）	金额（元）	备　注
1	文艺演出	/	/	15 000	含舞台、道具等
2	手机短信	50 000	0.03	1 500	
3	宣传单页	20 000	0.12	4200	
4	单页夹报派发	/	/	600	
5	邀请函	800		1 000	
6	奖品	/	/	4 000	
7	小月饼（散装）、糖果、瓜子、小瓶纯净水等	/	/	2 000	
8	备用金	/	/	1 000	
	合计			29 300	

【例文三】

武夷山爬山活动实施方案

一、活动时间：

5月8日

二、活动地点：

武夷山

三、活动人数：

业务部全体成员

四、活动目的：

为营造健康积极的工作环境，提升员工的精神文化品位，加深相互认识了解、培养成员之间互亲互爱、增进感情，加强社团团队凝聚力。

五、活动过程

1. 各成员于早上8：00准备好物品在办公楼前集合。

2. 会长在清点人员之后传达注意事项，和活动目的，完毕后分若干小组。各组配1-2名干部负责，一名组长，一名通信员。

3. 开始出发，队伍行进。队伍行进过程中必须整齐，不可太嘈杂，干部和小组长注意观察队员的情况，确定适当的休息时间。

4. 到达山脚时建议有十几分钟的休息时间。

5. 爬山。爬山过程中建议各队分开行动，各队之间评比爬山快慢，最快的'一组有优先向社旗上写名的权利，最慢的一组要有处罚性的节目演出。过程中有精彩的部分，做好拍照工作。要有一定秩序，注意安全。

6. 休息。建议休息半小时后开展活动。

7. 开展娱乐性活动，无固定时间，若爬山用时过长可对时间进行压缩，若短也可以增加。本活动在社团之中展开。备选活动（现场决定进行哪几个）

（1）接歌。分若干队，由干部带领，社长唱一句，各队根据其中最后一个字接唱，各队伍之间要有竞争，开始时可降低难度，所接唱的歌曲中必须有上句所唱句中最后一字，可谐音。

（2）拉歌。各队伍之间要攀比士气，互相拉歌。

（3）成语接龙。

（4）类似于击鼓传花的游戏，选一人蒙住眼睛，同时进行传花，数停止后，手中有花者必须表演节目。

（5）给出几个成语编故事。

（6）小型辩论会。推举十个人，分成两队在社团就某一问题展开辩论。

（7）小型舞会，找一块平整的空地，会跳舞者参与其中不会的也可以学习。

（8）超级模仿秀。自愿参加，模仿某一明星唱歌或表演。

8. 午餐。计划用时五十分钟。

9. 自由活动。原则上不允许单独活动，可以几个人结伴活动或游戏，也可以成员之间互相认识相互交谈，看书或其他。

10. 会员感言。再次集聚，每个人一句话来表达本次活动的感想和收获。

11. 全体拍照留念。

12. 社团统一组织下山，有序进行，注意安全。

13. 回校。（计划用时一小时，到达 b 楼广场集合）

14. 社长做活动总结，并宣布成员写一篇活动感受，然后宣布活动结束。

六、活动安排：

1. 分组行动。可以延续培训时的队伍或者以各部为队伍，由队长安排调度。队中也可以男生帮扶女生以收到“男女搭配爬山不累”的效果。

2. 队伍在行进和爬山过程中务必统一行动，队伍要整齐，队长要负好责任。

3. 建议多准备一面社旗，再爬到山顶时用于社员签名，并作为活动见证存放于社团之中，同时也是各成员心中永久的记忆

七、注意事项

1. 一切听从领导，遵守活动纪律，以安全为主，为安全起见，一切成员不准擅自离开队伍，如有特殊向干部报告。单独行动，至少三人或三人以上活动。

2. 为应对各种突发事件影响，各成员必须带好各种紧急药品，以防不测，或有专门同志负责

3. 个成员注意团队精神，主动关心帮助周边同志。

4. 各成员需带好午餐，饮用水及桌布等，切记保护环境，午餐后下山前将垃圾收集起来，统一处理，不得乱扔。

5. 秋高气爽，天气干燥，不允许生火。

6. 干部或组长维持各组的秩序和纪律。

八、活动声明

1. 本活动由社团人员自愿参加。

2. 凡是参加者可以允许有请假者的存在，但请假者必须服从上级的安排。

3. 由于不服从管理而引发的意外伤害个人承担。

九、准备物品

1. 合身的服装（校服），鞋子

2. 药品。如创可贴、药棉等。

3. 相机，口哨。

4. 每人准备个人适量的水和食物。

5. 会期（由两名同志负责）。

第三节　诉状 答辩状

一、诉　状

（一）诉状的含义和作用

1. 诉状的含义

诉状又称“状子”，它是诉讼当事人为维护自身权益，依法向司法机关递交的书面请求。由于诉状类文书的写作主体（即作者），一般是诉讼当事人个人或法人及非法人团体，所以它不具有法律公文的权威性，也不具有法律效力。但是，诉状是产生诉讼活动的前提和基础，即没有诉状就无所谓诉讼。因此，它具有提起法律诉讼活动的法律意义。

2. 诉状的作用

《中华人民共和国宪法》明确规定，为维护自身权益，任何公民都拥有向国家机关提起申诉、控告或者检举的权利。诉状作为提出申诉、控告或检举的一种文书，对维护公民、法人及非法人团体的合法权益，进行诉讼活动，维护社会主义法制，具有不可忽视的作用。

（二）诉状的特点

诉状类文书是反映法律活动的专业文书。从文书的内容讲是一个法律概念，从写作上讲属于文章概念范畴，因此具有极强的专业特点。

1. 制作的合法性

（1）制作主体的合法性。

这一特点从概念就可看出，只有诉讼参与人等才有权制作，非法定的制作主体不得制作诉状文书，必须是诉讼当事人及其法定代理人提起的。

（2）制作内容的合法性。

依据案件事实和与之相适用的法律、法规，是当事人针对一审判决或裁定在认定事实、运用法律或程序上存在的问题提出的。

（3）制作程序的合法性。

必须是依照法定程序提起的即按照法定的程序，向制作一审裁判的上一级人民法院按照法定的程序提起，不能越级。

（4）制作形式的合法性。

上诉状在制作形式方面要求格式完整，事项齐全，语体庄重，表达准确。

（5）制作手续的合法性。

各种诉状文书都必须按照法定手续依法制作，这是诉状文书制作的前提，也可以说是诉状文书立意的合法依据。

（6）制作时效的合法性。

必须是依照法定期限提起的，即在法定的期限内，向制作一审裁判的上一级人民法院提起，不能超期，也不能越级。

（7）文字解释的单一性。

诉状文字语言解释的单一性，要求语言准确无误，解释单一，不能出现歧义是由其属于司法文书本身的性质决定的。要做到其语言解释的单一性，根本问题就是要在语言上下功夫，提高用词造句、驾驭语言的能力。一篇诉状，从结构上看，可以分为篇、段、节、句、词组、词、字等这 7 个层次。篇内的段与段之间，段内的节与节之间，节内的句与句之间，主要应注意相互之间的逻辑关系，逻辑关系正确了，就不会出现歧义。

2. 形式的程式性

（1）样式格式化。

诉状文书属于格式化特点十分明显的文书，其严格的程式虽然是一种外在的形式，但因它对内容也形成一种固定的规定性，所以也不容忽视。

（2）结构固定。

诉状法律文书的固定结构主要分为三部分：即首部、正文、尾部。首部包括：① 制作机关、文种名称、编号；② 当事人基本情况；③ 案由、审理经过等。正文包括：① 案情事实② 处理（请求）理由；③ 处理（请求）意见。尾部包括：① 交代有关事项；② 签署、日期、用印；③附注说明。

（3）事项固定。

上诉法律文书在某些特定项目内容的表述中必须符合其要素规定，不可或缺。如在表明当事人身份事项时，应写明姓名、性别、出生年月日、民族、籍贯、工作单位、职业、住址等要素。

（4）称谓固定。

在诉状写作过程中，凡是涉及的相关机关、执法人员、当事人等都要有一定的称谓。其中在法律上有专门称谓的，一定要用法律称谓。比如上诉人、被上诉人、法定代理人、法定代表人、证人、鉴定人，等等。其中当事人有几个时，要分别写明。当事人为法人的，要写法人全称。对于生活中的称谓，应注意使用书面上的称谓而不要使用口头称呼。

（5）用语固定。

各类诉状文书的各部分内容的表达，多有规范了的固定用语，书写该项目时只能如此表述："××因××一案，由××侦查终结，于×年×月×日移送我院，经依法审查表明。"又如人民法院的一审民事判决书尾部向当事人交代上诉权事项时，也必须用如下固定文字表述："如不服本判决，可在判决书送达，没有丝毫的变通余地。"如人民检察院起诉书在写明案由及案件来源时，须使用如下固定用语表述："被告人××之日起 15 日内，向本院递交上诉状，并按对方当事人的人数提出副本，上诉于×××人民法院。"

3. 效力的非强制性

诉状是用于未发生法律效力的判决、裁定进行上诉。上诉状只能向上一级人民法院提出当然也可以由原审法院转送。上诉有时间限制，必须在法定时间提出。从这个意义上讲，其具有非强制性。

（三）诉状的种类

诉状按其内容和作用的不同，可分为民事诉状、行政诉状、刑事诉状三大类。各类诉状又分为起诉状（刑事类称自诉状或公诉状）、反诉状、答辩状、上诉状、申诉状和有关诉讼问题申请书等。

1. 民事起诉状

民事起诉状，是民事原告为维护自身的民事权益，依法向人民法院递交的书面请求。

《中华人民共和国民事诉讼法》（以下简称《民事诉讼法》）第八十二条第一款规定："起诉应向人民法院递交起诉状，并按被告人数提出副本。"

根据《民事诉讼法》第一百零八条规定，起诉必须符合四个条件：一是原告必须与本案有直接的利害关系；二是有明确的被告；三是有具体的诉讼请求和事实、理由；四是属于人民法院受理的范围和受诉人民法院管辖。而且这四个条件必须同时具备，缺一不可。

2. 民事上诉状

民事上诉状，是民事当事人或者其法定代理人不服人民法院的第一审民事判决或裁定，在上诉期限内，要求上一级人民法院重新进行审理，撤销、变更原裁判所提出的书面请求。

根据《民事诉讼法》第一百四十四条规定：当事人不服人民法院第一审判决、裁定的，有权向上一级人民法院提起上诉。民事判决的上诉期限为 15 日，民事裁定的上诉期限为 10 日。

3. 刑事自诉状

刑事自诉状，是法律规定的自诉案件，由受害人或他们的法定代理人，直接向人民法院控告刑事被告人，要求法院追究其刑事责任或者附带民事诉讼所递交的书面请求。

根据《中华人民共和国刑事诉讼法》第十三条规定，刑事自诉案件，是指"告诉才处理和其他不需要进行侦查的轻微刑事案件。"包括 8 类：① 拒不执行人民法院判决、裁定案；② 侮辱、诽谤案；③ 原被告清楚、因果关系明确，不需要侦查的轻微伤害案；④ 破坏军婚案；⑤ 重婚案；⑥ 暴力干涉他人婚姻自由案；⑦ 虐待案；⑧ 遗弃案。

4. 刑事上诉状

刑事上诉状，是指刑事公诉案件的被告人或他的辩护人和近亲属，经被告人同意，或刑事自诉案件当事人（被告人或自诉人）及其法定代理人，不服人民法院的第一审刑事判决或裁定，在法定期限内提起上诉的书面请求。

上诉是法律赋予当事人的一种诉讼权利，也是第二审人民法院进行审理的依据。按照法律规定，不负刑事判决的上诉期限为 10 天，不服刑事裁定的上诉期限为 5 天。

5. 行政起诉状

行政起诉状是公民、法人和其他组织，认为行政机关工作人员的具体行政行为侵犯其合法权益时，依法向人民法院提起行政诉讼的书面请求。

根据《中华人民共和国行政诉讼法》（以下简称《行政诉讼法》）第四十一条规定，提起行政诉讼必须符合四个条件：① 原告是认为具体行政行为侵犯其合法权益的公民、法人或其他组织；② 有明确的被告；③ 有具体的诉讼请求和事实依据；④ 属于人民法院受案范围和受诉人民法院管辖。

《行政诉讼法》第十一条规定，行政案件的受案范围为 8 个方面：① 对拘留、罚款、吊销许可证和执照、责令其停产停业、没收财物等行政处罚不服的；② 对限制人身自由或者对财产的查封、扣押、冻结等行政强制措施不服的；③ 认为行政机关触犯法律规定的经营自主权的；④ 认为符合法定条件申请行政机关颁发许可证和执照，行政机关拒绝颁发或者不予答复的；⑤ 申请行政机关履行保护人权、财产权和法定职责，行政机关拒绝履行或者不予答复的；⑥ 认为行政机关没有依法发给抚恤金的；⑦ 认为行政机关违法要求履行义务的；⑧ 认为行政机关侵犯其他人身权、财产权的。

6. 行政上诉状

行政上诉状是当事人（原告或被告）不服人民法院的第一审行政判决、裁定，依据法定程序和期限，要求上一级人民法院撤销、变更原裁判的书面请求。

（四）诉状的写作要领

诉状的基本格式和写法与一般法律文书基本相同，也是由首部、正文和尾部三部分构成。但也有不同之处。

首部的只写文书名称。即使是法人或非法人集团的诉状也不写单位名称。所以只写一行；不写文书编号。

正文一般包括：诉讼请求或案由；事实和证据；理由及法律依据等。

尾部即落款由具状人签名盖章；如有代书人代书的，应在年月日的右下角写明代书人姓名、工作单位和职务。

写作诉状的总的要求是：

第一，诉讼请求要明确、具体；

第二，事实要真实，并提出证据；

第三，要写明理由，最好能提出法律依据；文书格式要规范，必备项目要齐全，使用16开纸。

1. 民事起诉状写法

（1）首部。

依次写明下列事项：

① 文书名称：写“民事起诉状”或“起诉状”。

② 原告身份事项。写法如下：

原告是个人的，写姓名、年龄、民族、籍贯、职业、住址和邮政编码。

原告是法人或其他组织的，写单位全称、地址和邮政编码；下一行写法定代表人姓名、职务、电话。此外还应写明：企业的性质、工商登记核准号、经营范围和方式、开户银行和账号。

如原告有代理人的，应在原告下一行写代理人称谓、姓名、职务、地址等。法定代理人还应用括号注明和被代理人的关系。

③ 被告身份事项。写法和原告基本相同。

（2）正文。

依次写下列内容：

① 请求事项，即诉讼请求。简明写出诉状所要达到的目的，即案由。如请求离婚、偿还债务、履行合同等。

② 事实及证据。即双方争议的事实或被告侵权的事实及证据。要按事实“六要素”（人物、时间、地点、经过、原因、结果）陈述清楚，并举出证据。

③ 理由及法律依据。阐述理由应做到“三要三不要”：一要讲道理，不要强词夺理；二要提供依据，不要空口无凭；三要引用法律，不要没有法律依据。

（3）尾部。

依次写明：

① 致送机关。写“此致××人民法院”。

② 具状人签名盖章；是单位的，写单位名称并盖公章。

③ 起诉时间。“×年×月×日”。印章应盖在日期上，是请人代书的应在日期下行写明代书人姓名、职务。

④ 附页。写明副本份数及附件名称和件数。

2. 民事上诉状的写法

民事上诉状也有首部、正文和尾部三部分构成，但写法与起诉状有所不同。

（1）首部。

应依次写明：

① 文书名称。写“民事上诉状”或简写成“上诉状”。

② 上诉人身份事项。写法与起诉状基本相同。不同的是在“上诉人”后用括号注明其在原审中的地位。如“上诉人（原审×告）”。

③ 被上诉人。写法同上。

上诉人和被上诉人是法人或其他组织的，写单位全称、所在地址、邮政编码、法定代表人（或代表人）姓名、职务、电话等。

④ 案由。写“上诉人因××（案由）一案，不服××人民法院×年×月×日（年度）×民字第×号民事判决（或者裁定），现提出上诉。”

（2）正文。

一般分为两部分写：

① 上诉请求。

必须针对原判决或裁定的不当之处提出要求。如：A. 原判认定的事实不清，证据不确实；B. 原判适用的法律不当，理由不充分；C. 原判诉讼程序不合法，等等。

② 上诉理由。

要根据事实和法律，针对原判决或裁定的不当之处，予以辩驳：

A. 如果是原判认定事实错误，就提出纠正或者否定的事实和证据；

B. 如果是原判适用法律不当，理由不充分，就提出自己的理由和应用适用的法律根据。

C. 如果是原判的诉讼程序错误，就提出纠正的法律依据。

（3）尾部。

依次写明：

① 致送人民法院名称（原审法院的上一级法院）。如果由原审法院转交的，则写“××人民法院转送××人民法院。”

② 上诉人签名、盖章。

③ 上诉时间。×年×月×日

④ 附项。写明上诉状副本份数及附件名称、件数。

3. 刑事自诉状的写法

（1）刑事自诉状的内容和写法与民事诉讼状有所不同。

① 文书名称，写“刑事自诉状”。

② 当事人称“自诉人”“被告人”。当事人的身份事项，写法同前。如当事人是未成年人，应在当事人的下一行写法定代理人的身份情况及与当事人的关系。

③ 案由和诉讼请求。案由要写明被告人所犯罪名，并提出具体的诉讼请求。

④ 事实和理由。这是刑事自诉状的主要内容。这部分既可分开写，也可和在一起写。一是在事实撰写部分，指被告人犯罪的具体事实，即犯罪的时间、地点、动机、目的、情节、手段、危害后果及证据等。二是理由撰写部分，应分析被告人犯罪的性质、危害、构成什么罪和追究刑事责任的法律依据。

⑤ 结束语。应重申诉讼请求。如：

“综上所述，被告人……行为，已构成××罪。为此，根据《中华人民共和国刑事诉讼法》第×条、第×款的规定，特向你院起诉，请依法惩处。”

（2）尾部各项写法与民事诉讼状相同。

撰写刑事自诉状应注意以下问题：

① 自诉案件必须属于法定的自诉案件范围，对于公诉案件不能自诉。

② 刑事自诉状的提起，即自诉案件的刑事起诉权，一般只属于自诉人（即受害人）本人，旁人无此起诉权。“子孙人是未成年人的，可由其法定代理人提起。如果被告人因受强制、威吓无法告诉的。人民检察院和被害人的近亲属也可以告诉。”（《刑法》第87条）

4. 刑事上诉状的写法

刑事上诉状的内容和写法和民事上诉状基本相同，只是标题不同和公诉案件不写“被上诉人”。

5. 行政起诉状的写法

行政起诉状的内容和写法与民事起诉状基本相同，但应注意以下问题：

（1）要全面、正确地写出行政诉讼参加人。

当事人双方应称原告、被告，不能称“起诉人”“被起诉人”。原告包括公民、法人或其他组织。如果有权提起诉讼的公民已死亡，其近亲属可以代为提起诉讼。如果有权提起诉讼的法人或其他组织已终止，承受其权利的法人或其他组织可以提起诉讼。

被告只能是行政机关。被告的法定代表人的姓名和职务可写可不写。

（2）要在诉讼时效期限内向有管辖权的法院提交起诉状。

行政诉讼的时效期限，一般为15天。一审行政案件的管辖，一般由基层法院管辖。即由最初作出具体行政行为的行政机关所在地法院管辖。经复议的案件由复议机关所在地法院管辖。

（3）要把诉讼请求和事实根据写具体。

要针对如下情况提出诉讼请求：① 如认为被告的行政行为所根据的主要证据不足、适用法律规定错误、违反法定程序、超越职权或滥用职权等，可以请求法院判决予以撤销或部分撤销；② 对被告不履行或拖延履行法定职责的，可以请求法院判决在一定期限内履行；③对行政处罚显失公允的，可请法院判决变更处罚。叙述事实，要针对具体行政行为及其依据来写。最好能提出有力的反证。

（4）起诉状应附行政处罚决定书或行政复议决定书。

行政上诉状的内容和写法和民事诉讼状相同，不赘述。

（五）诉状案例分析

【例文一】

民事起诉状

原告：王××，女，61岁，×族，××市人，退休职工，住本市××街×号。邮政编码：××××××

被告：赵××，男40岁，×族，××省××县人，××市第×中学职工，住本市××区××胡同××号，邮政编码：××××××

诉讼请求：索取房租二百四十元。

事实与理由：

我在本市××区××胡同××号居民大院有房屋两间，是准备以后留给孙子结婚居住的，被告赵××见此房空着，便托侯××再三说情，央求租给他暂时居住。当时我说房屋年久欠修，现无力修缮。被告说，这不要紧，能够凑合着住就行了。这样，于19××年××月初，双方议定每月房租为四十元，按月交付，订了一个很简单的租房协议书（详附件）。上半年被告按月如数交付房租，但自7月份起被告拖欠不交，现已6个月，共欠房租二百四十元。我多次催要，被告一直不付，说修缮花了许多钱。被告既不搬走，也不补交房租，不得已诉诸法院。

租房之初，我已讲明无力修缮，被告也讲明“凑合”着住，当他住进房屋后就不“凑合”着住了，擅自进行修缮，所花修缮费理应自付。租房经过有中间人侯××为证，索取房屋的协议书为凭。民法通则第八十四条和八十五条规定：“债权人有权要求债务人按照合同的约定或者依照法律的规定履行义务”；“依法成立的合同，受法律保护”。为此，请求人民法院维护法律尊严，维护我的合法房租，判决被告赵××偿付所欠房租，并收回房屋自住。

此致

×××省××县人民法院

起诉人：王××（章）

二〇××年×月×日

附：1. 本状副本一份

2. 王××与赵××租房协议书复印件一份（原件在开庭时递交）

3. 侯证明1份（侯住本市××街×号）

代书人：××律师事务所律师：×××

【简析】这则民事起诉状内容全面，标题、诉讼参与人基本情况、诉讼请求、事实与理由、接受诉状的人民法院、落款、附件等要素齐全。诉讼请求具体明确；事实与理由部分中的时间、地点、人物、事件、原因、结果叙述清楚，事实确凿，援引民法通则条文恰当。

【例文二】

民事上诉状

上诉人（一审原告）：杨××、女、×族、生于19××年×月×日、住址：四川省××市××区××镇××村×组。居民身份证号码：510724××××07××2×。电话：××××××985

被上诉人（一审被告）：吴××，男，×族，生于19××年×月×日，住址：四川省××市××区××镇××村×组××号，居民身份证号码：510724197212×××××。电话：×××××××5809

被上诉人（一审被告）：杨××，女，×族，生于19××年×月×日出生，住址：湖南省××县×××乡××××村×组，居民身份证号码：4311××××××××××，电话：×××××××91

因上诉人不服××区人民法院（2021）川07××民初22××号民事判决书，认为该判决事实认定、适用法律错误，现向××市中级人民法院提起上诉。

上诉请求：

一、判决撤销××市××区人民法院（2021）川07××民初22××号民事判决书第一项、第二项；

二、改判被上诉人吴××赔偿原告住院费、门诊费、住院期间营养伙食补助费、住院期间护理费、伤残赔偿金、误工费、被扶养人生活费、交通费、后续治疗费、辅助医疗器材、精神抚慰金：150146.66元（对一审判决不服部分金额为：94827.46元）。

三、改判被上诉人吴××承担一审、二审全部诉讼费用。

事实及理由：

2020年11月，上诉人经杨××介绍到被上诉人吴××的家中自建房工地做小工。11月15日下午在务工过程中因被告吴××提供的铁梯歪倒导致上诉人摔倒受伤，事发后医治花去住院费用28438.66元，出院后继续门诊治疗，后被鉴定为二处十级，但被上诉人吴××仅向上诉人支付了2000元医疗费用后就未再支付任何费用。经上诉人起诉到××区人民法院后一审法院判决被上诉人吴××再赔偿上诉人55319.2元，上诉人认为一审法院事实认定与适用法律均有错误，故向××市中级人民法院提起上诉。

一、一审法院认定事实错误，虽然上诉人有骨质疏松，但是自身因素不是上诉人主观过错，不应作为要求上诉人承担责任的理由。上诉人也没有违章操作，发生事故的原因是被上诉人未提供安全措施和良好作业环境，上诉人无任何过错，不应承担责任。

二、一审法院适用法律错误。本案立案时间为2021年7月19日，一审开庭时间在2021年8月份，根据四川省高级人民法院关于在四川省各级法院全面开展人身损害赔偿纠纷案件统一城乡居民赔偿标准试点工作的通知，从2021年3月1日起施行。本案上诉人的残疾赔偿金和被扶养人生活费应当按照城镇标准适用。

综上所述，恳请二审法院依法改判，支持上诉人的上诉请求。

此致

××市中级人民法院

上诉人：杨××（章）

二〇二一年九月十五日

附：1. 本诉状副本 1 份；

2. 杨××证明一件

代书人：××县律师事务所律师：×××

【**简析**】这则民事上诉状内容全面，标题、诉讼参与人基本情况、诉讼请求、事实与理由、接受诉状的人民法院、落款、附件等要素齐全。诉讼请求具体明确；事实与理由部分中的时间、地点、人物、事件、原因、结果叙述清楚，事实确凿，援引民法通则条文恰当。

【**例文三**】

刑事自诉状

自诉人：刘××，男，50 岁，×族，××市人，××厂职工，住本市××路××号，邮政编码：××××××

被告人：王××，男，30 岁，×族，××市人，××厂工人，住本市××路××号，邮政编码××××××。

案由和诉讼请求：侮辱诽谤，请依法制裁。

事实与理由：自诉人与被告人是邻居。自本年×月，我家迁入现在住址后，就不断遭到被告人王××的公然侮辱和诽谤。第一次是在×月×日，因被告人在公用的卫生间内堆满各种杂物，妨碍他人进入使用。我向他建议，希望他把堆置的杂物移出一部分。被告人置之不理，口出秽言。我向居委会反映，要求调解。居委会来人查看属实，向被告人提出应当搬走杂物。不料他大为不满，看到我把他放在我家门口的三个坛子向他家门口移动了一下，他就以污言秽语向我夫妇大骂。我为了邻里间的和睦相处，未跟他计较。但他以为我软弱可欺，竟变本加厉，于×月×日至×月×日，前后五次侮辱、诽谤我，还搞恶作剧。还故意把垃圾杂物堆在我家门口。我向他提意见。他就破口大骂，什么“乌龟”“王八蛋”“臭女人”，等等，不堪入耳。我向他的工厂反映多次。他们说被告人从来蛮不讲理，对他没有办法。因此，不得不诉诸法院，请求法律保护。

以上事实，有左邻右舍的人看到，有居住××室的许××，居住××室的何××等可作证，居委会调解主任肖××也可作证。被告人王××多次进行侮辱和诽谤，蛮不讲理，不听劝止，还在发展之中，情节相当严重，触犯了刑法第一百四十五条，已构成公然侮辱和诽谤罪。根据刑事诉讼法第十三条的规定提起自诉，请依法惩处。

此致

××区人民法院

自诉人：刘××（章）

20××年×月×日

附：1. 本状副本一份

2. ××居民委员会证明一件

3. 邻居许××，何××证明各一件

【例文四】

刑事起诉状

×检公刑诉（2015）135号

被告人张××，男，19××年×月×日出生，身份证号码，×族，文盲，农民，××省××县人，户籍地××省×县××村，住××省××县经济开发区××村。20××年×月×日因涉嫌盗窃罪被××县公安局刑事拘留，同年×月×日被高青县公安局取保候审，20××年×月×日被我院取保候审。

本案由××省××县公安局侦查终结，以被告人张××涉嫌盗窃罪，于20××年×月×日向我院移送审查起诉。本院受理后，于20××年×月×日已告知被告人有权委托辩护人，依法讯问了被告人，审查了全部案件材料。期间，20××年×月×日延长审查起诉期限15日。

经依法审查查明：

20××年×月×日九时许，被告人张××至××县××镇镇府内"元宵节扮玩活动"现场处，从被害人牛××上衣口袋处扒窃现金159元、五斤馒头票两张、华盛商场兑换券一张、签有"××"名字的收款收据一张等。

认定上述事实的证据如下：

1. 物证：锥子，刀片；2. 书证：户籍证明等；3. 证人李××证言；4. 被害人牛××陈述；5. 被告人张××的供述和辩解；6. 搜查笔录等。

本院认为，被告人张××在公共场所秘密窃取他人随身携带的财物，其行为触犯了《中华人民共和国刑法》第二百六十四条之规定，犯罪事实清楚，证据确实、充分，应当以盗窃罪追究其刑事责任。根据《中华人民共和国刑事诉讼法》第一百七十二条的规定，提起公诉，请依法判处。

此致

××县人民法院

××县人民检察院（章）

2015年12月19日

附：1. 被告人张××现取保候审于住处；

2. 侦查卷宗一册。

【简析】上述刑事自诉状语言简洁，条理清晰，格式规范，恰当地引用相关的法律条文，引用准确，并且证据充分，具有较强的说服力。

【例文五】

刑事上诉状

上诉人（原审被告人）：刘××，男，汉族，38岁，身份证编号：×××××××××××××，初中文化，河南省××市人，现住河南省××市××街××号××院××号楼××号。

上诉人因涉嫌合同诈骗罪一案，不服河南省××市人民法院（20××）永刑初字第号刑事判决，故提出上诉。

上诉请求：

撤销××市人民法院（20××）永刑初字第号刑事判决书，改判被告人不构成犯罪，不承担刑事责任。

事实与理由：

一、上诉人在本案中的地位决定上诉人无从知晓河南××文化投资有限公司（以下称文化公司）无履行合同的能力。

文化公司为本案第一-被告人丁 ××发起成立，在设立公司之时，丁××向工商 登记部门投送的各种资料及公司的设立过程，上诉人均不知晓。上诉人开始只是丁××的一个司机，后被丁××派到郑州分公司任副经理，从事的都是按照丁××的指令做一些具体事务，包括文化公司对外招标的各种事宜，上诉人均不知晓，故上诉人没有机会知道文化公司的资金运作状况。再者，上诉人原来没有从事过项目投资方面的工作，加上自身文化程度较低，也无能力判断文化公司是否投资该项目的资金状况。但××市人民法院（20××）永刑初字××号判决书认定上诉人明知被告人丁××无履行能力，仍介绍被害人施工企业签订工程施工合同，骗取合同履约金，属认定事实错误。

二、上诉人无非法占有的主观目的，客观上也没有占有施工企业的钱财。

上诉人虽然介绍了两家企家和文化公司签订了合同，但所收的这两家企业的合同履行金，均按照丁××的指示，全部交给了丁××本人或汇到了丁××指定的帐户上。至今为止，上诉人为××文化公司工作时垫付的各项费用6万多元（已向法院提交证据）也无着落。客观地说，上诉人本人也是本案的受害者，何来占有受害企业钱财之谈，更谈不上主观上的占有。

综上所述，××市人民法院（20××）永刑初字第××判决书针对上诉人而言，查明事实不清，适用法律错误，恳请二审法院本着实事求是，认真负责，有错必纠的工作态度，给上诉人一个公平的判决。

此致

××市中级人民法院

上诉人：刘××
律师：陈××
2020 年 11 月 27 日

附：本上诉状副本一份

【简析】上述刑事上诉状语言简洁，条理清晰，格式规范，恰当地引用相关的法律条文，引用准确，并且证据充分，具有较强的说服力。

【例文六】

行政起诉状

原告：支××，男，56岁，×族，××省××县农民，住××乡。

被告：××县税务局。

法定代表人：×××，税务局长。

请求事项：要求撤销税务处罚和赔偿经济损失。

事实与理由：

××县象河乡有一座16门砖瓦窑场，是乡办集体所有制企业。19××年由付××与乡政府签订承包经营合同，合同规定：乡政府为甲方，将砖瓦厂场发包给乙方，提供厂房场地、制砖机械；付××为乙方，负责经营管理，承担企业应缴纳的税金，向甲方上缴承包金额5 500元，承包期一年，自当年1月至12月底止。付××承包后，又以发包方的身份，与支××签订制砖技术承包合同，承包期为一年，合同规定：付××为甲方，给乙方提供厂房、机械等设备和投资；支××为乙方，给甲方生产成品砖200万块，每块出售价按0.05元计算，由甲方每块提取0.015元（含上缴税金、购置架子车和覆盖物），乙方分取0.035元（含购置柴油、煤等材料、工人工资、工具修理费用）。并规定：如果乙方生产超过200块砖块，甲方就对超产部分每块提取0.012元；如果乙方生产低于200万块砖，甲方就按每块提取0.018元；如乙方生产低于150块砖。甲方就按每块提取0.02元。合同生效后，支××即进行生产。合同履行了八个月，支××生产成品砖68万块，折合人民币3.4万元，其中支××领取3 200元，其余由甲方付××收存。

19××年11月，象河乡税务所通知支××缴纳制砖产品税。支××当即按合同规定由甲方付××负担税金。由于该税务所坚持向支××收税，为此发生争议。支××坚持税金应由付××缴纳，税务所便派人来拉砖6万块以抵折税款，只因受工人阻拦，才没拉走砖。这样，税务所宣布冻结支××生产的砖，扬言只有缴纳税款后才能出售砖。在税务所阻碍生产和销售的情况下，支××不得已到县税务局上访，但并未得到解决。19××年8月7日，××县税务局对支××做出了书面处罚决定：（一）支××是机砖生产者，是纳税义务人，应缴纳产品税3 400元；（二）支××没有按规定办理税务登记，处以罚款500元。支××不服这个处罚决定，依法向××地区税务局申请复议。地区税务局复议决定维持××县税务局的处罚决定。地、县、乡三级税务机关都坚持认为支××是纳税义务人，这是不符合承包合同的规定的。

基于上述，特提起诉讼，要求撤销××县税务局的处罚决定，并要求赔偿经济损失1000元。

此致

××县人民法院

起诉人：支××（章）

20××年×月×日

附：1. 本状副本2份

2. ××县税务局处罚决定1件（复印件）

3. ××地区税务局复议决定1件（复印件）

4. ××与付××签订的合同1份（复印件）

代书人：××律师事务所律师：×××

【简析】上述行政起诉状语言简洁，条理清晰，格式规范，恰当地引用相关的法律条文，引用准确，并且证据充分，具有较强的说服力。

【例文七】

行政上诉状

上诉人（原审被告）：×××，男，54 岁，汉族，广东省××市人，住广东省××市××区××街×号。

被上诉人（原审原告）：××市××区人民政府，地址为××市××区××路×号。一、上诉请求：请求依法判决撤销被告××市××区人民政府于20××年×月×日作出的××府征补字（20××）第×号《××市××区人民政府房屋征收补偿决定书》。

二、上诉理由：原告×××是位于××市××区××街×号房屋的合法产权人（房地产权证号：粤房地证字第××号）。该房屋为原告全家六口老小唯一住宅所在地。20××年×月×日，原告在××市××区人民政府获知自己的上述房屋已被被告征收并准备强制拆除，并从法院获得××府征补字（20××）第×号《××市××区人民政府房屋征收补偿决定书》（下称《房屋征收补偿决定书》）的复印件。原告不同意被告的上述《房屋征收补偿决定书》。此后便数次口头向被告提出异议和抗议。被告通过相关部门与原告多次协调，均未达成一致意见。

原告认为，原告的房产属于私有合法财产，其物权受到国家宪法和法律的保护。被告为商业开发的目的，在未与原告协商并达成协议的情况下，擅自决定征收原告的房屋，违反了国家的相关法律和政策，侵犯了原告的合法权利。如果被告将上述《房屋征收补偿决定书》付诸实施，则将导致原告全家老小流离失所、家破人亡的严重后果。原告为保护神圣的住宅的合法权益不受侵犯，特向人民法院提起上述诉讼，请求人民法院为民作主，依法公正判决，原告全家老小将为人民法院的公正判决感激涕零，并世代不忘。

此致

××市中级人民法院

上诉人：×××（章）

2016 年×月×日

代书人：××律师事务所律师：×××

附：本状副本 1 份

【简析】上述行政上诉状语言简洁，条理清晰，格式规范，正确地引用相关的法律条文，引用准确，并且证据充分，具有较强的说服力。

二、答辩状

（一）答辩状的含义和作用

1. 答辩状的含义

答辩状是指民事或行政诉讼的被告（或被上诉人、被申诉人）针对起诉（或上诉、申诉）作出回答和辩驳时所使用的书状，是与起诉状、上诉状形成对立的诉讼文书。

2. 答辩状的作用

（1）体现了当事人平等的权利。

答辩状中体现出的诉讼失权制度是指在诉讼中原本享有的诉讼权利因某种原因或事

由的发生而丧失。主要有答辩权的丧失即答辩失权、上诉权和申诉权的丧失、管辖异议权的丧失、证据提出权的丧失即证据失权，而答辩状提出中所体现出来的诉讼失权制度的建立，恰好满足了正当、公平、平等之要求，体现了诉讼中当事人双方权利的平等性。

（2）有助于维护当事人合法权益。

向人民法院递交答辩状是一种应诉的意思表示，是法律赋予行政诉讼被告、被上诉人的一项诉讼权利，被告、被上诉人通过提出答辩状，讲清被诉的真相，提出自己的要求，阐明自己的理由，从而维护公民、法人和其他组织的合法权益。

（3）有助于法院兼听则明，维护法律的尊严。

答辩状的递交，有利于人民法院在兼昕则明的情况下，全面了解和掌握案件双方当事人的主张及理由，查明事实真相，分清是非曲直，从而客观、公正地审理案件，作出裁判，维护法律的尊严。

（4）有助于法院正确审理案件。

答辩状的提出，有利于人民法院在全面了解案情的基础上，判明是非，做出正确的判决，从而正确地审理案件。

（二）答辩状的特点

1. 辩状的提出具有被动性

由于答辩状写作是针对原告起诉状的连锁性、应对性写作，因而具有明显的被动性。因为答辩状写作的目的就是要反驳原告的起诉，以此维护自身的合当权益。因而，具有强烈的防卫意识。

2. 辩状的相对方具有明确的针对性

答辩状一般在以下情况下提出，一是原告向第一审人民法院起诉后，被告就诉状（起诉状）提出答辩状。二是案件经第一审人民法院审理终结后，一方当事人不服，提起上诉，被上诉人就上诉状提出答辩状。答辩状的相对方具有非常明确的针对性。

3. 辩状内容指向具有辩解性

辩解性是针对起诉状或上诉状中陈述的事实和理由而阐发自己的意见和主张的书状。这种书状具有强烈的答辩和辩论特色，或者以正确事实驳斥错误事实，或者以正确理由反驳谬误理由，或者以正确适用的法律条文纠正未能正确使用的法律条文。

4. 辩状制作提交具有法定性

人民法院在收到原告的起诉状和上诉人的上诉状以后，应当在规定的期间内将副本送达被告或被上诉人，被告或被上诉人应当在法定的期限内提出答辩状。只有具有法定资格的人在法定期限内才有权提交答辩状。根据相关法律规定，只有被告或被上诉人在收到起诉状或上诉状副本后 15 日内有权提交答辩状。

（三）答辩状的种类

根据案件的性质可分为民事答辩状和行政答辩状。民事答辩状又因答辩人不同而分为公民对民事起诉提出的答辩状和法人或其他组织对民事起诉提出的答辩状。

1. 民事答辩状

民事答辩状分为民事一审答辩状和民事上诉答辩状两种。民事一审答辩状是民事被告对原告的起诉予以答复和辩驳的书状。民事上诉答辩状是民事被上诉人对上诉人的上诉状进行答辩的书状。答辩是被告人和被上诉人的一种诉讼权利。

2. 行政答辩状

行政答辩状，是行政诉讼的被告（即行政机关）针对原告的起诉状所提出的书面答复。《行政诉讼法》第四十三条规定："人民法院应当立案之日起 5 日内，将起诉状副本发送被告。被告在收到起诉状副本起 10 日内向人民法院提交作出具体行政行为的有关材料，并提出答辩状。"关于行政上诉案件的被上诉人应否提出答辩状，《行政诉讼法》未作明确规定。

（四）答辩状的写作要领

1. 首　部

（1）标题。"民事答辩状""行政答辩状"根据案件性质而定，但不能只写作"答辩状"。

（2）答辩人情况。公民提出答辩的写"答辩人：姓名、性别、出生年月日、民族、出生地、职业工作单位和职务、住址等"。

2. 正　文

民事答辩状和行政答辩状，均由"因...一案，提出答辩如下：……"一句引起答辩的理由。

答辩状在写作方法上相当于一篇驳论文，故多运用反驳论证的手段，极具针对性地抓住诉状或上诉状中的要害，集中反驳，深入分析。答辩理由一般分以下 3 个层次展开论证。

首先，针对被控事实或上诉理由明确表态。对被控事实符合实际的要予以承认，也可以回避不谈。

其次，是针对不符合实际的事实、证据等分别予以辩驳。

3. 尾　部

写明送达机关、附项和签署。除答辩人称谓的变化外，其余同民事起诉状。

（1）民事答辩状的写法。

民事答辩状也分首部、正文和尾部三部分。

① 首部。

A. 文书名称。写"民事答辩状"。

B. 答辩人身份事项。写法同前。

C. 案由。写"因……一案，提出答辩如下："或写为"因×××（原告）诉我……（案由）一案，提出答辩如下："。

② 正文。这是答辩状的主体部分。答辩要针锋相对：一审答辩状应当针对原告起诉状所列事实、证据和理由进行答辩；二审答辩状要针对上诉状所列各点进行答辩。

③ 尾部。与民事起诉状基本相同，所不同的是改称"答辩人"；请律师代书的应在年月日的下一行写明代书人的姓名、职务和所在律师事务所。附项的答辩状按原告人数提交。

（2）行政答辩状的写法。

行政答辩状的内容和写法与民事答辩状基本相同，所不同的是：标题写“行政答辩状”；答辩人一律是行政机关。

（五）答辩状案例分析

【例文一】

民事答辩状

答辩人：尹××，男，汉族，1979年10月24日生，住址：山东省微山县欢城镇尹×村××街三巷×××号，手机：133××××8331。

对四会市人民法院（2020）粤1284民初1016号原告肇庆市××物业管理有限公司与被告一梁×、被告二尹××物业服务合同纠纷一案的起诉，答辩如下：

一、答辩人不应作为本案被告。

被告一梁×将涉案房屋出租给案外人，具体不详。此后，案外人任×又将涉案房屋出租给案外人周××使用（见答辩人证据1#房屋租赁合同），存在转租情形。答辩人与案外人周××系同事，暂住于涉案房屋，其与被告一梁×没有签订租赁合同，答辩人作为本案被告并不适合。

二、答辩人不应承担原告损失。

首先，原告并未提供证据证明损失与答辩人行为有因果关系。

其次，电梯维修或更换配件，均是原告自行委托完成，未通知答辩人到场或事前告知维修内容，电梯是否需要维修或更换配件？维修或更换了哪些配件？这些都存在疑问，答辩人对原告报价单的真实性不予认可。

最后，根据诉状中称，原告系他人反映后，才得知现场有积水情况，且当时情况已经非常严重。原告作为物业服务单位，其有职责对涉案电梯随时进行管控，在流水进入电梯时，其就应当能立即发现，并采取有效处理措施，阻止损害发生或扩大。但原告不是自己第一时间发现，且没有阻止损害扩大，显然未尽到管理职责，存在过错，应当自行承担全部损失。

三、退一步讲，即使原告确实有实际损失产生，须由他人承担全部或部分，亦应当由房屋所有人即被告一承担，答辩人不应承担。

1. 被告一未尽到维护义务，存在过错。本次事故系因洗衣机与水龙头接口处断裂引发，断裂的原因是，水管长年使用，接口处老化生锈（见答辩人证据2#图片），自然断裂。根据案外人《房屋租赁合同》（见答辩人证据1#）第八条规定，出租方同意负责该物业在租赁期间的一切正常维护.维修.保养并承担相关费用及向承租方提供相关租赁服务；承租方应妥善使用该物业及相关设施，如故意或过失损毁，应负责维修和恢复原状或向出租方赔偿经济损失，所需费用由承租方负责。根据《合同法》第二百二十条规定，出租人应当履行租赁物的维修义务，但当事人另有约定的除外。被告一作为出租人，未尽到法定及约定维护义务，致使水管接口处因长久使用，生锈老化而发生自然断裂，被告一对此存在过错，依法应当承担全部责任。

2. 涉案房屋设计存在缺陷，亦应由被告一承担过错责任。洗衣机放置在涉案房屋阳台上，阳台与客厅地面一样高，没有设置台阶或其他阻挡，阳台上的水满后，极易流向房间客厅。另外，阳台上的地漏设置并不合理，未能及时、迅速排尽积水。

3. 答辩人暂住期间合理使用租赁物，不存在过错。涉案房屋由案外人周××承租，答辩人在暂住期间均是正当、合理使用租赁物，并未人为损毁租赁物，接口处断裂系老化生锈自然断裂，答辩人对此不存在过错。《合同法》第二百一十八条规定，承租人按照约定的方法或者租赁物的性质使用租赁物，致使租赁物受到损耗的，不承担损害赔偿责任。《侵权责任法》第六条第一款规定，行为人因过错侵害他人民事权益，应当承担侵权责任。因此，答辩人依法不应承担责任。

综上，请求法院查明本案事实，依法驳回原告对答辩人的诉讼请求。

此致

××省××市人民法院

答辩人：尹××（章）

代理人：王××律师（章）

2020 年 3 月 7 日

附：1. 答辩状副本 2 份；

2. 证据 1#房屋租赁合同，证明涉案房屋由案外人周建志承租；

3. 证据 2#水管接口处断裂图片，证明系因老化生锈自然断裂；

4. 证据 3#图片，系原告提供证据，证明涉案房屋设计上存在缺陷。

【简析】上述民事答辩状内容全面，标题、诉讼参与人基本情况、答辩请求、事实与理由、接受答辩状的人民法院、落款、附件等要素齐全。答辩请求具体明确；事实与理由部分中的时间、地点、人物、事件、原因、结果叙述清楚，事实确凿，援引相关法律条文恰当。关于民事答辩状的制作应注意的问题：（1）对起诉状的答辩，要考虑有无提起反诉的条件，如具备反诉条件，可结合答辩状写；（2）对上诉状的答辩，应立足于支持原判决或裁定，反驳上诉的无理要求。

【例文二】

行政答辩状

答 辩 人：××市××区人民政府，住所地××市××号。

法定代表人：××，职务：区长。

被答辩人：××，男，汉族，1995 年 12 月 21 日出生，身份证号码：××××，住××××。

被答辩人：××，男，汉族，1961 年 8 月 4 日出生，身份证号：××××，住××××。

因被答辩人诉答辩人撤销行政协议纠纷一案，提出答辩如下：

一、答辩人与被答辩人签订的《房屋收购协议书》合法有效。

1. 《房屋收购协议书》签订的主体合法。

2017 年 11 月 27 日，被答辩人与××××拆迁项目部签订《房屋收购协议书》，××××拆迁项目部是答辩人设立，专门负责此次征收拆迁事项的机构，主体合法。

被答辩人为房屋编号××、××的产权人，且××、××房屋属于征收红线范围内，故被答辩人与××××拆迁项目部签订的《房屋收购协议书》的签订主体合法。

2.《房屋收购协议书》内容合法系双方真实意思表示。

被答辩人房屋所在项目用地经省政府批地，发改委批复，并进行了征地公告等征收程序，故房屋收购协议内容合法，同时《房屋收购协议书》系被答辩人申请房屋评估作价后，双方自愿签订的，不存在欺诈、胁迫的情形，是双方真实意思表示。

3.《房屋收购协议书》内容不存在《合同法》规定的合同无效情形。

答辩人与被答辩人签订的《房屋收购协议书》不具有《合同法》第52条规定的合同无效情形。既无恶意串通，也无损害社会公共利益，更没有违反法律、行政法规的强制性规定。

4.《房屋收购协议书》经当事人双方签字或盖章确认，合法有效。

房屋编号为××、××的《房屋收购协议书》第八条规定，本协议签字盖章后即时生效。现该协议双方均已签字或盖章确认，已经合法生效。

二、被答辩人认为《房屋收购协议书》补偿价格低于市场价格，有漏项等缺乏事实和法律依据。

1.评估报告符合客观性、公正性，是被答辩人房屋征收补偿决定的合法依据，不存在违法和漏项的情况。

经×市×区征收安置工作局的委托，××××房地产评估咨询有限公司对××××工程建设项目集体土地上涉及被答辩人的房屋××、××进行征收评估，房地产价格评估机构根据被征收房屋所有权证所载内容并结合前期调查的现场勘察结果，认定被征收房屋的性质、用途、面积、位置、建筑结构、建筑年代等，并据此作出征收评估报告，确定评估价值和补偿金额，真实正确，合法合规，不存在违法和漏项的可能，能如实地反映被征收人的财产情况。

2.答辩人保障了被答辩人的相关权利救济途径。

报告编号为湘正房【2017】字第××××号和××××号的房屋征收分户评估报告第七条第五款、第六款明确规定，被答辩人对评估报告有异议的，可以提出书面复核评估申请，对复核结果有异议的，还可以申请鉴定，但直到现在，都没有收到被答辩人对评估报告有不同意见的复核申请或鉴定申请。

结合2017年12月15日，×市国土资源局×区分局组织相关部门拟定了《×市2017年第一批次×段用地项目征地补偿安置方案》，公告载明了房屋征收与补偿方案和行政复议、行政诉讼权利等，要求被征地农村集体经济组织，农村村民或其他权利人，对征地补偿安置有不同意见或要求举行听证会的，可在本方案公示之日起10个工作日内提书面意见，但并没有收到被答辩人对征收补偿安置有不同意见的书面资料。也就是说，答辩人确实依法保障了被答辩人相关救济权利，只是被答辩人没有积极行使，现在被答辩人认为《房屋收购协议书》补偿价格低于市场价格，有漏项等缺乏事实和法律依据。

三、答辩人与被答辩人签订的《房屋收购协议书》已履行完毕。

1.被答辩人已领取全部拆迁款。

2017年11月27日，答辩人与被答辩人签订《房屋收购协议书》后，就补偿范围、补偿依据、补偿明细、补偿方式及腾地要求、房屋收购补助相关奖励等进行了详细合法的约定。当日，被答辩人就已领取完毕全部拆迁款，被答辩人××领取了84.7783万，被答辩人××领取了185.7185万。

2. 被答辩人房屋已腾空。

根据《房屋收购协议书》第四条可知在协议签订后，被答辩人收到拆迁补偿款后，必须在7日内腾空房屋。从被答辩人已签字的领款协议可知，被答辩人已领取完毕全部拆迁款，也根据协议腾空了房屋。

综上所述，答辩人与被答辩人签订的《房屋收购协议书》不论在形式上还是在内容上均符合法律的规定。且答辩人已全面履行了《房屋收购协议书》所约定的义务。被答辩人诉请的撤销行政协议没有法律依据，请法院依法查明相关事实，驳回被答辩人的诉讼请求！

答辩人：××政府（公章）

2017年×月×日

附：1. 本答辩状副本一份；

2. 行政答辩状说明。

【简析】上述行政答辩状内容全面，标题、诉讼参与人基本情况、答辩请求、事实与理由、接受答辩状的人民法院、落款、附件等要素齐全。答辩请求具体明确；事实与理由部分中的时间、地点、人物、事件、原因、结果叙述清楚，事实确凿，援引相关法律条文恰当。

第五章　申论写作

第一节　申论概述

一、申论的含义

据说“申论”一词出自孔子“申而论之”。申即在说明、陈述的基础上引申；论即议论。申论是一种文体，包括申述、申辩、论证、论述等，申论的本质要素就是申和论。申论的命题特点和趋势主要是对国策的考查。今天的“申论”类似于汉代的“策论”，但它们之间有本质区别。

二、申论试题结构

申论考试试题一般由 3 个部分构成，即注意事项、给定材料和申论要求。

注意事项主要对考生的测试能力、参考答题时限和答题规范和要求等作出说明。

给定材料大多带有新闻性质的“半成品”，反映现实社会生活中某一热点问题，基本不涉及重大理论问题和专业性极强的问题。

申论要求就是根据给定材料提出的申论问题。申论要求主要包括五种，即是：① 对给定材料的理解、解释、分析、整理、归纳、概括、综合（主要内容或主要问题）；② 分析原因；③ 根据材料反映的主要问题，提出具有可行性的方案；④ 根据材料反映的主要问题，对已有方案进行评价；⑤ 对个人见解的议论（命题议论或自拟题目议论）。另外还有一些衍生题型。

三、申论的核心

申论的核心就是一种公务员的思维。也就是说，申论是辩证性思维而不是教条式思维，申论是规律性思维而不是经验式思维，申论是实践性思维而不是空想式思维，申论是理性思维而不是感性思维，申论是开放性思维而不是封闭式思维，申论是创造性思维而不是因循守旧式思维。

四、申论文章的本色

申论的本色就是要求你做四平八稳的大文章。从风格上来说，四平八稳的大文章具有平和、中庸、凝重、沉稳等特点。具体来说就是要符合“高”“大”“全”“实”“精”等要求。

（一）申论要“高”

所谓申论的“高”可以从三方面理解。一是立意要高、主题要高，善于升华主题，高屋建瓴。二是站得高、看得远，着眼长远利益，透过事物的现象，看本质和关键。三是要有政治高度和政治素养，要具有政治理论素养、政治立场、政治敏锐性和政治鉴别力。

（二）申论要“大”

所谓申论的“大”可以从两方面理解。一是要大题大作，作大题目，题目不能过小，不能小题大做。二是要从宏观处把握问题，要从宏观上全面、系统、深刻地分析问题。不要过多拘泥于细节。

（三）申论要“全”

所谓申论的“全”，一是要尽量全面把握关键信息点。二是要坚持辩证思维，不能以偏概全。

（四）申论要“实”

申论写作要“高”“大”“全”，但是绝对不能“假”而“空”，要实实在在做文章。一是内容要“充实”。高大全是文章的骨架，仅有骨架还不够，还需要有血有肉的内容来支撑。二是内容要“真实”。内容要符合材料的实际和社会的实际。至少要结合材料中的实际，绝对不能泛泛而论，不能空泛而论。

（五）申论要“精”

所谓申论的“精”，一是材料主要信息的提炼要尽可能准确，抓住材料的关键信息；二是语言要准确精练。废话不能太多，切忌啰唆。三是语言要规范、流畅、通顺。

第二节　审读材料

一、审读材料的含义

根据申论题目的意思和要求，对给定的每一材料进行阅读、审视、分析、理解和把握，以确定每一材料反映的主要内容、主要观点、主要问题，为接下来的要点概括、对策提出和论证做准备。

二、审读材料的要求

（一）把握题旨，领会要求

审读材料的基本要求是要能把握材料的主题和意图，也就是把握材料的中心思想。每一申论材料都反映了某种社会热点问题、主题思想或中心内容，也反映了出题人的某种意图。我们在审读的时候就需要根据题目意思和要求，根据各材料前后之间的联系找准材料的主题和意图。这是深入理解申论问题和材料，顺利解答问题的基础和前提。

例如：某班语文课上因为学习“知足常乐”这个成语引起了一场热烈的讨论。学生们各抒己见，归纳起来有两种观点：一是知足才能常乐；二是不知足才能常乐。你赞同第一种观点吗？赞同第二种观点吗？你有没有第三种观点？如果要你自拟题目写一篇议论文，参加他们的讨论，那么材料的主题和意图应是什么呢？

要写好这篇议论文，首先要弄清材料中“知足常乐”这个成语的含义；同时要明确：可以赞同第一种观点，也可以赞同第二种观点；还可以针对两种观点提出自己的看法，即具体分析，不明确倒向哪一边，如有的考生提出在生活上应知足，在工作上应不知足的看法，展开议论，可以认作是第三种观点，这些都称得上是弄清题意的。但是，从摸准题意要求来看，我们还得往深处想一想：知足常乐意即凡事应懂得满足就常常会快乐。这同我们当代青年信奉的开拓、进取、追求的时代精神，岂不有点相悖？如果整篇文章赞同这一种观点，那显然是不符合我们这个时代的潮流的。所以有人在弄清题意的基础上，进一步摸准题意蕴含的要求，以“岂能知足常乐”“永不满足，志在开拓”“知足——庸人的哲学”等立意鲜明的文字作题目，谈古论今，全文都贯穿了“常乐在于永不知足地奋斗进取”的主旨，使议论闪现出动人的时代光彩。这才是审题的成功之处。

（二）明确角度

明确材料的角度就是需要根据申论问题和材料的具体事实找准“看问题的出发点”。要提高社会各界的危机意识就应该从思想意识上提高应对公共突发事件的意识。

例如：老马是街道首席调解员，也是全国人大代表，做了 30 年的调解工作。老马这根与时俱进的“针”连得巧、织得密、缝得牢。多年来，老马给自己立下了接待群众的 24 字规矩：起立迎接，请坐倒水，倾听记录，交流引导，解决问题，出门相送。“工作室要成为一个温馨的驿站，群众只要来了，就要努力让大家愁脸进来笑脸出去。”有事没事找老马聊聊的人越来越多，老马总是笑脸相迎。有时，一些群众会问老马：“你是什么职务、什么级别？”“职务和级别都不重要，重要的是——我是你需要的人。”这就是老马的回答。

根据这段材料，读者可以从几个角度开始议论：一是作为调解员，要学习调解的知识和方法，及时有效解决群众矛盾；二是基层干部要讲究工作方法，要与时俱进，用心针对不同问题采取方法感动群众；二是基层干部要有强烈的服务意识，明确接待群众的工作原则，贴近群众，热情服务群众。具体选择什么角度，还要看整个申论试卷前后联系和申论问题的意思和要求。

（三）吃透字面意义，领悟深意——把握总体意、隐含意和本质

对有些材料，我们必须在吃透字面意义的基础上去理解材料的总体意义、蕴含的比喻意义或象征意义，根本在于揭示本质，以避免答题时犯就事论事的弊病。

例如：去年，老马接待群众 600 多人次，有家长里短，有邻里矛盾，也有基层治理中的一些问题。接待群众是门“技术活”，不仅要真诚待人，还得对政策烂熟于心。“当好基

层这根‘绣花针’，状态要投入，本领得过硬，我一天都不敢怠慢。”虽已年过花甲，老马仍每天坚持学习 3 个小时。30 年来，老马成功调解矛盾纠纷 2000 多起，写了 160 多本、520 多万字的工作笔记。

一天下午，老马接待了一对夫妻，女的一说话就哭起来：“老马，我和他是没法过了。”原来，两人从农村进城打拼多年，生活富裕了，但矛盾也多了。老马一边安抚一边分析：“为什么穷的时候没有什么矛盾，富了反而矛盾多？说明精神贫穷，有短板。”一个小时的交流后，两人带着笑容离开，与来时相互指责的样子截然不同。“时代不一样了，老百姓生活越来越好，大的矛盾冲突越来越少。基层调解，更多的是要做好思想政治工作，做好情绪疏导和心灵抚慰工作。”老马总结道，“我不一定能帮助所有人解决问题，但我要尽最大努力帮大家都解开心结。所有的矛盾，只要用心去调就有解。调解常常不是说服了群众，而是感动了群众。”

老马这根与时俱进的“针”连得巧、织得密、缝得牢。多年来，老马给自己立下了接待群众的 24 字规矩：起立迎接，请坐倒水，倾听记录，交流引导，解决问题，出门相送。“工作室要成为一个温馨的驿站，群众只要来了，就要努力让大家愁脸进来笑脸出去。”有事没事找老马聊聊的人越来越多，老马总是笑脸相迎。有时，一些群众会问老马：“你是什么职务、什么级别？”“职务和级别都不重要，重要的是——我是你需要的人。”这就是老马的回答。

“我就是想来跟着学、跟着做。”22 岁的小温大学毕业后到社区工作，听完老马的一次宣讲后，坚持来“老马工作室”实习。来老马这学习的可不仅仅只有小温，街道的社区综治干部每年都要来“老马工作室”学习一个月以上。老马培养了不少善做调解工作的“小马”。73 岁的老党员老齐也经常来工作室找老马，他对老马说：“我年纪比你大，但我也是‘小马’，按照你的方法，我成功劝阻了小区里很多不文明行为呢！”在众多“老马”和“小马”的共同努力下，当地的各种矛盾纠纷逐年减少。

“基层干部就是一根绣花针，要把为群众服务视为终生事业。”老马说，“只要群众遇到困难，问谁是老马的时候，我都会毫不犹豫地站出来告诉他：我，就是老马！”

根据以上材料，请你谈谈老马是怎样“当好基层这根‘绣花针”的。

这就透过“绣花针”的字面意义领悟老马对待基层工作（调解工作）的责任意识、态度、方法等。

（四）借助联想，有针对性——不离题、不偏题

为了使议论不离题、不偏题，审读材料就不仅要准确，而且还要深刻，这就要借助联想，把议论对象概括的生活现象和社会问题联系起来，从而明确材料的针对性。

例如，阅读关于谈论网购的材料，你有什么联想？

从字面上看，网购无非是属于个人生活的小事，是一种购买的方式和渠道，似乎并没有什么针对性，但如果借助联想思考，那么和网购相联系的现象就有许多。诸如网购和情趣爱好、消费观念的紧密联系；网购和文化水平、生活方式、市场消费的紧密联系；网购和现代文明、文化心态的相互联系；网购和科学技术、时代潮流的相互联系；网购和中国特色社会主义现代化建设的伟大成就密切相关。

三、审读材料的方法

（一）浏览——精读——概括段落大意——分类

1. 浏　览

首先，不要急于看申论材料的具体内容，而是要迅速浏览“申论要求”，然后带着问题迅速浏览给定材料，用较短时间了解给定材料的篇幅及构成。

其次，在浏览的时候，大致勾画材料中的关键句，迅速准确判知材料是关于哪一类公共问题的题材，材料反映的社会热点是什么。

2. 精　读

带着问题精读全部材料，详细勾画关键词和关键句，以便找出关键信息点。

勾画关键词或关键句可以采用以下原则方法：

（1）首尾句原则。

一般来说，写文章要通过首句引起下文，通过尾句总结已述内容，因此申论材料一般都能从首句或尾句中找到段落大意或中心思想。

例如：新学期开学在即，教育部办公厅印发《关于做好 2018 年普通中小学招生入学工作的通知》，明确要求规范招生入学秩序、保障入学机会均等。其中最受各方关注的是，“要逐步压缩特长生招生规模，直至 2020 年前取消各类特长生招生”和“继续清理和规范中考加分项目，尚未全面取消体育、艺术等加分项目的地方，要从 2018 年初中起始年级开始执行”的要求。

这段材料的关键句即段落大意或中心句就在首句“新学期开学在即，教育部办公厅印发《关于做好 2018 年普通中小学招生入学工作的通知》，明确要求规范招生入学秩序、保障入学机会均等”。

例如：监察法的制定过程，也是顶层设计带动制度完善的典范。习近平总书记在十九届中央纪委二次全会上强调，既要立足当前、直面问题，在解决人民群众最不满意的问题上下功夫；又要着眼未来、登高望远，在加强统筹谋划、强化顶层设计上着力。回想改革试点刚铺开的时候，曾有专家学者就监察体制改革与宪法的关系提出疑问，这一疑惑在今年两会得到了解答。3 月 11 日，十三届全国人大一次会议通过宪法修正案，增加了对“监察委员会”的规定，为改革与法律修改提供了宪法支持。监察法草案总则第一条，也专门作出了“根据宪法”的明确表述。可以说，这是一部充分体现科学立法、民主立法、依法立法，同时又“着眼未来、登高望远”的法律草案。

这段材料的关键句即段落大意或中心句就在首句“监察法的制定过程，也是顶层设计带动制度完善的典范”和尾句“这是一部充分体现科学立法、民主立法、依法立法，同时又‘着眼未来、登高望远’的法律草案”。

（2）关联词原则。

在审读材料时，注意如“因为……所以……”“虽然……但是……”“不但……而且……”“只有……才……”“然而”“同时”“于是”“其实”“还”等关联词前后的信息。

例如：作为招生考试制度的有益补充，特长生招生一直以来是学生多元化生长、学校不拘一格选拔人才、国家培养创新人才的重要途径。在多年实施过程中，该模式也确实对学生的学科特长与创新潜质的培养，对学校的特色和多元化塑造起到了重要作用。但遗憾的是，在优质教育资源不平衡不充分的情况下，特长生招生出现了一些问题。一些人动用财富与人脉资源违规享受政策红利，一些人以招生权进行利益交换，一些地方特长生招生异化为灰色利益链条，扰乱了招生入学秩序，破坏了教育公平。而当特长生招生被异化为“入校捷径”后，又加剧了社会的普遍焦虑。不少家庭不甘心望“校”兴叹，被裹挟到特长与才艺培养的洪流中来，最终导致培训机构赚得盆满钵满，家长和孩子苦不堪言。更为严重的是，那些出身寒门的孩子会因为没有财力接受特长教育，在接受教育的最初便已然落了下风。长期以来，尽管国家下大力气为寒门学子创造机会，帮助他们有机会走入知名高校，但 “出身越贫寒，所受教育越薄弱，成功的机会越小”的“下沉螺旋”依然存在，这也是一个重要原因。当起点公平被破坏，机会公平也就会受到影响。从这个角度来说，取消各类特长生招生，也是从起点上守卫教育公平，旨在让教育的环境更清朗，让教育的心态更平和。当然，取消特长生招生不等于取消特长教育。相反，在取消特长生招生之后，如何科学引导有学科特长与创新潜质的孩子自由发展，尤其是在“新高考”综合素质评价的背景下，如何对孩子的个性化特质给出科学评价，是基础教育必须攻克的难题。在更公平的起点上、更透明的规则下、更规范的秩序内，有针对性地呵护每一个孩子的潜力和创造力，打破流水线式的人才培养，为孩子的多元发展以及国家创新人才的培养提供最坚实的保障，未来，也还需要每一位老师做深入探索和大胆实践，更需要评价体系的科学引导。

要注意分析这段材料中的关联词“但”“而”“当然”“也”等后面的句子，其段落大意或中心思想就在其中。

（3）常见词原则。

审读材料时，要注意如“根源”“体现”“危害”“体制”“领导”“法律法规”“监督”“落实”“经验教训”“指出”“认为”“强调”“断定”“教育”等涉及事件或问题的原因、表现、后果、解决措施的词。

例如：“垃圾靠风刮，污水靠蒸发”“晴天一身土，雨天一脚泥”……曾经，这是不少乡村环境的真实写照。美丽中国离不开美丽乡村，中办国办近日印发的《农村人居环境整治三年行动方案》，明确提出以农村垃圾、污水治理和村容村貌提升为主攻方向，加快补齐农村人居环境突出短板。“让新时代的乡村美起来”的愿望，有了清晰的落实蓝图。这些年在农村采访，既听过乡亲们对于村庄环境恶化的抱怨，也见过乡亲们在村庄环境改善后的欣喜，深知干净整洁的人居环境，对于提升乡亲们幸福感的重要性。党的十八大以来，随着强农惠农富农政策力度不断加大，农村交通网络不断完善，互联网和通信技术迅速普及，乡村的物质基础正在越变越好。同时，按照城乡基本公共服务均等化的目标，不少公共服务也在从城市向乡村延伸。应该说，过去 5 年多时间的努力，已经为进一步改善农村人居环境，奠定下坚实的基础。

这段材料中的“明确提出”和“应该说”后面的信息也许就是我们所要的关键句，即主要信息点所在。

另外，有些材料仅仅叙述一些典型现象和典型事件，不能根据首尾句原则、关联词原则和常见词原则发现段落大意和中心思想，于是，我们只有根据内容自己概括其段落大意。

例如：最近，中国某地模仿法国风格建筑的小镇在网上热传。大到埃菲尔铁塔，小到路灯、雕塑、植被，让人真假难辨。有网友直呼，和巴黎相比，这里就差一条塞纳河了。

这一现象并非孤例。据统计，中国至少已有6座“凯旋门”，10余座“美国国会大厦”，3座埃菲尔铁塔……徜徉其中觉得很“洋气”，“摆拍”出来像置身异域，让人不出国门就能体验世界风情。这些建筑的出现，固然有其出现的土壤，但“全心全意搞山寨”，总归是附在别人文化表层的一贴“狗皮膏药”。法国的巴塔兰克剧院作为当代音乐史上的圣地，建筑虽也融合了中国元素，但并没有因此而丢失自己的文化属性，而恰恰是因为其承载的巴黎文化，使之屹立150余年仍魅力不减。反观国内的一些高仿建筑群，哪怕是被冠以“中国的巴黎”“东方佛罗伦萨”，做到极致也不过是赝品，失了本国本土的文化精神，有皮没瓤。

这段材料叙述了模仿外国风格建筑的典型事件，不能根据首尾句原则、关联词原则和常见词原则发现段落大意和中心思想，于是，我们只有根据内容自己概括其段落大意为“缺了非物质文化的滋养，建筑再雄伟也缺少精神脊梁，建筑需要留住乡愁和人文情怀，才能让安身之所成为永久的精神家园”。

3. 概括段落大意

把已经找出的关键信息进行去粗取精的处理，根据题目要求，按照整体性原则和关联性原则概括每一部分的主要内容或中心思想。

所谓整体性原则就是我们没有必要对每一段材料的段落大意都进行仔细推敲，只需要在理解材料的基础上对其进行整体性的把握。

关联性原则就是要明确材料的主要内容及其相互之间的关系，明确段落大意的主要内容与接下来自己可能的写作角度的关联性。

4. 分　类

在概括段落大意的基础上，根据问题理清各材料之间的逻辑联系，选择不同的层面或角度对材料进行分类处理。

分类可采用三种原则：

（1）横向原则。

常见的横向关系有并列和对立两种。并列关系就是在同一层面上利用不同角度或标准进行分类。如对某问题的原因分类可从政治原因、经济原因、社会原因、文化原因进行；也可直接列举甲乙丙丁各种现象，等等。

对立关系就是根据二分法直接把材料分成积极方面和消极方面、正面和负面或经验和教训等。

例如：以有关网络影响的材料为例。

第一段：网络广告泛滥，影响读者阅读；

第二段：读者对网络广告泛滥表示反感；

第三段：电子商务影响人们的正常生活；

第四段：网络诱发犯罪；

第五段：用中国网络发展的几个具体现象，说明网络发展的速度；

第六段：通过说明上网的目的，阐述网络的作用；

第七段：网络安全无保障。

第八段：以中关村科技园区海淀园的网上办公系统为例说明网络办公大大提高了工作效率；

第九段：远程网络教育使西藏学生受益，网络教育成为国家西部开发战略的一部分。

对上述材料可采用对立关系原则分成反应积极影响的材料和反映消极应形象的材料。反应积极形象的材料是第五段、第六段、第八段、第九段；反映消极影响的材料是第一段、第二段、第三段、第四段、第七段。

（2）纵向原则。

根据事物的前因后果、实践的发展顺序进行分类。常见的纵向关系有提出问题、分析问题、解决问题，即某现象的现状（表现）、根源（原因）和对策（措施）。

（3）多层次原则。

突破单纯的横向原则和纵向原则（单一型），从材料的复杂性出发，多层次、多角度分类。即既有正面的材料，也有反面的材料；既可以总结经验，也可以总结教训，还可以有政治原因、经济原因、社会原因和文化原因等。

第三节　材料概括

一、申论材料概括的含义

所谓申论材料的概括就是根据申论要求，对给定的全部或部分材料的主题、主旨、内容、观点及反映的主要问题进行归纳总结的过程。

二、申论材料概括的要求

（一）准　确

要准确全面地概括材料所反映的主要内容或主要问题，要注意从整体上全面审视材料所提供的全部主要信息，理清楚各层次的内容及各层次之间的关系。一定要避免片面地审视材料中的问题，避免只见一点不见其余片面思维和片面概括。

（二）深　刻

材料的概括不是信息的简单堆砌，而是材料主要信息的高度浓缩总结；要透过材料描述的现象，达到事物或问题本质的概括；对于问题原因和解决措施的概括不仅要关照表面的直接的原因和治标之策，更要注意深层次的根本原因和治本之策的概括。

例如：20 世纪 70 年代初，埃及建成了阿斯旺水坝。这座水坝个埃及人带来了廉价的电力，控制了水旱灾害，灌溉了农田，然而也破坏了尼罗河流域的生态平衡。……尼罗河两岸绿洲失去了肥料的来源，没有足够的淡水冲刷土壤中的盐分，土地盐渍化，沙漠化倾向越来越严重，埃及这片美丽富饶的绿洲日渐消失。同时，高坝下游河段沉积物日积月累，是污染情况更加严重，水生动植物生存环境受到影响。1965 年地中海产沙丁鱼 1.5 万吨，而大坝建成后的第二年（1971 年），埃及海域已见不到沙丁鱼了。尼罗河下游成了静止的“湖泊”，为血吸虫、蚊子的繁殖提供了条件，阿斯旺地区附近居民的血吸虫发病率高达 80% ~ 100%。

从表面上看，这段材料说的是尼罗河流域的环境恶化是因为阿斯旺大坝的修建，好像在告诉我们“反对开发水电”以“保护环境”，但透过这一现象看本质，材料的本质内容是要提倡“开发资源要与环境保护相协调”。

（三）精　练

申论材料的概括全面准确并不是要面面俱到，不分主次重点，而是要根据整体性原则和关联性原则，把握材料的主要内容和主要问题，做到重点突出；概括内容要简洁，把握材料的中心；概括语句要简洁凝练，切忌啰嗦累赘。

三、申论材料概括的主要内容

申论材料概括的内容一般应包括主要信息的背景，主要内容或问题，表现，后果、影响或意义，原因，措施，警示或提倡，等等。不过，具体需要哪些内容，并不能靠凭空想象，更不是每一概括都一定要包括这些内容，而是要根据材料和申论问题的具体要求决定。

例如：材料反映当前我国在土地征用过程中存在的一系列问题。现整理如下供领导参阅。这些问题主要表现为农村土地被大量征用。在土地征用过程中，政府低征高售，补偿标准较低，农民利益受损，引发集体上访和干群冲突，影响了社会的稳定与发展。产生这些问题的主要原因在于政府的商业利益和政治利益的驱动；在于政府没有为失地农民建立比较合理的安置和社会保障制度；在于农民没有为土地定价的权利。我国的《土地管理法》和国务院《关于深化改革严格土地管理的决定》对土地征用问题做出了明确的规定。有关专家建议通过推进城市化和把土地转让市场区分为两大类进行交易等形式逐步消除利益分配的严重不均。河北省北焦村和西营村的征地情况具有典型性。

四、申论材料概括的一般方法

（一）合并串联各材料中心思想

在审读材料并概括各材料中心思想基础上，把相同或相似的进行合并。厘清各材料之间的逻辑联系，最后用明晰的线索组织成逻辑严密、语言规范、短小精悍和观点鲜明的小短文。

例如：以下是对申论各材料的概括得到的段落大意。

（1）大量农民集体用地被国家征用；

（2）城郊耕地被占用面积过大，造成耕地荒废；

（3）农民利益得不到满足，引发了农民上访，甚至对抗事件；

（4）政府低价征收、高价出售，从中获利；

（5）村委会贱卖土地，农民没有权利为自己的土地定价；

（6）补偿不足以让农民创业，政府没有为他们建立合理的就业安置和社会保障制度。

通过分析，以上段落大意主要分为现象和原因两方面，通过一条清晰的线索串联这些段落大意可得到下面的短文：

近年来，随着我国城市化进程加快，大量农民集体用地被国家征用，城郊耕地被大量占用但并未及时开发利用，造成大量耕地荒芜。同时，农民利益得不到满足，引发了农民上访，甚至对抗事件。该问题能否妥善解决直接影响到农民生活、农村发展、农业稳定以致当地的和谐稳定。土地征用过程中可能产生寻租，导致腐败。造成这种问题的原因有：政府低价征收、高价出售，从中获利；村委会贱卖土地，农民没有权利为自己的土地定价；补偿不足以农民创业、政府没有为他们建立合理的就业安置和社会保障制度。

（二）从具体的点到理论要点的升华

申论材料多数都是事例和数据等叙述性的材料，很少有纯理论性的知识。我们在概括材料时，不能就材料中的某个具体事例或现象就事论事，而要把它升华到一般的原则上来。

例如：近年来，在曾经以包产到户闻名全国的安徽省凤阳县小岗村，村民们自发地搞起了新的合作社模式。65岁的老农严金昌是当年秘密在“分田到户”协议上摁下红手印的“大包干”带头人，他和几户农民一起，把自己当年冒着坐牢风险分到自家的田地租给上海一家养殖公司发展生猪养殖，公司请严金昌担任这个占地200多亩的现代养殖场的管理者。农民们有的外出打工，有的则接受了这家公司的聘用成为企业员工。严金昌说：“我们饲养的高山特色风味猪，直接销售到上海的大型超市，价格是普通猪肉的两倍。员工每月领取800元左右的工资，再加上每亩地一年500元租金以及一定量的年终分红，一年少说也有两万多元收入，这可比种地划算得多。粮食种得再好，一亩地一年的纯收入也超不过500元。”

这则材料以小岗村为例谈如何增加农民收入，在具体作答时，必须借助联想把小岗村这个具体的点升华到“统筹城乡发展，增加农民收入”的高度进行概括。

（三）抽象概括

申论材料往往提供给我们一些隐藏了某种哲理或伦理观念的感性事实、生活现象，我们可以通过由此及彼、由浅入深、由表及里的思考，把感性认识上升为理性判断，也就是用某个哲学或伦理观点对材料做出概括。

例如：1962年，在“与海争地海让路，向山要粮山听遣”的鼓舞下，南方某市数万士兵、学生大搞围海造田，历时4年，西效牛田洋筑堤拦海工程全面完成，10多平方公里的大海变成了一个大型军垦农场。1969年7月28日，一场12级台风突袭，数层楼高的海浪涌入海堤，市区平均进水一两米，一艘外轮甚至被从港口抛到了山上。牛田洋军垦农场的海堤被削剩无几，抢险队员们以肉身筑成人堤，欲阻挡滔天巨浪，结果，一眨眼队伍便被冲入海中。30多个小时后，他们耕作的地方成为一片汪洋，553名部队官兵和大学生殉难。一场台风，大海夺回了本就属于它的土地，夺回的速度比数万狂热军民围海造田的速度快了几千倍。“沧海桑田——桑田沧海”一个轮回只有7年！这真是奇迹，一个让人不堪回首的奇迹！

这段材料叙述了一个围海造田的事例，我们从“沧海桑田——桑田沧海”的轮回中，通过由此及彼、由浅入深、由表及里的思考，可以概括得到“人必须遵循自然规律，人并非能肆无忌惮”的哲学道理。

（四）直接引用材料

申论材料中，有时候某些句子已经点出了材料的主要内容，直接给出了所需要的答案要点。针对这种情况，我们可以直接引用这些要点进行概括。

第四节　提出解决问题的方案

一、提出解决问题方案的初步认识

提出解决问题方案是申论要求的必备问题，它是根据材料所涉及的范围和条件，针对问题提出切实可行的对策方案。它重在强调思维的开阔程度、创新意识、应变能力和解决问题的能力。

（一）提出方案的要求

（1）紧扣所概述的主要问题，主次分明、重点突出。

（2）方案要合情、合理、合法，不违背社会伦理道德规范，不违背国家的法律法规，不违背党和国家的路线、方针、政策，尊重民族风俗习惯和宗教信仰。

（3）具有针对性和可行性，要有政府部门和职能机构落实、处理；要有具体方法、步骤；必须要考虑解决问题的时效性和必备条件。

（二）提出方案的思维方法

1. 发散性思维分析

针对问题需要从不同层面以及不同角度思考分析。如：解决安全生产事故问题的措施就可以从设备简陋、管理者不重视、监管不力、偷工减料、技术设备落后、生产人员的技能等方面思考分析。

2. 因果关系分析

先分析导致问题的原因，然后针对原因“对症下药”提出解决问题的方案。

（1）分析主要原因和次要原因。分析问题的原因时重点分析主要原因；简要分析比较重要的次要原因；提示一下不重要的原因。例如，在社会主义社会，生产的发展是人民生活改善的主要原因；又如在人为主观原因引发的公共安全问题发生的行业和场所，行业自律和部门监管的不足是主要原因。

（2）分析产生问题的原因，直至找到根本原因。查找问题的原因不仅要分析直接原因，还要分析间接原因，直至找到根本原因。如：美国失业率居高不下根源何在？表面原因是次贷危机和金融危机；根本原因是没有逃脱马克思关于资本主义的结构分析，这是资本主义自身运行的必然结果。归根结底是生产过剩，因为资本家无限追求利润，使财富大量集中，而普通民众的购买力却是在下降，这样危机的发生是不可能避免的。

（3）分析多因一果、一因多果。分析不同的原因和结果之间有什么联系；分析同一个原因可能导致哪些结果。例如，工程质量问题就是属于“多因一果”的问题。又如：长期通货膨胀会导致生产停滞、失业增加和物价水平居高不下，老百姓生活水平、生活质量下降，甚至会导致社会动荡等。

3. 矛盾分析

针对具有矛盾关系的问题，我们首先要善于抓住事物的主要矛盾以及矛盾的主要方面，然后重点针对主要矛盾和矛盾的主要方面提出解决问题的方案，同时对于次要矛盾和矛盾的次要方面也不能忽视，需要兼顾，也要提出相应的措施。

例如，在我国社会主义初级阶段，必须把经济建设（主要矛盾）作为全党全国工作的中心，其他工作都要服从和服务于这个中心，集中力量发展生产力；在经济建设中，要把农业（主要矛盾）放在重要地位，农业是国民经济的基础，又要抓好粮食生产，粮食是基础的基础。

又如，中华人民共和国成立后特别是40多年来的改革开放，我国社会主义各项事业取得显著成绩，这是主流（矛盾的主要方面），但是我们必须清醒地看到，在我国的经济和社会发展中，还存在着不少挑战和困难。

二、提出方案的基本步骤

（一）分析原因

（1）分析原因。针对表面原因（直接原因、间接原因）和根本原因逐一提出对策。

（2）构成原因的要素。构成原因的要素一般有：人；政策、法律、法规；经济利益；科学技术；宣传教育。

（二）确定目标

确定目标是决策的前提和基础，要树立无目标就无方案的观念。确定目标要有层次性，或者长期、中期、短期目标，或者最优目标、满意目标，等等；目标要分清决策的轻重缓急，突出重点；提出的目标必须要有实现的条件和环境。

（三）对症下药

1. 关于“人”方面的原因

问题的出现如果涉及“人”的原因，可以从领导、思想认识、决策、执行、监管、激励、人才、做事方法、宣传和教育培训等方面提出相应方案。

2. 关于“政策、法律、法规、规章制度”方面的原因

问题的出现如果涉及“政策、法律、法规、规章制度”方面的原因，可以从补充制定、内容完善、宣传教育、执行、监管等方面提出相应的措施。

3. 关于“经济利益”的原因

问题的出现如果涉及“经济利益”方面的原因，可以从改革开放、发展生产、提高效益、激励、分配等方面提出相应的措施。

4. 关于“科学技术”的原因

问题的出现如果涉及“科学技术”方面的原因，可以从科技研究开发、引进科技成果、

加快成果转化和人才培养等方面提出相应措施。

5. 关于“教育、宣传”的原因

问题的出现如果涉及“教育、宣传”方面的原因，可以从媒体、各职能部门、教育机构等方面提出相应措施。

例如，习近平生态文明思想与实践耦合的路径：

一是着力深入学习贯彻习近平生态文明思想。习近平生态文明思想是生态文明建设的思想指引和行动指南，但在工作实践中，有部分党员领导干部生态文明理念滞后。党校（行政学院）要加大习近平生态文明思想专题的培训力度，使党员领导干部带头深入学习领会习近平生态文明思想，深刻理解绿水青山就是金山银山的发展理念，正确处理发展和资源环境保护的关系，自觉把生态文明建设融入四大建设中，把绿色发展理念贯穿到工作的各方面、各环节。

二是着力构建生态文明建设的全民行动体系。通过调研发现，公众对生态环境信息关注度不够高，对绿色消费行为践行度不够深，对垃圾分类的重要性最为认可，但对垃圾分类的践行度普遍不高，迫切需要构建生态文明建设的全民行动体系。要构建各级党委领导、政府主导、企业主体、公众参与的环境治理体系，持续营造“生态文明人民建，建好生态人民享”的全民共建生态文明大格局。

三是着力构建“生态环保铁军”的正向激励机制。中央和地方生态环保督察启动以来，多名党政领导干部因生态环境问题被问责，多年积淀的生态环境问题得到了迅速整改，赢得了群众的赞扬。但与此同时，“环保问责”异化成“问责环保”的情况也时有发生，造成生态环保干部队伍不稳定。按照习近平总书记“建设一支生态环境保护铁军”的要求，各级党委和政府要坚持以习近平总书记提出的“三个区分开来”为基本遵循，切实为环保干部改革创新、担当作为系上“安全带”。

四是着力打造“两山”地方创新实践的中国样板。河北塞罕坝绿色发展模式得到习近平总书记批示肯定，被联合国环境规划署授予 2017 年“地球卫士奖”；浙江“千村示范、万村整治”工程，被联合国环境规划署授予 2018 年“地球卫士奖”，代表了联合国环境规划署对我国生态文明建设理论和实践的充分肯定。类似的例子在全国各地不胜枚举，需要我们在实践的基础上，打造适合各类情况、可以复制和推广的“两山”地方创新实践的中国样板，为中国乃至世界的生态文明建设提供指导和借鉴。

又如，破解老百姓“办事难”这一问题的对策建议：

一是推进简政放权。加快深化行政审批制度改革，精简事项审批程序，提高政府工作效率。

二是公示相关内容。对有关事项的具体办理流程和所需材料等内容，在办公场所予以公示。

三是转变工作作风。提高政府工作人员为民服务的意识，面对群众咨询要耐心且详细告知。

四是提高违法成本。加大对政府工作人员懈怠工作、滥用权力等违法违规行为的惩戒力度。

五是加大监督力量。鼓励广大群众、当地媒体等积极参与监督，促使政府办事透明、高效。

六是畅通投诉渠道。积极畅通百姓投诉维权的渠道，使上级要求与人民群众利益平衡统一。

第五节　申论文章的写作

一、申论文章写作的初步认识

（一）申论文章写作的含义

申论文章的写作就是根据材料写议论文，也就是要求在准确把握材料主要信息的基础上，针对材料反应的主要内容或者主要问题，结合现实，从国策的高度阐发自己的观点和见解并展开议论。

（二）申论文章的特点

简而言之，申论就是“申而论之”。“申”可以理解成申述、申明、引申，“论”则是议论、论说、论证。

申论文章要“大题小做，做大题目”，不能像传统作文一样“小题大做”。申论文章的重点是根据特定的问题或事实，分析原因，提出对策并加以论证，展示综合性能力，而不仅仅是单纯的写作和论证的能力，其重点在“论”，更在“申”。申论文章要求“大”，要善于透过现象，把握本质，从宏观上全面、系统、深刻地分析问题和解决问题；要善于升华材料，善于从宏观上把握事物，制定宏观政策。

二、申论文章的要素

申论文章由三要素构成，它们是论点、论据和论证方式。

（一）论　点

1. 确定论点的原则

确定论点要坚持整体性原则。也就是把申论试题看作统一的整体，从阅读材料开始就要有问题意识，对于材料所反映问题的现状、原因、解决对策都要有整体性把握。

确定论点还要坚持一些具体原则。一是要高远，即要有国家政治或政策高度，要突出理论热点；二是要有概括性，即不要拘泥于细节，要选择具有概括性的论点；三是要正确，即坚持正确的政治价值观和道德价值观，立足人民的政治立场；四是要观点鲜明，即赞成什么，反对什么，要非常鲜明，不能模棱两可，含混不清；五是要新颖，即论点要尽可能新颖、深刻，能超出他人的见解。

2. 确定立论的角度

一是从“为什么”的角度立论，即提出关于导致问题原因的观点。二是从“怎么办”

的角度立论，即提出关于解决问题措施、机制、策略等方面的观点。三是从“寻找矛盾最佳平衡点的角度”立论，即寻找导致问题的矛盾双方，用辩证法确定论点。

（二）论　据

申论文章的论据包括事实论据和理论论据。事实论据以申论材料或广为人知的具体事例、概括的事实或统计数字等。理论论据包括经典著作的经典论述，至理名言，民间谚语和俗语，科学上的公理、规律，等等。

（三）论　证

申论的论证方法可以多种多样，需要多种方法综合应用，使文章的议论更有说服力。其具体论证方法可以用例证、引证、说理论证、假设论证、比较论证、比喻论证和归谬论证，等等。

三、申论文章的主要写作模式

（一）三段论模式

三段论模式就是由“是什么”“为什么”和“怎么办”等三部分构成的文章结构。首先，根据申论材料介绍现象或事件的缘起，揭示问题及其影响或后果，以引起重视。其次，分析导致问题的原因。要根据材料分析直接原因、间接原因，直至找到根本原因。再次，针对问题的原因，提出解决问题的原则、理念、方法或措施等。

【例文】

在其位必称其职

近年来，伴随着我国经济的快速发展，突发性的公共事件时有发生，如2003年的“非典”爆发，重庆开县井喷事故，2004年的禽流感事件、北京密云虹桥踩踏事故，2005年江苏淮安氢气泄漏、安徽疫苗事件、四川猪链球菌事件、一次比一次强劲的台风侵袭，不断发生的矿难，等等。这一系列的事件对各级政府的应对能力提出了严峻的挑战。它迫切地呼唤，必须迅速提高各级政府常设机构官员应对突发公共事件的素质和能力，使其在其位必称其职！否则将无力处理突发公共事件。给人民的生命财产造成更大损失，严重影响社会的和谐稳定。之所以要求常设机构的官员“在其位必称其职”，是由以下几点决定的：

其一，是由常设机构的官员在政府机构中的地位决定的。人所共知，政府代表党组织的力量，在突发事件中，党组织的力量比无序的民众更能有效地抑制突发公共事件的蔓延。而在政府机构中，官员是行政首长，其决策直接决定着政府行为的有效程度。由于中国特殊的国情的制约，各级政府常设机构的官员具有更大的行政权力。可见，常设机构的官员在处理突发公共事件中的作用是非常关键的，其素质和能力将对事件的处理效果产生最为重要的影响。

其二，是由突发公共事件本身的特点决定的。所谓突发性公共事件，就是指事件的发生，既带有突然性、爆发性，又带有公共社会性。如果担负处理此类事件主要责任的官员素质不高、能力不强，其后果不堪设想。就突发公共事件中的“天灾”来说，包括海啸、地震、飓风等，这些灾难的发生有时是难以预料的。这就需要各级政府的主要官员有胆有识、有勇有谋，具备挽狂澜于既倒的魄力和能力。就“人祸”来说，我国正处于社会经济体制的转型期，由社会矛盾引发的群体性事件不断增多。如由于下岗分流导致的静坐、游行、示威，因征地引起农民的集体诉讼、集体上访等。这就要求各级地方政府的主要官员，既有爱民之心，又有缓和矛盾、化解危机的理政能力。

其三，是由常设机构某些官员自身的状况决定的。由于历史传统的影响，我国现行的干部人事制度不尽如人意。在各级政府中，有少数领导干部，在其位而不称其职。他们中有的纸醉金迷、花天酒地；有的尸餐禄位、无所作为；有的金玉其外、败絮其中。这样的干部，处理一般政务尚不称职，怎么可以想象，依靠他们去处理好突发性公共事件呢？

既然常设机构官员的素质和能力有千钧之重，那么如何提高其素质和能力呢？

首先，要任人唯贤，任用称职的官员。应建立正常的官员晋升机制，把最有能力的干部放到重要的岗位上。要奖惩严明，及时调整那些不称职的干部。

其次，对各级政府常设机构的官员进行培训。使他们掌握处理突发公共事件的知识和方略；理解和把握科学发展观的精神实质和具体内容，处理好经济发展中资源、环境的关系，处理好不同利益群体的关系，处理好改革、发展和稳定的关系。

再次，要对常设机构的官员提出明确的工作要求，做好应对突发公共事件的充分准备：（1）加强调查研究，及早发现问题，防患于未然；（2）建立预警机制和常态性预防机制，搞好组织分工，协调合作；（3）搞好应对突发性公共事件的普及性常识教育；（4）必要的财力准备和物资储备；（5）加强预防突发公共事件的法规建设。

俗话说：在其位，要谋其政。在突发公共事件频发的多事之秋，在位者只谋其政是不够的。更为重要的是，他们不仅要“谋其政”，而且要“称其职”。治国者必待贤才，应对突发公共事件更需贤才。我们相信，经过精心选拔和在位者的励志磨炼，大批“称其职”的贤才一定会接踵而至。

（二）递进深入模式

递进深入模式就是通过分析问题的原因直至找出问题的根本原因，针对根本原因提出根本措施，对根本措施展开论述。

首先，从申论材料中反映的事件或现象入手，揭示现实问题，分析问题的原因直至找出根本原因，针对根本原因提出根本措施。其次，阐述根本措施的基本内涵或根本措施的优点、长处。再次，针对落实根本措施需要解决的问题或环节，提出落实根本措施的方式、方法、政策或策略。

【例文】

转型升级是出口解困的根本途径

金融危机席卷全球，中国出口受到越来越严重的冲击，在内外多种因素交互作用下，中国出口增长速度逐月回落，2008 年 11 月出现十年来首次负增长。面临严峻的国际国内经济形势，中国出口如何应对？一方面，政企携手，共度时艰，千方百计保持出口稳定增长，保持我国出口在全球市场的份额；另一方面，要把科学发展观落到实处，充分利用金融危机中蕴藏的机遇，推进出口的转型升级。

目前，外部需求迅速萎缩，个别国家贸易保护主义抬头。全球性产能过剩矛盾突出，我国出口企业普遍出现了利润降低、订单减少、企业倒闭等现象。但是，一些具有自主知识产权、自主品牌和生产调整灵活性较强的企业，反而抓住了竞争对手纷纷陷入困境的机遇，扩大了市场份额，取得了良好的出口增长业绩。因此，要应对金融危机的冲击，关键是要增强企业出口竞争力，根本途径是加快出口转型升级。

出口转型升级的目标，是要实现我国出口的可持续发展。这包括三个层面的含义：一是要提升我国企业在全球生产价值链上的地位。为此，需要不断加大研发力度，发展具有自主知识产权和自主品牌的产品出口，同时，积极延伸服务价值链，发展物流、营销、金融服务等高附加价值的服务活动，逐步建立起由中国企业掌控的全球销售网络。二是要大力引进先进的技术、设备，不断改善出口产品结构，大力发展清洁生产、低碳经济和循环经济，严格限制高污染、高耗能和资源密集型产品的出口。三是要充分发挥出口对扩大就业的积极作用，劳动密集型产业的发展，是由我国的基本国情所决定的。同时，要优化出口的区域布局，不断开拓和培育新兴市场。

在这一过程中，需要正确处理五个关系：

处理好保出口与促升级的关系。在当前国际金融、经济形势十分困难的条件下，要处理好保出口与出口转型升级的关系。有一种观点认为，要利用当前的金融危机，淘汰落后的出口生产能力。加速一些出口企业的破产倒闭。但是，我国出口产业以劳动密集型为主，如果听任出口企业倒闭，就会带来大量的失业，这不利于社会的稳定与和谐。因此，在困难的形势下。要把帮助出口企业渡过难关放在首位。企业要先生存，才能图发展。

处理好政府与市场的关系。在市场经济条件下，政府的有效引导有利于确定出口转型升级的正确方向，加快转型升级的进程。但政府引导必须尊重市场规律，因势利导，而非一厢情愿，更不可越俎代庖。综观其他新兴经济体出口转型升级，其动力主要来源于虚产要素成本的抬升，市场压力转化为企业转型升级的内在动力。政府的作用，主要在于为高附加价值的出口产业活动创造适宜的环境；建设共用的研发平台，保护知识产权，为研发成果的产业化提供金融平台；改进通关便利化，完善交通、通信基础设施，适应高端产业活动的要求；改善对外投资管理、服务体系，完善外汇管理体制，为本土跨国公司的国际化经营提供便利与支持。

处理好转型升级与转移的关系。我国出口产业在布局上存在明显的区域不平衡，优化出口产业的布局是转型升级的题中应有之义。但出口产业布局调整同样要尊重市场规律，对于具有“大进大出”特点的加工贸易，引导其向中西部地区转移，难以满足其对物流的要求，因此可能事倍功半。加工贸易布局的优化，主要应着眼于在沿海地区的优化布局，即引导加工贸易活动从珠三角向广东东西两翼地区、北部湾地区转移，从长三角向苏北鲁南地区转移。

处理好内源发展与外源发展的关系。外商投资企业超过我国出口总额的一半。这是过去 30 年我国大力吸引劳动密集的出口导向型外资政策的结果。外资企业对于扩大出口、解决就业发挥了重要的作用，但是，外商投资企业在研发决策方面受制于其母公司的战略。其品牌和国外销售渠道更操控于其母公司，要发展自主知识产权、自主品牌和由中国企业控制的国际销售渠道，必须依赖本土的跨国公司。因此，扶持本土的跨国公司，对于出口转型升级具有重大的战略意义。要鼓励内资企业与外资企业的配套、合作与竞争，不断提升内资企业的国际竞争力，支持内资企业开展跨国经营，着力培育本土跨国公司。

处理好海外并购与出口转型升级的关系。获取国际品牌、海外销售渠道，是出口转型升级的重要内容。但是，靠我国在境外新建销售渠道和培育国际品牌，难度大、耗时长。国际金融危机的爆发，令不少国外企业经营困难，股价大幅缩水，这为我国企业通过海外并购获取国际品牌和销售渠道提供了难得的机遇，国家可以有选择地放松对外投资的管制，建立海外并购基金，加大对出口企业海外并购的融资支持力度，帮助我国企业不失时机地并购海外研发能力、品牌和国际销售渠道，加快出口转型升级的进程。

（三）矛盾模式

矛盾模式就是针对一对矛盾问题，用唯物辩证法展开论述。

首先，根据材料反应的主要问题，即点出某种错误倾向或做法，引出导致问题的一对矛盾。其次，阐述矛盾双方对立统一的辩证关系，指出要解决错误倾向或做法必须实现矛盾双方的协调与平衡，并从正面或者反面展开论证。再次，为了实现矛盾双方的协调与平衡，提出相应的措施，从而解决材料反映的主要问题。

【例文】

鱼与熊掌可以兼得——从公平与效率问题想到的

2005 年 12 月 20 日国家统计局公布了经济普查资料初步预算的结果，2004 年我国国内生产总值（GDP）现价总值为 159 878 亿元，比去年快报核算增多 2.3 万亿元，增加了 16.8%。我国已成为对世界经济产生重要影响的经济大国。但与此同时，我国国内的一些问题也日趋严峻，比如城乡间的收入差距、医疗卫生、教育等问题日益暴露在社会公众面前。GDP 的持续增长，城乡差距的进一步拉大，这些问题，不得不使公平与效率问题成为大家讨论的焦点。

长期以来，对于公平与效率的关系，人们总是认为，他们是一对矛盾体，即讲求公平就无效率可言，讲效率就得牺牲公平。因此在这种思想指导下，现实生活中出现了大量不公平现象，最为典型的就是分配不公、机会不均等。而实践同时也证明，社会成员的收入差距过大、各种机会不均等，不仅不能产生理想的效率，反而带来了大量的负面影响，这对我们的经济体制改革和发展是非常不利的。因此，我们有必要重新审视公平与效率的关系。

公平与效率，其实是一个相辅相成的共同体。它们既有相互矛盾对立的一面，但同时又有相互统一的一面。效率是公平的基础和保障，公平是效率的前提和保证。在社会主义经济建设中，我们不能将他们对立起来。温家宝总理说：“公平正义是社会主义社会的首要价值。”没有公平就难有效率，即便出现了一时的“高效率”，那也是短暂的、靠不住的。在社会主义市场经济条件下，公平与效率应该、也能够得以最佳结合。以牺牲公平所换来的“高效率”，既不符合社会主义的原则，也是很难长久维持的。我们应该把重点放在怎样把效率与公平结合得更好，而不是在这两者之间进行取舍。

因此在构建和谐社会、全面建设小康社会的今天，我们要建立完善既有利于效率的提高、又有利于公平的维护的社会主义市场经济体制，找到既保障效率又保证公平的最优结合点，从而使效率的提高有助于保证公平，而保证公平又有助于效率的提高，实现公平与效率的有机统一。在构建和谐社会条件下统筹兼顾好公平与效率的关系，我们可以从以下几个方面下工夫：首先，政府有关部门应该大力加强制度建设，包括就业制度、分配制度等方面的改革和完善。其次，改革税制，强化税收调节的力度。再次，尽快建立健全社会保险、社会救助、社会福利等社会保障体系。最后，积极推进依法治国及民主政治，法律面前人人平等，健全弱势群体利益表达机制。

古人云："鱼与熊掌不可兼得。"但是我们说，公平与效率却可以兼得。关键就在于制度创新。因此，我们必须建立一种公平与效率兼顾的良性循环机制，来推进全社会的共同富裕和经济、政治、文化、生态的全面发展。

【思考练习题】

一、概括类练习题

1. 资料：上午 9 点不到，"老马工作室"的门口已经排起了长队。"我们小区消防栓不出水、电梯天天出故障，您可得给评评理。""啥情况?你们先说，我记一下。"老马笑着掏出随身带着的笔和本，开始了一天的工作。

老马是街道首席调解员，也是全国人大代表，做了 30 年的调解工作。"老老少少都叫我'老马'。去年两会上，习近平总书记也亲切地喊我'老马'，让我又惊又喜!总书记握着我的手说，老马讲得好，接地气，很结合实际。"老马乐道，"总书记还说，基层工作就是上面千条线、下面一根针，必须夯实基层。我们需要千千万万像老马同志这样的基层干部。"

去年，老马接待群众 600 多人次，有家长里短，有邻里矛盾，也有基层治理中的一些问题。接待群众是门"技术活"，不仅要真诚待人，还得对政策烂熟于心。"当好基层这根'绣花针'，状态要投入，本领得过硬，我一天都不敢怠慢。"虽已年过花甲，老马仍每天坚持学习 3 个小时。30 年来，老马成功调解矛盾纠纷 2 000 多起，写了 160 多本、520 多万字的工作笔记。

一天下午，老马接待了一对夫妻，女的一说话就哭起来："老马，我和他是没法过了。"原来，两人从农村进城打拼多年，生活富裕了，但矛盾也多了。老马一边安抚一边分析："为什么穷的时候没有什么矛盾，富了反而矛盾多?说明精神贫穷，有短板。"一个小时的交流后，两人带着笑容离开，与来时相互指责的样子截然不同。"时代不一样了，老百姓生活越来越好，大的矛盾冲突越来越少。基层调解，更多的是要做好思想政治工作，做好情绪疏导和心灵抚慰工作。"老马总结道，"我不一定能帮助所有人解决问题，但我要尽最大努力帮大家都解开心结。所有的矛盾，只要用心去调就有解。调解常常不是说服了群众，而是感动了群众。"

老马这根与时俱进的"针"连得巧、织得密、缝得牢。多年来，老马给自己立下了接待群众的 24 字规矩：起立迎接，请坐倒水，倾听记录，交流引导，解决问题，出门相送。"工作室要成为一个温馨的驿站，群众只要来了，就要努力让大家愁脸进来笑脸出去。"有事没事找老马聊聊的人越来越多，老马总是笑脸相迎。有时，一些群众会问老马："你是什么职务、什么级别?""职务和级别都不重要，重要的是—— 我是你需要的人。"这就是老马的回答。

“我就是想来跟着学、跟着做。”22 岁的小温大学毕业后到社区工作，听完老马的一次宣讲后，坚持来“老马工作室”实习。来老马这学习的可不仅仅只有小温，街道的社区综治干部每年都要来“老马工作室”学习一个月以上。老马培养了不少善做调解工作的“小马”。73 岁的老党员老齐也经常来工作室找老马，他对老马说：“我年纪比你大，但我也是‘小马’，按照你的方法，我成功劝阻了小区里很多不文明行为呢!”在众多“老马”和“小马”的共同努力下，当地的各种矛盾纠纷逐年减少。

“基层干部就是一根绣花针，要把为群众服务视为终生事业。”老马说，“只要群众遇到困难，问谁是老马的时候，我都会毫不犹豫地站出来告诉他：我，就是老马!”

问题：根据给定资料，请你谈谈老马是怎样“当好基层这根‘绣花针’”的。

要求：全面、准确、有条理。不超过 200 字。

2. 资料：前些年，小张辞去了城里的工作，回家乡的镇上当了一名快递员。下面是他讲的“三农”新故事：

前些年，快递公司刚进这个镇时，全镇每天收发的包裹只有几十个。到村里送快递，碰到下雨天，三轮车陷入泥里，经常要下来推车，送完快递回来，鞋子上总会沾上半斤烂泥巴。那时挺后悔把城里的工作辞了，感觉很失落。

这几年大家的生活水平上去了，网购的人越来越多，我的业务也好了起来。特别是前年，镇上的快递公司联合农林服务中心、电商协会给大伙上起了包装技术培训课，现在咱这里的瓜果蔬菜都用上了真空包装、低温保鲜技术，快递公司也更乐意接这种订单。有了销路，家里种的就不愁卖了。

比如说吧，咱这里的枇杷很有名。以前，乡亲们摘回枇杷后，要乘两个多小时的公交车到几十公里外的城里火车站广场叫卖。那时，品质优良的枇杷也卖不上好价钱，有时连本钱都挣不回来。如今，镇里的枇杷大部分是通过电商平台销售的。每到枇杷采摘季，镇里的文化广场就会成为快递员的临时收揽点，乡亲们排着队邮寄，场面好不热闹。

现在咱镇里的电商差不多有 500 多户了。去年镇里投资建了个农产品电子商务产业园，把大家拧在一块闯市场，今年镇上的生意就更好了。加上上个月新开的那家快递公司，我们镇里已经有了 4 家快递公司。

如今大家腰包里有了钱，心气足了。我同事杨大哥这几年靠送快递，摘了帽，主动要求退出了低保。大伙对生活也讲究了起来，希望村子能漂亮些、路能好走些，闲时有地儿跳跳舞、下下棋。这不，政府投了很多钱搞建设，镇里几个大的村子，都通上了柏油路，路边插上了太阳能路灯，现在我们送快递方便多了。镇边上，搞旅游的那个村子，街两旁不仅修了排水沟、统一摆上了垃圾箱，还把老百姓的房子都整了整，青瓦白墙的，远远看，像画里似的。

最近从城里回来的人，越来越多。要么像咱一样，做做快递，或者在镇里的企业打打工；要么回家接班，种点养点啥，通过快递卖出去，不比打工挣得少，还图个自在。原来乡下的钱往城里跑，现在城里的钱开始喜欢往村子里跑。城里人来我们这投资的越来越多，要么开工厂、搞农产品加工，要么办民宿、搞乡村旅游。

和刚回来那会儿比，我现在心里踏实多了。上个月和爱人商量，打算承包村西头一块撂荒的地，再把周边几家的田一起租过来，像村里老李他们一样，也办个家庭农场。我想只要好好干，生活会越来越好的！

问题：根据给定资料，请概括小张家乡出现的新变化。

要求：准确全面，条理清晰。不超过200字。

3. 资料：2018年5月7日，山西临猗县政府发布的一则针对“临猗苹果滞销”不当营销方式的声明引发关注。声明中称，多个电商发布“临猗苹果滞销”的营销策划，利用“悲情牌”营销临猗苹果，并且营销内容有诸多夸大失实之处，给当地果业品牌形象造成了严重影响。

主打悲情牌是一种常见的营销方式，不少农产品都曾被采用这种方式进行营销。但业内人士指出，近年来，农产品的滞销现象越来越普遍，其根本原因在于规模化和产业化种植造成的供大于求，光靠“爱心”难以解决根本问题。

“涨跌起伏”这一字眼用在大蒜上面，再贴切不过了。农业农村部监测数据显示，2018年4月全国大蒜平均批发价为每千克5.44元，环比下跌11.3%，同比下跌59.9%，较近5年同期平均下跌30%。在农业农村部官网5月11日公布的当天国内鲜活农产品批发市场重点监测的60个品种中，大蒜位居价格降幅榜首。

不仅仅是大蒜，许多农产品都有过“过山车”式的价格。2018年的西红柿、辣椒、洋葱、土豆都一度产生堆积如山的现象。河南新乡的包菜，山东德州的蒜薹、甘蓝、大葱，辽宁沈阳的西芹……全国各地的蔬菜都曾出现“卖难”“价低”的局面。

“农产品的周期性比较强，我们称之为‘靠天吃饭’。”福州永泰县某农业合作社的负责人刘辉表示，农产品在收获的季节集中上市，瓜果蔬菜等不易贮存的农产品需要尽快卖出，同时农民为了回收资金以便于再生产，加上流通紧张，大量供应会压低价格，造成“卖难”。

在我国，农村信息相对闭塞，造成跟风、盲目扩种的问题。“看到谁家种了某种产品增收了，就马上跟进，或者某种产品之前销售情况好，第二年片面扩大生产，增加种植面积。”刘辉说，农民生产的盲目性是农村经济发展中一直存在的问题。

2015年4月全国大葱滞销成灾，山东和河南地区大葱低到两角，连人员工资都付不起，而这一切都源于2014年大葱的好行情。据了解，目前不少农产品存在供大于求的问题：马铃薯，目前种植面积已达8000万亩，从2017年起，价格一路走低，但依然挡不住扩种热情；柑橘的种植面积超过3800万亩，但依然连续多年扩种，造成市场饱和，严重供大于求；2016年中国苹果总种植面积3485.7万亩，地域由北向西逐渐扩张，供大于求的局面也已形成，销售进入买方市场，经营进入微利时代……

此外，在农村，品牌意识薄弱，靠销售原材料式的农产品，导致的结果只能是价格的竞争。农产品流通过程中的物流规划不合理，流通环节过多，导致迂回运输、长距离运输，流通费用过高，这也是导致蔬菜生产价格与销售价格悬殊的重要原因。

农产品滞销有买卖双方信息不对称的因素，因而电商营销被视为解决这一问题的主要手段，不少地方甚至把解决农产品价低滞销的希望寄托在电商身上。但是，业内人士指出，要打开农产品的销路，不能总是依靠电商，而是应该由政府主导迅速在市场和农民之间建立起有效的信息平台，引导农民科学种植，同时搭建好批发市场、超市、企业等进村采购绿色通道。

农产品的品牌意识较为薄弱，因此要树立品牌意识，提升产品的附加值。福建诏安青梅种植面积和产量位居世界第一，2017年种植面积达到了12.8万亩，年产量10.5万吨。2017年，这些企业青梅的年加工量达到了15万吨，加工量超过产量，诏安县农民的青梅从此摆脱了“原材料”的命运，全部深加工出售。

问题：请根据给定资料，归纳概括农产品“卖难”的原因。

要求：准确、全面；不超过200字。

二、对策类练习题

1. 资料：互联网的风起云涌，从根本上颠覆了许多传统行业，同时也创造了新的行业和机遇。21世纪初，有学者提出了互联网时代协同消费的理念和发展模式，并将其分为若干阶段。最初，是代码共享，即通过互联网向用户提供信息，但信息流是单向的，用户不能参与其中进行评论和交流。当互联网进入Web2.0时代，用户开始通过网络平台向陌生人分享信息、表达观点，但其分享局限于内容或信息，不涉及实物交易，一般也不存在金钱报酬，仅仅是生活共享或是内容共享。

随着物物相联时代到来，网络平台公司通过互联网重新整合社会闲散资源和富余劳动力，然后再按需精准配置，实现物尽其用，社会分配从专业化向社会化转变，真正实现了离线资源的共享，即线上的分享协作渗透和延伸至线下，并由此改变了我们的文化和经济世界。如今，需求方不但可以享受到低价与个性化服务，也得到了社交机会。对企业而言，随着加入网络的节点及节点间的连接增加，网络的价值会随着用户数量的平方数增加而增加。作为一种新的商业模式，其势必会对现行制度和秩序造成冲击，为此，政府应积极提供相应的法律制度保障，才能实现其可持续发展。同时，任何商业行为都是以盈利为目标，任何市场的开发也都需要资金的支持，而过度的资本运作可能导致市场滥用其优势地位，甚至违背市场规律采取不正当竞争。政府理应鼓励相关企业采取科学的商业模式，新经济应当创造真正的消费者，而不仅是通过补贴来吸引消费者。

美国某租赁房屋公司曾发生一起事件。一名房东发现她的公寓被从该公司网站上招来的房客洗劫一空。她在给该公司的信上写道：“他们在我的柜子上凿了个洞，劫走了里面的护照、现金、信用卡和我奶奶的珠宝首饰。不仅如此，他们又搜走了我的照相机、老式电脑和装有我所有相片、日志等备份的外接硬盘。他们掠走了我的一切。”这大概是所有人对互联网时代协同消费经济模式的顾虑了。某调查公司针对美国用户对这一经济模式的调研数据显示，参与调查的人群中，57%的人表示，“对这种消费模式感兴趣，但是仍有顾虑”；而在熟悉这种经济模式的人群中，69%的人认为，“除非信任的人推荐，否则将不会相信”。

共享充电宝在成为许多市民生活“标配”的同时，也引发了不少争议。除了共享充电宝自身存在质量安全外，使用者可能还会面临个人信息泄露的风险。曹先生是一位互联网公司的程序员，他说：“每次看到有人使用共享充电宝，我都为他们捏把汗。其实它本质上就是一台电脑，有电脑的地方就会有黑客。现在大数据、算法不断发展，数据公司和社交软件合作，无孔不入地对个人信息进行收集。如今，我们消费时常扫二维码，通过第三方进行授权，但是第三方支付其实都绑定了个人身份信息、银行卡信息，在扫码过程中，就存在信息泄露的可能。”

本应更方便、更优惠的互联网协同消费经济，有时还会让人陷入更大的麻烦。随着家庭用品加速升级换代，如何让闲置物品流转起来，使旧物出售和消费变成“动动手指就能办成的事”，成为商家瞄准的一片蓝海。不过，由于买卖无需“打照面”、交钱与交货环节分离等原因，网络二手交易平台的信誉难尽人意，“省时省力不省心”，是不少人的共同印象。与一般商品不同，非标准化是二手商品的最大特点，其损耗程度、保养情况等很难得到最合理的评估、考证。如何让踏实放心取代买卖双方的彼此猜忌，除了考验平台的服务智慧、相关部门的治理决心，还有赖于社会征信体系的建立。

问题：根据给定资料，针对当前互联网协同消费经济存在的问题，提出相应的对策。

要求：紧扣资料，对策可行，不超过300字。

2. 资料：2019年年初，沙洲市启动城区农贸市场的改造升级工作。针对不同的市场现状，改造升级怎么进行更切合实际?为此，沙洲市市场服务中心调研走访了几个市场。

先把镜头对准莲池农贸市场，这个市场有40年的历史了，附近的社区从一个发展到七八个，居民从千把人变成四五万人。随着周边居民的大量增加，市场脏乱得不成样子。“过道没两尺宽，并排都站不下两个人，买菜要侧着走。有时大夏天实在受不了，宁可走老远到一家超市买菜”。居民刘阿姨说。市场管理员最怕春夏之交：“下大雨，水一下子能积二三十厘米深。还有，消防设施配备也不全，存在安全隐患。”摊主王女士也愁，菜摊旁有条水沟散发着异味，市场内空气流通又不畅，顾客经常一边挑菜一边捂着鼻子，她不得不找木板盖着。

莲池街道办事处廖主任认为，老市场虽然问题多，但是居民有需求，搬不走，拆除重建代价又太大，最合理的办法就是对准问题改造。他说：“改造期间，老市场得关门施工，几万人的‘菜篮子’不管不顾可不行。改造之前有准备，改造当中才好应对。”市场管理员提议：“要不先找个地方过渡一下。”居民刘阿姨对“过渡”有点担心：“那下雨天买菜方便不方便?卫生还有没有人管?”摊主王女士考虑的是：“在这里做了几十年生意，就在一个位置上没动过，老顾客都熟悉，如果进行改造，工程完工后，还能不能重新回到老地方?”

镜头摇到豹岭农贸早市。摊贩周大姐一早就来到处于小巷子的早市卖菜，5点半开始，8点就得收摊。她打比喻说：“我就是个‘流浪’的摊贩。”“早市起先只有周边的菜农卖自产蔬菜，后来逐步有一些外来摊贩加入。考虑到确实能解决居民的买菜难题，社区一开始默许了其存在，只对开市闭市时间稍加限制。”豹岭社区党支部范书记介绍。几位居民代表也一致抱怨：“每天早上，摊贩们将小巷堵个严严实实，出行极不方便。”“大清就吵吵闹闹，觉也睡不好。”

社区深感为难。直接禁止，太粗暴；开了口子，管理力量又跟不上。“有时候八点已过，摊贩还不愿意走。”城市管理大队副大队长说，“我们和社区工作人员去管，摊贩们就一哄而散，人一撤，他们又继续贩卖。”“过去几年，社区周边的楼盘如雨后春笋般建起，人口激增，买菜的需求越来越多，之所以流动摊贩多、临时市场乱，恰恰是因为缺少规范稳定的农副产品交易场所。”范书记建议，“这附近有一片闲置老厂房，是不是可以盘活起来做点文章?”

镜头转到沙洲市中心最大的农贸市场——月湖市场。这个市场各个道口没有设置栏杆，加上停车坪被货物堆满，更显得拥挤不堪。“经营户的手推车、三轮车，居民的电动车、自行车，通通往市场里扎。”居民张大妈说，“占道经营也很普遍，经营户的纸箱、塑料筐，全扔在过道上。”沙洲人喜好买活禽，但活禽是月湖市场环境污染的主要来源。如果直接取消活禽供应摊位，居民大多不同意，经营户也很难接受。参加调研走访的丁工程师在实地考察后指出：“目前活禽摊位的存放、宰杀和售卖三位一体不够科学，通风也不顺畅，这些都是造成污染的重要原因。”

“月湖市场本身建筑设施比较齐全，硬件上施工不需要伤筋动骨，只要预先做好安排特别是安全防范，完全可以就地边营业边整改。”月湖街道办事处李主任说。他认为，市场改造为的是利民、便民，相比于“一刀切”，还应该寻找更好的办法。“即使是改造提升后，管理也不只是政府部门和市场管理方的事，消费者和经营户，都是参与主体。要走出‘治理一变乱一再治理’的循环，还得在制度层面上下功夫。”

问题：如果你是沙洲市市场服务中心工作人员，请根据给定资料分别梳理三个市场存在的问题，并提出相应的解决措施。

要求：

（1）问题梳理全面、准确；

（2）所提措施有针对性、切实可行；

（3）不超过 500 字。

3. 资料：小赵是省派驻村干部，2015 年远赴大山深处的池口村担任村党支部第一书记。下面是他讲的“脱贫攻坚”故事：

我从省城出发，颠簸了 10 多个小时，才到了池口村。跳下车，映入眼帘的是光秃秃的石甸山。村支书老韩招呼我在村口吃了一碗石甸花椒酱面。虽然花椒麻得嘴好久没有感觉，但是花椒酱独特的鲜香口感让我赞不绝口。老韩在旁边笑着说：“石甸花椒酱可是咱这里的宝贝。”吃完饭，放下行李，老韩陪着我到村里走了走。刚开始我还挺乐观的，看上去这村子不穷啊，但是越往村里走，我的心就越凉。村民老左家的房子没有门，房间里没有家具、家电，屋子的一角堆着一堆杂粮，炕上的被子已经看不出颜色。老左告诉我：池口村地薄、种粮食收成低，只够糊口。除了种地，自己也不知道还能干些啥。现在家里穷，一天只能吃两顿饭。像他这样的人家，村里还有好几户。

回村部的路上，老韩指着周边的大山说：“我们是守着金娃娃挨穷呀！你看，石甸山上 1000 多亩地，已经荒了十几年了，如果能把这地开发好，起码吃饭就不用愁了。”接下来一个多月，我挨家挨户到农户家走访，一直在想，贫困地区缺什么？种植、养殖技术老百姓都会，但是“应该做什么、怎么做、怎么能卖出去”，这些问题不解决，村子就难以摆脱贫困。问题找到了，怎么破题呢？我想到了石甸花椒酱。这十里八村的家家户户都喜欢用花椒制作花椒酱，一日三餐都离不开它。既然本地这么多人吃，是不是能产业化，做成一个产品呢？同时，制作花椒酱对花椒的需求量特别大，也能带动花椒种植。2015 年当年，我几乎走遍了省内的大型超市、批发市场，发现和目前市场上的花椒酱不同，我们石甸花椒酱麻辣鲜香、口感独特，不仅在本地有市场，还有可能借助电商扶贫政策卖到全国去。

有了想法，还要有办法。听说要开发石甸花椒酱，不仅是村民，许多村干部也都不相信。老韩说：“万一卖不出去怎么办？咱们可赔不起啊！”为此，我带着村干部不但到周边县区了解情况，还专程到省食品研究院咨询石甸花椒酱产业化的可行性，请教生产加工、质量检验以及食品安全等问题，排除了花椒酱存在有害成分和菌群超标的可能性。这次调研，统一了大家的思想。老韩说：“小赵书记，咱们村干部都认定你了，今后我们跟着你好好干！”2016年10月，当地第一家村集体企业池口农副产品开发有限责任公司挂牌，村民可以技术入股或半成品入股。我代表公司与省食品研究院、省中小企业公共服务平台签订合作协议，共同开发、推广石甸花椒酱。2017年初，第一批石甸花椒酱上市后，短短几天就销售一空，村民们都乐坏了。仅靠石甸花椒酱一项，去年村集体就实现了66万元的收入。

我始终没有忘记老韩说的石甸山，没事就上去转悠，考虑到底该怎么开发。2015年外出做市场调研时，我看到梅花椒价格非常高，就帮着村里申请到“惠农贷款”，买了1000棵树苗，种到山上。现在，石甸山已经种植梅花椒500多亩，成为池口村的“绿色银行”。现如今，我不管到谁家，都留我吃饭，谁家杀鸡或者杀羊，都会想着我。老韩风趣地说：“小赵书记，你现在是我们这的‘狗不叫干部’，乡亲们的狗见了你不但不叫，还直摇尾巴哩。”

问题：省里召开扶贫工作座谈会，邀请小赵介绍发展花椒酱产业的经验。根据给定资料，请为小赵写一份发言提纲。

三、议论文类练习题

1. 资料：老张是一位瓜农，年收入一万多斤瓜。每到丰收的日子，他总是喜忧参半。2016年夏天一个早晨。他开着四轮拖拉机赶往城里叫实。他本想去政府指定的西河小区里卖，可没想到刚走到城里。遇到一女子要买瓜，于是就停下车卖了一个。结果电子台秤就被巡逻的执法人员收走了。老张沮丧地来到西河街道办服务大厅，交了罚款。拿回被收缴的电子台秤。事后，老张说，他也知道自己错了，不该在路边卖瓜影响城市环境，但罚款太高，一天辛苦都白费了。更糟糕的是，为了拿回电子台秤，他奔忙了一上午，西瓜都蔫了。2017年10月起，老张就不必为此担忧、沮丧了。国务院新颁布的《无证无照经营查处办法》规定、在县级以上地方人民政府指定的场所和时间，销售农副产品、日常生活用品，或者个人利用自己的技能从事依法无须取得许可的便民劳务活动不属于无证无照经营，同时取消了“没收工具”等规定，降低了罚款数额。

何时做加法，何时做减法，是一门公共管理的艺术，需要智慧，需要眼光，需要技巧，更需要视野。加法或是减法，不一样的切入角度，体现不一样的心态和思维逻辑，直接决定了最终的成败。党的十八大以来，国务院各部门取消或下放行政审批事项六百多项；取消中央指定地方实施行政审批事项近三百项。“简政放权、放管结合、优化服务”的改革得到了有效落实。面对新经济的商业模式、经营方式等与传统产业的不同，政府把更多精力转向监管，本着鼓励创新、包容审慎的原则，为经济发展和转型留出了空间。

如今在中国常看到这样的场景；出行上班前，通过打车软件叫一辆车；坐在车上，通过手机浏览最新最火的帖子；下班回家太累不想做饭，通过APP请一位厨艺达人到家做饭；没有一个房间也可以开酒店，没有一辆车也可以开出租车公司，没有一件商品也可以开商场……如今许多年轻人更喜欢把钱节省下来，用在上面所描述的生活方式上，或者去培养自己的初创企业。在中国，看到消费者在支付终端前摇晃手机或通过扫描二维码完成交易是极寻常的事。

问题：根据你对给定资料中画线部分“何时做加法，何时做减法，是一门公共管理的艺术，需要智慧，需要眼光，需要技巧，更需要视野。加法或是减法，不一样的切入角度，体现不一样的心态和思维逻辑，直接决定了最终的成败。”的理解，自拟题目，写一篇文章。

要求：（1）自选角度，立意明确；

（2）联系实际，不拘泥于给定资料；

（3）思路清晰，语言流畅；

（4）总字数1000~1200字。

2. 资料：莱康村所在的M市位于沿海地区的S省，各项改革都走在前面。“伴随着率先发展，新问题、新矛盾更加突出、更加集中。如果老是跟在后面，像消防队一样到处救火，难免疲于应付、效果不佳。”M市市委孙书记说，“面对这些难题，亟待探索既能解决短期现实问题，又能兼顾长效公平的乡村治理新模式。要想建设更加富有活力的乡村，就得聚焦如何减少矛盾、化解矛盾，乡村治理也不能再‘单兵作战’，而应‘联合出击’，从以行政管理为主要手段向行政、法律、道德等手段的综合运用转变。”

走进莱康村，绿树成荫，鸟语花香，街道平坦干净，草地绿林中矗立着一幢幢红瓦白墙的乡间别墅，到处呈现出一派欣欣向荣的景象。“要知道，莱康村过去可是个有名的问题村，基层组织软弱涣散，人心也是出了名的不齐，打架斗殴事件特别多。特别是早些年，由于征地补偿问题，小吵小闹天天有，大吵大闹三六九，几乎每天都有村民挤在村委会里争吵。村里吵不出结果，不少村民还去省里讨说法。”村党支部陈书记感叹，“更让我记忆犹新的是，7年前我刚当书记时，由于以前村集体资产严重流失，村里的账上只有2.4元。”

给钱给物，不如建个好支部。在镇里的支持下，莱康村狠抓村党支部班子自身建设和党员队伍建设，配备了一批有能力、有威望的村民担任村两委委员。新班子把中心工作放在村民最关注的问题上，重新核查低保、危房改造、临时救助等惠民项目，全力解决影响团结和谐的问题；积极争取补助资金，整治村容村貌，完善水、电、路等基础设施；开展绿化亮化、厕所革命、清理违章建筑等项目。这一系列举措，使莱康村逐步树立起崭新的形象。

“我们通过各种办法努力做到让村民满意，让组织放心。”陈书记说，“但要建设美丽乡村，光靠我们干不行。村里的事还是得村民说了算。”在村党支部的引导下，莱康村成立了村民理事会，让村民主动参与到村庄事务的管理与决策中来。今年年初，为落实村企攻坚项目的规划建设，村民理事会一直积极跟进，到每家每户积极宣传农村集体产权制度改革政策，就如何成立合作社、如何分红、土地流转定价等细节广泛征求意见，得到了全体村民的支持。

如今，村民理事会又充实了部分企业代表、下乡市民代表到理事会中来，共同参与、协调村级事务，重大事项均通过村民理事会与村民广泛沟通，取得良好效果。

莱康村今年还从村组干部、老党员、致富能手、退伍军人、法律工作者、法律志愿者中选取一批政治素质好、宣讲水平高的村民，进行重点培训，引导他们主动担任“法律明白人”的带头人，充分发挥他们在宣传政策法规、化解矛盾纠纷中的示范引领作用，推动莱康村形成了遇到问题找法、解决问题用法、化解矛盾靠法的良好氛围。

由村里老党员、老干部和村民小组长等组成的文明评判团，深入发掘“老莱康风骨”的村民道德规范，通过修订村规民约，规范村民行事规则。文明评判团挖掘祠堂、故居、牌坊、族谱中的家风家训资源，搜集整理了全村20多个姓氏的家规家训，并把这些做成门牌，用以打造“家风家训示范街”。用陈书记的话说，“在村里，随便走走都能受到熏陶”。在文明评判团的主持下，莱康村年年评选“最美家庭”“孝德人家”，为模范树榜，助家风传扬。村里还陆续组建了篮球队、腰鼓队，每年举办农民文化体育节。通过这些活动，村民的生活充实了、心拉近了，很多积怨矛盾在无形中得到了化解。

这些年，在村两委的带动下，莱康村盘活土地资源，引进优势企业，成立养殖合作社、种植合作社、林业合作社等，逐步滚动壮大村集体经济的“雪球”。2018 年，莱康村集体经济收入达到 1 000 多万元。收入多了，村民的生活过得越来越好。“经过大家这么多年的努力，我们有信心奔向更加美好的生活。”陈书记对莱康村的未来充满自信。

从曾经的问题村，到如今的和谐村，莱康村这些年的发展实践，为新时代的新农村建设写下了生动注脚。

问题：近期，S 省开展乡村治理先进典型评选工作。M 市打算推荐莱康村参加评选，如果你是该市有关部门的工作人员，请根据给定资料写一份莱康村参评的推荐材料。

要求：

（1）紧扣资料，内容全面；

（2）逻辑清晰，语言准确；

（3）字数 800~1 000 字。

第六章　政务微博与政务微信

第一节　政务微博

微型博客（Micro Blog）简称微博，是指一种基于用户关系信息分享、传播以及获取的通过关注机制分享简短实时信息的广播式的社交媒体、网络平台。世界上最早也是最著名的微博是美国的 Twitter（中文名推特，也是一种社交软件）。2009 年 8 月 14 日，中国门户网站新浪推出“新浪微博”（后更名为“微博”）内测版，新浪成为第一家提供微博服务的门户网站。2009 年 11 月 2 日，湖南桃源县官方微博“桃源网”开通发布第一条微博，标志着政务微博的诞生。此后，国家相继出台相关文件，政务微博呈勃兴之势不断涌现。2011 年，被称为“政务微博元年”。2013 年 10 月 11 日，由国务院办公厅主办的“中国政府网”正式开通微博，将国家重要决策部署和政策文件及时向公众公开。在国家倡导“互联网+政务”的热潮下，政务机关纷纷投入精力财力支持新媒体建设。

政务微博是政府管理与微博传播相结合的一种传播方式，它是起步最早、发展最成熟、辐射最广的政务新媒体。最具代表性的有“人民日报”“平安北京”“上海发布”“中国气象科普”等政务微博账号。

一、政务微博的含义

所谓政务微博，主要指代表政府机构和官员的、因公共事务而设的微博账户（见图 6.1—图 6.3）。它是新媒体时代政府机构用于发布信息、倾听民意、服务大众的一个重要工具。其目的主要在于通过与公众的良性互动，搭建一个社会化参政、议政、问政的网络交流模式与平台。主要有三类：①政府机构微博；②政府发言人微博；③以某一公共事件或主题命名的由政府开通的主题微博。

图 6.1　中国政府网微博

图 6.2　赵立坚个人微博

图 6.3　微公益微博

二、政务微博的特征

政务微博具有发文限制性、传播即时性、内容便民性和政民互动性等主要特征。

1. 发文限制性

政务微博在“网民问政”和“政府施政”之间搭建桥梁，政务微博的发文者只能是政府机构和相关公务人员，任何其他个人和单位无权发布政务微博。因此，政务微博具有鲜明的政治色彩，内容偏向于反映政府工作、国家政治经济、文化发展状况，其话语权既是权威的、严谨的，又是有所限制的。

2. 传播即时性

政务微博以网络为传播媒介，能在第一时间内快速、主动、及时传递信息，提供实用资讯；政府及时回应，又能提高工作透明度。它可谓重要事件最好的新闻发布现场。如面对“德云社打架斗殴”“明星吸毒”“地铁强占”等热议事件，“平安北京”及时发布信息、回应网友关切，充分彰显政务微博强大的公信力和影响力。

另外，我国政务微博还有着独特的集群性特征。即一个地区的各部门纷纷开设政务微博，建立起该地区的政务微博群，它们相互转发，良性互动，形成集群效应，扩大传播的影响力。“成都发布”“天津发布”是其中突出代表。

3. 内容便民性

政务微博不仅仅是一个信息互通平台，更是一个提供公共服务的平台。政府部门开设政务微博，主动发布职能范围内与百姓生活密切相关的信息及事务，以平等化视角与网友进行沟通交流。在信息传播的过程中，关注信息的受众，可以通过发布、转发和评论成为信息的发布者。政务微博以“政务公开+政务服务+政务管理”为宗旨，不断提升政府公共服务能力。

4. 政民交互性

政务微博提供了“关注、收听、转发、评论、回复、私信、对话、邮件分享”等互动功能，微博用户可以随时用文字、表情、“@”的提醒和转发功能来实现各种形式的互动。政务微博传播的互动性不但提高了信息传播的时效，而且扩大了信息的受众范围，使信息实现了从传统的线性传播到非线性裂变式传播的转变，极大地提高了信息传播的效率。

三、政务微博的结构

政务微博的结构主要由标题和正文两部分构成。

（一）标题

标题是政务微博的名片，主要作用是提示阅读。它不写消息头，不用拘泥于传统媒体标题的格式。政务微博的标题用符号【×××】标识，无需换行。如：

【感动！#搜救犬拦车挽留离队搭档#】（新华社 2021-12-11 11：11）

【看哭了  #2021 交错时空超然混剪#】（公益人王磊 2021-12-10 16：00）

（二）话题

话题常常是能指代这个政务微博的标签，主要包括“地点（时间、人物）+事件”等新闻要素，其主要作用是提示受众，用符号#XXX#标识，两个#号之间字数一般在 8 个以内，可放在文本中任何位置。如：

#张同学视频中电器违规被中国消防点名#【#张同学# 你违规了！】（法治日报 2021-12-10 11：14）

（三）正文

政务微博的文本受 140 字数限制，结构单一明确，一段话即可，无需分段。文本内容常常表现为报道一个事件，一个情景，一个观点，具有碎片化的特质。

一般来说，正文后附短视频和图片。

四、政务微博的写作策略

政务微博作为新媒体时代一种新兴的应用文文体，其写作要注意区别于传统的政务文体，应做到以下几点：

1. 标题吸睛

贴近广大微博用户的生活，增加社会实事参与度，善用大众热门话题，精心构思，凝练题目。如：

【自律的“苏神”！#苏炳添超燃健身课开讲#】（人民日报 2021-12-10 20：53）

【祝贺！#谷爱凌又夺冠了#】（人民日报 2021-12-11 07：56）

2. 话题新颖

创造有意义的话题和互动，促进粉丝转发与交流。如：2019 年 07 月 24 日，六盘水市水城县山体滑坡突发事件中，网友自建话题标签#贵州水城县山体滑坡#，在转发评论中通过“加油”“祈福”“天佑人民”等鼓励，对正确引导社会舆论、安抚民众情绪起到了非常重要的作用。

3. 内容制胜

政务微博的信息内容是决定其传播效力的重要因素，恪守内容真实是基础，同时，还应坚持每条信息都有“亮点”。写作政务微博要注意三要点：一是必须和党的路线、方针、政策相一致，有严肃性和权威性。二是要遵循国家法律规范，符合社会道德规范，有思想性和导向性。三是必须符合客观实际，有针对性和可行性。

4. 表达灵动

政务微博的写作，文字一定要言简意赅。通过图片、音频、视频、链接、标签等多媒体综合表达，增加趣味性和生动性，提高政务微博的吸引力和影响力。

综上所述，各级党政机关和公职人员应进一步加强对政务微博的研究，了解它的功能和特点，掌握它的写作方法和写作技巧，让它更好地服务于民（见图 6.4—6.14）。

图 6.4　解放军报微博

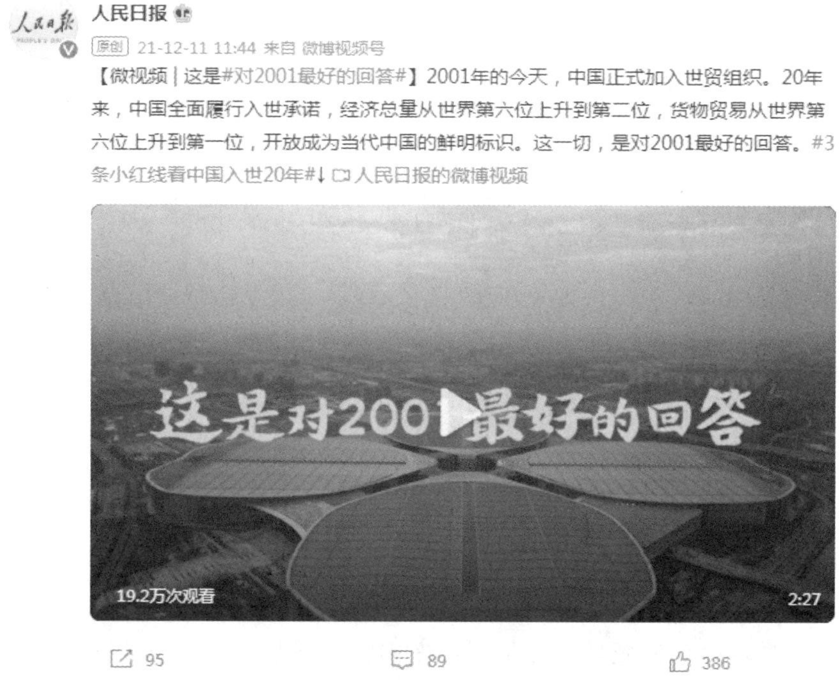

图 6.5　人民日报微博

图 6.6　新华社微博

图 6.7　人民日报微博

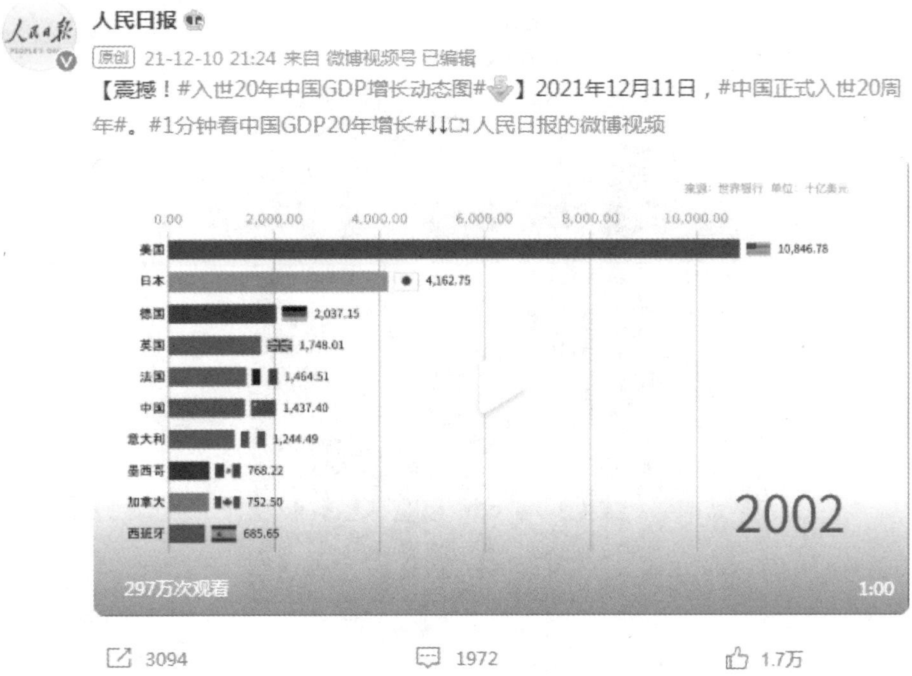

图 6.8　人民日报微博

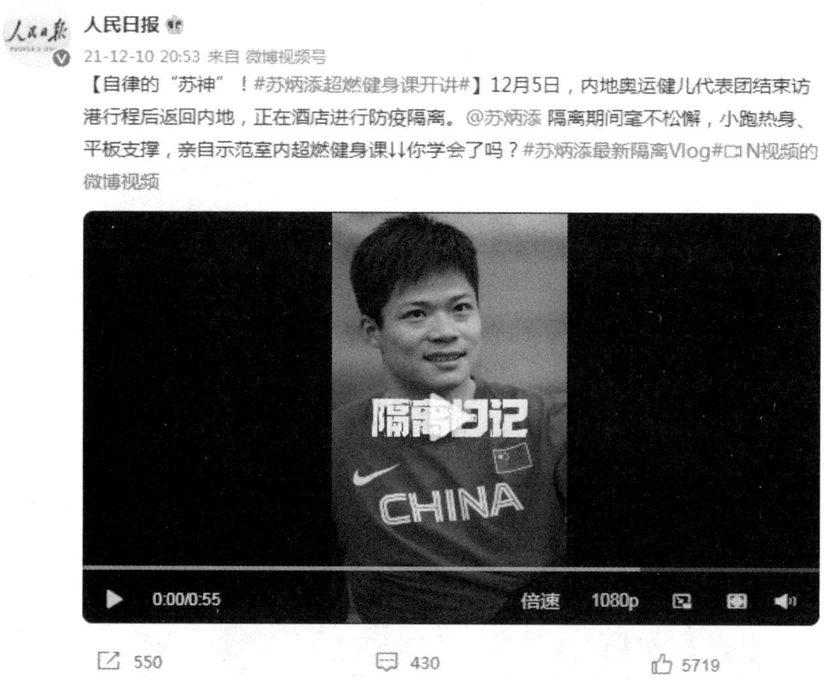

图 6.9　人民日报微博

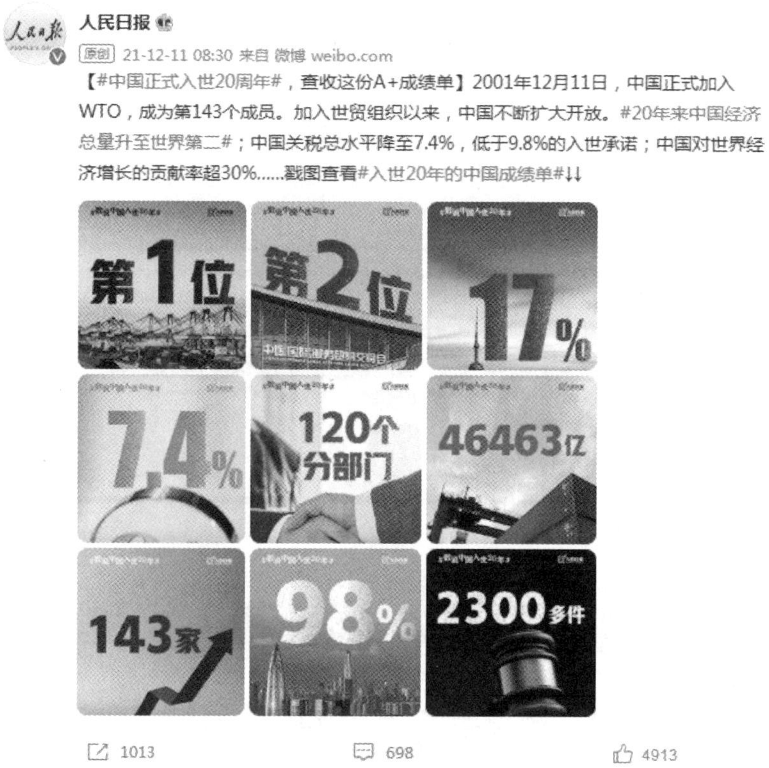

图 6.10　人民日报微博

解放军报

21-12-10 21:15 来自 微博 weibo.com 已编辑

#军微快评#【最是善政暖人心】今天，国家医疗保障局发布的两条消息引发网友关注热议。一个是#跨省异地就医住院费用直接结算已覆盖全国#，另一个是#新冠病毒核酸检测单人单检降至40元#。从前段时间的医保药品目录准入到跨省异地就医住院费用直接结算，从核酸检测80元一人降至40元，每项政策都熨帖人心，温暖人民。让老百姓花更短的时间，更少的钱，享受更好的服务，期待这样的为民谋利来的更猛烈一些！最是善政暖人心，这样的惠民举措必须赞！ 收起

24　　5　　41

图 6.11　解放军报微博

解放军报

11月16日 12:25 来自 微博视频号

【#北京冬奥会主办城市宣传片#又来了！一起看《京城十二时》】 从晨钟朝霞，到夕阳暮霭，这里精彩多元，大气从容。北京冬奥会主办城市系列宣传短视频第二部，#2分钟看双奥之城北京#↓↓北京冬奥会倒计时，收藏，期待！#全景北京冬奥会# 人民日报的微博视频

17　　9　　42

图 6.12　解放军报微博

新华社

21-12-10 22:02 来自 微博 weibo.com

【#驾驶证电子化今起全国推广##已有6300多万人拥有电子驾驶证#】记者10日从公安部获悉，今起全国全面推行驾驶证电子化，目前各地公安交管部门已通过全国统一的“交管12123”App为6300多万名群众核发电子驾驶证。10日当天，共为390多万名群众核发电子驾驶证。电子驾驶证在全国范围内有效，为驾驶人以及相关行业和管理部门提供“亮证”“亮码”服务。电子驾驶证的领取只需三步：下载“交管12123”App、注册用户、线上申领。（记者任沁沁，海报设计杨轶群）收起

73　34　143

图 6.13　新华社微博

解放军报

21-12-10 20:25 来自 微博视频号

#听党指挥 奋斗强军#【海军淮南舰多科目实战化训练】近日，海军某驱逐舰支队淮南舰赴某海域组织开展跨昼夜、多科目、全员额实战化训练。圆满完成了拖带训练、航行补给、损害管制、舰机协同等多项训练操演。在连续多天的海上训练中，有效检验了部队海上续航能力和持续作战能力。#六中全会精神在军营#（钱昊 李宁 刘坤恒）解放军报的微博视频 收起

48　14　67

图 6.14　解放军报微博

【思考练习题】

一、政务微博与个人微博有什么异同？

二、请为你所在的学院团委（总支）写作一条“五·四”纪念活动的微博。

第二节　政务微信

微信（WeChat）是腾讯公司于 2011 年 1 月 21 日推出的一个为智能终端提供即时通讯服务的免费应用程序。2012 年 8 月 18 日，腾讯推出了一项微信用户订阅服务——微信公众平台，基于移动终端提供了一对多的信息发布渠道。2012 年 8 月 30 日，广州市白云区政府政务微信公众号“广州应急—白云”开通，随后，各级政府机构纷纷开通政务微信，全国政务微信数量急速增长。2013 年 10 月 11 日，中央政府门户网站发布消息：“中国政府网官方微博和官方微信开通。”2013 年 10 月 18 日，国务院办公厅发布了《关于进一步加强政府信息公开回应社会关切提升政府公信力的意见》（国办发〔2013〕100 号）规定“着力建设基于新媒体的政务信息发布和与公众互动交流新渠道。各地区各部门应积极探索利用政务微博、微信等新媒体，及时发布各类权威政务信息，尤其是涉及公众重大关切的公共事件和政策法规方面的信息，并充分利用新媒体的互动功能，以及时、便捷的方式与公众进行互动交流。”将“政务微博、政务微信”与“政府新闻发言人制度”“政府网站”并举，成为第三种政务公开途径。2013 年由此被称为“政务微信元年”。2016 年 09 月 29 日，国务院出台《关于加快推进“互联网+政务服务”工作的指导意见》（国发〔2016〕55 号）文件，对数字政务服务建设提出了要求。学术界将政务微信纳入研究视野，开始探讨政务微博、政务微信的协同发展问题。政务微信已成为广大群众获取公共信息、网络问政、参政议政、行使民主监督权利和寻求帮助与服务的重要渠道和平台。

一、政务微信的含义

政务微信，是指各级党政机关、事业单位及其内设机构在微信公众平台上注册并实名认证的微信公众账号，它是政府利用移动互联网发布事务性和服务性信息的新媒体，也是公众交流最新信息的一个最快的平台。

二、政务微信的特征

政务微信是继政府网站、政务微博之后出现的政务新媒体，并且日益成为当今最活跃的政务新媒体。政务微信具有如下特征。

1. 信息的权威性

政务微信的权威性是它作为党媒的必然属性。及时、准确、全面地宣传党和政府的方针政策，是政务微信的一个重要任务。它不同于其他自媒体，它代表着政府发声，发布的信息具有权威性，保证了政府信息的精准传递。权威性是政务微信极其宝贵的品格，也是其核心竞争力的重要体现。运营政务微信公众号，一定要把权威性呵护好、发挥好，从而增强社会认可度和信任度，提升其影响力和引导力。

2. 传播的及时性

政务微信能通过移动互联网及时、快速地发送文字、图片、表情、语音、视频等多种信息，具有快速、便捷发布政务信息的功能。政务微信既可以“一对一”传播，也可以“一对多”传播，且具有快捷及时、到达率高、互动性好、引导力强等特点。特别是应对突发事件、处理重大公共危机时，政务微信在及时发布权威信息、正确引导舆论和稳定社会秩序等方面发挥着举足轻重的作用。

3. 政民的互动性

政务微信的互动性，体现在用户不仅能随时随地地进行咨询、反映各类社会问题，而且能及时得到反馈，同时它“一对一”的私密性又保护民众的隐私权。政务微信与用户之间这种实质性的互动，实现了“指尖上的政民对话”。对政府部门而言，政务微信的互动性不仅能密切党群关系、凝聚发展共识，而且有利于政府部门工作的开展，更方便政府为民众服务，重塑亲民形象。

4. 内容的包容性

由于微信本身所具有的优势，政务微信在内容上具有强大的包容性，它可以发送语音、文字、表情、图片、动图、视频、地理位置等各种传播符号，这些不仅可以给读者视觉上的享受，同时通过音频和视频等文件的设置，也可以帮助读者更好地理解其中所要传达的内容和含义，拉近编辑和读者之间的距离。甚至还可以直接开通微信直播形式进行新闻报道。

三、政务微信的功能

从传播特点和政治属性出发，政务微信具有如下功能。

1. 信息发布

信息发布是政务微信最基础最重要的功能。在发布内容上，推送的内容比较多样，围绕市民生活主要涉及时政信息、政民互动、民生资讯、舆情回应、便民功能服务等方面的内容。政务微信是政府发布信息的重要渠道和工具。

2. 舆论引导

政务微信为社会管理创新提供了缓解网络负面舆论新手段。政务微信具有权威性，它可以发挥 “狙击谣言，引导舆论”的积极作用，它为政府传播信息，沟通民众，引导舆论提供了便利，特别是在应对突发事件、舆情危机方面可以发挥积极的作用。

3. 政民沟通

政务微信“一对一”传播私密性、互动性好，亲和力强，为政府与用户搭建了便捷的交流沟通平台。政务微信具有促进“政民对话”、政民沟通的功能，它为顺畅政务部门与民众双向信息交流开辟了新路径。

4. 形象塑造

对于政府来说，政务微信具有形象塑造的功能。政府通过政务微信可以快速、及时地发布公共信息，与群众沟通，引导舆论。政务微信一方面为民众提供服务，方便办事，降低民众生产生活成本；另一方面通过“政民对话”，满足民众网络问政的需求，从而建设服务型政府。

四、政务微信的写作策略

政务微信的结构主要由标题、正文、出处构成。正文多采取开门见山、直言表述，一般不需要烦琐的开头和结尾，一段成篇。

1. 标题出彩

政务微信的标题应当以“呈现核心关键信息”为第一要务，以便读者自行判断是否阅读该文，不应以隐瞒关键信息的方式吸引公众点击和阅读，但个性化、独特化的标题往往能吸引更多读者。

（1）利用网络热词，拉近距离。如

“宁夏旅游”《宁夏人顶起来，小宁个人简历曝光啦!》

“平安焦作”《蜀黍召开退赃会，群众开心又点赞》

（2）利用数字阐释，简洁明了。如：

“平安重庆”《重庆警方打击治理跨境赌博工作见成效 全市共立案 903 件 抓获并采取强制措施 3516 人》

“四川发布”《为了 2 万亿目标，四川给 21 市州下了这些任务!》。

（3）利用疑问句式，引发共鸣。如：

“成都发布”《地铁可达！这 5 条特色街巷你去过吗？》

“成都发布”《<九零后>导演、Best50 明星主厨……畅谈成都，如何让你大有可为？》

“上海发布”《101 个城市微更新点位，有你家附近的吗？快来献出金点子→》

（4）利用标点符号，表达情绪。用得较多的是“!、#、@、？”等符合。如：

“余杭旅游”《在余杭混了这么久，才发现……》

“成都发布”《全国仅 10 人，四川唯一入选者!“最美大学生”，是他!》

“上海发布”《@喜欢网购的小伙伴，这 5 大陷阱需警惕》。

2. 内容为王

（1）真实。第一时间发送最精准的政务信息，提高传递时效性。

（2）新颖。巧妙构思政务微信文本，编写清晰明了，独特有趣。

（3）便民。发布的政务信息具有实用性，通俗易懂，互动性强。

（4）个性。政务微信的文本要自成体系，独特风格，树立品牌。

详见图 6.15—图 6.22。

【提示】30天→180天，铁路电子客票报销凭证和退票费报销凭证领取期限延长

上海发布 2021-12-13 21:25

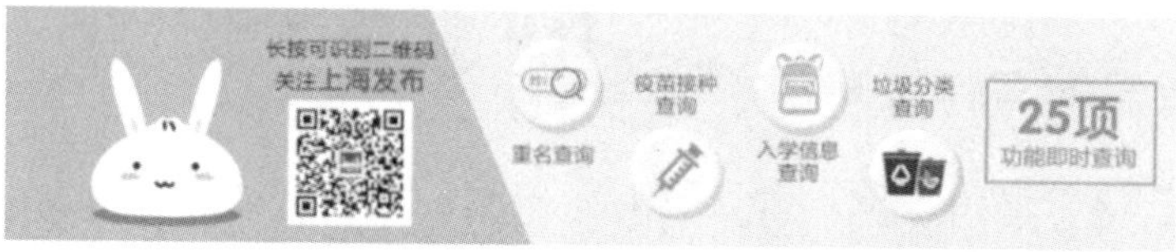

铁路上海站介绍，即日起，铁路电子客票报销凭证和退票费报销凭证领取期限由原来的30天调整为180天（含当日）。报销凭证换取期限延长，意味着在乘车之日起半年内，旅客都可以凭购票时所使用的有效身份证件原件领取报销凭证。详见↓

乘车日期180日（含）以内

旅客如需报销凭证，应在开车前或乘车日期之日起180日内（含当日），凭购票时所使用的有效身份证件原件，到车站（全国任一联网车站）售票窗口、自助售取票机换取报销凭证。办理铁路电子客票改签后，可重新打印报销凭证。身份证件无法识读的，请提供订单号码（E+9位数字），到车站售票窗口办理。

图 6.15 “上海发布”微信公众号

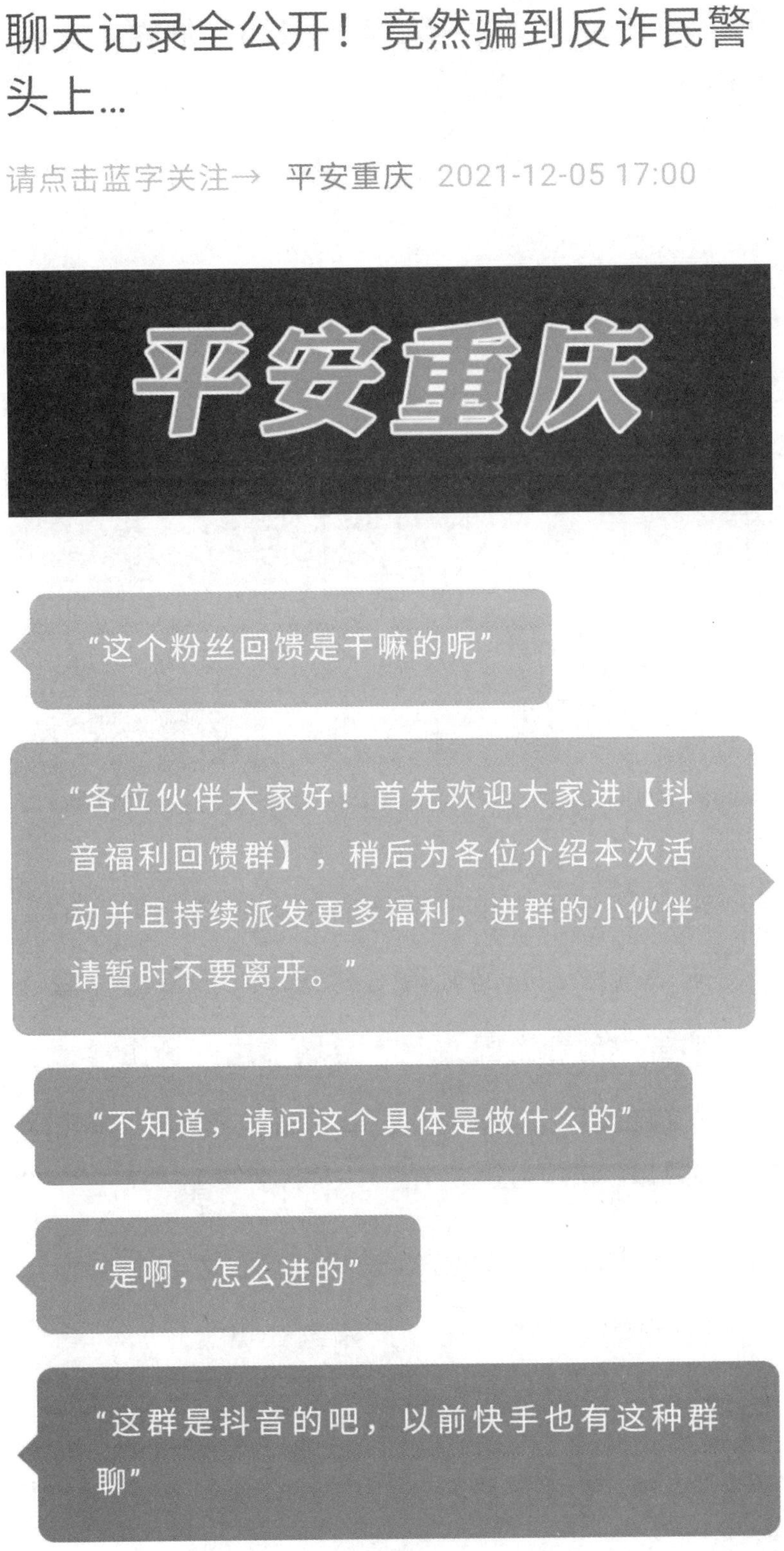

图 6.16 “平安重庆”微信公众号

地铁可达！这5条特色街巷你去过吗？

原创 极美成都 成都发布 2021-12-13 20:23

收录于话题

#公园城市TOP100最美街巷 5个 >

街巷是一座城市的毛细血管，是城市文明的末梢神经，亦是城市活力的涓涓血液。在成都奋力创建全国文明典范城市之际，由成都发布主办、成都商报社、成都市摄影艺术家协会协办的“公园城市TOP100最美街巷——极美成都影像展第二季”征集活动正在火热进行中（具体规则及投稿方式见文末）。布粉们，快快拿起你的相机（手机），发现成都的最美街巷！

图 6.17 “成都发布”微信公众号

《九零后》导演、Best50明星主厨……畅谈成都，如何让你大有可为？

成都发布 2021-12-13 15:55

Chengdu 成都发布 | 第一时间 最权威的成都声音

成都，一座来了就不想离开的城市。

每一个来过、或者留下的人，都有自己和成都不得不说的故事，成都的文化结构和经济发展，正是这样一个一个故事来往交错造就的。来到这里，无关成败，皆因各有所为。

12月12日，由南方周末主办的N-TALK成都专场演讲秀“来，城市大有可为”在蓉举办。作家、自媒体人六神磊磊，Best50明星主厨林述巍，前偶像团体组合可米小子主唱、牙医许君豪，便利音乐主理人、电子音乐制作人龚鹤龄，《九零后》《西南联

图 6.18 “成都发布”微信公众号

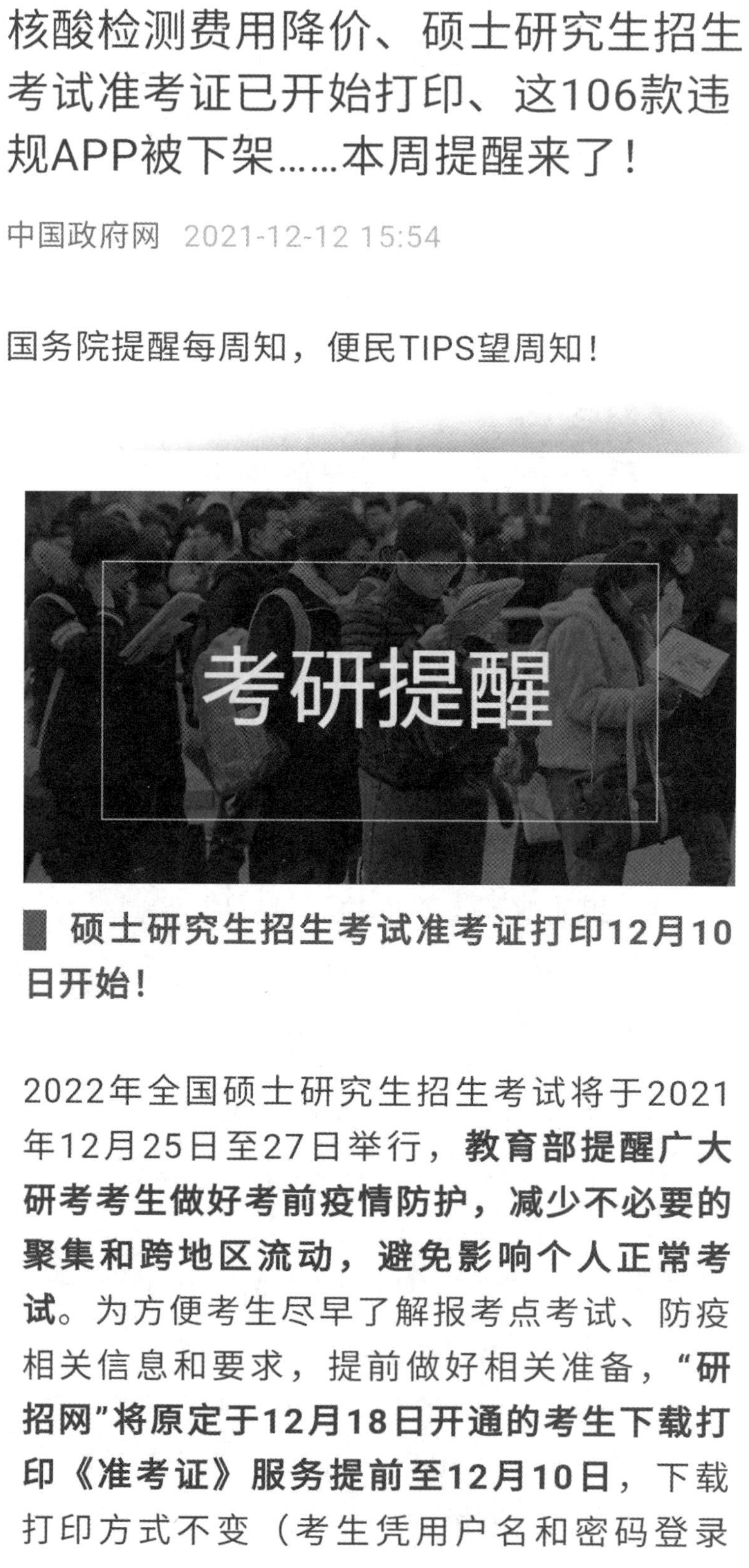

核酸检测费用降价、硕士研究生招生考试准考证已开始打印、这106款违规APP被下架……本周提醒来了！

中国政府网 2021-12-12 15:54

国务院提醒每周知，便民TIPS望周知！

硕士研究生招生考试准考证打印12月10日开始！

2022年全国硕士研究生招生考试将于2021年12月25日至27日举行，**教育部提醒广大研考考生做好考前疫情防护，减少不必要的聚集和跨地区流动，避免影响个人正常考试**。为方便考生尽早了解报考点考试、防疫相关信息和要求，提前做好相关准备，**“研招网”将原定于12月18日开通的考生下载打印《准考证》服务提前至12月10日**，下载打印方式不变（考生凭用户名和密码登录

图 6.19 “中国政府网”微信公众号

国务院学位办：完善学士学位制度，支撑职业教育高质量发展

重庆教育 2021-12-08 18:10

为进一步完善学位体系，经国务院学位委员会审议通过，国务院学位办日前印发了《关于做好本科层次职业学校学士学位授权与授予工作意见》（以下简称《意见》），明确了职业本科学士学位授权、授予等的政策依据及工作范围，对职业本科学士学位授予权的审批权限和申请基本条件及授予方式等提出了要求。更多内容，跟小育一起来看——

图 6.20 “重庆教育”微信公众号

学生未毕业就被“抢空”？这类学校上热搜

光明日报 2021-12-14 10:15

近日，#职业技术院校学生未毕业就被抢空#话题冲上热搜，引发关注与热议。

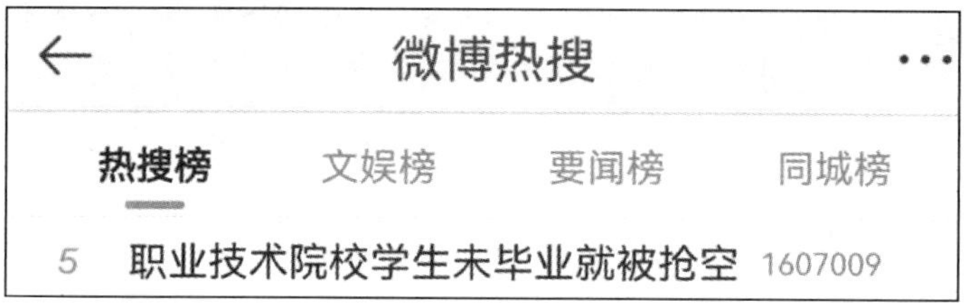

据报道，如今，很多中高级职业技术院校的学生，往往还未毕业，就被各大企业争抢一空。

深圳技师学院激光教研室主任孙志娟表示，**每个同学手上都有2到4个录用通知书**。近年来，社会对职业教育的认可度偏低，也是造成技能人才短缺的原因之一。大量适应科技发展的高端技能人才，是中国从制造业大国向制造业强国转变的中坚力量，技能人才的培养极为重要。

图 6.21 “光明日报”微信公众号

感动！搜救犬不停拦车，只为……

光明日报 2021-12-12 14:23

他们是6年朝夕相处的“战友”

离别的一幕

让人看了无尽感慨

12月10日

在广西南宁市消防救援支队

搜救犬站的退队欢送仪式结束后

消防搜救犬训导员曾庆荣

即将乘车离开

这时

与曾庆荣朝夕相处6年的搜救犬“小马”

紧跟着即将驶离的车辆

车缓缓前行

“小马”扒车门、到车头“拦路”

图 6.22 “光明日报”微信公众号

【思考练习题】

一、政务微信与政务微博有什么区别？

二、请为你所在的学院学生会微信公众号写作一条关于学科竞赛取得佳绩的微信推文。

附 录

附录一

党政机关公文处理工作条例

中共中央办公厅　国务院办公厅
关于印发《党政机关公文处理工作条例》的通知
（中办发〔2012〕14号）

各省、自治区、直辖市党委和人民政府，中央和国家机关各部委，解放军各总部、各大单位，各人民团体：

《党政机关公文处理工作条例》已经党中央、国务院同意，现印发给你们，请遵照执行。

中共中央办公厅
国务院办公厅
2012年4月16日

党政机关公文处理工作条例

第一章　总　则

第一条　为了适应中国共产党机关和国家行政机关（以下简称党政机关）工作需要，推进党政机关公文处理工作科学化、制度化、规范化，制定本条例。

第二条　本条例适用于各级党政机关公文处理工作。

第三条　党政机关公文是党政机关实施领导、履行职能、处理公务的具有特定效力和规范体式的文书，是传达贯彻党和国家方针政策，公布法规和规章，指导、布置和商洽工作，请示和答复问题，报告、通报和交流情况等的重要工具。

第四条　公文处理工作是指公文拟制、办理、管理等一系列相互关联、衔接有序的工作。

第五条　公文处理工作应当坚持实事求是、准确规范、精简高效、安全保密的原则。

第六条　各级党政机关应当高度重视公文处理工作，加强组织领导，强化队伍建设，设立文秘部门或者由专人负责公文处理工作。

第七条　各级党政机关办公厅（室）主管本机关的公文处理工作，并对下级机关的公文处理工作进行业务指导和督促检查。

第二章　公文种类

第八条　公文种类主要有：

（一）决议。适用于会议讨论通过的重大决策事项。

（二）决定。适用于对重要事项作出决策和部署、奖惩有关单位和人员、变更或者撤销下级机关不适当的决定事项。

（三）命令（令）。适用于公布行政法规和规章、宣布施行重大强制性措施、批准授予和晋升衔级、嘉奖有关单位和人员。

（四）公报。适用于公布重要决定或者重大事项。

（五）公告。适用于向国内外宣布重要事项或者法定事项。

（六）通告。适用于在一定范围内公布应当遵守或者周知的事项。

（七）意见。适用于对重要问题提出见解和处理办法。

（八）通知。适用于发布、传达要求下级机关执行和有关单位周知或者执行的事项，批转、转发公文。

（九）通报。适用于表彰先进、批评错误、传达重要精神和告知重要情况。

（十）报告。适用于向上级机关汇报工作、反映情况，回复上级机关的询问。

（十一）请示。适用于向上级机关请求指示、批准。

（十二）批复。适用于答复下级机关请示事项。

（十三）议案。适用于各级人民政府按照法律程序向同级人民代表大会或者人民代表大会常务委员会提请审议事项。

（十四）函。适用于不相隶属机关之间商洽工作、询问和答复问题、请求批准和答复审批事项。

（十五）纪要。适用于记载会议主要情况和议定事项。

第三章　公文格式

第九条　公文一般由份号、密级和保密期限、紧急程度、发文机关标志、发文字号、签发人、标题、主送机关、正文、附件说明、发文机关署名、成文日期、印章、附注、附件、抄送机关、印发机关和印发日期、页码等组成。

（一）份号。公文印制份数的顺序号。涉密公文应当标注份号。

（二）密级和保密期限。公文的秘密等级和保密的期限。涉密公文应当根据涉密程度分别标注“绝密”“机密”“秘密”和保密期限。

（三）紧急程度。公文送达和办理的时限要求。根据紧急程度，紧急公文应当分别标注“特急”“加急”，电报应当分别标注“特提”“特急”“加急”“平急”。

（四）发文机关标志。由发文机关全称或者规范化简称加“文件”二字组成，也可以使用发文机关全称或者规范化简称。联合行文时，发文机关标志可以并用联合发文机关名称，也可以单独用主办机关名称。

（五）发文字号。由发文机关代字、年份、发文顺序号组成。联合行文时，使用主办机关的发文字号。

（六）签发人。上行文应当标注签发人姓名。

（七）标题。由发文机关名称、事由和文种组成。

（八）主送机关。公文的主要受理机关，应当使用机关全称、规范化简称或者同类型机关统称。

（九）正文。公文的主体，用来表述公文的内容。

（十）附件说明。公文附件的顺序号和名称。

（十一）发文机关署名。署发文机关全称或者规范化简称。

（十二）成文日期。署会议通过或者发文机关负责人签发的日期。联合行文时，署最后签发机关负责人签发的日期。

（十三）印章。公文中有发文机关署名的，应当加盖发文机关印章，并与署名机关相符。有特定发文机关标志的普发性公文和电报可以不加盖印章。

（十四）附注。公文印发传达范围等需要说明的事项。

（十五）附件。公文正文的说明、补充或者参考资料。

（十六）抄送机关。除主送机关外需要执行或者知晓公文内容的其他机关，应当使用机关全称、规范化简称或者同类型机关统称。

（十七）印发机关和印发日期。公文的送印机关和送印日期。

第十条 公文的版式按照《党政机关公文格式》国家标准执行。

第十一条 公文使用的汉字、数字、外文字符、计量单位和标点符号等，按照有关国家标准和规定执行。民族自治地方的公文，可以并用汉字和当地通用的少数民族文字。

第十二条 公文用纸幅面采用国际标准 A4 型。特殊形式的公文用纸幅面，根据实际需要确定。

第四章 行文规则

第十三条 行文应当确有必要，讲求实效，注重针对性和可操作性。

第十四条 行文关系根据隶属关系和职权范围确定。一般不得越级行文，特殊情况需要越级行文的，应当同时抄送被越过的机关。

第十五条 向上级机关行文，应当遵循以下规则：

（一）原则上主送一个上级机关，根据需要同时抄送相关上级机关和同级机关，不抄送下级机关。

（二）党委、政府的部门向上级主管部门请示、报告重大事项，应当经本级党委、政府同意或者授权；属于部门职权范围内的事项应当直接报送上级主管部门。

（三）下级机关的请示事项，如需以本机关名义向上级机关请示，应当提出倾向性意见后上报，不得原文转报上级机关。

（四）请示应当一文一事。不得在报告等非请示性公文中夹带请示事项。

（五）除上级机关负责人直接交办事项外，不得以本机关名义向上级机关负责人报送公文，不得以本机关负责人名义向上级机关报送公文。

（六）受双重领导的机关向一个上级机关行文，必要时抄送另一个上级机关。

第十六条 向下级机关行文，应当遵循以下规则：

（一）主送受理机关，根据需要抄送相关机关。重要行文应当同时抄送发文机关的直接上级机关。

（二）党委、政府的办公厅（室）根据本级党委、政府授权，可以向下级党委、政府行文，其他部门和单位不得向下级党委、政府发布指令性公文或者在公文中向下级党委、政府提出指令性要求。需经政府审批的具体事项，经政府同意后可以由政府职能部门行文，文中须注明已经政府同意。

（三）党委、政府的部门在各自职权范围内可以向下级党委、政府的相关部门行文。

（四）涉及多个部门职权范围内的事务，部门之间未协商一致的，不得向下行文；擅自行文的，上级机关应当责令其纠正或者撤销。

（五）上级机关向受双重领导的下级机关行文，必要时抄送该下级机关的另一个上级机关。

第十七条 同级党政机关、党政机关与其他同级机关必要时可以联合行文。属于党委、政府各自职权范围内的工作，不得联合行文。党委、政府的部门依据职权可以相互行文。部门内设机构除办公厅（室）外不得对外正式行文。

第五章 公文拟制

第十八条 公文拟制包括公文的起草、审核、签发等程序。

第十九条 公文起草应当做到：

（一）符合国家法律法规和党的路线方针政策，完整准确体现发文机关意图，并同现行有关公文相衔接。

（二）一切从实际出发，分析问题实事求是，所提政策措施和办法切实可行。

（三）内容简洁，主题突出，观点鲜明，结构严谨，表述准确，文字精练。

（四）文种正确，格式规范。

（五）深入调查研究，充分进行论证，广泛听取意见。

（六）公文涉及其他地区或者部门职权范围内的事项，起草单位必须征求相关地区或者部门意见，力求达成一致。

（七）机关负责人应当主持、指导重要公文起草工作。

第二十条 公文文稿签发前，应当由发文机关办公厅（室）进行审核。审核的重点是：

（一）行文理由是否充分，行文依据是否准确。

（二）内容是否符合国家法律法规和党的路线方针政策；是否完整准确体现发文机关意图；是否同现行有关公文相衔接；所提政策措施和办法是否切实可行。

（三）涉及有关地区或者部门职权范围内的事项是否经过充分协商并达成一致意见。

（四）文种是否正确，格式是否规范；人名、地名、时间、数字、段落顺序、引文等是否准确；文字、数字、计量单位和标点符号等用法是否规范。

（五）其他内容是否符合公文起草的有关要求。

需要发文机关审议的重要公文文稿，审议前由发文机关办公厅（室）进行初核。

第二十一条 经审核不宜发文的公文文稿，应当退回起草单位并说明理由；符合发文条件但内容需作进一步研究和修改的，由起草单位修改后重新报送。

第二十二条 公文应当经本机关负责人审批签发。重要公文和上行文由机关主要负责人签发。党委、政府的办公厅（室）根据党委、政府授权制发的公文，由受权机关主要负责人签发或者按照有关规定签发。签发人签发公文，应当签署意见、姓名和完整日期；圈阅或者签名的，视为同意。联合发文由所有联署机关的负责人会签。

第六章　公文办理

第二十三条　公文办理包括收文办理、发文办理和整理归档。

第二十四条　收文办理主要程序是：

（一）签收。对收到的公文应当逐件清点，核对无误后签字或者盖章，并注明签收时间。

（二）登记。对公文的主要信息和办理情况应当详细记载。

（三）初审。对收到的公文应当进行初审。初审的重点是：是否应当由本机关办理，是否符合行文规则，文种、格式是否符合要求，涉及其他地区或者部门职权范围内的事项是否已经协商、会签，是否符合公文起草的其他要求。经初审不符合规定的公文，应当及时退回来文单位并说明理由。

（四）承办。阅知性公文应当根据公文内容、要求和工作需要确定范围后分送。批办性公文应当提出拟办意见报本机关负责人批示或者转有关部门办理；需要两个以上部门办理的，应当明确主办部门。紧急公文应当明确办理时限。承办部门对交办的公文应当及时办理，有明确办理时限要求的应当在规定时限内办理完毕。

（五）传阅。根据领导批示和工作需要将公文及时送传阅对象阅知或者批示。办理公文传阅应当随时掌握公文去向，不得漏传、误传、延误。

（六）催办。及时了解掌握公文的办理进展情况，督促承办部门按期办结。紧急公文或者重要公文应当由专人负责催办。

（七）答复。公文的办理结果应当及时答复来文单位，并根据需要告知相关单位。

第二十五条　发文办理主要程序是：

（一）复核。已经发文机关负责人签批的公文，印发前应当对公文的审批手续、内容、文种、格式等进行复核；需作实质性修改的，应当报原签批人复审。

（二）登记。对复核后的公文，应当确定发文字号、分送范围和印制份数并详细记载。

（三）印制。公文印制必须确保质量和时效。涉密公文应当在符合保密要求的场所印制。

（四）核发。公文印制完毕，应当对公文的文字、格式和印刷质量进行检查后分发。

第二十六条　涉密公文应当通过机要交通、邮政机要通信、城市机要文件交换站或者收发件机关机要收发人员进行传递，通过密码电报或者符合国家保密规定的计算机信息系统进行传输。

第二十七条　需要归档的公文及有关材料，应当根据有关档案法律法规以及机关档案管理规定，及时收集齐全、整理归档。两个以上机关联合办理的公文，原件由主办机关归档，相关机关保存复制件。机关负责人兼任其他机关职务的，在履行所兼职务过程中形成的公文，由其兼职机关归档。

第二十八条　各级党政机关应当建立健全本机关公文管理制度，确保管理严格规范，充分发挥公文效用。

第二十九条　党政机关公文由文秘部门或者专人统一管理。设立党委（党组）的县级以上单位应当建立机要保密室和机要阅文室，并按照有关保密规定配备工作人员和必要的安全保密设施设备。

第三十条　公文确定密级前，应当按照拟定的密级先行采取保密措施。确定密级后，应当按照所定密级严格管理。绝密级公文应当由专人管理。公文的密级需要变更或者解除的，由原确定密级的机关或者其上级机关决定。

第三十一条 公文的印发传达范围应当按照发文机关的要求执行；需要变更的，应当经发文机关批准。涉密公文公开发布前应当履行解密程序。公开发布的时间、形式和渠道，由发文机关确定。经批准公开发布的公文，同发文机关正式印发的公文具有同等效力。

第三十二条 复制、汇编机密级、秘密级公文，应当符合有关规定并经本机关负责人批准。绝密级公文一般不得复制、汇编，确有工作需要的，应当经发文机关或者其上级机关批准。复制、汇编的公文视同原件管理。复制件应当加盖复制机关戳记。翻印件应当注明翻印的机关名称、日期。汇编本的密级按照编入公文的最高密级标注。汇编，确有工作需要的，应当经发文机关或者其上级机关批准。复制、汇编的公文视同原件管理。

复制件应当加盖复制机关戳记。翻印件应当注明翻印的机关名称、日期。汇编本的密级按照编入公文的最高密级标注。

第三十三条 公文的撤销和废止，由发文机关、上级机关或者权力机关根据职权范围和有关法律法规决定。公文被撤销的，视为自始无效；公文被废止的，视为自废止之日起失效。

第三十四条 涉密公文应当按照发文机关的要求和有关规定进行清退或者销毁。

第三十五条 不具备归档和保存价值的公文，经批准后可以销毁。销毁涉密公文必须严格按照有关规定履行审批登记手续，确保不丢失、不漏销。个人不得私自销毁、留存涉密公文。

第三十六条 机关合并时，全部公文应当随之合并管理；机关撤销时，需要归档的公文经整理后按照有关规定移交档案管理部门。

工作人员离岗离职时，所在机关应当督促其将暂存、借用的公文按照有关规定移交、清退。

第三十七条 新设立的机关应当向本级党委、政府的办公厅（室）提出发文立户申请。经审查符合条件的，列为发文单位，机关合并或者撤销时，相应进行调整。

第八章 附 则

第三十八条 党政机关公文含电子公文。电子公文处理工作的具体办法另行制定。

第三十九条 法规、规章方面的公文，依照有关规定处理。外事方面的公文，依照外事主管部门的有关规定处理。

第四十条 其他机关和单位的公文处理工作，可以参照本条例执行。

第四十一条 本条例由中共中央办公厅、国务院办公厅负责解释。

第四十二条 本条例自 2012 年 7 月 1 日起施行。1996 年 5 月 3 日中共中央办公厅发布的《中国共产党机关公文处理条例》和 2000 年 8 月 24 日国务院发布的《国家行政机关公文处理办法》停止执行。

附录二

中华人民共和国国家标准

党政机关公文格式（GB/T 9704—2012）
中华人民共和国国家标准
公告
2012 年第 12 号
国家标准化管理委员会

关于批准发布《党政机关公文格式》国家标准的公告

国家质量监督检验检疫总局、国家标准化管理委员会批准《党政机关公文格式》国家标准，现予以公布（见附件）。

2012 年 6 月 29 日

党政机关公文格式国家标准（GB/T 9704—2012）

目　次

前　言

本标准按照 GB/T 1.1—2009 给出的规则起草。

本标准根据中共中央办公厅、国务院办公厅印发的《党政机关公文处理工作条例》的有关规定对 GB/T 9704—1999《国家行政机关公文格式》进行修订。本标准相对 GB/T 9704—1999 主要作如下修订：

a）标准名称改为《党政机关公文格式》，标准英文名称也作相应修改；

b）适用范围扩展到各级党政机关制发的公文；

c）对标准结构进行适当调整；

d）对公文装订要求进行适当调整；

e）增加发文机关署名和页码两个公文格式要素，删除主题词格式要素，并对公文格式各要素的编排进行较大调整；

f）进一步细化特定格式公文的编排要求；

g）新增联合行文公文首页版式、信函格式首页、命令（令）格式首页版式等式样。

本标准中公文用语与《党政机关公文处理工作条例》中的用语一致。

本标准为第二次修订。

本标准由中共中央办公厅和国务院办公厅提出。

本标准由中国标准化研究院归口。

本标准起草单位：中国标准化研究院、中共中央办公厅秘书局、国务院办公厅秘书局、中国标准出版社。

本标准主要起草人：房庆、杨雯、郭道锋、孙维、马慧、张书杰、徐成华、范一乔、李玲。

本标准代替了 GB/T 9704—1999。

GB/T 9704—1999 的历次版本发布情况为：

——GB/T 9704—1988。

党政机关公文格式

1　范围

本标准规定了党政机关公文通用的纸张要求、排版和印制装订要求、公文格式各要素的编排规则，并给出了公文的式样。

本标准适用于各级党政机关制发的公文。其他机关和单位的公文可以参照执行。

使用少数民族文字印制的公文，其用纸、幅面尺寸及版面、印制等要求按照本标准执行，其余可以参照本标准并按照有关规定执行。

2　规范性引用文件

下列文件对于本标准的应用是必不可少的。凡是注日期的引用文件，仅所注日期的版本适用于本标准。凡是不注日期的引用文件，其最新版本（包括所有的修改单）适用于本标准。

GB/T 148　印刷、书写和绘图纸幅面尺寸

GB 3100　国际单位制及其应用

GB 3101　有关量、单位和符号的一般原则

GB 3102（所有部分）量和单位

GB/T 15834　标点符号用法

GB/T 15835　出版物上数字用法

3　术语和定义

下列术语和定义适用于本标准。

3.1

字　word

标示公文中横向距离的长度单位。在本标准中，一字指一个汉字宽度的距离。

3.2

行　line

标示公文中纵向距离的长度单位。在本标准中，一行指一个汉字的高度加 3 号汉字高度的 7/8 的距离。

4　公文用纸主要技术指标

公文用纸一般使用纸张定量为 60 g/m^2 ~ 80 g/m^2 的胶版印刷纸或复印纸。纸张白度 80% ~ 90%，横向耐折度≥15 次，不透明度≥85%，pH 值为 7.5 ~ 9.5。

5　公文用纸幅面尺寸及版面要求

5.1　幅面尺寸

公文用纸采用 GB/T 148 中规定的 A4 型纸，其成品幅面尺寸为：210 mm×297 mm。

5.2　版面

5.2.1　页边与版心尺寸

公文用纸天头（上白边）为 37 mm±1 mm，公文用纸订口（左白边）为 28mm±1mm，版心尺寸为 156 mm×225 mm。

5.2.2　字体和字号

如无特殊说明，公文格式各要素一般用 3 号仿宋体字。特定情况可以做适当调整。

5.2.3　行数和字数

一般每面排 22 行，每行排 28 个字，并撑满版心。特定情况可以做适当调整。

5.2.4　文字的颜色

如无特殊说明，公文中文字的颜色均为黑色。

6　印制装订要求

6.1　制版要求

版面干净无底灰，字迹清楚无断划，尺寸标准，版心不斜，误差不超过 1 mm。

6.2　印刷要求

双面印刷；页码套正，两面误差不超过 2 mm。黑色油墨应当达到色谱所标 BL100%，红色油墨应当达到色谱所标 Y80%、M80%。印品着墨实、均匀；字面不花、不白、无断划。

6.3　装订要求

公文应当左侧装订，不掉页，两页页码之间误差不超过 4 mm，裁切后的成品尺寸允

许误差±2 mm，四角成 90°，无毛茬或缺损。

骑马订或平订的公文应当：

a）订位为两钉外订眼距版面上下边缘各 70 mm 处，允许误差±4 mm；

b）无坏钉、漏钉、重钉，钉脚平伏牢固；

c）骑马订钉锯均钉在折缝线上，平订钉锯与书脊间的距离为 3 mm ~ 5 mm。

包本装订公文的封皮（封面、书脊、封底）与书芯应吻合、包紧、包平、不脱落。

7　公文格式各要素编排规则

7.1　公文格式各要素的划分

本标准将版心内的公文格式各要素划分为版头、主体、版记三部分。公文首页红色分隔线以上的部分称为版头；公文首页红色分隔线（不含）以下、公文末页首条分隔线（不含）以上的部分称为主体；公文末页首条分隔线以下、末条分隔线以上的部分称为版记。页码位于版心外。

7.2　版头

7.2.1　份号

如需标注份号，一般用 6 位 3 号阿拉伯数字，顶格编排在版心左上角第一行。

7.2.2　密级和保密期限

如需标注密级和保密期限，一般用 3 号黑体字，顶格编排在版心左上角第二行；保密期限中的数字用阿拉伯数字标注。

7.2.3　紧急程度

如需标注紧急程度，一般用 3 号黑体字，顶格编排在版心左上角；如需同时标注份号、密级和保密期限、紧急程度，按照份号、密级和保密期限、紧急程度的顺序自上而下分行排列。

7.2.4　发文机关标志

由发文机关全称或者规范化简称加“文件”二字组成，也可以使用发文机关全称或者规范化简称。

发文机关标志居中排布，上边缘至版心上边缘为 35 mm，推荐使用小标宋体字，颜色为红色，以醒目、美观、庄重为原则。

联合行文时，如需同时标注联署发文机关名称，一般应当将主办机关名称排列在前；如有“文件”二字，应当置于发文机关名称右侧，以联署发文机关名称为准上下居中排布。

7.2.5　发文字号

编排在发文机关标志下空二行位置，居中排布。年份、发文顺序号用阿拉伯数字标注；年份应标全称，用六角括号“〔 〕”括入；发文顺序号不加“第”字，不编虚位（即 1 不编为 01），在阿拉伯数字后加“号”字。

上行文的发文字号居左空一字编排，与最后一个签发人姓名处在同一行。

7.2.6　签发人

由“签发人”三字加全角冒号和签发人姓名组成，居右空一字，编排在发文机关标志下空二行位置。“签发人”三字用 3 号仿宋体字，签发人姓名用 3 号楷体字。

如有多个签发人，签发人姓名按照发文机关的排列顺序从左到右、自上而下依次均匀编排，一般每行排两个姓名，回行时与上一行第一个签发人姓名对齐。

7.2.7　版头中的分隔线

发文字号之下 4 mm 处居中印一条与版心等宽的红色分隔线。

7.3　主体

7.3.1　标题

一般用 2 号小标宋体字，编排于红色分隔线下空二行位置，分一行或多行居中排布；回行时，要做到词意完整，排列对称，长短适宜，间距恰当，标题排列应当使用梯形或菱形。

7.3.2　主送机关

编排于标题下空一行位置，居左顶格，回行时仍顶格，最后一个机关名称后标全角冒号。如主送机关名称过多导致公文首页不能显示正文时，应当将主送机关名称移至版记，标注方法见 7.4.2。

7.3.3　正文

公文首页必须显示正文。一般用 3 号仿宋体字，编排于主送机关名称下一行，每个自然段左空两字，回行顶格。文中结构层次序数依次可以用“一、”“（一）”“1.”“（1）”标注；一般第一层用黑体字、第二层用楷体字、第三层和第四层用仿宋体字标注。

7. 3.4　附件说明

如有附件，在正文下空一行左空两字编排“附件”二字，后标全角冒号和附件名称。如有多个附件，使用阿拉伯数字标注附件顺序号（如“附件：1. ×××××”）；附件名称后不加标点符号。附件名称较长需回行时，应当与上一行附件名称的首字对齐。

7.3.5　发文机关署名、成文日期和印章

7.3.5.1　加盖印章的公文

成文日期一般右空四字编排，印章用红色，不得出现空白印章。

单一机关行文时，一般在成文日期之上、以成文日期为准居中编排发文机关署名，印章端正、居中下压发文机关署名和成文日期，使发文机关署名和成文日期居印章中心偏下位置，印章顶端应当上距正文（或附件说明）一行之内。

联合行文时，一般将各发文机关署名按照发文机关顺序整齐排列在相应位置，并将印章一一对应、端正、居中下压发文机关署名，最后一个印章端正、居中下压发文机关署名和成文日期，印章之间排列整齐、互不相交或相切，每排印章两端不得超出版心，首排印章顶端应当上距正文（或附件说明）一行之内。

7.3.5.2　不加盖印章的公文

单一机关行文时，在正文（或附件说明）下空一行右空两字编排发文机关署名，在发文机关署名下一行编排成文日期，首字比发文机关署名首字右移两字，如成文日期长于发文机关署名，应当使成文日期右空两字编排，并相应增加发文机关署名右空字数。

联合行文时，应当先编排主办机关署名，其余发文机关署名依次向下编排。

7.3.5.3　加盖签发人签名章的公文

单一机关制发的公文加盖签发人签名章时，在正文（或附件说明）下空二行右空四字加盖签发人签名章，签名章左空两字标注签发人职务，以签名章为准上下居中排布。在签发人签名章下空一行右空四字编排成文日期。

联合行文时，应当先编排主办机关签发人职务、签名章，其余机关签发人职务、签名章依次向下编排，与主办机关签发人职务、签名章上下对齐；每行只编排一个机关的签发人职务、签名章；签发人职务应当标注全称。签名章一般用红色。

7.3.5.4　成文日期中的数字

用阿拉伯数字将年、月、日标全，年份应标全称，月、日不编虚位（即 1 不编为 01）。

7.3.5.5　特殊情况说明

当公文排版后所剩空白处不能容下印章或签发人签名章、成文日期时，可以采取调整行距、字距的措施解决。

7.3.6　附注

如有附注，居左空两字加圆括号编排在成文日期下一行。

7.3.7　附件

附件应当另面编排，并在版记之前，与公文正文一起装订。“附件”二字及附件顺序号用 3 号黑体字顶格编排在版心左上角第一行。附件标题居中编排在版心第三行。附件顺序号和附件标题应当与附件说明的表述一致。附件格式要求同正文。

如附件与正文不能一起装订，应当在附件左上角第一行顶格编排公文的发文字号并在其后标注“附件”二字及附件顺序号。

7.4　版记

7.4.1　版记中的分隔线

版记中的分隔线与版心等宽，首条分隔线和末条分隔线用粗线（推荐高度为 0.35 mm），中间的分隔线用细线（推荐高度为 0.25 mm）。首条分隔线位于版记中第一个要素之上，末条分隔线与公文最后一面的版心下边缘重合。

7.4.2　抄送机关

如有抄送机关，一般用 4 号仿宋体字，在印发机关和印发日期之上一行、左右各空一字编排。“抄送”二字后加全角冒号和抄送机关名称，回行时与冒号后的首字对齐，最后一个抄送机关名称后标句号。

如需把主送机关移至版记，除将“抄送”二字改为“主送”外，编排方法同抄送机关。既有主送机关又有抄送机关时，应当将主送机关置于抄送机关之上一行，之间不加分隔线。

7.4.3　印发机关和印发日期

印发机关和印发日期一般用 4 号仿宋体字，编排在末条分隔线之上，印发机关左空一字，印发日期右空一字，用阿拉伯数字将年、月、日标全，年份应标全称，月、日不编虚位（即 1 不编为 01），后加“印发”二字。

版记中如有其他要素，应当将其与印发机关和印发日期用一条细分隔线隔开。

7.5　页码

一般用 4 号半角宋体阿拉伯数字，编排在公文版心下边缘之下，数字左右各放一条一字线；一字线上距版心下边缘 7 mm。单页码居右空一字，双页码居左空一字。公文的版记页前有空白页的，空白页和版记页均不编排页码。公文的附件与正文一起装订时，页码应当连续编排。

8　公文中的横排表格

A4 纸型的表格横排时，页码位置与公文其他页码保持一致，单页码表头在订口一边，双页码表头在切口一边。

9　公文中计量单位、标点符号和数字的用法

公文中计量单位的用法应当符合 GB 3100、GB 3101 和 GB 3102（所有部分），标点符号的用法应当符合 GB/T 15834，数字用法应当符合 GB/T 15835。

10　公文的特定格式

10.1　信函格式

发文机关标志使用发文机关全称或者规范化简称，居中排布，上边缘至上页边为 30mm，推荐使用红色小标宋体字。联合行文时，使用主办机关标志。

发文机关标志下 4 mm 处印一条红色双线（上粗下细），距下页边 20 mm 处印一条红色双线（上细下粗），线长均为 170 mm，居中排布。

如需标注份号、密级和保密期限、紧急程度，应当顶格居版心左边缘编排在第一条红色双线下，按照份号、密级和保密期限、紧急程度的顺序自上而下分行排列，第一个要素与该线的距离为 3 号汉字高度的 7/8。

发文字号顶格居版心右边缘编排在第一条红色双线下，与该线的距离为 3 号汉字高度的 7/8。

标题居中编排，与其上最后一个要素相距两行。

第二条红色双线上一行如有文字，与该线的距离为 3 号汉字高度的 7/8。

首页不显示页码。

版记不加印发机关和印发日期、分隔线，位于公文最后一面版心内最下方。

10.2　命令（令）格式

发文机关标志由发文机关全称加“命令”或“令”字组成，居中排布，上边缘至版心上边缘为 20 mm，推荐使用红色小标宋体字。

发文机关标志下空二行居中编排令号，令号下空两行编排正文。

签发人职务、签名章和成文日期的编排见 7.3.5.3。

10.3　纪要格式

纪要标志由“×××××纪要”组成，居中排布，上边缘至版心上边缘为 35 mm，推荐使用红色小标宋体字。

标注出席人员名单，一般用 3 号黑体字，在正文或附件说明下空一行左空两字编排“出席”二字，后标全角冒号，冒号后用 3 号仿宋体字标注出席人单位、姓名，回行时与冒号后的首字对齐。

标注请假和列席人员名单，除依次另起一行并将“出席”二字改为“请假”或“列席”外，编排方法同出席人员名单。

纪要格式可以根据实际制定。

11　式样

A4 型公文用纸页边及版心尺寸见图 1；公文首页版式见图 2；联合行文公文首页版式 1 见图 3；联合行文公文首页版式 2 见图 4；公文末页版式 1 见图 5；公文末页版式 2 见图 6；联合行文公文末页版式 1 见图 7；联合行文公文末页版式 2 见图 8；附件说明页版式见图 9；带附件公文末页版式见图 10；信函格式首页版式见图 11；命令（令）格式首页版式见图 12。

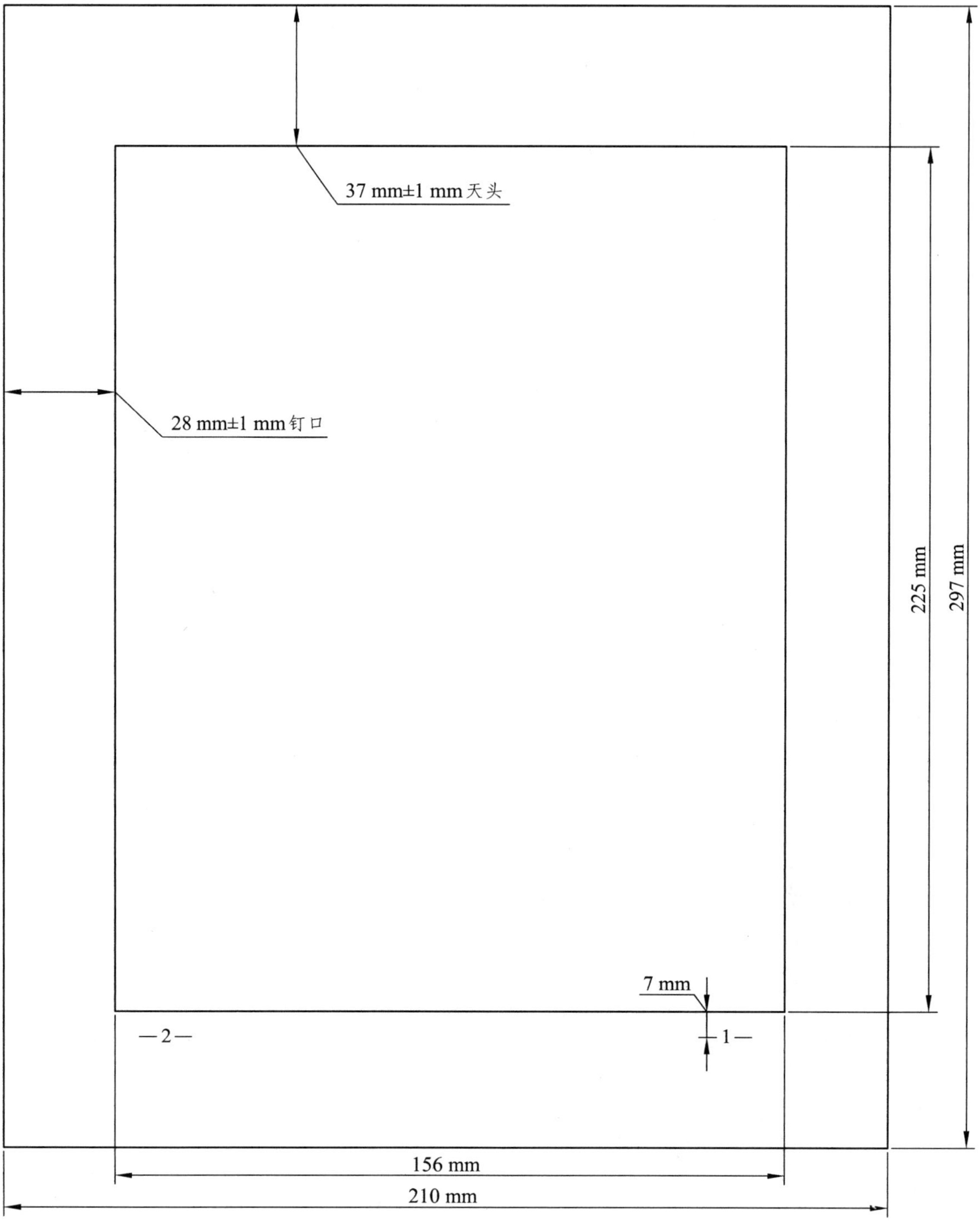

图 1　A4 型公文用纸页边及版心尺寸

000001

机密★1 年

特急

×××××文件

×××〔2012〕10 号

×××××关于××××××的通知

××××××××：

××。

××××××××××××××××××××××××××××××××××××××。

××××××××××××。

××

—1—

图 2　公文首页版式

注：版心实线框仅为示意，在印制公文时并不印出

000001

机密★1 年

特急

××××××

×　　×　　× 文件

××××××

×××〔2012〕10 号

××××××关于×××××××的通知

××××××××：

　　×××××××××××××××××××××××××。

　　××××××××××××××××××××××××××
××××××××××××××××××××××××××××
××××××××××××××××××××××××××××
××××。

　　××××××××××××××××××××××××××

—1—

图 3　联合行文公文首页版式 1

注：版心实线框仅为示意，在印制公文时并不印出

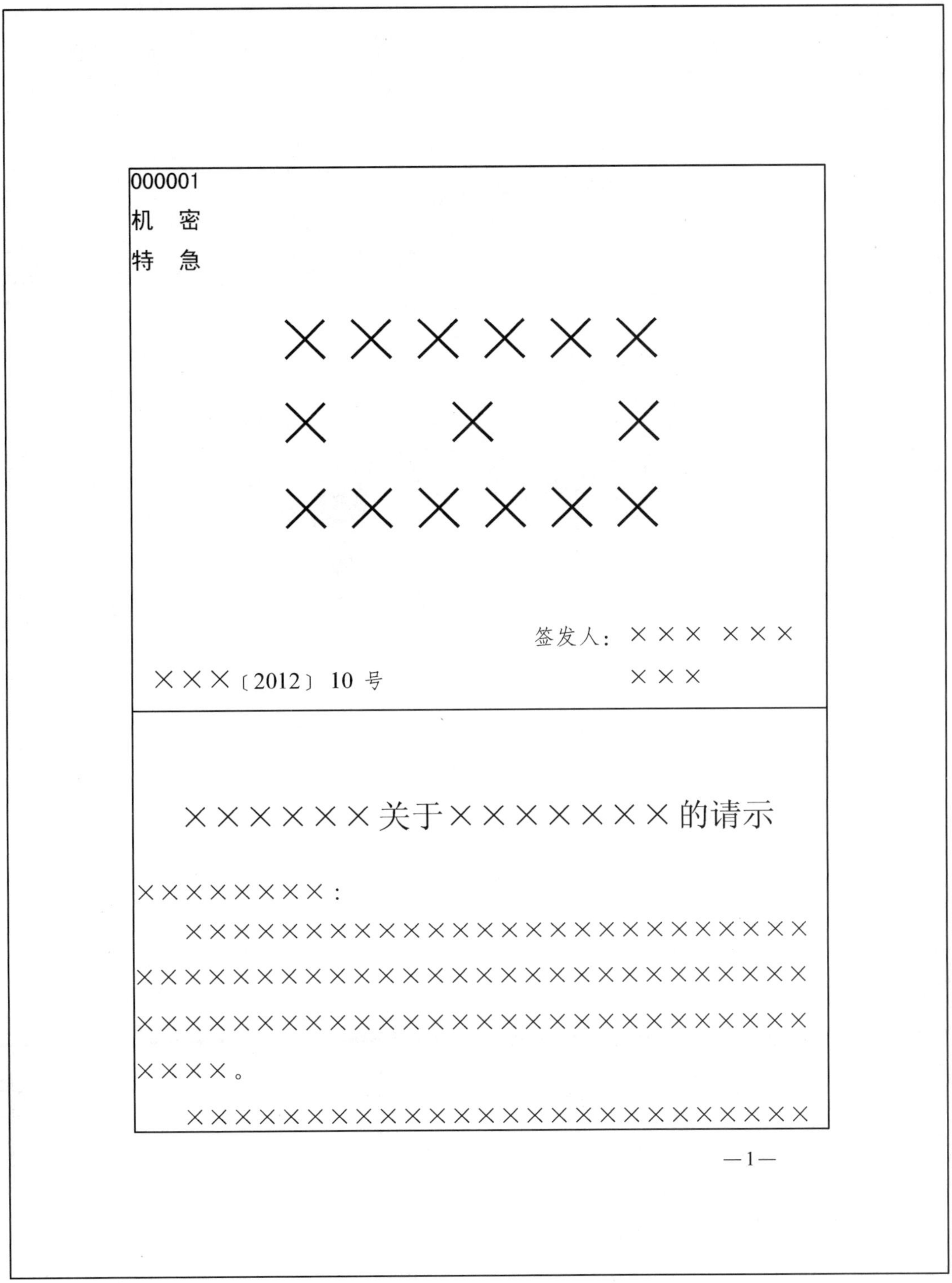

000001
机　密
特　急

××××××
×　×　×
××××××

签发人：×××　×××
　　　　×××

×××〔2012〕10 号

××××××关于××××××××的请示

×××××××××：

××××××××××××××××××××××××××××

××××××××××××××××××××××××××××

××××××××××××××××××××××××××××

××××。

××××××××××××××××××××××××××

—1—

图 4　联合行文公文首页版式 2

注：版心实线框仅为示意，在印制公文时并不印出

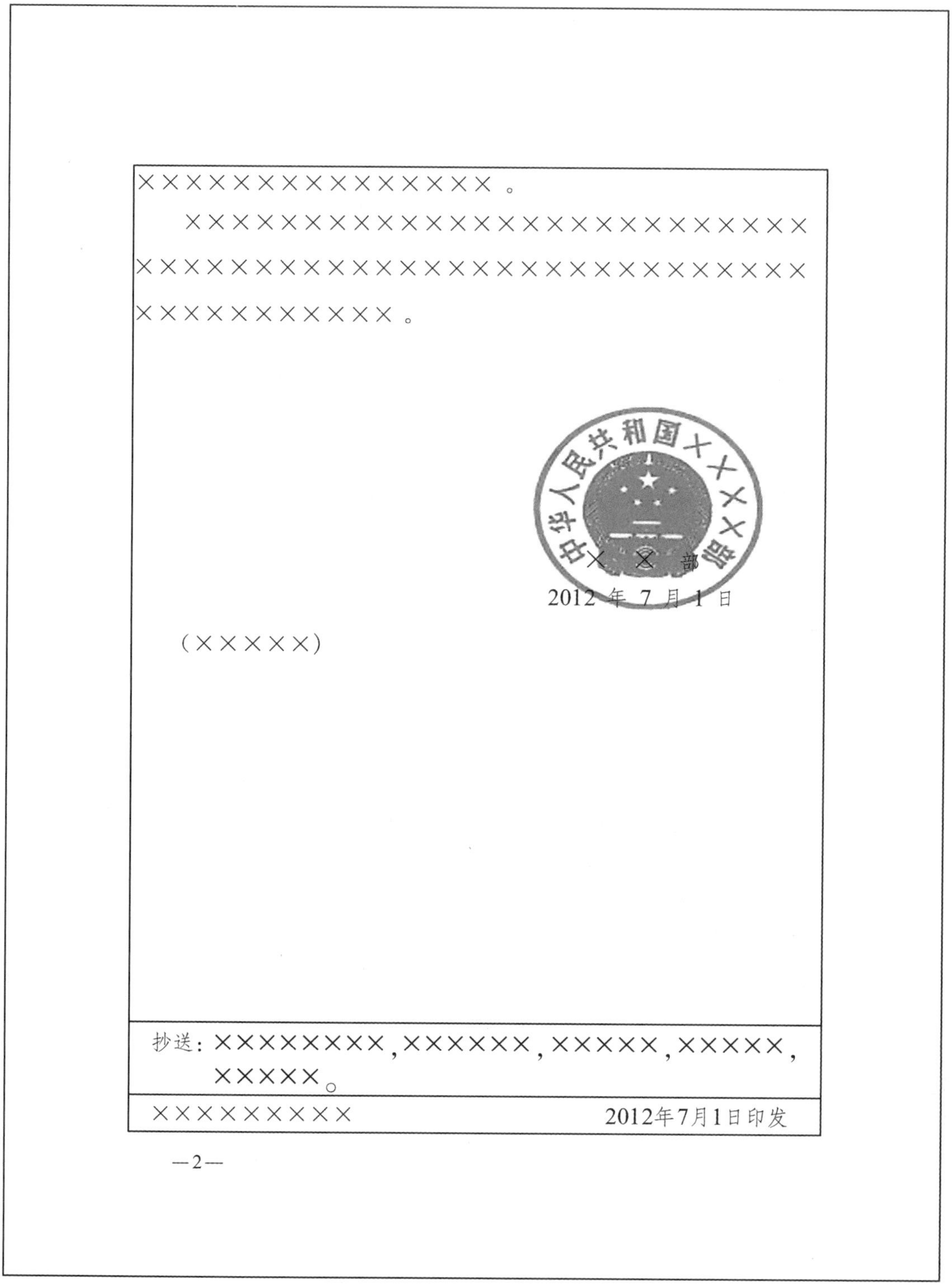

图 5　公文末页版式 1

注：版心实线框仅为示意，在印制公文时并不印出

××××××××××××××××。

××××××××××××××××××××××××××

××××××××××××××××××××××××××××

×××××××××。

××××××××××

2012年7月1日

(×××××)

抄送：×××××××××，×××××××，××××××，××××××，

×××××。

××××××××× 2012年7月1日印发

—2—

图6　公文末页版式1

注：版心实线框仅为示意，在印制公文时并不印出

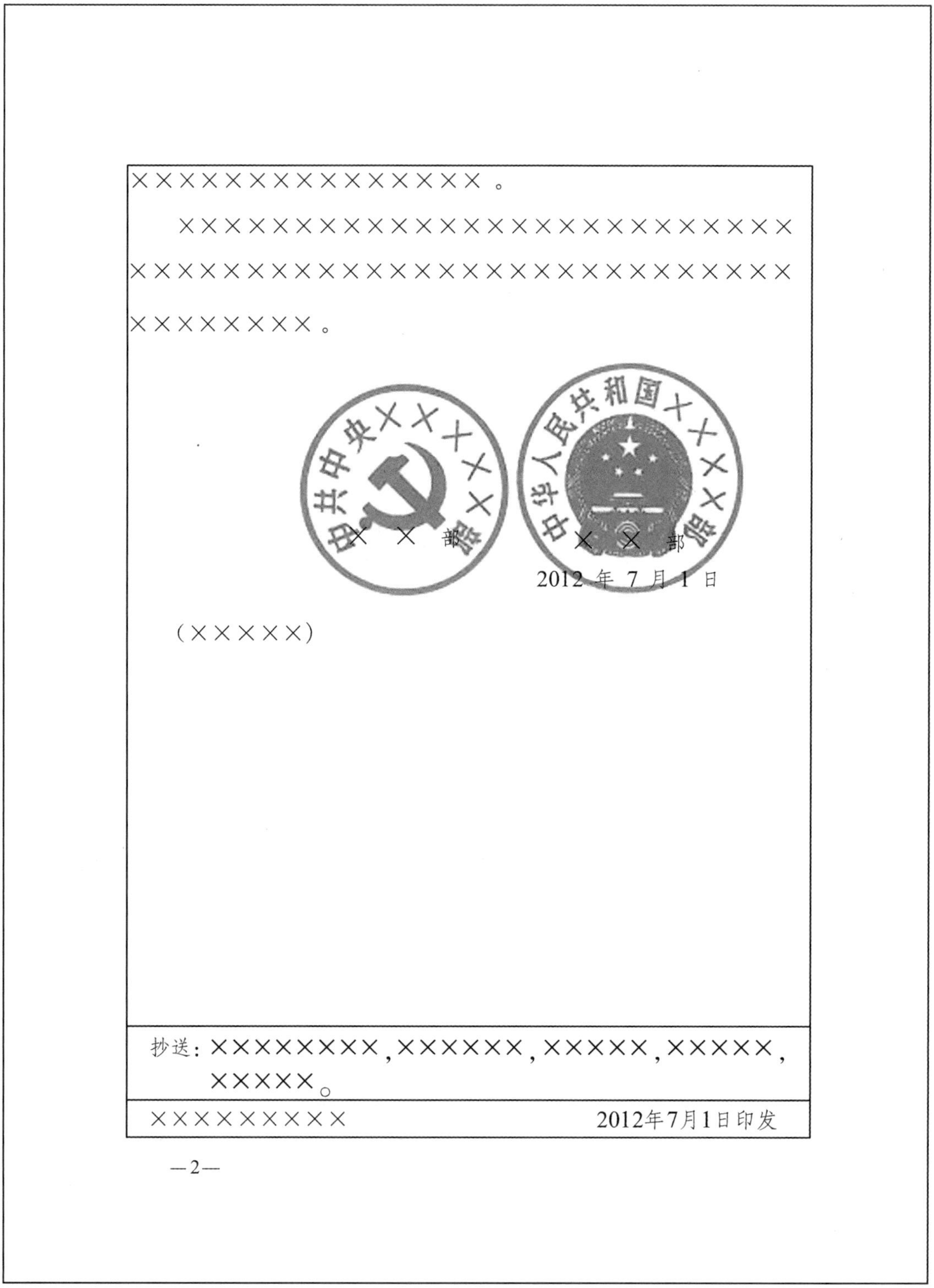
×××××××××××××××。

　　××××××××××××××××××××××××××
××××××××××××××××××××××××××××
××××××××。

××部　　××部
2012年7月1日

（×××××）

抄送：××××××××，××××××，×××××，×××××，
　　　×××××。

×××××××××　　2012年7月1日印发

—2—

图7　联合行文公文末页版式1

注：版心实线框仅为示意，在印制公文时并不印出

×××××××××××××××。

××。

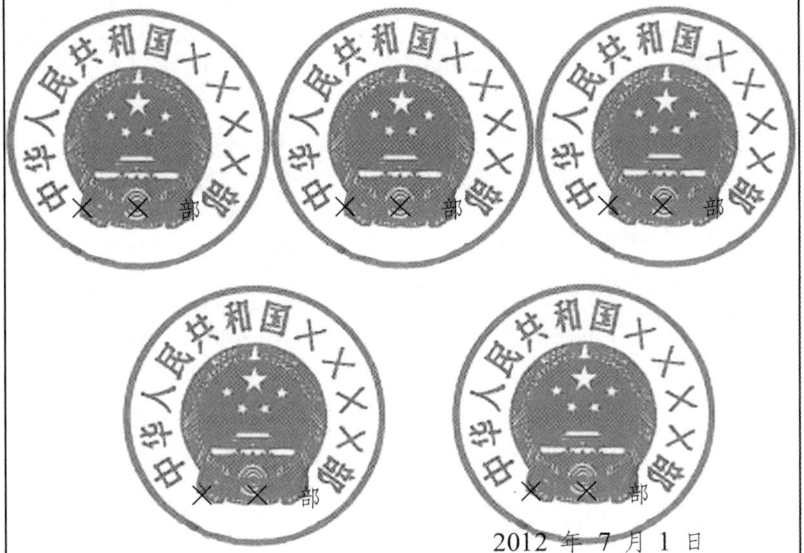

2012 年 7 月 1 日

(×××××)

抄送：×××××××××，××××××，×××××，×××××，×××××。

×××××××××× 2012年7月1日印发

—2—

图 8　联合行文公文末页版式 2

注：版心实线框仅为示意，在印制公文时并不印出

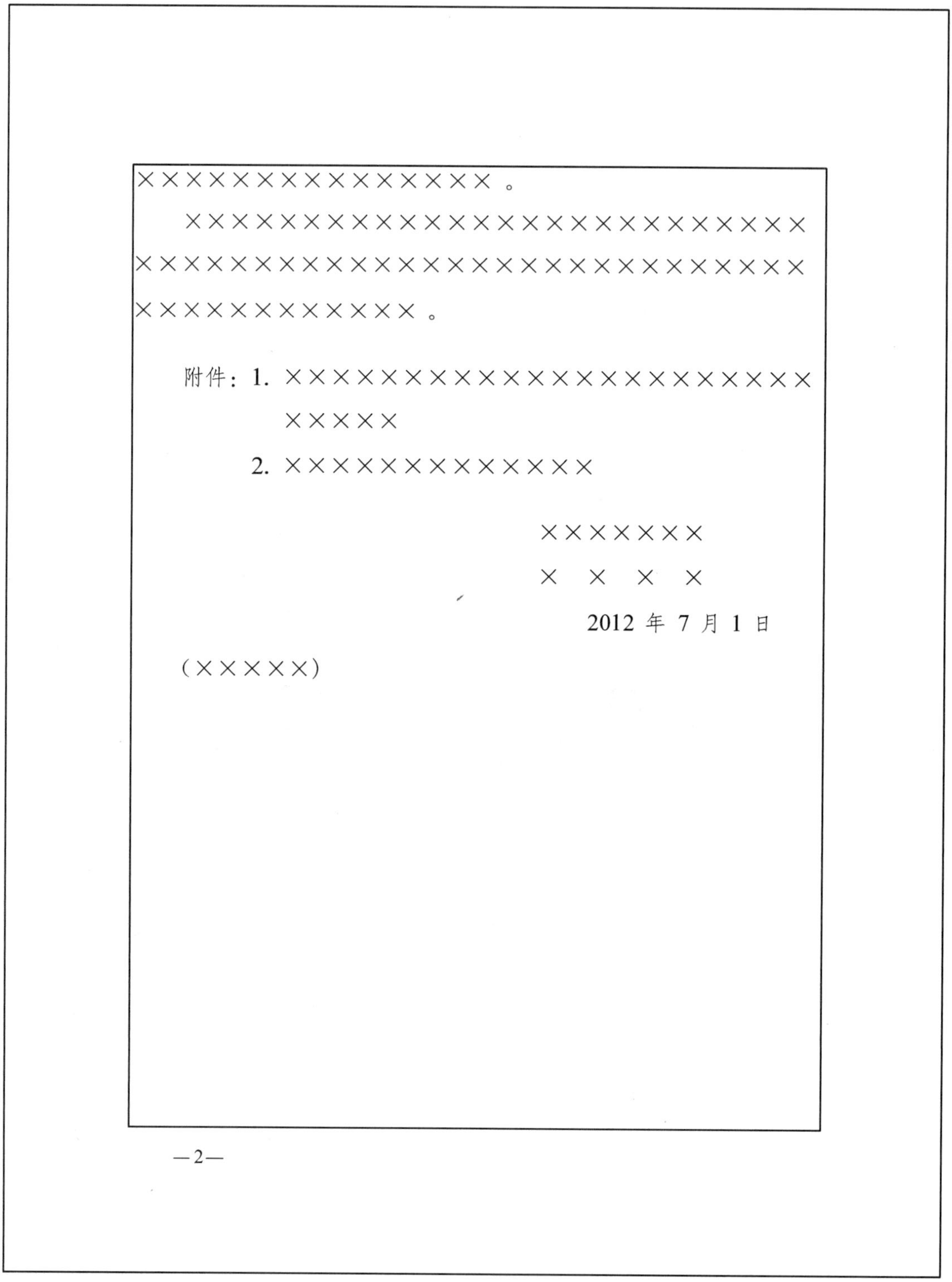
××××××××××××××××。

　　××××××××××××××××××××××××××××××
××××××××××××××××××××××××××××××××
×××××××××××××。

　　附件：1. ×××××××××××××××××××××××××
　　　　　×××××
　　　　2. ××××××××××××××

××××××××
×　×　×　×
2012 年 7 月 1 日

（×××××）

—2—

图 9　附件说明页版式 1

注：版心实线框仅为示意，在印制公文时并不印出

附件 2

××××××××××××××

××××××××××××××××××××××××××
××××××××××××××××××××××××××××
×××。

××××××××××××××××××××××××××
××××××××××××××××××××××××××××
××××××××××××××××××××××××××××
××××××××××××××××××××××××××××
××××××××××××××××××××××××××××
×××××××××××××××。

抄送：××××××××，××××××，×××××，×××××，
×××××。

×××××××××　　2012年7月1日印发

—4—

图 10　带附件公文末页版式

注：版心实线框仅为示意，在印制公文时并不印出

中华人民共和国×××××部

000001　　　　　　　　　　　　　　　　×××〔2012〕10 号

机　密

特　急

×××××关于××××××××的通知

××××××××：

××××××××××××××××××××××××××

××××××××××××××××××××××××××××

××××××××××××××××××××××××××××

×××××××××××××××××××××××××　。

××××××××××××××××××××××××××

××××××××××××××××××××××××××××

××××××××××××××××××××××××××××

×××××××××××××××××××××××××　。

××××××××××××××××××××××××××

××××××××××××××××××××××××××××

××××××××××××××××××××××××××××

××××××××××××××××××××××××××××

××××××××××××××××××××××××××××

××××××××××××××××××××××××××××

×××××××××××××××××××××××××　。

图 11　信函格式首页版式

注：版心实线框仅为示意，在印制公文时并不印出

××××××令

第×××号

××××××××××××××××××××××××××
×××××××××××××××××××××××××××。
××××××××××××××××××××××××××××
×××××××××××××××××××××××××。

部　长　×××

2012 年 7 月 1 日

—1—

图 12　命令（令）格式首页版式

注：版心实线框仅为示意，在印制公文时并不印出

附录三

中华人民共和国国家标准

标点符号用法（GB/T 15834—2011，代替 GB/T 15834—1995）

国家质量监督检验检疫总局、国家标准化管理委员会 2011 年 12 月 30 日发布，2012 年 6 月 1 日实施。

目　次

前　言

本标准按照 GB/T1.1—2009 给出的规则起草。

本标准代替 GB/T15834—1995，与 GB/T15834—1995 相比，主要变化如下：

——根据我国国家标准编写规则（GB/T1.1—2009），对本标准的编排和表述做了全面修改；

——更换了大部分示例，使之更简短、通俗、规范；

——增加了对术语“标点符号”和“语段”的定义（2.1/2.5）；

——对术语“复句”和“分句”的定义做了修改（2.3/2.4）；

——对句末点号（句号、问号、叹号）的定义做了修改，更强调句末点号与句子语气之间的关系（4.1.1/4.2.1/4.3.1）；

——对逗号的基本用法做了补充（4.4.3）；

——增加了不同形式括号用法的示例（4.9.3）；

——省略号的形式统一为六连点“……”，但在特定情况下允许连用（4.11）；

——取消了连接号中原有的二字线，将连接号形式规范为短横线“-”、一字线“—”和浪纹线“~”，并对三者的功能做了归并与划分（4.13）；

——明确了书名号的使用范围（4.15/A.13）；

——增加了分隔号的用法说明（4.17）；

——“标点符号的位置”一章的标题改为“标点符号的位置和书写形式”，并增加了使用中文输入软件处理标点符号时的相关规范（第 5 章）；

——增加了“附录”：附录 A 为规范性附录，主要说明标点符号不能怎样使用和对标点符号用法加以补充说明，以解决目前使用混乱或争议较大的问题。附录 B 为资料性附录，对功能有交叉的标点符号的用法做了区分，并对标点符号误用高发环境下的规范用法做了说明。

本标准由教育部语言文字信息管理司提出并归口。

本标准主要起草单位：北京大学。

本标准主要起草人：沈阳、刘妍、于泳波、翁姗姗。

本标准所代替标准的历次版本发布情况为：

GB/T15834—1995。

标点符号用法

1　范围

本标准规定了现代汉语标点符号的用法。

本标准适用于汉语的书面语（包括汉语和外语混合排版时的汉语部分）。

2　术语和定义

下列术语和定义适用于本文件。

2.1

标点符号 punctuation

辅助文字记录语言的符号，是书面语的有机组成部分，用来表示语句的停顿、语气以及标示某些成分（主要是词语）的特定性质和作用。

注：数学符号、货币符号、校勘符号、辞书符号、注音符号等特殊领域的专门符号不属于标点符号。

2.2

句子 sentence

前后都有较大停顿、带有一定的语气和语调、表达相对完整意义的语言单位。

2.3

复句 complex sentence

由两个或多个在意义上有密切关系的分句组成的语言单位，包括简单复句（内部只有一层语义关系）和多重复句（内部包含多层语义关系）。

2.4

分句 clause

复句内两个或多个前后有停顿、表达相对完整意义、不带有句末语气和语调、有的前面可添加关联词语的语言单位。

2.5

语段 expression

指语言片段，是对各种语言单位（如词、短语、句子、复句等）不做特别区分时的统称。

3　标点符号的种类

3.1　点号

点号的作用是点断，主要表示停顿和语气，分为句末点号和句内点号。

3.1.1　句末点号

用于句末的点号，表示句末停顿和句子的语气。包括句号、问号、叹号。

3.1.2　句内点号

用于句内的点号，表示句内各种不同性质的停顿。包括逗号、顿号、分号、冒号。

3.2　标号

标号的作用是标明，主要标示某些成分（主要是词语）的特定性质和作用。包括引号、括号、破折号、省略号、着重号、连接号、间隔号、书名号、专名号、分隔号。

4　标点符号的定义、形式和用法

4.1　句号

4.1.1　定义

句末点号的一种，主要表示句子的陈述语气。

4.1.2　形式

句号的形式是“。”

4.1.3　基本用法

4.1.3.1　用于句子末尾，表示陈述语气。使用句号主要根据句段前后有较大停顿、带有陈述语气和语调，并不取决于句子的长短。

示例 1：北京是中华人民共和国的首都。

示例 2：（甲：咱们走着去吧？）乙：好。

4.1.3.2　有时也可以表示较缓和的祈使语气和感叹语气。

示例 1：请你稍等一下。

示例 2：我不由地感到，这些普通劳动者也同样是很值得尊敬的。

4.2 问号

4.2.1 定义

句末点号的一种，主要表示句子的疑问语气。

4.2.2 形式

问号的形式是“？”。

4.2.3 基本用法

4.2.3.1 用于句子末尾，表示疑问语气（包括反问、设问等疑问类型）。使用问号主要根据语段前后有较大停顿、带有疑问语气和语调，并不取决于句子的长短。

示例 1：你怎么还不回家去呢？

示例 2：难道这些普通的战士不值得歌颂吗？

示例 3：（一个外国人，不远万里来到中国，帮助中国的抗日战争。）这是什么精神？这是国际主义的精神。

4.2.3.2 选择问句中，通常只在最后一个选项的末尾用问号，各个选项之间一般用逗号隔开。当选项较短且选项之间几乎没有停顿时，选项之间可不用逗号。当选项较多或较长，或有意突出每个选项的独立性时，也可每个选项之后都用问号。

示例 1：诗中记述的这场战争究竟是真实的历史描述，还是诗人的虚构？

示例 2：这是巧合还是有意安排？

示例 3：要一个什么样的结尾：现实主义的？传统的？大团圆的？荒诞的？民族形式的？有象征意义的？

示例 4：（他看着我的作品称赞了我。）但到底是称赞我什么：是有几处画得好？还是什么都敢画？抑或只是一种对于失败者的无可奈何的安慰？我不得而知。

示例 5：这一切都是由客观的条件造成的？还是由行为的惯性造成的？

4.2.3.3 在多个问句连用或表达疑问语气加重时，可叠用问号。通常应先单用，再叠用，最多叠用三个问号。在没有异常强烈的情感表达需要时不宜叠用问号。

示例：这就是你的做法吗？你这个总经理是怎么当的？？你怎么竟敢这样欺骗消费者？？？

4.2.3.4 问号也有标号的用法，即用于句内，表示存疑或不详。

示例 1：马致远（1250？—1321），大都人，元代戏曲家、散曲家。

示例 2：钟嵘（？—518），颍川长社人，南朝梁代文学批评家。

示例 3：出现这样的文字错误，说明作者（编者？校者？）很不认真。

4.3 叹号

4.3.1 定义

句末点号的一种，主要表示句子的感叹语气。

4.3.2 形式

叹号的形式是“！”。

4.3.3 基本用法

4.3.3.1 用于句子末尾，主要表示感叹语气，有时也可表示强烈的祈使语气、反问语气等。使用叹号主要根据语段前后有较大停顿、带有感叹语气和语调或带有强烈的祈使、反问语气和语调，并不取决于句子的长短。

示例 1：才一年不见，这孩子都长这么高啦！

示例 2：你给我住嘴！

示例 3：谁知道他今天是怎么搞的！

4.3.3.2　用于拟声词后，表示声音短促或突然。

示例 1：咔嚓！一道闪电划破了夜空。

示例 2：咚！咚咚！突然传来一阵急促的敲门声。

4.3.3.3　表示声音巨大或声音不断加大时，可叠用叹号；表达强烈语气时，也可叠用叹号，最多叠用三个叹号。在没有异常强烈的情感表达需要时不宜叠用叹号。

示例 1：轰!! 在这天崩地塌的声音中，女娲猛然醒来。

示例 2：我要揭露！我要控诉!!　我要以死抗争!!!

4.3.3.4　当句子包含疑问、感叹两种语气且都比较强烈时（如带有强烈感情的反问句和带有惊愕语气的疑问句），可在问号后再加叹号（问号、叹号各一）。

示例 1：这么点困难就能把我们吓倒吗？！

示例 2：他连这些最起码的常识都不懂，还敢说自己是高科技人才？！

4.4　逗号

4.4.1　定义

句内点号的一种，表示句子或语段内部的一般性停顿。

4.4.2　形式

逗号的形式是“，”。

4.4.3　基本用法

4.4.3.1　复句内各分句之间的停顿，除了有时用分号（见 4.6.3.1），一般都用逗号。

示例 1：不是人们的意识决定人们的存在，而是人们的社会存在决定人们的意识。

示例 2：学历史使人更明智，学文学使人更聪慧，学数学使人更精细，学考古使人更深沉。

示例 3：：要是不相信我们的理论能反映现实，要是不相信我们的世界有内在和谐，那就不可能有科学。

4.4.3.2　用于下列各种语法位置：

a）较长的主语之后。

示例 1：苏州园林建筑各种门窗的精美设计和雕镂功夫，都令人叹为观止。

b）句首的状语之后。

示例 2：在苍茫的大海上，狂风卷集着乌云。

c）较长的宾语之前。

示例 3；有的考古工作者认为，南方古猿生存于上新世至更新世的初期和中期。

d）带句内语气词的主语（或其他成分）之后，或带句内语气词的并列成分之间。

示例 4：他呢，倒是很乐观地、全神贯注地干起来了。

示例 5：（那是个没有月亮的夜晚。）可是整个村子——白房顶啦，白树木啦，雪堆啦，全看得见。

e）较长的主语中间、谓语中间和宾语中间。

示例 6：母亲沉痛的诉说，以及亲眼看到的实事，都启发了我幼年时期追求真理的思想。

示例 7：那姑娘头戴一顶草帽，身穿一条绿色的裙子，腰间还系着一根橙色的腰带。

示例 8：必须懂得，对于文化传统，既不能不分青红皂白统统抛弃，也不能不管精华糟粕全盘继承。

f）前置的谓语之后或后置的状语、定语之前。

示例 9：真美啊，这条蜿蜒的林间小路。

示例 10：她吃力地站了起来，慢慢地。

示例 11：我只是一个人，孤孤单单的。

4.4.3.3　用于下列各种停顿处：

a）复指成分或插说成分前后。

示例 1：老张，就是原来的办公室主任，上星期已经调走了。

示例 2：车，不用说，当然是头等。

b）语气缓和的感叹语、称谓语和呼唤语之后。

示例 3：哎哟，这儿，快给我揉揉。

示例 4：大娘，您到哪儿去啊？

示例 5：喂，你是哪个单位的？

c）某些序次语（“第”字头、“其”字头及“首先”类序次语）之后。

示例 6：为什么许多人都有长不大的感觉呢？原因有三：第一，父母总认为自己比孩子成熟；第二，父母总要以自己的标准来衡量孩子；第三，父母出于爱心而总不想让孩子在成长的过程中走弯路。

示例 7：《玄秘塔碑》所以成为书法的范本，不外乎以下几方面的因素：其一，具有楷书点画、构体的典范性；其二，承上启下，成为唐楷的极致；其三，字如其人，爱人及字，柳公权高尚的书品、人品为后人所崇仰。

示例 8：下面从三个方面讲讲语言的污染问题：首先，是特殊语言环境中的语言污染问题；其次，是滥用缩略语引起的语言污染问题；再次，是空话和废话引起的语言污染问题。

4.5　顿号

4.5.1　定义

句内点号的一种，表示语段中并列词语之间或某些序次语之后的停顿。

4.5.2　形式

顿号的形式是“、”。

4.5.3　基本用法

4.5.3.1　用于并列词语之间。

示例 1：这里有自由、民主、平等、开放的风气和氛围。

示例 2：造型科学、技艺精湛、气韵生动，是盛唐石雕的特色。

4.5.3.2　用于需要停顿的重复词语之间。

示例：他几次三番、几次三番地辩解着。

4.5.3.3　用于某些序次语（不带括号的汉字数字或“天干地支”类序次语）之后。

示例 1：我准备讲两个问题，一、逻辑学是什么？二、怎样学好逻辑学？

示例 2：风格的具体内容主要有以下四点，甲、题材；乙、用字；丙、表达；丁、色彩。

4.5.3.4　相邻或相近两数字连用表示概数通常不用顿号。若相邻两数字连用为缩略形式，宜用顿号。

示例 1：飞机在 6 000 米高空水平飞行时，只能看到两侧八九公里和前方一二十公里范围内的地面。

示例 2：这种凶猛的动物常常三五成群地外出觅食和活动。

示例 3：农业是国民经济的基础，也是二、三产业的基础。

4.5.3.5　标有引号的并列成分之间、标有书名号的并列成分之间通常不用顿号。若有其他成分插在并列的引号之间或并列的书名号之间（如引语或书名号之后还有括注），宜用顿号。

示例 1："日""月"构成"明"字。

示例 2：店里挂着"顾客就是上帝""质量就是生命"等横幅。

示例 3：《红楼梦》《三国演义》《西游记》《水浒传》，是我国长篇小说的四大名著。

示例 4：李白的"白发三千丈"（《秋浦歌》）、"朝如青丝暮成雪"（《将进酒》）都是脍炙人口的诗句。

示例 5：办公室里订有《人民日报》（海外版）、《光明日报》和《时代》周刊等报刊。

4.6　分号

4.6.1　定义

句内点号的一种，表示复句内部并列关系分句之间的停顿，以及非并列关系的多重复句中第一层分句之间的停顿。

4.6.2　形式

分号的形式是"；"。

4.6.3　基本用法

4.6.3.1　表示复句内部并列关系的分句（尤其当分句内部还有逗号时）之间的停顿。

示例 1，语言文字的学习，就理解方面说，是得到一种知识；就运用方面说，是养成一种习惯。

示例 2：内容有分量，尽管文章短小，也是有分量的；内容没有分量，即使写得再长也没有用。

4.6.3.2　表示非并列关系的多重复句中第一层分句（主要是选择、转折等关系）之间的停顿。

示例 1：人还没看见，已经先听见歌声了；或者人已经转过山头望不见了，歌声还余音袅袅。

示例 2：尽管人民革命的力量在开始时总是弱小的，所以总是受压的；但是由于革命的力量代表历史发展的方向，因此本质上又是不可战胜的。

示例 3：不管一个人如何伟大，也总是生活在一定的环境和条件下；因此，个人的见解总难免带有某种局限性。

示例 4：昨天夜里下了一场雨，以为可以凉快些；谁知没有凉快下来，反而更热了。

4.6.3.3　用于分项列举的各项之间。

示例：特聘教授的岗位职责为：一、讲授本学科的主干基础课程；二、主持本学科的重大科研项目；三、领导本学科的学术队伍建设；四、带领本学科赶超或保持世界先进水平。

4.7 冒号

4.7.1 定义

句内点号的一种，表示语段中提示下文或总结上文的停顿。

4.7.2 形式

冒号的形式是“：”。

4.7.3 基本用法

4.7.3.1 用于总说性或提示性词语（如“说”“例如”“证明”等）之后，表示提示下文。

示例 1：北京紫禁城有四座城门，午门、神武门、东华门和西华门。

示例 2：她高兴地说：“咱们去好好庆祝一下吧！”

示例 3：小王笑着点了点头：“我就是这么想的。”

示例 4：这一事实证明：人能创造环境，环境同样也能创造人。

4.7.3.2 表示总结上文。

示例：张华上了大学，李萍进了技校，我当了工人：我们都有美好的前途。

4.7.3.3 用在需要说明的词语之后，表示注释和说明。

示例 1：（本市将举办首届大型书市。）主办单位：市文化局；承办单位：市图书进出口公司；时间：8 月 15 日—20 日；地点：市体育馆观众休息厅。

示例 2：（做阅读理解题有两个办法。）办法之一：先读题干，再读原文，带着问题有针对性地读课文。办法之二：直接读原文，读完再做题，减少先入为主的干扰。

4.7.3.4 用于书信、讲话稿中称谓语或称呼语之后。

示例 1：广平先生：……

示例 2：同志们、朋友们：……

4.7.3.5 一个句子内部一般不应套用冒号。在列举式或条文式表述中，如不得不套用冒号时，宜另起段落来显示各个层次。

示例：第十条 遗产按照下列顺序继承：

第一顺序，配偶、子女、父母。

第二顺序，兄弟姐妹、祖父母、外祖父母。

4.8 引号

4.8.1 定义

标号的一种，标示语段中直接引用的内容或需要特别指出的成分。

4.8.2 形式

引号的形式有双引号“ “” ”和单引号“ ‘’ ”两种。左侧的为前引号，右侧的为后引号。

4.8.3 基本用法

4.8.3.1 标示语段中直接引用的内容。

示例：李白诗中就有“白发三千丈”这样极尽夸张的语句。

4.8.3.2 标示需要着重论述或强调的内容。

示例：这里所谓的“文”，并不是指文字，而是指文采。

4.8.3.3 标示语段中具有特殊含义而需要特别指出的成分，如别称、简称、反语等示例 1：电视被称作“第九艺术”。

示例 2：人类学上常把古人化石统称为尼安德特人，简称“尼人”。

示例 3：有几个“慈祥”的老板把捡来的菜叶用盐浸浸就算作工友的菜肴。

4.8.3.4　当引号中还需要使用引号时，外面一层用双引号，里面一层用单引号。

示例：他问：“老师，‘七月流火’是什么意思？”

4.8.3.5　独立成段的引文如果只有一段，段首和段尾都用引号；不止一段时，每段开头仅用前引号，只在最后一段末尾用后引号。

示例：我曾在报纸上看到有人这样谈幸福：

“幸福是知道自己喜欢什么和不喜欢什么。……

“幸福是知道自己擅长什么和不擅长什么。……

“幸福是在正确的时间做了正确的选择。……”

4.8.3.6　在书写带月、日的事件、节日或其他特定意义的短语（含简称）时，通常只标引其中的月和日；需要突出和强调该事件或节日本身时，也可连同事件或节日一起标引。

示例 1：“5·12”汶川大地震

示例 2：“五四”以来的话剧，是我国戏剧中的新形式。

示例 3：纪念“五四运动”90 周年

4.9　括号

4.9.1　定义

标号的一种，标示语段中的注释内容、补充说明或其他特定意义的语句。

4.9.2　形式

括号的主要形式是圆括号“（ ）”，其他形式还有方括号“[ ]”、六角括号“〔 〕”和方头括号“【 】”等。

4.9.3　基本用法

4.9.3.1　标示下列各种情况，均用圆括号：

a）标示注释内容或补充说明。

示例 1：我校拥有特级教师（含已退休的）17 人。

示例 2：我们不但善于破坏一个旧世界，我们还将善于建设一个新世界！（热烈鼓掌）

b）标示订正或补加的文字。

示例 3：信纸上用稚嫩的字体写着：“阿夷（姨），你好！”。

示例 4：该建筑公司负责的建设工程全部达到优良工程（的标准）。

c）标示序次语。

示例 5：语言有三个要素：（1）声音；（2）结构；（3）意义。

示例 6：思想有三个条件：（一）事理；（二）心理；（三）伦理。

d）标示引语的出处。

示例 7：他说得好：“未画之前，不立一格；既画之后，不留一格。”（《板桥集·题画》）

e）标示汉语拼音注音。

示例 8：“的（de）”这个字在现代汉语中最常用。

4.9.3.2　标示作者国籍或所属朝代时，可用方括号或六角括号。

示例 1：[英]赫胥黎《进化论与伦理学》

示例 2:〔唐〕杜甫著

4.9.3.3　报刊标示电讯、报道的开头，可用方头括号。

示例:【新华社南京消息】

4.9.3.4　标示公文发文字号中的发文年份时，可用六角括号。

示例：国发〔2011〕3 号文件

4.9.3.5　标示被注释的词语时，可用六角括号或方头括号。

示例 1:〔奇观〕奇伟的景象。

示例 2:【爱因斯坦】物理学家。生于德国，1933 年因受纳粹政权迫害，移居美国。

4.9.3.6　除科技书刊中的数学、逻辑公式外，所有括号（特别是同一形式的括号）应尽量避免套用。必须套用括号时，宜采用不同的括号形式配合使用。

示例:〔茸（r6ng）毛〕很细很细的毛。

4.10　破折号

4.10.1　定义

标号的一种，标示语段中某些成分的注释、补充说明或语音、意义的变化。

4.10.2　形式

破折号的形式是“——”。

4.10.3　基本用法

4.10.3.1　标示注释内容或补充说明(也可用括号,见 4.9.3.1;二者的区别另见 B.1.7)。

示例 1：一个矮小而结实的日本中年人——内山老板走了过来。

示例 2：我一直坚持读书，想借此唤起弟妹对生活的希望——无论环境多么困难。

4.10.3.2　标示插入语（也可用逗号，见 4.4.3.3）。

示例：这简直就是——说得不客气点——无耻的勾当!

4.10.3.3　标示总结上文或提示下文（也可用冒号，见 4.7.3.1、4.7.3.2）。

示例 1：坚强，纯洁，严于律己，客观公正——这一切都难得地集中在一个人身上。

示例 2：画家开始娓娓道来——

数年前的一个寒冬，……

4.10.3.4　标示话题的转换。

示例：“好香的干菜，——听到风声了吗？”赵七爷低声说道。

4.10.3.5　标示声音的延长。

示例：“嘎——”传过来一声水禽被惊动的鸣叫。

4.10.3.6　标示话语的中断或间隔。

示例 1：“班长他牺——”小马话没说完就大哭起来。

示例 2：“亲爱的妈妈，你不知道我多爱您。——还有你，我的孩子!”

4.10.3.7　标示引出对话。

示例：——你长大后想成为科学家吗?

——当然想了!

4.10.3.8　标示事项列举分承。

示例：根据研究对象的不同，环境物理学分为以下五个分支学科：

——环境声学;

——环境光学；

——环境热学；

——环境电磁学；

——环境空气动力学。

4.10.3.9　用于副标题之前。

示例：飞向太平洋

——我国新型号运载火箭发射目击记

4.10.3.10　用于引文、注文后，标示作者、出处或注释者。

示例 1：先天下之忧而忧，后天下之乐而乐。

——范仲淹

示例 2：乐浪海中有倭人，分为百余国。

——《汉书》

示例 3：很多人写好信后把信笺折成方胜形，我看大可不必。（方胜，指古代妇女戴的方形首饰，用彩绸等制作，由两个斜方部分叠合而成。——编者注）

4.11　省略号

4.11.1　定义

标号的一种，标示语段中某些内容的省略及意义的断续等。

4.11.2　形式

省略号的形式是“……”。

4.11.3　基本用法

4.11.3.1　标示引文的省略。

示例：我们齐声朗诵起来：“……俱往矣，数风流人物，还看今朝。”

4.11.3.2　标示列举或重复词语的省略。

示例 1：对政治的敏感，对生活的敏感，对性格的敏感，……这都是作家必须要有的素质。

示例 2：他气得连声说：“好，好……算我没说。”

4.11.3.3　标示语意未尽。

示例 1：在人迹罕至的深山密林里，假如突然看见一缕炊烟，……

示例 2：你这样干，未免太……！

4.11.3.4　标示说话时断断续续。

示例：她磕磕巴巴地说：“可是……太太……我不知道……你一定是认错了。”

4.11.3.5　标示对话中的沉默不语。

示例：“还没结婚吧？”

“……”他飞红了脸，更加忸怩起来。

4.11.3.6　标示特定的成分虚缺。

示例：只要……就……

4.11.3.7　在标示诗行、段落的省略时，可连用两个省略号（即相当于十二连点）。

示例 1：从隔壁房间传来缓缓而抑扬顿挫的吟咏声——

床前明月光，疑是地上霜。

……

示例 2：该刊根据工作质量、上稿数量、参与程度等方面的表现，评选出了高校十佳记者站。还根据发稿数量、提供新闻线索情况以及对刊物的关注度等，评选出了十佳通讯员。

……

4.12 着重号

4.12.1 定义

标号的一种，标示语段中某些重要的或需要指明的文字。

4.12.2 形式

着重号的形式是“.”标注在相应文字的下方。

4.12.3 基本用法

4.12.3.1 标示语段中重要的文字。

示例 1：诗人需要表现，而不是证明。

示例 2：下面对本文的理解，不正确的一项是：……

4.12.3.2 标示语段中需要指明的文字。

示例：下边加点的字，除了在词中的读法外，还有哪些读法？

着急 子弹 强调

4.13 连接号

4.13.1 定义

标号的一种，标示某些相关联成分之间的连接。

4.13.2 形式

连接号的形式有短横线“-”、一字线“—”和浪纹线“~”三种。

4.13.3 基本用法

4.13.3.1 标示下列各种情况，均用短横线：

a）化合物的名称或表格、插图的编号。

示例 1：3-戊酮为无色液体，对眼及皮肤有强烈刺激性。

示例 2：参见下页表 2-8、表 2-9。

b）连接号码，包括门牌号码、电话号码，以及用阿拉伯数字表示年月日等。

示例 3：安宁里东路 26 号院 3-2-11 室

示例 4：联系电话：010-88842603

示例 5：2011-02-15

c）在复合名词中起连接作用。

示例 6：吐鲁番-哈密盆地

d）某些产品的名称和型号。

示例 7：WZ-10 直升机具有复杂天气和夜间作战的能力。

e）汉语拼音、外来语内部的分合。

示例 8：shuōshuō-xiàoxiào（说说笑笑）

示例 9：盎格鲁-撒克逊人

示例 10：让-雅克·卢梭（“让-雅克”为双名）

示例 11：皮埃尔·孟戴斯-弗朗斯（“孟戴斯-弗朗斯”为复姓）

4.13.3.2　标示下列各种情况，一般用一字线，有时也可用浪纹线：

a）标示相关项目（如时间、地域等）的起止。

示例 1：沈括（1031—1095），宋朝人。

示例 2：2011 年 2 月 3 日—10 日

示例 3：北京—上海特别旅客快车

b）标示数值范围（由阿拉伯数字或汉字数字构成）的起止。

示例 4：25 ~ 30 g

示例 5：第五 ~ 八课

4.14　间隔号

4.14.1　定义

标号的一种，标示某些相关联成分之间的分界。

4.14.2　形式

间隔号的形式是“·”。

4.14.3　基本用法

4.14.3.1　标示外国人名或少数民族人名内部的分界。

示例 1：克里丝蒂娜·罗塞蒂

示例 2：阿依古丽·买买提

4.14.3.2　标示书名与篇（章、卷）名之间的分界。

示例：《淮南子·本经训》

4.14.3.3　标示词牌、曲牌、诗体名等和题名之间的分界。

示例 1：《沁园春·雪》

示例 2：《天净沙·秋思》

示例 3：《七律·冬云》

4.14.3.4　用在构成标题或栏目名称的并列词语之间。

示例：《天·地·人》

4.14.3.5　以月、日为标志的事件或节日，用汉字数字表示时，只在一、十一和十二月后用间隔号；当直接用阿拉伯数字表示时，月、日之间均用间隔号（半角字符）。

示例 1：“九一八”事变　“五四”运动

示例 2：“一·二八”事变　“一二·九”运动

示例 3：“3·15”消费者权益日　“9·11”恐怖袭击事件

4.15　书名号

4.15.1　定义

标号的一种，标示语段中出现的各种作品的名称。

4.15.2　形式

书名号的形式有双书名号“《　》”和单书名号“〈　〉”两种。

4.15.3　基本用法

4.15.3.1　标示书名、卷名、篇名、刊物名、报纸名、文件名等。

示例 1：《红楼梦》（书名）

示例 2:《史记·项羽本纪》(卷名)

示例 3:《论雷峰塔的倒掉》(篇名)

示例 4:《每周关注》(刊物名)

示例 5:《人民日报》(报纸名)

示例 6:《全国农村工作会议纪要》(文件名)

4.15.3.2　标示电影、电视、音乐、诗歌、雕塑等各类用文字、声音、图像等表现的作品的名称。

示例 1:《渔光曲》(电影名)

示例 2:《追梦录》(电视剧名)

示例 3:《勿忘我》(歌曲名)

示例 4:《沁园春·雪》(诗词名)

示例 5:《东方欲晓》(雕塑名)

示例 6:《光与影》(电视节目名)

示例 7:《社会广角镜》(栏目名)

示例 8:《庄子研究文献数据库》(光盘名)

示例 9:《植物生理学系列挂图》(图片名)

4.15.3.3　标示全中文或中文在名称中占主导地位的软件名。

示例：科研人员正在研制《电脑卫士》杀毒软件。

4.15.3.4　标示作品名的简称。

示例：我读了《念青唐古拉山脉纪行》一文(以下简称《念》),收获很大。

4.15.3.5　当书名号中还需要书名号时，里面一层用单书名号，外面一层用双书名号。

示例:《教育部关于提请审议<高等教育自学考试试行办法>的报告》

4.16　专名号

4.16.1　定义

标号的一种，标示古籍和某些文史类著作中出现的特定类专有名词。

4.16.2　形式

专名号的形式是一条直线，标注在相应文字的下方。

4.16.3　基本用法

4.16.3.1　标示古籍、古籍引文或某些文史类著作中出现的专有名词，主要包括人名、地名、国名、民族名、朝代名、年号、宗教名、官署名、组织名等。

示例 1：孙坚人马被刘表率军围得水泄不通。(人名)

示例 2：于是聚集冀、青、幽、并四州兵马七十多万准备决一死战。(地名)

示例 3：当时乌孙及西域各国都向汉派遣了使节。(国名、朝代名)

示例 4：从咸宁二年到太康十年，匈奴、鲜卑、乌桓等族人徙居塞内。(年号、民族名)

4.16.3.2　现代汉语文本中的上述专有名词，以及古籍和现代文本中的单位名、官职名、事件名、会议名、书名等不应使用专名号。必须使用标号标示时，宜使用其他相应标号(如引号、书名号等)。

4.17　分隔号

4.17.1　定义

标号的一种，标示诗行、节拍及某些相关文字的分隔。

4.17.2　形式

分隔号的形式是“／”。

4.17.3　基本用法

4.17.3.1　诗歌接排时分隔诗行（也可使用逗号和分号，见 4.4.3.1／4.6.3.1）。

示例：春眠不觉晓／处处闻啼鸟／夜来风雨声／花落知多少。

4.17.3.2　标示诗文中的音节节拍。

示例：横眉／冷对／千夫指，俯首／甘为／孺子牛。

4.17.3.3　分隔供选择或可转换的两项，表示“或”。

示例：动词短语中除了作为主体成分的述语动词之外，还包括述语动词所带的宾语和／或补语。

4.17.3.4　分隔组成一对的两项，表示“和”。

示例 1：13／14 次特别快车

示例 2：羽毛球女双决赛中国组合杜婧／于洋两局完胜韩国名将李孝贞／李敬元。

4.17.3.5　分隔层级或类别。

示例：我国的行政区划分为：省（直辖市、自治区）／省辖市（地级市）／县（县级市、区、自治州）／乡（镇）／村（居委会）。

5　标点符号的位置和书写形式

5.1　横排文稿标点符号的位置和书写形式

5.1.1　句号、逗号、顿号、分号、冒号均置于相应文字之后，占一个字位置，居左下，不出现在一行之首。

5.1.2　问号、叹号均置于相应文字之后，占一个字位置，居左，不出现在一行之首。两个问号（或叹号）叠用时，占一个字位置；三个问号（或叹号）叠用时，占两个字位置；问号和叹号连用时，占一个字位置。

5.1.3　引号、括号、书名号中的两部分标在相应项目的两端，各占一个字位置。其中前一半不出现在一行之末，后一半不出现在一行之首。

5.1.4　破折号标在相应项目之间，占两个字位置，上下居中，不能中间断开分处上行之末和下行之首。

5.1.5　省略号占两个字位置，两个省略号连用时占四个字位置并须单独占一行。省略号不能中间断开分处上行之末和下行之首。

5.1.6　连接号中的短横线比汉字“一”略短，占半个字位置；一字线比汉字“一”略长，占一个字位置；浪纹线占一个字位置。连接号上下居中，不出现在一行之首。

5.1.7　间隔号标在需要隔开的项目之间，占半个字位置，上下居中，不出现在一行之首。

5.1.8　着重号和专名号标在相应文字的下边。

5.1.9　分隔号占半个字位置，不出现在一行之首或一行之末。

5.1.10　标点符号排在一行末尾时，若为全角字符则应占半角字符的宽度（即半个字位置），以使视觉效果更美观。

5.1.11　在实际编辑出版工作中，为排版美观、方便阅读等需要，或为避免某一小节最后一个汉字转行或出现在另外一页开头等情况（浪费版面及视觉效果差），可适当压缩标点符号所占用的空间。

5.2　竖排文稿标点符号的位置和书写形式

5.2.1　句号、问号、叹号、逗号、顿号、分号和冒号均置于相应文字之下偏右。

5.2.2　破折号、省略号、连接号、间隔号和分隔号置于相应文字之下居中，上下方向排列。

5.2.3　引号改用双引号“﹃”“﹄”和单引号“﹁”“﹂”，括号改用“︵”“︶”，标在相应项目的上下。

5.2.4　竖排文稿中使用浪线式书名号“﹏”，标在相应文字的左侧。

5.2.5　着重号标在相应文字的右侧，专名号标在相应文字的左侧。

5.2.6　横排文稿中关于某些标点不能居行首或行末的要求，同样适用于竖排文稿。

附录 A（规范性附录）

标点符号用法的补充规则

附录 B（资料性附录）

标点符号若干用法的说明

附录 A（规范性附录）
标点符号用法的补充规则

A.1 句号用法补充规则

图或表的短语式说明文字，中间可用逗号，但末尾不用句号。即使有时说明文字较长，前面的语段已出现句号，最后结尾处仍不用句号。

示例 1：行进中的学生方队

示例 2：经过治理，本市市容市貌焕然一新。这是某区街道一景

A.2 问号用法补充规则

使用问号应以句子表示疑问语气为依据，而并不根据句子中包含有疑问词。当含有疑问词的语段充当某种句子成分，而句子并不表示疑问语气时，句末不用问号。

示例 1：他们的行为举止、审美趣味，甚至读什么书、坐什么车，都在媒体掌握之中。

示例 2：谁也不见，什么也不吃，哪儿也不去。

示例 3：我也不知道他究竟多到什么地方去了。

A.3 逗号用法补充规则

用顿号表示较长、较多或较复杂的并列成分之间的停顿时，最后一个成分前可用“以及（及）”进行连接，“以及（及）”之前应用逗号。

示例：压力过大、工作时间较长、作息不规律，以及忽视营养均衡等，均会导致健康状况的下降。

A.4 顿号用法补充规则

A.4.1 表示含有顺序关系的并列各项间的停顿，用顿号，不用逗号。下例解释“对于”一词用法，“人”“事物”“行为”之间有顺序关系（即人和人、人和事物、人和行为、事物和事物、事物和行为、行为和行为等六种对待关系），各项之间应用顿号。

示例：【对于】表示人，事物，行为之间的相互对待关系。（误）

【对于】表示人，事物，行为之间的相互对待关系。（正）

A.4.2 用阿拉伯数字表示年月日的简写形式时，用短横线连接好，不用顿号。

示例：2010、02、02（误）

2012-02-02（正）

A.5 分号用法补充规则

分项列举的各项有一项或多项已包含句号时，各项的末尾不能再用分号。

示例：本市先后建立起三大农业生产体系：一是建立甘蔗生产服务体系。成立糖业服务公司，主要给农民提供机耕等服务。二是建立蚕桑生产服务体系。……；三是建立热作服务体系。……。（误）

本市先后建立起三大农业生产体系：一是建立甘蔗生产服务体系。成立糖业服务公司，主要给农民提供机耕等服务。二是建立蚕桑生产服务体系。……。三是建立热作服务体系。……。（正）

A.6 冒号用法补充规则

A.6.1 冒号用在提示性话语之后引起下文。表面上类似但实际不是提示性话语的，其后用逗号。

示例 1：郦道元《水经注》记载：“沼西际山枕水，有唐叔虞祠。”（提示性话语）

示例 2：据《苏州府志》载：苏州城内大小园林约有 150 多座，可算名副其实的园林之城。（非提示性话语）

A.6.2 冒号提示范围无论大小（一句话、几句话甚至几段话），都应与提示性话语保持一致（即在该范围的末尾用句号点断）。应避免冒号涵盖范围过窄或过宽。

示例：艾滋病有三个传播途径：血液传播，性传播和母婴传播，日常接触是不会传染艾滋病的。（误）

艾滋病有三个传播途径：血液传播，性传播和母婴传播。日常接触是不会传染艾滋病的。（正）

A.6.3 冒号应用在有停顿处，无停顿处不应用冒号。

示例 1：他头也不抬，冷冷地问：“你叫什么名字？”（有停顿）

示例 2：这事你得拿主意，光说“不知道”怎么行？（无停顿）

A.7 引号用法补充规则

“丛刊”“文库”“系列”“书系”等作为系列著作的选题名，宜用引号标引。当“丛刊”等为选题名的一部分时，放在引号之内，反之则用在引号之外。

示例 1：“汉译世界学术名著丛书”

示例 2：“中国哲学典籍名著”

示例 3：“20 世纪心理学通览”丛书

A.8 括号用法补充规则

括号可分为句内括号和句外括号。句内括号用于注释句子里的某些词语，即本身就是句子的一部分，应紧跟在备注是的词语之后。句外括号则用于注释句子、句群或段落，即本身结构独立，不属于前面的句子、句群或段落，应位于所注释语段的句末点号之后。

示例：标点符号是辅助文字记录语言的符号，是书面语的有机组成部分，用来表示语句的停顿、语气以及标示某些成分（主要是词语）的特定性质和作用。（数学符号、货币符号、校勘符号、辞书符号、注音符号等特殊领域的专门符号不属于标点符号。）

A.9 省略号用法补充规则

A.9.1 不能多于两个省略号（多于 12 点）连在一起表示省略。省略号须与多点连续的连珠号相区别（后者主要是用于表示目录中标题和页码对应和连接的专门符号）。

A.9.2 省略号和“等”“等等”“什么的”等词语不能同时使用。在需要读出来的地方用“等”“等等”“什么的”等词语，不用省略号。

示例：含有铁质的食物有猪肝、大豆、油菜、菠菜……等。（误）

含有铁质的食物有猪肝、大豆、油菜、菠菜等。（正）

A.10 着重号用法补充规则

不能使用文字下加直线或波浪线等形式表示着重。文字下加直线为专名号形式；文字下加波浪纹线是特殊书名号（A.13.6）。着重号的形式统一为相应项目下加小圆点。

示例：下面对本文的理解，<u>不正确</u>的一项是（误）

下面对本文的理解，不̣正̣确̣的一项是（正）

A.11 连接号用法补充规则

波浪线连接号用于标示数值范围时，在不引起歧义的情况下，前一数值附加符号或计量单位可省略。

示例：5 公斤 ~ 100 公斤（正）

5 ~ 100 公斤（正）

A.12 间隔号用法补充规则

当并列短语构成的标题中已用间隔号隔开时，不应再加“和”类连词。

示例：《水星·火星和金星》（误）

《水星·火星·金星》（正）

A.13 书名号用法补充规则

A.13.1 不能视为作品的课程、课题、奖品奖状、商标、证照、组织机构、会议、活动等名称，不应用书名号。下面为书名号误用的示例。

示例 1：下学期本中心将开设《现代企业财务管理》《市场营销》两门课程。

示例 2：明天将召开《关于“两保两挂”的多视角理论思考》课题立项会。

示例 3：本市将向 70 岁以上（含 70 岁）老年人颁发《敬老证》。

示例 4：本校共获得《最佳印象》《自我审美》《卡拉 OK》等六个奖杯。

示例 5：《闪光》牌电池经久耐用。

示例 6：《文史杂志社》编辑力量比较雄厚。

示例 7：本市将召开《全国食用天然色素应用研讨会》。

示例 8：本市将于今年暑假举行《墨宝杯》书法大赛。

A.13.2 有的名称应根据指称意义的不同确定是否用书名号。如文艺晚会指一项活动时，不用书名号；而特指一种节目名称时，可用书名号。再如展览作为一种文化传播的组织形式时，不用书名号；特定情况下将某项展览作为一种创作的作品时，可用书名号。

示例 1：2008 年重阳联欢晚会受到观众的称赞和好评。

示例 2：本台将重播《2008 年重阳联欢晚会》。

A.13.3 书名后面表示该作品所属类别的普通名词不标在书名号内。

示例：《我们》杂志

A.13.4 书名有时带有括注。如果括注是书名、篇名等的一部分，应放在书名号之内，反之则应放在书名号之外。

示例 1：《琵琶行（并序）》

示例 2：《中华人民共和国民事诉讼法（试行）》

示例 3：《新政治协商会议筹备会组织条例（草案）》

示例 4：《百科知识》（彩图本）

示例 5：《人民日报》（海外版）

A.13.5 书名、篇名末尾如有叹号或问号，应放在书名号之内。

示例 1：《日记何罪！》

示例 2：《如何做到同工又同酬？》

A.13.6 在古籍或某些文史类著作中，为与专名号配合，书名号也可改为波浪线式“﹏”标注在书名下方。这可以看作是特殊的专名号或特殊的书名号。

A.14 分隔号用法补充规则

分隔号又称正斜线号，须与反斜线号“\”相区别（后者主要是用于编写计算机程序的专门符号）。使用分隔号时，紧贴着分隔号的前后通常不用点号

附录B（资料性附录）
标点符号若干用法的说明

B.1 易混标点符号用法比较

B.1.1 逗号、顿号之间表示并列词语之间停顿的区别

逗号和顿号都表示停顿，但逗号表示的停顿长，顿号表示的停顿短。并列词语之间的停顿一般用顿号，但当并列词语较长或其后有语气词时，为了表示稍长一点的停顿，也可用逗号。

示例1：我喜欢吃的水果有苹果、桃子、香蕉和菠萝。

示例2：我们需要了解全局和局部的统一，必然和偶然的统一，本质和现象的统一。

示例3：看游记最难弄清位置和方向，前啊，后啊，左啊，右啊，看了半天，还是不明白。

B.1.2 逗号、顿号在表列举的"等""等等"之类词语前的使用

并列成分之间用顿号，末尾的并列成分之后用"等""等等"之类词语时，"等"类词前不用顿号或其他点号；并列成分之间用逗号，末尾的并列成分之后用"等"类词时，"等"类词前应用逗号。

示例1：现代生物学、物理学、化学、数学等基础科学的发展，带动了医学科学的发展。

示例2：写文章前要想好，主题是什么，用哪些材料，哪些详写，哪些略写，等等。

B.1.3 逗号、分号表示分句间停顿的区别

当复句的表述不复杂、层次不多、相连的分句语气比较紧凑、分句内部也没有使用逗号表示停顿时，分句间的停顿多用逗号。当用逗号不易分清多重复句内部的层次（如分句内部已有逗号）。而用句号又可能割裂前后关系的地方，应用分号表示停顿。

示例1：她拿起钥匙，开了箱上的锁，又开了首饰盒上的锁，往老地方放钱。

示例2：纵比，即以一事物的各个发展阶段作比；横比，则以此事物与彼事物相比。

B.1.4 顿号、逗号、分号在标示层次关系时的区别

句内点号中，顿号表示的停顿最短、层次最低，通常只能表示并列词语之间的停顿；分号表示的停顿最长、层次最高，可以用来表示复句的第一层分句之间的停顿；逗号介于两者之间，既可表示并列词语之间的停顿，也可表示复句中分句之间的停顿。若分句内部已用逗号，分句之间就应用分号（见B.1.3示例2）。用分号隔开的几个并列分句不能用逗号统领或总结。

示例1：有的学会烤烟，自己做挺讲究的纸烟和雪茄；有的学会蔬菜加工，做的番茄酱能吃到冬天；有的学会蔬菜腌渍、窖藏，使秋菜接上春菜。

示例2：动物吃植物的方式多种多样，有的是把整个植物吃掉，如原生动物；有的是把植物的大部分吃掉，如鼠类；有的是吃掉植物的要害部位，如鸟类吃掉植物的嫩芽。（误）

动物吃植物的方式多种多样：有的是把整个植物吃掉，如原生动物；有的是把植物的大部分吃掉，如鼠类；有的是吃掉植物的要害部位，如鸟类吃掉植物的嫩芽。（正）

B.1.5 冒号、逗号用于"说""道"之类词语后的区别

用于引文之后的"说""道"后用冒号。用于引文之后的"说""道"分两种情况：处于句末时，其后用句号；"说""道"后还有其他成分时，其后用逗号。插在话语中间的"说"

"道"类词语后只能用逗号表示停顿。

示例 1：他说："晚上就来家里吃饭吧。"

示例 2："我真的很期待。"他说。

示例 3："我有件事忘了说……"他说，表情有点为难。

示例 4："现在请皇上脱下衣服，"两个骗子说，"好让我们为您换上新衣。"

B.1.6 不用点号表示停顿长短的排序

各种点号都表示说话时的停顿。句号、问号、叹号都表示句子的完结，停顿最长。分号用于复句的分句之间，停顿长度介于句末点号和逗号之间，而短于冒号。逗号表示一句话中间的停顿，又短于分号。顿号用于并列词语之间，停顿最短。通常情况下，各种点号表示的停顿由长到短为：句号 = 问号 = 叹号 > 冒号（指涵盖范围为一句话的冒号）> 分号 > 逗号 > 顿号。

B.1.7 破折号与括号表示注释或补充说明时的区别

破折号用于表示比较重要的解释说明，这种补充是正文的一部分，可与前后文连续；而括号表示一般的解释说明，只是注释而非正文，可不与前后文连续。

示例 1：在今年——农历虎年，必须取得比去年更大的成绩。

示例 2：哈雷在牛顿思想的启发下，终于认出他所关注的彗星（该星后人称为哈雷彗星）。

B.1.8 书名号、引号在"题为……""以……为题"格式中的使用

"题为……""以……为题"中的"题"，如果是诗文、图书、报告或其他作品可作为篇名、书名看待时，可用书名号，如果是写作、科研、辩论、谈话的主题，非特定作品的标题，应用引号。即"题为……""以……为题"中的"题"应根据其类别分别按书名号和引号的用法处理。

示例 1：有篇题为《柳宗元的诗》的文章，全文才 2000 字，引文不实却达 11 处之多。

示例 2：今天一个以"地球·人口·资源·环境"为题的大型宣传活动在此间举行。

示例 3：《我的老师》写于 1956 年 9 月，是作者应《教师报》之约而写的。

示例 4："我的老师"这类题目，同学们也许都写过。

B.2 两个标点符号连用的说明

B.2.1 行文中表示引用的引号内外的标点用法

当引文完整且独立使用，或虽不独立使用但带有问号和叹号时，引号内句末点号应保留。除此之外，引号内不用句末点号。当引文处于句子停顿处（包括句子末尾）且引号内未使用点号时，引号外应使用点号；当引文位于非停顿处或者引号内已使用句末点号时，引号外不用点号。

示例 1："沉舟侧畔千帆过，病树前头万木春。"他最喜欢这两句诗。

示例 2：书价上涨令许多读者难以接受，有些人甚至发出"还买得起书吗？"的疑问。

示例 3：他以"条件还不成熟，准备还不充分"为由，否决了我们的提议。

示例 4：你这样"明日复明日"地要拖到什么时候？

示例 5：司马迁为了完成《史记》的写作，使之"藏之名山"，忍受了人间最大的侮辱。

示例 6：在施工重要始终坚持"把质量当生命"。

示例 7："言之无文，行之不远"这句话，说明了文采的重要。

示例 8：俗话说："墙头一棵草，风吹两边倒。"用这句话来形容此辈再恰当不过。

B.2.2 行文中括号内外的标点用法

括号内行文末尾需要时可用问号、叹号和省略号。除此之外，句内括号行文末尾通常不用标点符号。句外括号行文末尾是否用句号由括号内的语段结构决定：若语段较长，内容复杂，应用句号。句内括号外是否用点号取决于括号所处位置：若句内括号处于句子停顿处，应用点号。句外括号外通常不用点号。

示例 1：如果不采取（但应如何采取呢？）十分具体的控制措施，事态将进一步扩大。

示例 2：3 分钟过去了（仅仅才 3 分钟！），从眼前穿梭而过的出租车竟达 32 辆！

示例 3：她介绍时用了一连串比喻（有的状如树枝，有的貌似星海……），非常形象。

示例 4：科技协作合同（包括科研、试制、成果推广等）根据上级主管部门或有关部门的计划签订。

示例 5：应把夏朝看作原始社会向奴隶制国家过渡时期。（龙山文化遗址里，也有俯身葬。俯身者很可能就是奴隶。）

示例 6：问：你对你不喜欢的上司是什么态度？

答：感情上疏远，组织上服从。（掌声，笑声）

示例 7：古汉语（特别是上古汉语），对于我来说，有着常人难以想象的吸引力。

示例 8：由于这种推断尚未经过实践的考验，我们只能把它作为假设（或假说）提出来。

示例 9：人际交往过程就是使用语词传达意义的过程。（严格说，这里的“语词”应为语词指号。）

B.2.3 破折号前后的标点用法

破折号之前通常不用点号；但根据句子结构和行文需要，有时也可分别使用句内点号或句末点号。破折号之后通常不会紧跟着使用其他点号；但当破折号表示语音的停顿或延长时，根据语气表达的需要，其后可紧接问号或叹号。

示例 1：小妹说：“我现在工作得挺好，老板对我不错，工资也挺高。——我能抽支烟吗？”（表示话题的转折）

示例 2：我不是自然主义者，我主张文学高于现实，能够稍稍居高临下地去看现实，因为文学的任务不仅在于反映现实，光描写现存的事物还不够，还必须记住我们所希望的和可能产生的事物。必须使现象典型化。应该把微小而有代表性的事物写成重大的和典型的事物。——这就是文学的任务。（表示对前几句话的总结）

示例 3：“是他——？”石一川简直不敢相信自己的耳朵。

示例 4：“我终于考上大学啦！我终于考上啦——！”金石开兴奋得快要晕过去了。

B.2.3 省略号前后的标点用法

省略号之前通常不用点号。以下两种情况例外：省略号前的句子表示强烈语气、句末使用问号和叹号时；省略号前不用点号就无法标示停顿或表明结构关系时。省略号之后通常也不用点号，但当句末表达强烈的语气或感情时，可在省略号后用问号或叹号；当省略号后还有别的话、省略的文字和后面的话不连续且有停顿时，应在省略号后用点号；当表示特定格式的成分虚缺时，省略号后可用点号。

示例 1：想起这些，我就觉得一辈子都对不起你。你对梁家的好，我感激不尽！……

示例 2：他进来了，……一身军装，一张朴实的脸，站在我们面前显得很高大，很年轻。

示例 3：这，这是……？

示例 4：动物界的规矩比人类还多，野骆驼、野猪、黄羊……，甚至塔里木兔、跳鼠，都是各行其路，绝不混淆。

示例 5：大火被渐渐扑灭，但一片片油污又旋即出现在遇难船旁……。清污船迅速赶来，并施放围栏以控制油污。

示例 6：如果……，那么……。

B.3 序次语之后的标点用法

B.3.1 “第”“其”字头序次语，或“首先”“其次”“最后”等做序次语时，后用逗号（见 4.4.3.3）

B.3.2 不带括号的汉字数字或“天干地支”作序次语时，后用顿号（见 4.5.3.2）

B.3.3 不带括号的阿拉伯数字、拉丁字母或罗马数字作序次语时，后面用下脚点（该符号属于外文的标点符号）。

示例 1：总之，语言的社会功能有三点：1. 传递信息，交流思想；2. 确定关系，调节关系；3. 组织生活，组织生产。

示例 2：本科一共讲解三个要点：A. 生理停顿；B. 逻辑停顿；C. 语法停顿。

B.3.4 加括号的序次语后面不用任何点号。

示例 1：受教育者应履行以下义务：（一）遵守法律、法规；（二）努力学习，完成规定的学习任务；（三）遵守所在学校或其他教育机构的制度。

示例 2：科学家很重视下面几种才能：（1）想象力；（2）直觉的理解力；（3）数学能力。

B.3.5 阿拉伯数字与下脚点结合表示章节关系的序次语末尾不用任何点号。

示例：3 停顿

3.1 生理停顿

3.2 逻辑停顿

B.3.6 用于章节、条款的序次语后宜用空格表示停顿。

示例：第一课　春天来了

B.3.7 序次简单、叙述性较强的序次语后不用标点符号。

示例：语言的社会功能共有三点：一时传递信息，二是确定关系，三是组织生活。

B.3.8 同类数字形式的序次语，带括号的通常位于不带括号的下一层。通常第一层是带有顿号的汉字数字；第二层是带括号的汉字数字；第三层是带下脚点的阿拉伯数字；第四层是带括号的阿拉伯数字；再往下可以是带圈的阿拉伯数字或小写拉丁字母。一般可根据文章特点选择从某一层序次语开始行文，选定之后应顺着序次语的层次向下行文，但使用层次较低的序次语之后不宜反过来再使用层次更高的序次语。

示例：一、……

（一）……

1. ……

（1）……

①/a.……

B.4　文章标题的标点用法

文章标题的末尾通常不用标点符号，但有时根据需要可用问号、叹号或省略号。

示例 1：看看电脑会有多聪明，让它下盘围棋吧

示例 2：猛龙过江：本店特色名菜
示例 3：严防“电脑黄毒”危害少年
示例 4：回家的感觉真好
——访大赛归来的本市运动员
示例 5：里海是湖，还是海？
示例 6：人体也是污染源！
示例 7：和平协议签署之后……

附录四

中华人民共和国国家标准

出版物上数字用法（GB/T 15835—2011，代替 GB/T15835—1995）

国家质量监督检验检疫总局、国家标准化管理委员会 2011 年 7 月 29 日发布，2011 年 11 月 1 日实施。

目　次

前　言

本标准按照 GB/T 1.1—2009 给出的规则起草。

本标准代替 GB/T 15835—1995《出版物上数字用法的规定》，与 GB/T 15835—1995《出版物上数字用法的规定》相比，主要变化如下：

——原标准在汉字数字与阿拉伯数字中，明显倾向于使用阿拉伯数字。本标准不再强调这种倾向性。

——在继承原标准中关于数字用法应遵循“得体原则”和“局部体例一致原则”的基础上，通过措辞上的适当调整，以及更为具体的规定和示例，进一步明确了具体操作规范。

——将原标准的平级罗列式行文结构改为层级分类式行文结构。

——删除了原标准的基本术语“物理量”与“非物理量”，增补了“计量”“编号”“概数”作为基本术语。

本标准由教育部语言文字信息管理司提出并归口。

本标准主要起草单位：北京大学。

本标准主要起草人：詹卫东、覃士娟、曾石铭。

本标准所代替标准的历次版本发布情况为：

——GB/T15835—1995。

出版物上数字用法

1. 范围

本标准规定了出版物上汉字数字和阿拉伯数字的用法。

本标准适用于各类出版物（文艺类出版物和重排古籍除外）。政府和企事业单位公文，以及教育、媒体和公共服务领域的数字用法，也可参照本标准执行。

2. 规范性引用文件

下列文件对于本文件的应用是必不可少的。凡是注日期的引用文件，仅注日期的版本适用于本文件。凡是不注日期的引用文件，其最新版本（包括所有的修改单）适用于本文件。

GB/T7408—2005　数据元和交换格式　信息交换　日期和时间表示法

3. 术语和定义

下列术语和定义适用于本文件。

3.1

计量　measuring

将数字用于加、减、乘、除等数学运算。

3.2

编号　numbering

将数字用于为事物命名或排序，但不用于数学运算。

3.3

概数　approximate number

用于模糊计量的数字。

4. 数字形式的选用

4.1　选用阿拉伯数字

4.1.1　用于计量的数字

在使用数字进行计量的场合，为达到醒目、易于辨识的效果，应采用阿拉伯数字。

示例 1：-120.03　　34.05%　　63%～68%　　1∶500　　97/108

当数值伴随着计量单位时，如：长度、容积、面积、体积、质量、温度、经纬度、音量、频率等等，特别是计量单位以字母表达时，应采用阿拉伯数字。

示例 2：523.56 km（523.56 千米）346.87 L（346.87 升）5.34 m^2（5.34 平方米）

576 mm^3（576 立方毫米）605 g（605 克）100～150 kg（100～150 千克）

34～39 °C（34～39 摄氏度）北纬 40°（40 度）120 Db（120 分贝）

4.1.2　用于编号的数字

在使用数字进行编号的场合，为达到醒目、易于辨识的效果，应采用阿拉伯数字。

示例：电话号码：98888

邮政编码：100871

通讯地址：北京市海淀区复兴路 11 号

电子邮件地址：x186@186.net

网页地址：http：//127.0.0.1

汽车号牌：京 A00001

公交车号：302 路公交车

道路编号：101 国道

公文编号：国办发[1987]9 号

图书编号：ISBN978-7-80184-224-4

刊物编号：CN11-1399

章节编号：4.1.2

产品型号：PH-3000 型计算机

产品序列号：C84HB-JYVFD-P7HC4-6XKRJ-7M6XH

单位注册号：02050214

行政许可登记编号：0684D10004-828

4.1.3　已定型的含阿拉伯数字的词语

现代社会生活中出现的事物、现象、事件，其名称的书写形式中包含阿拉伯数字，已经广泛使用而稳定下来，应采用阿拉伯数字。

示例：3G 手机　MP3 播放器　G8 峰会　维生素 B_{12}　97 号汽油　“5·27”事件　“12·5”枪击案

4.2　选用汉字数字

4.2.1　非公历纪年

干支纪年、农历月日、历史朝代纪年及其他传统上采用汉字形式的非公历纪年等等，应采用汉字数字。

示例：宾寅年十月十五日　庚辰年八月五日　腊月二十三　正月初五　八月十五中秋　秦文公四十四年　太平天国庚申十年九月二十四日　清咸丰十年九月二十日　藏历阳木龙年八月二十六日　日本庆应三年

4.2.2　概数

数字连用表示的概数、含“几”的概数，应采用汉字数字。

示例：三四个月　一二十个　四十五六岁　五六万套　五六十年前　几千　二十几　一百几十　几万分之一

4.2.3　已定型的含汉字数字的词语

汉语中长期使用已经稳定下来的包含汉字数字形式的词语，应采用汉字数字。

示例：万一　一律　一旦　三叶虫　四书五经　星期五　四氧化三铁　八国联军
七上八下　一心一意　不管三七二十一　一方面　二百五　半斤八两
五省一市　五讲四美　相差十万八千里　八九不离十　白发三千丈
不二法门　二八年华　五四运动　“一二·八”事变　“一二·九”运动

4.3　选用阿拉伯数字和汉字数字均可

如果表达计量或编号所需要用到的数字个数不多，选择汉字数字还是阿拉伯数字在书写的简洁性和辨识的清晰性两方面没有明显差异时，两种形式均可使用。

示例 1：17 号楼（十七号楼）3 倍（三倍）第 5 个工作日（第五个工作日）

100 多件（一百多件）20 余次（二十余次）约 300 人（约三百人）

40 天左右（四十天左右）50 上下（五十上下）50 多人（五十多人）

第 25 页（第二十五页）第 8 天（第八天）第 4 季度（第四季度）
第 45 页（第四十五页）第 235 位同学（第二百三十五位同学）
0.5（零点五）76 岁（七十六岁）120 周年（一百二十周年）
1/3（三分之一）公元前 8 世纪（公元前八世纪）
20 世纪 80 年代（二十世纪八十年代）公元 253 年（公元二百五十三年）
1997 年 7 月 1 日（一九九七年七月一日）下午 4 点 40 分（下午四点四十分）
4 个月（四个月）12 天（十二天）

如果要突出简洁醒目的表达效果，应使用阿拉伯数字；如果要突出庄重典雅的表达效果，应使用汉字数字。

示例 2：北京时间 2008 年 5 月 12 日 14 时 28 分
十一届全国人大一次会议（不写为“11 届全国人大 1 次会议”）
六方会谈（不写为“6 方会谈”）

在同一场合出现的数字，应遵循“同类别同形式”原则来选择数字的书写形式。如果两数字的表达功能类别相同（比如都是表达年月日时间的数字），或者两数字在上下文中所处的层级相同（比如文章目录中同级标题的编号），应选用相同的形式。反之，如果两数字的表达功能不同，或所处层级不同，可以选用不同的形式。

示例 3：2008 年 8 月 8 日　二〇〇八年八月八日（不写为“”二〇〇八年 8 月 8 日）
第一章　第二章……第十二章（不写为“第一章　第二章……第 12 章）
第二章的下一级标题可以用阿拉伯数字编号：2.1　2.2……

应避免相邻的两个阿拉伯数字造成歧义的情况。

示例 4：高三 3 个班　高三三个班（不写为“高 33 个班”）
高三 2 班　　高三（2）班（不写为“高 32 班”）

有法律效力的文件、公告文件或财务文件中可同时采用汉字数字和阿拉伯数字。

示例 5：2008 年 4 月保险账户结算日利率为万分之一点五七五零（0.015750%）
35.5 元（35 元 5 角　叁拾伍圆伍角）

5. 数字形式的使用

5.1　阿拉伯数字的使用

5.1.1　多位数

为便于阅读，四位以上的整数或小数，可采用以下两种方式分节：

——第一种方式：千分撇

整数部分每三位一组，以“，”分节。小数部分不分节。四位以内的整数可以不分节。

示例 1：624，000　　92，300，000　　19，351，235.235767　　1256

——第二种方式：千分空

从小数点起，向左和向右每三位数字一组，组间空四分之一个汉字，即二分之一个阿拉伯数字的位置。四位以内的整数可以不加千分空。

示例 2：55 235 367.346 23　　98 235 358.238 368

注：各科学技术领域的多位数分节方式参照 GB 3101—1993 的规定执行。

5.1.2　纯小数

纯小数必须写出小数点前定位的“0”，小数点是齐阿拉伯数字底线的实心点“.”。

示例：0.46 不能写为.46 或 0。46

5.1.3　数值范围

在表示数值的范围时，可采用浪纹式连接号“～”或一字线连接号“－”。前后两个数值的附加符号或计量单位相同时，在不造成歧义的情况下，前一个数值的附加符号或计量单位可省略。如果省略数值的附加符号或计量单位会造成歧义，则不应省略。

示例：－36～－8 °C　　400—429 页　　100—150 kg　　12 500～20 000 元

9 亿～16 亿（不写为 9～16 亿）13 万元～17 万元（不写为 13～17 万元）

15%～30%（不写为 15～30%）4.3×10^{6}～5.7×10^{6}（不写为 4.3～5.7×10^{6}）

5.1.4　年月日

年月日的表达顺序应按照口语中年月日的自然顺序书写。

示例 1：2008 年 8 月 8 日　　1997 年 7 月 1 日

“年”“月”可按照 GB/T7408—2005 的 5.2.1.1 中的扩展格式，用“-”替代，但年月日不完整时不能替代。

示例 2：2008-8-8　　1997-7-1　　8 月 8 日（不写为 8-8）2008 年 8 月（不写为 2008-8）

四位数字表示的年份不用简写为两位数字。

示例 3：“1990”不写为“90 年”

月和日是一位数时，可在数字补“0”。

示例 4：2008-08-08　　1997-07-01

5.1.5　时分秒

计时方式即可采用 12 小时制，也可采用 24 小时制。

示例 2：15 时 40 分　　14 时 12 分 36 秒

“时”“分”也可按照 GB/T7408—2005 的 5.3.1.1 和 5.3.1.2 中的扩展格式，用“:”替代。

示例：3：15：40　　14：12：36

5.1.6　含有月日的专名

含有月日的专名采用阿拉伯数字表示时，应采用间隔号“·”将月、日分开，并在数字前后加引号。

示例：“3·15”消费者权益日

5.1.7　书写格式

5.1.7.1　字体

出版物中的阿拉伯数字，一般应使用正体二分字身，即占半个汉字位置。

示例：234　　57.236

5.1.7.2　换行

一个用阿拉伯数字书写的数值应在同一行中，避免被断开。

5.1.7.3　竖排文本中的数字方向

竖排文字中的阿拉伯数字按顺时针方向转 90 度。旋转后要保证同一个词语单位的文字方向相同。

示例：

示例一

雪花牌 BCD188 型家用电冰箱容量是一百八十八升，功率为一百二十五瓦，市场售价两千零五十元，返修率仅为百分之零点一五。

示例二

海军 J12 号打捞救生船在太平洋上航行了十三天，于一九九〇年八月六日零时三十分返回基地。

5.2　汉字数字的使用

5.2.1　概数

两个数字连用表示概数时，两数之间不用顿号“、”隔开。

示例：二三米　　一两个小时　　三五天　　一二十个　　四十五六岁

5.2.2　年份

年份简写后的数字可以理解为概数时，一般不简写。

示例：“一九七八年”不写为“七八年”

5.2.3　含有月日的专名

含有月日的专名采用汉字数字表示时。如果涉及一月、十一月、十二月，应用间隔号“·”将表示月和日的数字隔开，涉及其他月份时，不用间隔号。

示例：“一二·八”事变　　“一二·九”运动　　五一国际劳动节

5.2.4　大写汉字数字

——大写汉字数字的书写形式

零、壹、贰、叁、肆、伍、陆、柒、捌、玖、拾、佰、仟、万、亿

——大写汉字数字的适用场合

法律文书和财务票据上，应采用大写汉字数字形式记数。

示例：3，504 元（叁仟伍佰零肆圆）39，148 元（叁万玖仟壹佰肆拾捌圆）

5.2.5　“零”和“〇”

阿拉伯数字“0”有“零”和“〇”两种汉字书写形式。一个数字用作计量时，其中的“0”为“零”，用作编号时，“0”的汉字书写形式为“〇”。

示例：“3052（个）”的汉字数字形式为“三千零五十二”（不写为“三千〇五十二”）

“95.06”的汉字数字形式为“九十五点零六”（不写为九十五点〇六）

“公元 2012（年）”的汉字数字形式为“二〇一二”（不写为“二零一二”）5.2 阿拉伯数字与汉字数字同时使用

如果一个数值很大，数值中的“万”“亿”单位可以采用汉字数字，其余部分采用阿拉伯数字。

示例 1：我国 1982 年人口普查人数为 10 亿零 817 万 5288 人

除上面情况外的一般数值，不能同时采用阿拉伯数字与汉字数字。

示例 2：108 可以写作“一百零八”，但不应写作“1 百零 8”“一百 08”

4 000 可以写作“四千”，但不应写作“4 千”

（据《中华人民共和国国家标准——出版物上数字用法》，中国标准出版社 2011 年 11 月第一版）

第一版后记

本书的编著，是在2012年4月中共中央办公厅、国务院办公厅联合印发《党政机关公文处理工作条例》，决定从2012年7月1日起施行新修订的《党政机关公文处理工作条例》，同时宣布1996年5月3日中共中央办公厅发布的《中国共产党机关公文处理条例》和2000年8月24日国务院发布的《国家行政机关公文处理办法》停止执行的背景之下，为了党政机关、企事业单位、其他机构和组织应用文写作实践有一个较好的指南，高等学校及其他教育机构应用文教学有更科学更规范的教材，西南交通大学出版社约请长江师范学院的应用文写作专家历时四个月完成的。

本书作者分工如下：韦济木、丁世忠拟定写作大纲和写作规范，并提交主编会议由主编副主编讨论确定。韦济木确定附录材料选目并审定附录内容。韦济木负责第一章、第二章、第三章统稿，并审定全书内容；丁世忠负责第四章、第五章统稿。韦济木编撰第一章，第二章第二节；丁世忠编撰第二章第一节，第三章第一节，第三章第四节；魏旭编撰第二章第三节，第二章第四节；邹璐编撰第三章第二节，第三章第三节；田华银编撰第五章；陈艳花编撰第二章第五节；黎燕敏编撰第二章第六节；邱明淑编撰第三章第五节；胡建华编撰第四章第三节；熊正贤编撰第四章第一节、第四章第二节。

本书例文除注明出处外，均来自各级政府官方网站。请示、报告两种上行文例文得到重庆市扶贫办孙元忠同志和重庆市丰都县政府办公室大力支持。本书的出版得到西南交通大学出版社的大力支持，在此深表谢忱。

韦济木

2013年1月25日

第二版后记

本书的再版是在广泛听取使用高校师生及社会各界意见基础上，因应大数据、人工智能时代网络与新媒体日益普及背景下的新形势新要求组织初版作者编撰的。再版体例在初版基础上增加第六章“政务微博与政务微信”。再版作者分工如下：韦济木、丁世忠修订写作大纲和写作规范，并提交主编会议由主编、副主编讨论确定。韦济木确定附录材料选目并审定附录内容。韦济木负责第一章、第二章、第三章、第六章统稿，并审定全书内容；丁世忠负责第四章、第五章统稿。韦济木编撰第一章，第二章第二节；丁世忠编撰第二章第一节，第三章第一节，第三章第四节；魏旭编撰第二章第三节，第二章第四节；邹璐编撰第三章第二节，第三章第三节；田华银编撰第五章；陈艳花编撰第二章第五节；黎燕敏编撰第二章第六节；邱明淑编撰第三章第五节、第六章；胡建华编撰第四章第三节；熊正贤编撰第四章第一节、第四章第二节。

本书例文除注明出处外，均来自各级党政官方网站、官方微博和官方微信账号。本书的出版得到西南交通大学出版社的大力支持，在此深表谢忱。

韦济木　丁世忠

2021 年 12 月 10 日